悲剧遭遇 美国原住民史

［美］佩吉·史密斯
Page Smith／著

郭旻天／译

上海社会科学院出版社
SHANGHAI ACADEMY OF SOCIAL SCIENCES PRESS

此书献给佩吉的孙辈和曾孙辈们：

嘉莉、小佩吉、利维、诺亚、莎拉、罗伯特、马修、萨曼莎、加文、罗根、里夫和伊莎

编者的话

出版遗作是一件困难重重的工作。因为作者和他的编辑之间，很自然，完全没可能进行任何对话。在少数情况下，作者有幸已经将手稿完成并定稿，同时作者的意图和目的都已完备，可以立即付梓印行。如果是这样，我们只要通过文字修订和校对，确信我们整理出了作者可能想要表达的内容，就能进行出版工作。

但大多数情况下，许多遗稿仍处于草创阶段，看上去作者仍要对其进行深入的修改，而且属于作者自身的必要工作仍未完成。一些遗稿甚至根本就和碎片式的初稿别无二致，以致再出色的编辑工作都无法使其起死回生。但在佩吉·史密斯的这份遗稿中，这位伟大的美国历史学家显然已经化了大量的时间和精力将残章断篇整合在一起。遗稿中一些修改线索似乎显示他正准备一份新的打字稿，而这个版本中所缺少的只是内容来源和他的文献目录。而且，只要稍稍了解一下史密斯教授的工作习惯就不难设想，他遗留下来的这份稿件只要稍加润色就可以交给出版商发行了。

我们也非常了解，史密斯教授生前也非常热心地参与编辑工作。如果他仍在世，我们可能会与之交流看法，让那些闲言碎语变得流畅一些，并且删去文中遗留的一些重复表达。但为了表达我们对于史密斯教授的尊重，我们将编辑改动保持在了最低限度。

所有的著作都是它们创作年代的产物，本书也不外如是。书中的一些词语以及描绘的内容可能对有些读者有所冒犯，对此，我们事先对此表达歉意。但我们深信，对于欧洲人与北美洲土著居民遭遇的阐述，史密斯教授作出了巨大的贡献，我们携同史密斯家族在世的成员一道，非常乐见本书付梓。

译者感言

接到这份翻译工作时,我正好在美国南加州的约书亚树国家森林公园,那是美国西南的大荒漠。虽在寒冬,但却没有多少寒意,后来在书中读到的杰迪戴亚·史密斯或许也从那里走过。寒来暑往,到了终稿之前,已经是仲夏时分,我驾车与家人畅游美国东部,穿过广袤无垠的俄亥俄州、西宾夕法尼亚以及纽约上州才能去往尼亚加拉大瀑布以及纽约、费城与华盛顿的东部都市圈,沿路经过不少书中译到的地名,其中就有易洛魁人的六族(Six Nations),苏利文远征经过的芬格湖群,以致最后一夜,我们住宿于俄亥俄河上游的惠灵岛上,这是13个殖民地居民向西扩张的开始。可以说,在北美大地上,处处都留存着书中这段历史的痕迹,几乎不需要仔细搜寻。

在这8个月时间,我一字一句阅尽书中所展现的300多年的这段历史,时间绵长。但比起这段历史,或说这些故事的时间跨度,却好像按下了快进键,简直就是说时迟那时快。我是在翻译完此书后过了一阵子,才租了碟片在家里看完了获奖颇多的《荒野猎人》,和别人关注影帝归属、人熊之斗还有主人公格拉斯的生命漂流这些娱乐点不同,我更关注的是影片对于印第安部族波尼人以及我脑补出的皮毛猎人与影片展现的同与异。在本书中,您也能找到李奥纳多·迪卡普里奥所扮演的格拉斯的一

悲剧遭遇：美国原住民史

段事迹，以及对于皮毛猎人和定期贸易的描述，不过您读到的显然比电影艺术要写实且平淡得多。因为如果把这段故事放入这段历史之中，有如沧海一粟，三千弱水之一瓢饮而已，比起印第安人与美国白人这场旷日持久的矛盾冲突而言，简直是微不足道。

不过，如果您翻开书，也许劈头盖脸就是令人颇感失望的信息——原来作者佩吉·史密斯教授仙逝多年，从严格意义上来说，这是一本并没有完成的书。史密斯教授是达特茅斯学院的学士，以及哈佛大学的博士，师从于海军史专家塞缪尔·莫里森教授，任教于加州大学。他本人也在美国本土历史领域有许多作品，虽然国内的读者对他谈不上熟悉，但他曾经撰写了荣获班克罗夫特奖的《约翰·亚当斯总统》，以及代表作 8 卷本的皇皇巨制《美国人的历史》①（*A People's History of the United States*），绝对是著作等身的大家。而本书是他的未竟之作，虽然结构还算完整，但即便有出版界和学界的人士不懈努力，还是有颇多遗憾之处，而且他也未能及时添加注释，因此书中许多所载内容，对于读者而言，只能在介于可信与不可信之间，不能顺藤摸瓜，更无法举一反三。不过，既然书最终还是出版了，想必也经过后人一番苦心编辑校订，最终能与读者见面也算是一件幸事，而且对于译者本身来说，除了烦冗的工作之外，也多了几分寻找依据的自由和乐趣，偶尔还要查补错漏或者为一些一笔带过的内容增添译注。无论批评如何，就书稿基本架构的角度而言，本书已经足够完备，毕竟如同作者在开头的自述所言，他并没有打算把这本书作为全史、通史、通识之类的书来进行创作，而只是说一系列的故事，悲壮而无奈的故事。

有幸作为这部力作的第一批读者，全书留给我的印象是，虽大致以年代顺序排列，但纵观各章节的编排，却颇有为人物立传，也为那些血雨腥风的大事件描摹勾画的意图。优点是纲举目张，有助于大家看到重点，理解美国白人与印第安人之间这份遭遇的悲剧属性。但缺点在于作者还没

---

① 这本书在国内没有中译本。

译者感言

有对细节的铺陈有进一步的处理,有点东一榔头,西一棒槌的琐碎感。许多细节的呈现方式以及反复再现,相信会让您记住和平烟斗、贝珠串、鹿皮鞋这些印第安人和美国白人打交道时都会出现的物件,记住乔治·卡特林、黑鹰酋长等重点烘托的人物,但如果没有充沛的美国历史知识,您却很难整理出一条完整清晰的故事线。这的确是本书的一点缺憾,不过,如果您对相关内容产生了浓厚的兴趣,相信您也会去找来相关的书籍来加以弥补,本书不应该是您关于美国印第安人的最后一本读物。

尽管缺陷难以避免,本书能让您有更广阔的视野看待熟悉而陌生的印第安人。一般而言,印第安人仅指美国本土及加拿大南部的土著居民,夏威夷及阿拉斯加和加拿大北部的原住民与之不在同列。笔者目前定居于美国中部的印第安纳州(Indiana),该州位于本书的前半部所描述的,美国白人与印第安人战火频仍的西北领地——也就是美国今天地理分区的中西部(Midwest)——的中心地带。但却因为沾了"印第安"这个名字而常被地理知识欠缺的朋友们认为应该在美国的西部,也就是东部印第安人大迁徙的放逐地,也是白人与原住民的关系这出悲剧下半场的主要发生地。或许,也正因为这一点才会让大家产生了这样的误会。的确,印第安纳州如同北美大地的每一块地方一样,曾经是印第安人的土地,但如今这个州内的白人比例(85%)高于全美国的数字(72%),位于全美前列,而所谓美国原住民的比例则少得可怜(加上阿拉斯加裔的原住民0.4%)。

此外,我们印象中的印第安人就是那些头上插了羽毛,长着鹰钩鼻,裸着上身,手拿弓箭或火药枪,骑着马,尘土飞扬中发着呜呜怪叫的"天降神兵"。而这是一代又一代从教科书以及文学艺术,特别是影像技术发明后产生的刻板印象。就好像我们去美国的祖先给那里的人留下瓜皮帽长辫子和吊斜眼的印象一样,虽然足够传神,却不准确全面,甚至满含污蔑,至今在美国社会还有对亚洲人只会工作、吝啬钱财、模样古怪、语言难懂的隐性歧视存在。我们当然会对这种歧视性的刻板印象感到莫名其妙,甚至恼羞成怒,但如果我们反思一下,是不是说起对别的群体的歧视印象时又开始滔滔不绝,甘之如饴。模仿别人说话,嘲笑别人的文化。有些也

悲剧遭遇：美国原住民史

许无伤大雅，但却仍是赤裸裸的双重标准。所以，也许获取更多的知识与信息，增进了解是破除狭隘偏见的好机会。本书也许能为千里之外的读者打开一些认识的视角。读完本书，您也会知道，我们印象之中的所谓印第安人的打扮，仅限于当年的苏族人（Sioux），而不同部落族群的印第安人之间简直可以说是天差地别。如太平洋边的印第安人，与世无争，生活富足，男女相对平等，而大平原上的印第安人则杀伐不断，宰杀野牛，剪径盗马，留下了嗜血贪婪的印象。大盆地（Great Basin）的沙漠里，还有一些部落，生活简陋至极，凡此种种。

但是，我们仍要警惕矫枉过正。不知是抹去这些旧日种族歧视的痕迹，还是真心想要创立童叟无欺的新世界，新的政治正确却装作仿佛将过去丑陋的歧视历史从未发生，且教训人们必须要以某种中立、无害的陌生语言来描述一些我们熟悉的人和事。在我们手边的例子就是将印第安人称为美国（洲）原住民（Native Americans）。手握重权的白人们为了显示尊重，开始称呼他们为美国原住民，并且与太平洋岛屿原住民（主要是夏威夷人）合并为一组算作美国七大种族之一。但时至今日，在中文语境中，"美国原住民"这个词还是与我们对于"印第安人"的印象并没有完全重合，而权利和地位的恢复则因为整个种族人微言轻而更显得遥遥无期。早在美国建立之前，甚至是以亚美利哥这个名字命名这片大陆前，这里的平原上、山丘中、沙漠里、海滩边就早就住下了成千上万个大大小小的部落，他们彼此之间还有很大的不同。有些部落之间的仇恨甚至远深于他们与白人之间的仇恨。但却先是错误地混为一谈，然后还被当作印度人，故被称为"Indians"。给予名称的权利是实现权利的第一步，但仅仅是第一步。虽然20世纪60年代以来的民权运动，各个少数族裔的权利得到很大的提升，但是单从美国原住民这个种族来看，在利用化石资源、赌场开设、成瘾性物品的管制等许多方面，各类问题和冲突依然突出。部分原住民人士仍然受到黄、赌、毒的诱惑和迫害，本书中反复提及的酗酒问题仍然存在。而关乎生存的大问题也有不少，例如2016年北达科他州的"立岩"（Standing Rock）苏族人就因为石油管道要通过他们的保留地，可

译者感言

能威胁饮水安全而与建设方产生了激烈冲突，并激发了许多出身精英的"印第安之友"站出来支持和响应，结合书中所叙述的内容，真如"昨日再现"。

看电影当然有助于我们更直观地接触一些对我们而言相当陌生的人和事物。类似于《荒野猎人》这样的作品，或者更为经典的《与狼共舞》《最后一个莫西干人》其实也是对印第安人一两个部落的一种戏剧化的时代性描述，即便真实还原到极致，也依然难以避免因为叙事角度、今古审美差异等各方面因素导致偏颇，即便重现当时的服饰、文化乃至语言，也只会让这个故事看上去更真实而已。而书籍的力量，不能呈现确定的图像，却能让读者产生思考和遐想，不拘泥于视觉表达的时空限制。读完此书，你一定会感慨在历时数百年，关系千万重，彼此没有什么限制的冲突中，原因与责任错综复杂，双方谁也不能称其为善良无害，而谁也不能被贬斥为死有余辜——而这正是一出"悲剧"的真正底色。

相信如果您读完此书，不再简单地得出"印第安人愚昧无知、凶残暴力"，或者"白人需索无度，无视他人之生存"，而会去思索这一幕幕悲喜交加的种族冲突剧的种种原因，甚至会将这种系统性、非善恶分明的思维模式对其他的民族或种族问题乃至其他的社会问题产生一些思考，得出一些新的见解，那或许是本书重见天日的一件功德。

郭旻天
2017 年 5 月

目录

前言

第一章　早年遭遇

第二章　美国革命

第三章　前线烽火

第四章　苏利文远征

第五章　桑达斯基的血影

第六章　印第安人和新的国家

第七章　"西进"的动力

第八章　刘易斯与克拉克的远征

第九章　印第安人大迁徙

第十章　向西推进

第十一章　乔治·卡特林

第十二章　美国西南地区的印第安人

第十三章　杰迪戴亚·史密斯

第十四章　奥斯博恩·拉塞尔

第十五章　西北地区

第十六章　沙溪大屠杀

第十七章　战后关系

第十八章　西南战事

第十九章　零星烽火

第二十章　印第安战争的尾声

第二十一章　伤膝河水流淌后

编者注

文件1　美国民权委员会报告
　　　　《美国印第安人的宪法地位》

文件2　印第安保留地的法律与秩序
　　　　由印第安人事务局编汇整理

文件3　印第安人事务局关于印第安部落向
　　　　美利坚合众国索赔事项的总结

前　言

如今有一个颇不寻常,在我看来甚至有些不可思议的现象,即我们称之为"印第安人"的——也许这个名称有失偏颇——那些土著居民或部落居民,本来在1890年前后的印第安战争后落得籍籍无名,却在近20年来一跃成为美国白人的一个主要关注点。"印第安人"成功地为自己赢得了一个新的称呼——"美国原住民",因为他们早在白人入侵"他们"的大陆之前就在此生活了。如今,白人入侵者常被称作"欧裔美国人",大概是想强调那些人(我们白人)对这些原始的、真正的美国人而言是入侵者和征服者。照这个逻辑看,好像后来美国的就都是冒领美国身份的,都是假美国人(讽刺的是,大多数印第安人当被调查自己的偏好时表示他们更喜欢"印第安人"这个名称而不是"美国原住民")。

印第安人突然变得重要的一个重要原因,毫无疑问是和复苏的"环境道德意识(environmental ethic)"有关,即对爱护家园土地的一种倡导。我们认识到,印第安人在这方面是我们的模范:因为他们与自然世界有着一种亲密无间的关系,所以我们应该努力效仿。而这种拔高印第安人的做法,其背后毫无疑问是一种现代的尚古主义思潮所推动的:他们厌倦了一个充满科技奇观的世界,他们渴望退回到天真烂漫的文明襁褓之中,重温"自然"之人的本真生活。

悲剧遭遇：美国原住民史

除此之外，我们现在还有一个"男子汉运动"，其中最显著的代表人物是那位年迈的诗人，罗伯特·布莱（Robert Bly）。他告诉中产阶级的中年白人男性，说他们应该宣扬他们自身"斗士"的那一面；他们应该恢复蒙昧时代的原始风俗，如擂战鼓、打战矛、跳原始战舞等。

最终，白人与肤色深一些的原住民之间奇异而又悲剧性的遭遇故事成了美国人鞭笞"腐败""罪恶"和"吃人"的美国当局来宣泄任何愤懑的万能武器。这一场遭遇，已经成为我们这个国家腐朽堕落的铁证。

但是，在我看来，阐述欧裔美国人和美国原住民之间的问题，最明智的方式是回避争执，并且在历史阐述的经典框架内，尽可能简单而直接地进行叙述。在我撰写的《美国人民的历史》（*People's History of the United States*）中，从殖民地初创到19世纪末，每一卷我都讨论了"印第安人"和"定居者"之间的关系。我从每一卷中选出一些章节，构建了这种关系按时间顺序的发展脉络。此外，我还另辟一章，将叙述或多或少延展到当今的生活。

本书绝不是为了给美国印第安人修史，甚至也无法反映白人和印第安人关系史的全貌，只是为了揭示出这次遭遇的本来面目，以及内在蕴含的戏剧性和永恒不变的人情世故。本书也将追踪印第安文化自身对欧洲定居者想象的转变，看看他们是如何看待这片后来变成美利坚合众国新大陆一角的闯入者的。

第一章　早年遭遇

在世界历史上算得上最具戏剧性的一场不同文明的遭遇,莫过于英格兰殖民者和美国原住民之间的狭路相逢。英格兰人因后者皮肤黝黑,而概称其为"印第安人"。印第安人可被划分为不可胜数的部落,各部族的不同口音和方言达五百余种(美国原住民的这一情况也常被殖民者作为依据,推断原住民可能是以色列消失的部落。因为他们曾属于一个民族,但是因为他们狂傲自负想要造通天高塔被上帝诅咒,受到责罚分裂成不同部落,以及说不同的语言)。许多部落和别的部落之间战事频仍。那些从旧大陆来的人看到印第安人的文明,除了极少数的例外,都认为文明处于持久不息的战争状态。战斗中的勇猛斗志以及对于严刑拷打的超凡忍耐力是生活在部落中的人的最高境界。几乎在任何方面,殖民者和印第安人之间总会表现出文化样式上的截然不同。在北美大陆的东部,大多数原住民都是能征善战的猎手,这些人特别骁勇,体力极其充沛。他们在广袤的土地上自由逡巡,并没有地产权的概念,也没有正义的概念。残忍、暴力和无休止的战争是日常生活的本真。而且欧洲的思想家也前所罕见地着迷于"高贵的野蛮人"这一概念。引领启蒙运动的哲学家伏尔泰和卢梭,都认为人类社会腐朽而堕落,已经背离了自然人的质朴和简约。他们把野蛮人浪漫化,因为在他们看来野蛮人更贴近自然,他们的智慧也不会因为教士般的迷信,或是因为社会习俗、时尚、贪心或者野心弄得云山雾罩。伏尔泰曾写过一部小说名叫《老实人》,是关于一个印第安人来到法国,在各个地方的各种遭遇以及如何看穿法国人生活的肤浅和虚假:无论是宗教、哲学、政府还是上流社会,都被揭露是空洞无物而且俗不可耐的。

  以上是 18 世纪出现的一些现象。可是在前一个世纪的种植园主以及新大陆的定居者,他们对印第安人的看法不尽相同。对于这些人来说,一个印第安人要么是等待被上帝无上荣光所拯救的可怜异教徒,要么是一个骇人的异域怪客和一种致命的威胁。大多数来到新大陆的英格兰探险家和种植园主都是满怀虔诚想要给美洲的野蛮人带来欧洲基督宗教的福祉。然而这项工作实际上却是出乎寻常的艰难。

  举一个典型的例子,约翰·史密斯上尉常年忙于和狡猾的波瓦坦人作战,而弗吉尼亚公司的头脑们常常奉劝他在印第安人改信基督教方面也多多建树。面对这种训诫,史密斯很生硬地回复说,他需要更多士兵,这样才能迫使印第安人听传教布道时更专心一点。如果一个印第安人正在向你射箭,或者就是想着要剥你的头皮,那就很难让其皈依基督。如果说定居者的基督教信仰并不能促使他们和遭遇到的各种各样的原住民部落和平相处,简单的警惕心理却会让他们就范。面对敌众我寡,又缺乏训练,除了偶尔一两回,在战争理念上,他们竭尽所能地避免冲突,当然,他们也确实不熟悉印第安游击战士的鬼影遁形和兵不厌诈的战法。但是,维持和平这一问题,却因为原住民部落间持续不断的战争而变得复杂,对

第一章 早年遭遇

于定居者来说,要避免这样冲突,真是难比登天。除此之外,法国和英格兰之间为了北美大陆的控制权已经进行了旷日持久的冷战——在弥漫了一百多年的硝烟味之后终于听到了爆炸声,在1754年开始了法国—印第安人战争或称7年战争——不管是印第安人还是定居者,这一格局皆大为削弱了他们的士气。无论是法国人还是英格兰人都按捺不住地要把印第安人拿来当作他们争夺北美大陆控制权的棋子。法国人一再地鼓动他们的印第安友军去劫掠英格兰人的定居点,而英格兰人这边也同样玩着没有节操底线的游戏。

弗吉尼亚,是种植园主和印第安人初次遭遇的地方,也是约翰·史密斯上尉和印第安酋长波瓦坦(Powatan)以及他的女儿波卡洪塔斯(Pocanhontas,又译:宝嘉康蒂)流传经久的奇遇故事的发生地。对于以下这个故事人们可以仁者见仁,智者见智。当波卡洪塔斯那个脾气不好又狡诈的老父亲波瓦坦准备要把史密斯打得脑浆迸裂之际,是她救了史密斯的命。当然,我们也只有史密斯上尉的一面之词,一些历史学家称其为臭名昭著的骗子(不过另外一些人,也用同样的历史研究的方法,以翔实的证据为其作了辩护)。至少比较清楚的一点是,在这位头发半白,一面像求偶对象一面像父亲一样的史密斯上尉和那位印第安公主之间的确有亲密和真挚的关系。而且她一定是位迷人的姑娘,也曾在印第安少女的狂欢队伍中,赤裸着横穿过詹姆斯顿①的广场。印第安人在外交上的问题之所以变得引人注目,也是因为自史密斯上尉离开殖民地之后,波瓦坦就开始骚扰定居者了。而定居者的应对办法就是把波卡洪塔斯抓来作人质,迫使波瓦坦弃恶从善。就在波卡洪塔斯被羁押在詹姆斯顿的时候,

---

① Jamestown,弗吉尼亚殖民地早期建立的城镇。

一个叫约翰·罗尔夫(John Rolfe)的人,或许是因为先前在广场上看过她做侧手翻,爱上了女孩,并且作了大量的思想斗争要不要娶她。他希望自己确信的确"谨受上帝意志之召唤"。并且他申明,按他的原话说,他(与波卡洪塔斯结婚)并不是受了"不受控制的肉欲情感"的引领,"而是为了种植园的利益,为了我们国家的荣誉,为了上帝的荣光,为了我自己的救赎,以及为了使一个不信者皈依上帝和耶稣基督的真理"而这么做的。于是,这样的结合也就如他期许的那样变得顺理成章、不容反驳。罗尔夫于是就娶了波卡洪塔斯,并带着他的已经改名为瑞贝卡·罗尔夫并穿着英式优雅服装的印第安公主,回到了英格兰,然后被引见给英国女王,并被当作上帝造物的奇迹一般瞻仰。

瑞贝卡·罗尔夫在回弗吉尼亚的航行中过世了。她留下了一名男婴,按照一种浪漫的说法,许多今天的弗吉尼亚居民都是这个男婴的后代。上面这个故事是白人和印第安人之间的关系既充满浪漫色彩又富有悲剧性的一个缩影:起初在罗尔夫和波卡洪塔斯结婚时看上去是如何的前景美好,但是在几番时而色彩绚烂时而血腥的波折之后,最终走向一个阴郁的结局。

在 1622 年,也就是波卡洪塔斯去世数年之后,弗吉尼亚的印第安人突然开始将矛头指向白人,并且几乎血洗了整个殖民地。那些幸存者只是因为一个印第安妇女的警报而幸免于难[①]。而这一事实不免引出了白人和印第安人的关系之中,最令人震惊的方面之一:一群又一群的定居者,一次又一次因为印第安妇女的警报而躲过了印第安人的突然袭击和灭绝屠杀。这些妇女冒着生命危险,警告定居者即将接踵而来的袭击。

---

① 部分资料也称警报提供者是一名男孩。

第一章 早年遭遇

约翰·劳森是一名绅士、一位测绘员,他与北卡罗来纳的印第安人很熟,他也特别喜欢印第安妇女,在他看来,印第安妇女(整体而言)简直堪比宇宙间任何美好之物。她们有黄褐色的肌肤,明眸忽闪而多情;她们笑靥动人,因而拥有世上无双的面容;她们都有一双玉手,纤小修长;她们面颊圆润,胴体浑若天成。她们并非像我们想象的那样缺乏教养或者不可相容,她们也并非……缺乏柔情。

"贸易女郎"(Trading Girls)是一些没结婚的年轻印第安妇女,只要她们的家人和酋长同意,而且酋长能拿到一部分回扣(通常是一瓶白兰地),她们就能跟贸易商人睡觉然后拿到一笔钱。这些妇女并不会因此背上污名,通常干这个勾当一段时间之后就嫁给一个印第安战士,从此当上贤妻良母。那些和印第安人做生意的白人,"通常有一个印第安妻子",劳森写道,"因此他们很快学会了印第安人的语言,与这些野蛮人建立了友谊。这些白人发现他们的枕边伴侣,印第安女孩们,除了能给他们带来床笫之欢,还非常好用,不仅可以照料他们的饮食,而且还能教他们当地的风土人情。"

这些关系所产生的一个不幸结果,至少在劳森看来,以这种媾和方式生出来的孩子,长大了还得是印第安人。尽管如此,"我们仍然发现英格兰人和其他欧洲人已经习惯了和这些野蛮人妇女的'交际'以及她们的生活方式,深深着迷于这种大大咧咧的生活。为了能一直待在他们的印第安妻子和她们亲友身边,只要他们还活着,就不怎么愿意回到英格兰人中间生活……"除此之外,劳森还观察到"印第安男子在恋爱中并没有像我们这样精力旺盛又急不可耐"。印第安少女非常独立,而且"那些和欧洲男子'交往'过的妇女,日后很少会把和本乡本土的男子的'交流'放在心上"。

劳森所用的"交流"(conversation)和"交往"(conversing)这两个词指的是同居，包括两性关系。证明印第安妇女和白人男性之间存在着美妙的关系，也是通过许多很细碎的小小旁证而推出的。很显然，印第安生活最吸引白人男性的一面就是印第安妇女了。导致这一结果的因素部分是因为印第安妇女很容易接近，而且这种关系十分简单并且是自然而然的。不仅如此，印第安妇女很有主见又很独立，但又温柔可爱，并且对她们的白人"丈夫"非常忠诚。在印第安妇女看来，白人男性就意味着权力。

深沉难测和异域风情，这些东西无论是什么种族、什么年龄的妇女看来都是男性魅力的体现。在定居者和印第安的关系中，最让人辛酸扼腕的也就是白人男性和印第安妇女之间这种昭然若揭的联系，而这种联系通常也能拯救一个在双方前线的定居点使之免遭灭顶之灾。

可惜，极少有殖民者能有像罗尔夫先生那样的作为。威廉·伯德在其《分界勘定记》①(The History of the Dividing Line)一书中对此事颇感痛惜，"毕竟啊……"，他用着看似睿智，但毋宁说是滑稽的口吻写道，"……如今派到这些印第安异教徒，还有别的异教徒当中的传教士，最占风头的是这些活泼好动的情圣……况且，而今就算皮肤有颜色也不会受人指摘。话说，摩尔人要把肤色洗掉成为白人只要过三代，那么一个印第安人要把肤色漂白也只需要两代人。"伯德认为印第安妇女"就和他们早前从海外来的船只上买来的年轻女人一样，都能成为第一代种植园主的贤惠妻子……因此，当一个虔诚的基督徒如此慷慨地与一个印第安妇女共享一片印第安土地的所有权，并如此高尚地拯救了她的灵魂，那么拒绝拥有这样一位健康、坦诚的枕边人岂不怪哉"？

---

① 此书记录了其勘定弗吉尼亚和北卡罗来纳两片殖民地的分界线的经过。

第一章 早年遭遇

就算殖民者和印第安人结婚的人数并不多，但是他们依然十分欢迎印第安人的来访。在 17 世纪 90 年代，威廉·杜兰德参加了一个在弗吉尼亚的婚礼，有很多印第安人也在场。杜兰德笔下的那些妇女穿着"某种衬裙，也有些人披着粗鄙蓝布衣服，而这种蓝布做成的毯子是他们在某些船上做生意来换鹿皮的。她们在蓝布片的中间挖个洞，把头穿过去，然后将布片包好身子，用鹿皮带束紧。她们自如地加入宾客之中，为典礼平添了一串'多彩'的音符"。

印第安部落的一些成员如果与一个殖民地交好，那么他们很自然就会去拜访那里的居民，或者成为殖民地的座上宾。以宾夕法尼亚为例，他们的议会有几间公寓，就是为了印第安酋长拜访而准备的。在弗吉尼亚，招待过往此地的印第安人这种传统一直保持到了这一风气盛行的最后时光。据托马斯·杰斐逊回忆，印第安人经常来访威廉斯堡，并且来访者为数不少。这位弗吉尼亚人抽出许多时间来陪伴这些客人，他们也曾是伟大的切诺基勇士和辩论家欧塔希提（Outacity）的朋友。欧塔希提来往于殖民地首府的旅行中，经常和杰斐逊的父亲为伴。约翰·亚当斯也有类似的回忆，他记得从小时候彭格博（Pungapog）和内蓬塞（Neponset）部落的祭司和首领——他分别称之为亚伦和摩西——就频繁来访。他说："我从来没有见过这么高，这么魁梧的印第安人。"接着，亚当斯在他的长篇大论之后总会提到他家附近一户印第安人的棚屋："在那里我总是能被招待吃越橘、黑莓、草莓，或者苹果、梅子、桃子，等等。因为他们在家周围种了好多各种各样的水果。"

很不幸，要是和一个印第安部落成为朋友，那就得成为他们敌人的**死敌**。印第安人的道德伦理观念在这方面没有妥协的余地。如果你成为某个印第安部落的朋友，那你就是他们对抗敌人的盟友。只要背离了这一条,就是最可耻的背叛。弱小的或者附庸的部落总是希望和定居者建立盟友关系,希望能借此打败他们所附庸的部落。在加拿大地区的法国人,因为和休伦人(Huron)结盟,而和北美大陆东北部最强大也最好战的易洛魁(Iroquis)人成了敌人。之后,当欧洲列强将他们的战火延烧到美洲大陆的时候,这群休伦人的天敌则成了英格兰人的盟友。在康涅狄格,定居者受邀在印第安人的土地上建造家园,这显然是那个部落希望可以增强实力一同打败敌人。康涅狄格的定居者在约翰·梅森和约翰·恩德希尔的领导下消灭佩克特人(Pequot)的行动,得到了该地最强大的部落,纳兰甘希特人(Narragansetts)和莫西干人的配合。定居者成功地和他们保持着整体上的和平友好关系。

在马萨诸塞湾的殖民地建立起来的时候,约翰·艾略特(John Eliot)把《圣经》翻译成印第安语言。但艾略特只是许多辛勤工作以改变印第安人的命运并使他们皈依基督宗教的传教士中比较有名的一个。哈佛大学特别建了一幢教授印第安学生的大楼。克莱布·切司哈陶穆克(Caleb Cheeshateaumuck)是第一个在此获得学士学位的印第安人。当威廉玛丽学院于1693年在威廉斯堡建立的时候,其中就有一个印第安学院,当然,达特茅斯大学里也有。达特茅斯的印第安学院培养出了一位杰出的印第安牧师和学者,沙逊·奥康(Samson Occom)。

但是,所有的努力最后都付之东流。白人对于印第安人的看法过于狭隘。他们想尽办法要把印第安人转化为"白人新教徒",可是对于这一计划,印第安人却十分抵触。而且印第安人并不是一个整体,这一事实也让这个问题变得更加复杂。不同部落的印第安人,语言、风俗和习惯各有不同,而且他们都具有部落意识。他们没有也不能完全脱离所属部落而存在。白人的行为方式和文化对这些所谓的印第安人来说仿若天方夜谭,而他们的行为方式在白人看来亦复如是。

无论何种情况,尽管双方的开明之士都会竭力避免白人定居者和印第安人之间总是时不时要进入痛苦的战争状态。除了早年岁月,战争无一例外是不利于印第安人的。因为战争给了白人机会,可以攫取印第安人的土地,然后签署一份不能轻易打破的能确保其既得利益的合约。

在白人和印第安人的所有接触中都有一种有趣的两面性和模糊性。对于信奉新教伦理的人来说,印第安人的生活有许多吸引人的地方。白人社会是围绕契约关系的理念和人们按规矩办事而构建起来的。比起守清规戒律的清教徒,印第安人似乎更能理解的中世纪的武士,而白人这边却恰恰相反。而宗教改革,使得信众们成为一个个"个体",于是在仍然具有部落意识的民族面前,他们成了一群孤立无援的外来者。不仅如此,白人定居者有心理包袱,其中最根本的就是他们一直绷着一根弦,永远只做出合乎他人预期的行为举止。而印第安人自由中确实带着些散漫的生活,有时真的对他们是一种难以抵挡的诱惑。

本杰明·富兰克林观察了印第安人的生活,看到他们"欲望不多,且都发自自然,也很容易满足",使得他想提出全新的人类发展理论。他自忖,既然人类在自然世界中能过得如此满足,奈何文明会兴起？文明一定是生活条件稀缺造成的,诞生文明的地方,那里的人是被从可以简单生活的土地上赶出来的,所以他们必须建立起复杂多样的经济和社会生活。富兰克林在给友人的信中写道:"他们（印第安人）并不缺乏对自然的认识,他们看上去一点也没兴趣为了我们改变生活方式,或者学习我们的艺术。"

甚至一个印第安小孩在白人中间被抚养长大,"我们教他我们的语言,让他适应我们的习惯",如果"他去见他的家属,只要有一个印第安人

悲剧遭遇：美国原住民史

和他说上一大通话，我们就完全没必要劝他回来了……"甚至可以说，如果一个白人，无论是什么性别，在幼年被印第安人囚禁并和他们生活在一起很长的时间，当这个人回到白人社会的时候，"很短的一段时间就会对我们的生活方式感到厌恶，而且只要一逮到良机就会逃回丛林，从此也别再想着让他回来了"。威廉·佩恩把他和宾夕法尼亚的印第安人的初次会面描写得栩栩如生，他对印第安人的外貌和风俗观察得细致入微。

> 他们这些人，个子大多高高的，腰背很直，体格健美且比例匀称。他们步伐坚定而灵巧，走路时大多是高昂着头。除了肤色黝黑，他们的着装打扮就像英格兰的吉普赛人。他们用去除杂质的熊脂油把身子涂得油亮亮的，不采取任何遮阳或避雨避寒的措施，所以他们的皮肤才会这么黑。他们长了一对小小的黑眼睛，乍一看还真有点像犹太人。印度人和黑人中常见的黑嘴唇和塌鼻梁在他们这里不多见。无论是男性还是女性，我都看到过和你们大海那边的人一样清秀的欧式脸庞……他们的语言很高贵，使用范围很窄，但就像希伯来语一样……一个词顶三个词的意思……我不得不说，我真的不知道哪种欧洲语言比他们的语言的单词重音和强调更甜美更有气势。举些例子吧，比如 *Octorockon*，*Rancoros*，*Ozicton*，*Shakamacon*……这些都是地名，读起来气势磅礴的。

> 印第安人的孩子出生后，他们会被冲洗一番然后扔进冷水中，用以磨炼。

> 随后，他们把婴儿用破布包起来，放在一片比婴儿的长宽略大的

平整薄板上,然后在上面快速地把婴儿包裹进襁褓之中,因此,印第安人的后脑壳都是平的。完成了这些,印第安人就能把婴儿背在身上带着走了……一旦年轻的妇女到了适婚年龄,她们都会在头上盖些东西,就好像是种征婚广告,但是因为这样她们的脸庞就很难瞧得见,除非她们乐意给你看。妇女的话,结婚年龄大约在十三四岁,男人的话大约在十七八岁。他们很少比这岁数更晚结婚。

印第安人的食物是玉米,也称"印第安谷物",有好多种加工的办法:有时把玉米放在灰堆里烤着吃;有的时候把玉米粒打下来用水煮着吃,他们管这叫玉米粥(hominy);他们也把玉米做成不太好吃的蛋糕。同样地,他们也吃几种大豆类和豌豆类的食物,这些豆子营养丰富。树林和河流就是他们的大粮仓……他们一定很善于掩饰自己内心的不满,我想我能得出这个结论是因为看到了他们彼此之间复仇行为吧。无论是掩饰还是复仇,就是意大利人也一个都比不上他们。

但是他们慷慨大方,对朋友好得没有底:你要是给印第安人一把好枪、一件外套或是别的什么东西,可能要转手20次才会最终留在一个人手里。他们无忧无虑,感情热烈,但消磨得也很快;他们是最快乐的动物,欢宴不断,跳舞不休;他们从来就没有很多财产,也从来不多求。印第安人的财富像血液一样流转,而且见者有份……如果说他们不了解我们的欢乐,那么他们也没有我们的痛苦。他们不必为提货单和汇款单感到心烦,也没有法庭诉讼和财税部查账将生活搅成乱麻。我们辛苦劳作,收入微薄才得苟活,他们的生活却充满欢乐——我的意思是说,他们每天的工作是打猎、捕鱼和捉鸟……他们每天进食两次,早晨一次傍晚一次。他们把地面当桌椅。自从欧洲人来到这些地方,印第安人们也都开始钟爱烈酒,尤其是朗姆酒。他们一旦喝上了烈酒,那就闹个不停直到喝得酩酊大醉睡过去。他们总是这样嚷嚷,再让我喝点,我喝了就去睡觉。印第安人喝醉的样子,简直是世界上最可怕的景象。印第安人视金钱为正义:任何事情无论错得如何离谱或者如何邪恶,就拿杀人来说,他们也会大排筵宴或者拿出自己的财物用以赎罪,而这规模是和侵犯别人的尺度或者受害人的身份乃至受害人的性别成正比的。如果他们杀了个妇女,那么他们会赔付双倍的钱,而他们的理由是"因为她要繁育后代,这是男人干不了的"。

佩恩笔下的印第安人的磋商方式也很简单。

别欺负印第安人,但请让他们占有正义,这样你就能赢他们了。最糟糕的是,他们比基督徒品行低下,他们将恶习繁衍扩散,总是为了坏东西而不是好东西放弃传统……我恳请上帝眷顾来到这些土地上的信教者,使他们对上帝意志之至大真理的坚定皈依,在这些土著人的信念灭亡之前依然在世。若我们在可怜的印第安人良知的正当谴责之下溃败,实在是不幸之尤甚。

约翰·哈克威尔德牧师是一位摩拉维亚教会的传教士,他也表达了对印第安人生活同样的敬慕之情。他写道,印第安人认为

(神)创造了地球和在之上所有对人类普遍有用的东西……这并

第一章　早年遭遇

不是一些人的福祉,而是所有人的。所有的一切都是给所有的人类后代的。所有栖息于土地上的东西,所有从土壤中长出来的东西,所有流经这些土地的河流和水体中的东西,是共同给予所有人的,每个人都享有他的份额。从这个理论出发,那么自然就结出了殷勤好客这颗果实。他们向所有人付出,他们对所有人都好客,没有例外,而且他们总是会彼此分享,有时还和陌生人分享,哪怕是他们最后的一口食物。

"你的"和"我的""我们的""他的""她的"这些词对于印第安人,并没有白人眼中所谓的限定意义。如果一个白人坚持说一片土地这是"他的"财产,而印第安人却不认为土地有"被他所属"的可能性。印第安人对有关买卖土地的所有理念闻所未闻,因为一方面他们知道要把敌人从自己的狩猎区域和占有领地上赶走,另一方面却没有意识把长期属于某一个部落的区域特别标注出来,更别说是属于哪个印第安人个人的土地了。因此,印第安人经常把同一片土地"卖"给好几个英格兰买主,所以就算没有造成流血冲突,这也导致了许多不解和误会。

富兰克林对于如何努力使印第安人对白人的教育感兴趣有着经典的记述,这也揭示出将这两种文化调和在一起的困难之处。据富兰克林所述,在一次易洛魁六部落(Six Nations)和某个殖民地当局谈判的会议上,一位处理印第安事务的官员对印第安人说,为了作出表达友谊和美好愿景的姿态,"要建立一个帮助印第安人的基金会"可以做到"只要印第安人子孙后代想支取,就能给付所有的教育开支"。如果印第安人同意,英格兰这方面愿意把六个最聪明的印第安人带到他们那儿去,"用最好的教养方式培养他们"。而印第安人的回答是,从效果来看,大学教育对他们来说并不实用。"有些印第安年轻人从前在那所大学受过教育,但是过了很长一段时间当他们回到自己朋友中时,人们发现他们什么也干不了,对猎鹿、捕水獭或者奇袭敌人的正确办法一窍不通"。然而,酋长们却被提议中流露出的善意打动,他们反过来提出"英格兰的先生们愿不愿意送十几二十个英格兰孩子来奥农达戈(印第安人居住地)",他们愿意承担责任,用真正最好的教养来培育他们并且使他们成为真正的男子汉。这个故事多半是编造的,因为富兰克林总是不停地编造此类引发道德思考的故事,但是这个故事确实说到点子上了,并且印第安人这种煞有介事的回答是他们典型的幽默方式。

白人和印第安人之间的冲突许多都围绕在定居者——尤其是新英格兰的——他们的新教"工作伦理"上面。对于白人来说,一个人如果他不是恶民的话,没工作或者不想工作,那就是因为他身子弱或者脑子不好用。不工作或者酗酒是一种放浪的行为,是要遭神谴的。而印第安人两个都沾,他们只要逮到机会就抗拒工作,然后喝到不省人事。约赛亚·科顿的《马萨诸塞(或纳提克)印第安语言词汇》是为居住在马萨诸塞充当殖民地保卫者,且已经皈依基督的"印第安信徒"而写的;书中已经把白人的态度说得很清楚。词典中有关工作和饮酒最引人注目的一些短语是:"你为什么不努力工作?"(印第安语为 *Kah tohawal mat menukanakausean.*)"我会全心全意去做,可是现在我不舒服。""但是工作可以治好你的病啊,如果你戒了酒也会好很多啊。"当然还有这个,"无所事事是万恶之源"。

和印第安人的无数次谈判会议总是花样百出,戏剧不断。在谈判的时候,印第安人总是拿出他们最高贵最夺目的那一面。比起他们在战争中表现的无情和残酷,他们在和平时显得宽宏大量。当议事的地点确定之后,这一个或几个印第安部落就会开始聚集。他们没有英格兰人"准时"的观念,所以他们经常迟到得令人发指,按照英格兰人的时间来算,他们会迟到好几天甚至好几个星期。印第安人会盛装出席会议,穿着上是印第安式和英式服饰的奇怪搭配;他们穿着挂了珠子的鹿皮上衣,靠一只插了羽毛挂着贝壳的水獭皮毛来衬托;或者戴着头饰,配上有暗银搭扣的蓝绒大衣。印第安人的演说非常之长,又口若悬河,其中穿插了丰富的带有隐喻性的形象和观点。大伙儿抽着卡吕梅烟——它还有个名字叫和平烟斗,就把协议给敲定了。

殖民者显然对印第安人的演讲能力更感兴趣,有些历史学家认为19世纪美国政治家喜欢用的"步步紧逼"(stem-winding)还有"一泻千里"(spread-eagle)的演说术,最早可能源自在谈判会议上印第安酋长的演讲。谈判会议常常也伴随着觥筹交错、欢宴狂欢,尤其是在协议已经达成的时候。因为签订协议的时候一桶朗姆酒常常是少不了的,而且印第安人还会连着庆祝上好多天。

1754年①,纽约殖民地长官和奥农达戈人以及卡尤佳人之间在奥尔巴尼举行了一次典型的谈判会议。

(译者按:印第安首领说)兄长:您是无上的首领,而吾等仅小国寡民。当英格兰人来到纽约、弗吉尼亚及马里兰诸地,他们势单力薄而我们人多势众。我们发现你们的祖先都是良民,因此把土地让给他们与他们和平相处。现在你们的人越来越多,而我们的人却越来越少。如果你们不想让我们丢光所有的猎物和水獭皮,你们必须帮我们抵御法国人。法国人想要拿走所有的水獭皮,如果我们留一些

---

① 原文误,应为1684年。

给你们英格兰人他们就会发怒。我们已经把所有的土地和我们的人都归于伟大的约克公爵——你们伟大领袖的兄弟,属下。我们把用汗水赢来的萨斯奎汉纳河领土给予你们政府。有一棵大树在此栽种,它的树冠能触碰到太阳;我们希望我们的给予能成为这棵树的枝干,在这样一些枝干下,我们得到庇护免受法国人和其他敌人的来袭。我们的火种在你们的房子里熊熊燃烧,而你们的火种也在我们的房子里熊熊燃烧,不分彼此。我们希望能一直这样下去……

我们顺从于你们伟大的首领——居住在浩淼之水彼岸的查理国王。我们在此呈上臣服的信物,两件雄鹿皮,献给他。

之后,印第安人就奉上珠串以及皮毛,白人则赠予针、布匹、透孔织品、衬衫、珠子、镜子、枪支等礼物。

和富兰克林如出一辙,杰斐逊像几乎大多数美国知识分子那样,深深地为印第安人的生活所吸引。切诺基人酋长奥塔希提在他动身前往英格兰的前夜,在他的帐篷里向他的子民发表了告别演说,而杰斐逊当时就在现场。当杰斐逊多年后回忆起那个场景的时候,他回忆说:"当时天上挂着一轮满月,奥塔希提对着月亮祈祷好像在祈求他自己旅途平安以及在他离开之时他的子民们安然无恙。他的声音洪亮、发音清晰、动作丰富,他的子民们也在他们的篝火边庄严肃穆地聆听,让我感受到了敬畏和尊严——尽管他说出的话,我一个词也听不懂。"

威尔康姆·华西博恩写道,

当上官员的白人,在许多方面比起单个的征服者、皮草猎手或探

第一章 早年遭遇

险家来,要更让印第安人感到奇怪不解又觉得气味不合。政府官员和印第安首领交流时都会用上欧洲式华丽的套话,但形式和内在精神并不常常匹配完好。而这些印第安人,更看重内在精神而不是文字样式,因为在这个没有文字的社会里面,文字样式是华而不实的,而这又和白人的循规蹈矩格格不入。

任何一个外国政府都无法同情,更别说理解,印第安人这种组织样式在白人官僚体系中找不到对应的种族所面临的困境。

白人和印第安人之间持续不断磋商的开天之作,当然就是约翰·史密斯抓住波瓦坦的头发擒住他,真的就是用"绞"的,把一块块土地从他那里夺过来。有一个著名的故事说到,白人艰难地讨价还价,最后让印第安人埋了单,这正是所谓的宾夕法尼亚步行购买印第安土地事件。印第安人以合理的价格出售了一片土地,距离范围是一个人从日出到日落能走上一天半的路程。这让我们来看,一个走路相对较快的人来说大约可以得到20平方英里。然而,白人却安排了人跑步接力,从而划出了一片很大的土地,因此他们所得的面积是印第安人要出售的土地面积的好多倍。对印第安人来说这是赤裸裸的诡计和欺诈。对白人来说,这是个聪明的计策。这也就不奇怪,波卡洪塔斯对英格兰人的"谎话连篇"不感到意外。或者说经历了这么多代人,印第安人已经对白人说话半真半假见怪不怪了。但这种事的讽刺之处在于资本主义萌芽阶段的社会是从新教宗教情感发展而成的,而这种情感是建立在契约关系以及最重要的一点,即"一个人说的话要像他的债券那样可靠"之上的。因此"英格兰荣誉"也变成了公平交易的代名词。然而,随着时间流逝,个人诚信上的负担逐渐转移到合同上去了。只要能在合同里（或者是和约中）能妥协的就已经是足够的公平。而伎俩只是整个妥协的一部分。人们如果生活在完全没有普通官僚体系的环境或游离在体系之外，那就只能寄托于对方的人品，而且他们在老谋深算的协商者面前总会表现出天真无知。

　　北美洲的这些原住民无论他们是"卑劣的野蛮人"或者是山林贵族，英格兰定居者，无论他们是无情的掠夺者或者是渴望拯救异教徒灵魂的虔诚基督徒，都很难想象这两种文明共存在同一片大陆，在他们历史性的遭遇之时没有留下痛苦的冲突记忆。

　　这些所谓的印第安人教殖民者种玉米和烟草、豌豆、大豆、大南瓜、小南瓜、甜瓜和黄瓜；教他们如何打枫糖；如何把鱼当肥料；如何打猎和设陷阱；如何做独木舟。印第安人给殖民者提供了无数的地名以及后来随处可见的烧烤。但是从更深远的重要性来看，他们搅动了白人思维的最深层。印第安人是否代表了一种更自由更贴近自然的生活？他们是不是人类未来可能性的新疆界？或者他们的残忍和暴力让"文明"人竭力压抑的野性获得了觉醒？一个人无论如何去考虑这个无法解答的问题，但事实就是白种人和红种人（印第安人）陷入了一个陌生又可怕的直面格局，这既让白人的优势地位被削弱，同时也最终破坏了印第安人的部落生活。

第二章 美国革命

当英国人①开始想尽办法将法国人逐出俄亥俄河沿岸地区,也就是弗吉尼亚殖民地声称拥有的土地的时候,法国—印第安人战争也在美洲大陆打响了。弗吉尼亚殖民地的总督罗伯特·蒂恩怀迪(Robert DinWiddie),派遣了一位雄心勃勃名叫乔治·华盛顿的民兵将法国人赶出上述区域。当华盛顿在大平原地区建立了必需堡(Fort Necessity)之后,一支更庞大的法军将其包围并勒令守军投降。战事的爆发也促使了奥尔巴尼殖民地议会的召开,殖民地当局在英国政府的指导下商讨如何应对印第安事务。英国方面希望几个印第安部落能放弃对法国人的拥护,并且如有可能,给予英国殖民者一定帮助。各殖民地派出代表与易洛魁联盟,这个北方战线上最强大的部落联盟的代表见了面。本杰明·富兰克林是宾夕法尼亚的代表,他被视作印第安人的朋友。他与会的时候,手里已经握有一份"联邦计划"(Plan of Union),呼吁北美所有殖民地建立起一个"共同政

---

① 1707 年,英格兰苏格兰合并,改成大不列颠王国,因此 English 翻译为英格兰人,而 British 为英国人。

府",团结在一个"几个殖民地人民的代表"选出的"大议会"周围。这个提议的初衷是"维护和执行所有普遍照顾各殖民地利益的,和印第安人签订的协议;并与印第安人建立和平或与之作战"。富兰克林的奥尔巴尼联邦计划被看作是至少在向一定程度的殖民地自主统治方面迈出了坚实的第一步,尽管遭到了英国政府的遏制(这个计划确实比大多数北美殖民地的目的要大为超前了),但是我们仍然可以这么说,寻求一种普遍的印第安政策的需要播下了殖民地联邦的种子。没有这种普遍政策,某个印第安部落就能周旋于两个殖民地之间,就像他们如何周旋于法国人和英国人中间一样。尽管计划失败,但它仍是一次重要的尝试,而且也向殖民者展示了"印第安问题"的重要性。

1755年7月,布拉德多克将军在杜根堡(Fort Duquesne)遭到毁灭性打击,其中法国人的印第安盟军扮演的角色证明了奥尔巴尼计划的失败。在杜根堡之战后的几次战役,以沃尔夫将军完胜法军的蒙特卡姆将军而告终,在这些战役里英军和法军两边都有印第安人加入,他们充当的是非正规部队以及侦察兵和突袭队。沃尔夫胜利之后,法国人就把加拿大割让给英国国王了。法军的印第安盟军因为站错队而深受其苦,因此许多人在随后于1776年爆发的美国独立战争中,转投门庭成了大英帝国方面的盟友,大英帝国因此也能征召一批为数可观的印第安军队。而殖民地这一边也并非没有他们自己的印第安盟军,但这些主要是已经"定居化生活"的印第安人,皈依基督教,过着农业生产的生活。像马萨诸塞的斯托克布里奇印第安人那样的部落,他们已经被组织安排和分钟兵以及一群莫霍克战士并肩作战。当斯托克布里奇印第安人刚被分配到白人长官手下受指挥时,他们的酋长立即跳出来表示抗议。"兄弟们,"他写给马萨诸塞殖民地议会的信中写道,"有一件事我要求你们:你们务必要让我以我自己印第安人的方式去战斗。过去我没有和你们英格兰的风尚对着干,那么现在你们也不能要求我能像你们的人一样接受军事训练。你只要告诉我你们的敌人在哪里,这是我唯一想知道的事情。"人们认为"定居化生活"的印第安人远没有保留着游牧和部落生活的"野蛮人"来得可怕。这些"定居"的印第安人主要任务实际上就是假扮成英国人难缠的敌手来威胁英国人。他们喜欢这么折腾玩,先是玩火一般地冲到英国人底盘的边境线上,然后"他们挥舞着剥头皮的刀,嘴里嚷着难听的骂人话"。但是他们并不能很好地适应军营生活。有一个民兵指挥官这样写道:"这帮人简直嗜酒如命,越来越不是省油的灯……现在已经没有什么丛林战可以派上他们的用场,所以他们都被遣散了。"

而那些战斗部落,情形就大为不同了。大陆议会的政策就是竭尽全力地让印第安部落保持中立,尤其是可怕的易洛魁联盟。"印第安人打仗的时候是出了名的不顾信仰和人性,"约翰·亚当斯在写给他的朋友詹姆斯·沃伦(James Warren)的信中这样写道:"如果英国当局煽动印第安人参战,那么他们就会在整个欧洲留下永久的污名。法国人已经因为在上一场战争中征用印第安人而使得自己名誉扫地。要是纵容这些嗜血狂徒们肆意妄为,剥人头皮,屠人妇孺,实在太恐怖了。"

而大陆会议在对易洛魁六部落的演讲中却极尽讨好,并随之奉上大笔金银。

你们印第安人知道在一个家庭中是怎么分配责任的。在父亲和他的儿子中间,那个当孩子只要承担一点责任。我们视英格兰为父亲,而我们这片殖民孤岛可以比作儿子。这位父亲……他请了一大堆仆人……有些仆人变得越来越骄傲自大且心地不良。他们不乐意见到这个孩子如此机敏,背着那些负担但身手还算矫健。他们告诉当父亲的,建议他给这孩子加重一些负担——他们说服了他的父亲……这些骄傲又坏心眼的仆人们看着这孩子因为负担加重而流汗蹒跚的样子,哈哈大笑。过不了一阵子,他们又让他的父亲把这孩子的负担翻个倍,因为他们听到了这个孩子的抱怨声……

这个男孩一边哭一边哀求向父亲求饶。父亲没有回答,因此在要倾倒的负担之下蹒跚前行的男孩"作出了他的抗争,把重负摔到一旁……看到这个情况,那群奴仆……给他的父亲拿来了一根杀威棍,让他拿在手里,胖揍这个孩子"。演讲的最后陈词是:"这是我们和英格兰老家之间的一场家庭争斗。这和你们印第安人无关。我们不希望你们拿起斧子迎战英王的军队。我们恳请你们留在家中,并且也不要加入另一边,请你们把你们的战斧深埋于地底……试问我们对于你们有何所求?没有别的,只有和平!"

尽管在独立战争的早期,英国人时不时地会利用一下印第安盟军,但是英格兰的大臣们,英国战地的指挥官却对雇佣印第安人来打击北美反叛军的想法存在深深的分歧。大多数人对印第安人的看法和殖民地人士是一样的:这些人是野蛮人,一旦把他们放在战场上,就很难用文明战争的规范来约束他们。印第安对屠杀和抢掠的偏好是广为人知的。尤其是在独立战争的早期,当英国人和解的愿望还比较强烈的时候,他们并不情愿使用那些会丧失美国民心的战争手段。而且,印第安人就和许多党棍还有游击队员一样,显然在长期和艰苦的战役中非常不可靠。毕竟,首先这不是印第安人的战争;其次,他们对战争的概念就是偷袭,爆发一些短

第二章 美国革命

暂的激烈冲突,然后大肆收获战利品。他们对旷日持久的会战没有胃口,而且他们散漫的作战方法很难和白人相当正规且繁复冗长的作战方式协同。但另一方面,印第安人在探路和突袭方面特别擅长,而且使用印第安人对敌方心理上的震慑效果要大于实际产生的效果。而美国人这边,尤其是远离前线定居点的人,始终生活在担心印第安人来袭的恐惧之中。他们在梦中会冒出这样的画面,一群脸上涂彩的野蛮人从丛林里蜂拥而出,他们杀人放火、剥人头皮、强暴妇女。在这种突袭中,运气好的是那些挨了一斧子倒在原地的,而运气不好的是还留着一口气,被折磨致死的。白人的这种心理的最好体现是在1776年,新罕布什尔当局悬赏每张敌对的印第安人部落的男性头皮70英镑,而妇女和12岁以上的少年每张头皮是37英镑加10先令。

在纽约和"西北领地"(the Old Northwest)——俄亥俄河以北的这片地区,亲英派分子和印第安人是紧密的盟友,尤其是易洛魁联盟的几个部落。亲英派因为心怀仇恨,于是伺机煽动印第安人来对抗独立派分子,并劝说英国人将印第安人物尽其用,使恐怖气氛和低落的士气在白人定居点扩散开去。

马萨诸塞当局把斯托克布里奇印第安人征召进一分钟兵①,但那只是个案,并且这些印第安人在波士顿保卫战中因为军营生活的固定作息和军事训练而变得焦躁不安和抑郁低落。

殖民地议会对印第安人有着一以贯之的定位。他们想了很多办法来保持印第安人的独立。1775年7月,在邦克山战役②过后不久,殖民地议

---

① 马萨诸塞在独立战争中的特色民兵武装,在一分钟之内就能从平民改装变成士兵作战。
② Battle of Bunker Hill,美国独立战争期间的重要战役,发生在波士顿附近,大陆军在此固守,击退了英军。

会将各殖民地划分为3个区域——北区、中区和南区——并指定了11名专员在这3个区域内主导印第安事务。这些事务专员有权"在他们相应的分区内,以殖民地联合体的名义并代表它处理印第安人的事务,从而保持与这些印第安人的和平和友谊,并防止他们以任何形式参与现今的骚乱之中"。

詹姆斯·杜安(James Duane)是一名纽约殖民地的代表,他目睹了奥农达戈人前来寻衅,要求在独立战争之后确保他们对既有土地的所有权。杜安建议北区的事务专员,应该让这些印第安部落知道,如果他们参与和美国人作对的事,那么最后就是要没收他们的土地。杜文还说,

> 印第安人对他们土地的价值知道得一清二楚。没有别的什么事情可以让他们在人性和信仰的框架内去思考的了……我对迄今为止我们所实行的腐败而不光彩的体制颇有窃喜之意,我们拉拢和贿赂印第安人,在确保最不堪的野蛮行为不会再发生之后,让他们放下了武器。他们应该像所有理性的人类一样得到正义。但是也要让他们知道,他们不能伤害我们然后什么后果也不承担。这一点就足以确保我们将来生活的宁静平和,尤其是英国人还想让他们的加拿大保持稳定的话。

每一片殖民地都有着和印第安人打交道的不同经历,每一片殖民地都有他们自己想从印第安人那里攫取的利益,而且有时候这些利益之间有着尖锐的冲突。南卡罗来纳殖民地在和印第安人之间利润丰厚的鹿皮贸易中得益,但他们害怕殖民地议会规范和限制他们与印第安人的贸易。而佐治亚殖民地,因为饱受南方印第安部落的袭扰,而迫切地想得到殖民

第二章 美国革命

地议会任何可能的帮助。

詹姆斯·威尔逊是宾夕法尼亚的代表,也是一名大地产投机商,他坚持殖民地议会在处理印第安人事务中保持自主性。他认为,除非和平协议是由一个主体出面签订的,不然就永远不可能和印第安人之间拥有和平。"说什么'我们更强大,我们更优秀,我们对待你们的方式比其他殖民地对待你们的都要好',像这样的话都不应该说给印第安人听。没有什么政治势力应该和印第安人谈判,只有合众国才有这个权力。"印第安人先知道了建立联盟有着"巨大的好处",他们还有个不寻常的案例就是易洛魁六部落结盟。"如果没有殖民地议会的许可,"威尔逊总结道,"你们谁都不可以和印第安人做生意。如果什么人都能他们做生意,一场持久不息的战争就很难避免了。"

1775年10月,中区的印第安事务专员们在皮特堡和一些印第安首领见了面。这些首领是:"银鞋跟"(Silver Heels);一位有名的战士——"蓝夹克"(Blue Jacket);肖尼人的首领,也是美国最有名的一个印第安人,"玉米秆"(Cornstalk);特拉华人的一个酋长,基尔巴克(Kilbuck);塞内卡人的首领,卡亚肖塔(Kyashota)。

印第安人同意保持中立,而且一个叫"白眼珠"(White Eyes)的特拉华人重要首领还回到费城和殖民地议会的议员会面,向他们保证他的部落会和殖民地当局保持友好。而殖民地议会这一边,承担起了为几名印第安青年去新泽西的普林斯顿大学提供资助的责任,但是这样的尝试却不尽成功。当其中一个印第安人让一个白人女孩怀孕之后,女孩的父亲暴跳如雷要求大陆议会支付赔偿金。

在北区,大陆议会的印第安事务专员和印第安人也进行了和平协议的磋商。当专员们来到会议现场的时候,他们发现,"首领们都坐在一间

悲剧遭遇：美国原住民史

屋子里面等着我们，"秘书坦奇·蒂尔曼写道，"而且所有的印第安男子都围成圈坐在毗邻的一个果园里，妇女和儿童紧挨着站在旁边。在圆圈中央放着我们的座位。当我们进入会场的时候，他们同声跟我们打招呼，说的是'你好吗'之类的话，然后就是一片沉寂。"翻译员将专员来此的目的告诉了与会的首领，但因为莫霍克的首领还没来，所以什么事情都无法谈妥。当提到我们会给他们提供酒和烟草时，首领们眼前一亮，"并向我们打包票，"蒂尔曼的记载中这样写道，"他们的兄弟，也就是我们美国人，应该很快和他们成为朋友。"蒂尔曼接着写道："那些可怜的野蛮人在公开会议中的举止真让我们这些文明人也感到自愧不如。我们看到他们是如此的安静，也从来不打断发言。只要一个人在说话，别的人就都认真在听。"印第安人抽着专员给他们的烟草，空气中充满默不作声而又在深思熟虑的氛围。

当酒摆上来的时候，大家还是保持刚才的举止，没有一个人急着去拿杯子。有一个人起来讲话，解释了一下在谈事情的时候喝酒的坏处，并想知道白人是不是不能随便把朗姆酒卖给年轻人。

与印第安人签和约，很快就会成为一桩无趣的差事。因为当你要向印第安人准确表达某件事的时候，他们不能马上知道你在说什么，很是费劲。演讲先由一位专员用简短的句子陈述，再由一个翻译员转述给一个印第安人，刚才专员说了什么。当转述给这个印第安人之后，再由他告诉易洛魁六部落联盟的人。因此一个演讲说起来虽然不需要20分钟，但因为这些必要的耽搁，会占用我们2—3个小时的时间。

第二章 美国革命

另外一件麻烦事是,来自殖民地议会方面的正式语言表达要进行改写和修正以及"加入……来龙去脉和人物概况,比之原文才能让印第安人明白易懂,有的时候你还得为他们一章一章地摘引洛克以及大多数你熟知的思想家的著述"。

到了傍晚,专员们放了一头公牛让"印第安年轻人以他们的方式,用弓箭、刀刃和斧子,围猎剿杀"。蒂尔曼接着写道:"这头野兽并不是脾气火爆的西班牙品种,它毫无脾气地任人宰割,在几分钟内就被大卸八块,一点都没有要攻击的意思。"之后是抢"两只花边帽"的竞足比赛。印第安人唱歌来为专员们助兴,但蒂尔曼发现印第安妇女的声音十分刺耳。斯托克布里奇印第安人部落的姑娘,已经皈依基督,并且在传教士的训练下演唱圣歌,蒂尔曼说:"她们很漂亮,也非常爱整洁,并且她们说的英语都还听得过去……"

经过了几天的谈判,为了印第安人的方便,会议转移至奥尔巴尼进行。但是蒂尔曼发现这座城市并不舒适且很不安全,因为这里充斥着士兵和印第安人。"很难说哪一方面最不正规和野蛮,"他写道,"士兵们想要酒,印第安人想要钱,他们可以为了这个造反。如果不供着他们就拒不出征。在纽约殖民地内和周围招募的军队真是一个糟糕的组合。他们主要是一些遣散的正规军士兵以及一些生活水平低下的外国人。"

休息了几天之后,印第安人才对由专员们向他们传达的,殖民地议会的照会作出了答复。"这太不可思议了,"蒂尔曼写道,"这些人相当准确地把跟他们说的意思都整合了起来。向印第安人传达的讲话原稿有9—10页,他们答复我们的时候,一个要点都没有略过,有些地方还是照用了我们的原词……他们真是够格的政客,也知道什么时间适合提要求。"

"我们很快就发现在会议中最有影响力的印第安人是莫莉,她是已故的英国在北部印第安事务专员威廉·约翰逊爵士的印第安姨太太和情妇。"作为一个有贵族背景的女人,蒂尔曼写道:"她亲切而礼貌地向我们致意。虽然她一身印第安人的打扮,但无论是她身上的亚麻布还是其他衣料都是最好的。"她嗔怪柯克兰——这位与会的奥内达人传教士自从她丈夫过世就再也没拜访过她——说,"穷人和不幸的人总是被人遗忘"。蒂尔曼揣测这个女人或许是与出席会议的印第安部落缔结和约的主要障碍。谣传她已经在盖伊·约翰逊和英国人那里施加了不小的压力。"这很稀松平常,"蒂尔曼在叙述这次和约会谈的结尾部分时说道,"印第安人把他们的政治游戏玩法熟稔于心,他们就是要左右逢源,两边通吃。"

在南区,也举行了一次类似的和当地部落的会议,在会上也分发了礼物,同时也收获了明确的中立承诺。

战争一个月接着一个月地延续下去,英国人的挫败感也在与日俱增。他们谨慎地实施利用印第安人的政策,但是其主要用途已经从军事层面的利用转为对美国人进行惩罚和恐吓。1776年秋天,乔治·热尔曼恩公爵致信英国印第安事务南部地区干事约翰·斯图尔特,敦促他在和克里克人以及乔克托人的协商中多多施压,让他们和切诺基人一起,在卡罗莱纳和弗吉尼亚的战线发动袭击。在战事爆发伊始,有谣传说南卡罗来纳的议会悬赏捉拿印第安人的人头,并且说印第安儿童,"到了某个年龄段一旦成为战俘,就会被擒获者收为奴隶……",热尔曼恩向斯图尔特估计,这种政策将会有助于雇佣印第安部落来打击美国起义军。6个月后,纽约殖民地的英国总督威廉·特莱昂①敦促英国政府:"放出野蛮人打击那些倒霉的叛军,从而在前线营造出一种恐怖氛围……"的确,他的这个建

---

① William Tryon,先后担任过北卡罗来纳和纽约两个殖民地的总督。

议很快就成了英国政府的政策。诺斯在英国议会辩论中为这一政策辩护,其依据是英国人出于感恩而去使用这些"上帝和天道赐予我们的"方法。而查瑟姆也因此奋起反击,发表了一连串他一生中最为雄辩的演说。他说,

> 我非常震惊地听到有人说出这样的动因!这些动因是多么不合宪法、不人性以及违背基督教义啊!……什么?还要将之归结于上帝的神圣旨意和印第安人剥头皮刀下的屠杀?还要归结于这些嗜血蛮族的酷刑、谋杀、炮烙和食人……哦,主啊,在他们的野蛮战斗中被乱砍乱杀的刀下鬼他们真的会给**吃**了啊!这么恐怖的观念,无论你有怎样的宗教观,无论你对人性有神圣的或自然的或任何宽仁的感知都会感到不可思议……他们真是让我,一个热爱荣誉战争,反对杀人如麻的野蛮行为之士感到何等震惊……我们竟然要把这些野蛮的嗜血之犬放出去撕咬我们在北美的同胞、乡民。他们和我们同文、同法,共享自由以及信仰相同——无论从何种联系出发,我们都应该亲之友之,我们应该以人性的办法对待他们。

华盛顿本人也遇到了这样的问题,他在写给印第安事务专员的信中,以殖民地议会的名义要求他们招募,"如果能以恰当的名义争取到的话,招募一支400人的印第安部队。这些人只要摆脱了在彼此战争中的野蛮行径,我相信他们能胜任很多任务,比如当侦察兵或者加入到我们中间,当轻步兵"。

当这些政策事务还处在辩论之际,在北美战线上,北美起义军和想把宝押在英国这边的印第安人之间已经爆发了小规模战斗,战争颇为惨烈。

当时，有定居者在前线木屋的床头遇害，棚屋被付之一炬，而和袭击一样野蛮的绑架儿童和仇杀行径，彻底激怒了定居者。

这种袭击最致命的一次发生在怀俄明山谷（Wyoming Valley），该山谷位于萨斯奎汉纳河①靠近威尔克斯—巴里的地方。该地区大致位于宾夕法尼亚殖民地的北部地区，康涅狄格殖民地也宣称拥有此地。而且每一次宾夕法尼亚人想把康涅狄格的定居者驱逐出去的时候，都会引发公开的战事。这片山谷的定居者都是坚定的起义者，且大多数肢体健全的人都应召入伍参与了康涅狄格战线的斗争。

约翰·巴特勒（John Butler）少校率领的亲英分子游骑兵和他们的印第安盟军选择怀俄明山谷作为袭击的目标，用以打击北美起义者的反击并大肆劫掠。在巴特勒的率领下，一支超过1 200名印第安人和亲英分子的混编部队从尼亚加拉出发。他们一路行军到宾夕法尼亚西部的路上到处打家劫舍、杀人无数。赫克托·圣约翰·克雷夫科尔②当时就住在遭到劫掠的镇子附近，他说道："真是看了吓一跳，那些不设防的独门独院轻而易举地瞬间沦为敌人的囊中物。许多人被反锁在家中，和他们的家仆一起葬身火海。恐怖的场景一直在上演，我已经不知道怎样去描述再现了。"

袭击部队出人意料地夺取了怀俄明山谷的定居点。起义军唯一的一次防御作战来自泽布伦·巴特勒③上校，他带领大约300名老少占领了福迪要塞。1778年6月28日早晨，据一位亲英的木匠理查德·麦克吉尼斯所言，亲英部队和主要由塞内加人和"白眼珠"带领的特拉华人组成的印第安军队开拔到"一座由叛军盘踞的磨坊。野蛮人烧掉了磨坊，抓住

---

① Susquehanna River，美国东海岸最长的河，流经宾夕法尼亚州。
② Hector St. John de Crèvecoeur，法国出生加入美国籍的作家，在美国革命期间写了不少支持革命的文章。
③ 与以下简称为"泽布"的是同一人。

了三个人,两个白人和一个黑人。野蛮人后来在他们的营帐里把他们杀了"。饥肠辘辘的袭击部队也得到了当地亲英分子温特莫特家族(Wintermot)的犒劳,他们一共牵了14头肥美的牛来到军营。温特莫特家的人对约翰·巴特勒爵士说,他们来自一个以他们家族命名的要塞,如果部队能确保妇孺可以免遭印第安人的毒手,他们就可以投降。之后巴特勒将军也向福迪要塞和詹金斯要塞发去休战旗,要求他们在同样的条件下归降。詹金斯要塞照着温特莫特要塞的做法投降了,但在"泽布"·巴特勒领导下的福迪要塞守军却送出口信说,他们永远不会"把要塞交给亲英分子和野蛮人。他们要对抗到底,守卫要塞到最后时刻"。

亲英部队和印第安人包围了要塞并开始静候。最终,7月3日下午5时,约翰·巴特勒爵士命令手下火烧温特莫特要塞,意图让人觉得他和他率领的袭击部队正在撤兵。泽布·巴特勒上当了,起义军追出福迪要塞开始搜寻敌军。他们对着藏在树林中的敌人大嚷道:"出来啊,你们这群亲英的混蛋!出来啊,如果你们够胆就露个头!你们要是有胆就露个脸给我们勇敢的大陆军自由之子看看啊!"起义军在搜索敌军的时候渐渐散开,而亲英部队和印第安人也布好了陷阱。起初,起义军还能站稳阵地,但随后他们开始用火枪射击,印第安人挥舞着长毛和战斧向他们冲了过来,这些没有作战经验的人只能掉头四散奔走逃命。许多人跳进了萨斯奎汉纳河,但是那里有身上没有负重且技术更高超的印第安人游泳好手。他们很快擒住了落水的起义军士兵并在水中结果了他们的生命,而且如克雷夫科尔写的那样,"在此之后很长一段时间,这些尸首变得臭不可闻,漂浮在水面上,并侵扰着萨斯奎汉纳河往下游一直到沙莫金一带的河岸"。在另外一边,"那些逃回要塞的人,不是被抓就是被杀。据说被俘的人,都被绑在小树上,当天傍晚就被烧死了"。并不同情美国革命的克雷夫科尔补充道："这些无知的人欠缺考虑的策略，以及时代的不幸让他们为之丧命、断子绝孙，甚至让他们从12年前来到这里占有并美化的这片荒原上绝迹。这一场由殖民者和他们的母国之间的大对抗已经波及了所有地方，从海岸边一直到他们西部前线的村庄。"起义军对突袭部队的战败仅造成对方一个印第安人死亡和两个白人受伤。"因此，"一位亲英分子写道，"那一天对英国的忠诚和良好的秩序战胜了混乱和背叛。上帝对于我们这片神圣领土的庇佑，滋养和扶助了我们的事业……"福迪要塞的守军为他们的罪行付出了财产和一次又一次生命的代价。在理查德·麦克吉尼斯的话中又再次提到："部队对当地进行了一次彻底的财产查抄，罚没了包括耕牛、奶牛、马、猪、绵羊在内的任何类似的财物。这样做就足够把叛军狠狠打趴下了！"

"怀俄明山谷大屠杀"(Wyoming Valley Massacre)，这个在事后立即被命名如斯的事件引起了一场反对印第安人和亲英分子的风暴。袭击部队所实施的粗暴的破坏行动成为起义军发动反击的有力武器。关于大屠杀暴行的故事数不胜数，很多是真实的，也有很多是虚构的，这些事迹让印刷厂小工连着好几个星期忙着排版印刷。人们传说，要塞曾经被人纵火焚烧，而被俘的人有的被丢进熊熊的火焰，有的被钉耙叉在地上，然后由一个臭名昭著的残暴的印第安女王用战斧屠杀。到了晚上，据说，大家点起篝火，幸存的战俘们裸着身子，被敌人追逐耍弄。他们逃跑着穿过一堆堆火焰，直至精疲力竭，倒地不起。如此这般，"怀俄明山谷大屠杀"就成了亲英分子和印第安人残暴行为的代名词。这两方面确实是狼狈为奸、令人不齿的。正如我们之前所见，亲英分子总是特别喜欢以牙还牙。他们对起义军抵抗母国的行为的愤愤不平感，很少会因为对战争影响的敬畏心而减弱。他们既不对人宽恕，也不祈求仁慈，而这种仇恨又因为印第安人偏

第二章　美国革命

好全面战争而进一步加强,因此带来的结果常常是一样的残酷无情。

莫霍克峡谷(Mohawk Valley)①和纽约殖民地西部北至密歇利马琪那湖峡(Michilimackinac)②很快就变得没有人烟了,那里成为一片烧焦房屋的废土,而不再冒出炊烟的烟囱残留着那里曾经有人居住的痕迹。来自英格兰、爱尔兰和法国胡格诺教派的移民后代曾经在此地盘踞,直至独立战争爆发的前10年。戈申(Goshen)、米尼辛克(Minisink)和沃尔沃辛(Wawashing)曾经是充满生机的聚居地,尽管他们都位于印第安人领地之内。印第安人和定居者之间保持着一种相互戒备且小心谨慎的和平关系。独立战争则把这片地区变成了战场,成为英国人的一个军事中心。亲英分子和印第安非正规军一次又一次席卷通过莫霍克峡谷来犯。结构坚固的房子被用作防守要塞,而该地居民则日夜手握火枪。这个地区最大的印第安人首领是约瑟夫·布兰特(Joseph Brant),又叫"泰因德尼加"(Thayendanegea),是一个莫霍克人,在依利沙·惠洛克(Eleazar Wheelock)的印第安慈善学校上学,后来成为英国印第安事务总监盖伊·约翰逊的秘书。布兰特在1776年春天到访英格兰,成为詹姆斯·博斯维尔的朋友,在由罗姆尼给他画了肖像画之后,他又回到他熟悉的故土和美国人作战。

布兰特把目标选择在位于纽约殖民地西部樱桃谷内的一片村庄。这个峡谷最早是由纽约来的约翰·林赛他们一家在1740年来此定居的。从1778年春天开始,流言就开始传播说布兰特和他的莫霍克部落有意袭击樱桃谷,而这里的防御工事只不过是属于萨姆埃尔·坎贝尔上校的一些加固型房屋。7月,伊查博德·奥尔登上校率领他的马萨诸塞第七团

① 今纽约州中部。
② 位于今密歇根州。

(Seventh Massachusetts Regiment)——大约有250名士兵，驰援而来增加防御的人手并且加速建造可以抵御攻击的要塞。奥尔登是个没效率又死板的人，他很少听从建议，很少关心当地居民的需求。一些印第安友好部落警告他，在11月，印第安人和亲英部队将会在迪尔加河上"大会师"，而且他们已经决定进攻樱桃谷。当新的要塞建成，定居者根据他们知道的过往的袭击报告，请求奥尔登准许他们和家人搬进去，至少能把他们的贵重物品放在里面。奥尔登拒绝了，他的理由很牵强，说是他的士兵可能受不了诱惑，去偷定居者的东西。

与此同时，布兰特听说马萨诸塞第七团的指挥官驻守在要塞外围，就制订了在11月11日早上发动奇袭的计划。而一场浓雾也帮助了他，雾气紧紧地笼罩着要塞，却掩藏了布兰特军队的步步逼近。当布兰特将要发动攻击的时候，一个农夫刚巧跑过，要往要塞的方向去。他看到了布兰特默不作声的战士时候，他们也看到了他。印第安人向农夫射击并击伤了他，但他大步流星地及时逃走，并且提前几分钟给沉睡的卫兵发去了警报。接踵而至的是塞内加人，他们是布兰特的莫霍克人的附庸。他们的任务是拿下距离要塞约400码的威尔斯宅（Wells house）。奥尔登当时就睡在威尔斯宅中，他惊醒后逃往要塞，可是却在逃跑的过程中被杀死了。他的副手也被抓获，而其他一些军官和奥尔登的扈从想组织起一些反抗却很快被击溃了。

交火了4—5个小时，布兰特越来越明白攻陷要塞机会很是渺茫，于是他就把手下的军队撤走了。攻不下首要目标受挫，布兰特军队中的印第安人开始把目标转向防守薄弱的居民，他们抢劫和焚烧了附近的居民点。这一带有大约40座农舍，其中有6座，里面的居民——主要是妇孺——都被残忍地杀害了。沃尔特·巴特勒上校——他的姓氏已经因为

第二章 美国革命

其父亲在怀俄明山谷大屠杀中的所作所为而备受唾弃——也要为当天的暴行受到谴责。而为约瑟夫·布兰特立传的作者在描写他奔走各处查看塞内加人有没有滥杀无辜的事迹时也是心有戚戚焉。提摩西·德怀特在他多年后来到樱桃谷的时候,听说了这样一个故事。巴特勒上校的手下进了一户人家,恰好一个妇女正在分娩。这些人要把母亲和婴儿一起杀掉。此时,布兰特现身了,他大叫:"什么,你们要杀妇女和儿童?不,那个孩子不是英王的敌人,也不是殖民地议会的朋友。等到他大到可以造反的时候,两边的矛盾早就已经了结了。"他派了一个卫兵守在门口,于是孩子和他的妈妈都得救了。

在一片瓦砾之中,麦克唐纳上校带领手下士兵冲出要塞救了遭到恐怖袭击而避居森林的定居者。除了大约30个定居者被杀,有71人被布兰特和巴特勒掳走。他们被俘的那晚惴惴不安,唯恐性命不保,但大多数日次日都被释放了。巴特勒扣押了2名妇女和7名儿童作为人质来交换他自己被囚禁在奥尔巴尼的母亲和妻子。他也留了20名左右的奴隶,这些人毫无疑问是自己跑过去的。

在樱桃谷发生的滥杀手无寸铁的居民以及挨家挨户的抢劫的事件对怀俄明山谷大屠杀也已造成的巨大愤慨火上浇油。而且人们也越来越想发动一场战役,希望一战即能粉碎印第安人和亲英分子。于是,人们就开始了选拔和装备一支远征部队的枯燥乏味的工作,准备来横扫印第安地区。当这支部队还在整编的时候,布兰特又来袭击了,而这一次是在莫霍克峡谷中,属于米尼辛克的一个小镇;这里因为原先驻守于此的普拉斯基伯爵①(Count Pulaski)被命令南下去查尔斯镇增援林肯将军而防守空

---

① 早期为波兰的贵族、爱国人士,反俄起义失败后流亡北美定居,曾在独立战争期间救过华盛顿的命,也被誉为美国骑兵之父,后死于战伤。

虚。布兰特带了 60 个印第安人和 27 个化装成印第安人的亲英分子组成的军队在 1779 年 7 月 22 日袭击了这个小定居点,他们开始纵火焚烧几栋建筑物的时候,大多数定居者还沉睡在甜甜的梦乡。人们最早听到的袭击警报已经是印第安人和亲英分子的号角声和干木头点燃之后的爆裂声。这里的居民,大多数是妇孺,男性居民不是太年轻就是太老所以无法被部队征召,他们纷纷躲入森林避难。小镇上小型的防御塔、磨坊以及 12 栋房子被烧毁,有几个居民遇难或者被俘,果树都被砍倒,农庄被毁坏,蓄养的动物也被驱散了。

当袭击的消息抵达了 12 英里外的戈申的时候,当地民兵的首领,图斯丁(Tustin)上校,向他部队中分驻在附近各个社区的军官发去命令,让他们去找尽可能多的志愿兵,并且在翌日和他在米尼辛克会合。次日早上,图斯丁一共招募到了 149 名成年及未成年男子,"许多人……是附近乡里的头面人物"。战争委员会驳回了图斯丁追捕布兰特的动议。当上校还在规劝士兵们回家的时候,他的副手米克尔(Meeker)少校,跳上了马背,拔出他的指挥刀,他大声说出了任何新入伍或者没有什么经验的士兵都无法抵抗的一段激励的话:"**勇敢**的人跟我走;让**懦夫**们留下!"结果,仅仅一天这支小规模的军队就推进了 17 英里并且追上了敌人——敌军因为带了太多战利品而行动缓慢。第二天早上,追击部队已经来到了印第安人仍然冒着烟的营火旁。从火堆数量来看,印第安人的军队也许为数众多,图斯丁再次规劝士兵们回家,但他的命令再次被违反了。到了 9 点钟,先头探路的部队已经来到一座桥,在那里可以俯瞰拉卡瓦克森①(Lackwaxen)河口附近的特拉华河。从那里,他们往下看到了一群印第

---

① 宾夕法尼亚州东北部河流,流入特拉华河。

安人,有真的也有伪装的,在向一个渡口进发。哈桑上校是一个比图斯丁年长的民兵军官,他带着一支民兵小队也来了。他接受合并后的部队指挥,计划伏击印第安人并切断他们的退路。他将自己的人分派在道路两边,但布兰特已经目睹了这一切,他偷越过一条河谷,包抄到美国人的后方,从而准备伏击那些伏击者。当印第安人没有出现在民兵们预测他们会出现的地方之后,他们就开始四处找印第安人,而战斗也很快打响。哈桑的部队完全踏入陷阱,被死死包围。印第安人借助了高地优势,连续一整天持续进行火力骚扰,民兵们的弹药一点点枯竭下去,阵亡人数却一点点增加上来。入夜时分,印第安人发起攻击,冲破了防守的民兵布起来的简陋方阵。民兵们只能四散逃命,而印第安人则在后面紧紧追赶。图斯丁除了是个民兵军官之外,也是一个医生,他搭起了一个简陋的战地医院来治疗伤者。他收治的伤员中,17 人是被砍倒或者被割了头皮的。一些民兵想沿着特拉华河泅水逃命,而这些印第安人就像打鸭子一样把他们射死在河中。

在这一群全部 170 多名的士兵中,只有 30 人回到了他们从那里勇敢出师的定居点。19 世纪的历史学家本森·罗辛①(Benson Lossing)认为他们是因为寡不敌众但是他们掌握到的布兰特军队人数是印第安人 60 个和亲英分子 27 个,总共也只有 87 人,而民兵这边几乎是其两倍之多。而且,印第安人和亲英分子武装这边,只有零星的伤亡数字。

在战斗中来自戈申的民兵军官伍德少校,据罗辛说,曾无意间画了一个共济会的标志。布兰特是共济会成员,在美国人溃败之后,他特别关心伍德是不是还活着,被俘后有没有被善待。当这个印第安首领审讯伍德

---

① 美国历史学家,以美国独立战争和南北战争的历史著作而出名。

的时候,发现他并不是一个共济会成员。他认为是伍德画这个标记是个计谋,想保住自己的命,并且对这种欺骗组织的行为感到愤怒。不过,他还是留了这位吓坏了的军官一条性命。不过,就当伍德在战俘交换后回到家时,这位少校没有一刻耽搁就加入了共济会。

第三章 前线烽火

在美国向西征伐之中,最为重要的军事交锋战场,是人们常说的"西北领地",也就是后来建立起俄亥俄、伊利诺伊、密歇根以及印第安纳诸州的这片区域。这块土地上,森林广袤、地域开阔、河流奔涌,当然,最为重要的是,这片从五大湖区向外拓展的地域,看上去仿佛浩瀚无垠。这片土地和河流紧密关联,从俄亥俄河的干流中分出的支流就好像从脊椎骨上放射而出的一条条肋骨从东到西,俄亥俄河的北岸的支流分别是阿利根尼河(Allegheny),玛斯金格姆河(Muskingum),赛欧托河(Scioto),大、小迈阿密河、沃巴什河(Wabash)(包括从这条支流蜿蜒向东伸展的怀特河)和小沃巴什河,当然,其中也包括密西西比河。在俄亥俄河的南岸,有莫农加赫拉河(Monongahela),它与阿利根尼河相交;卡纳瓦河(Kanawha)(流向西弗吉尼亚州);比格桑迪河(Big Sandy);利金河(Licking);肯塔基河;坎伯兰河(Cumberland)以及田纳西河。

这片广阔的土地一直是西部印第安各部落的保护地:如密歇根的奥塔瓦人(Ottawa)和休伦人;西俄亥俄和印第安纳的波塔瓦托米人

(Potawatomi);后来建起伊利诺伊州的那块地方的马斯库滕人(Mascouten)、克卡普人(kickapoo)和伊利诺伊人(Illinoi);日后的威斯康星州土地上的温尼贝戈人(Winnebago);在西北角,靠近密西西比河发源地的地方的奥吉布瓦人(Ojibwa)和齐佩瓦人(Chippewa);在这两个部落以西和以南的地方是苏族人(Sioux),也被称为达科塔人(Dakota),他们是被奥吉布瓦人借法国人之力从自己的家乡赶到那里去的。在苏族人南边的是索克人和福克斯人(Sauk and Fox)。这片广袤之地,最早由拉塞尔(LaSalle)等一些17世纪伟大的法国探险家探索发现,而后这里成为法国非法皮草贩子的地盘。这群恶贯满盈又贪婪无比的法国皮毛商人漫步于印第安人的领地,寻觅着河狸的皮毛。1763年的《巴黎和约》将西北领地连同加拿大的控制权一起授予了英国,可直到美国革命爆发之时,仍有法国定居者在沃巴什河①上的文森斯以及密西西比河上的卡斯卡斯基亚和卡霍基亚这些从前的法国贸易据点居住着。此外,还有其他一些类似的零星的贸易据点:密歇根湖东南岸的圣约瑟夫要塞,莫米河上的迈阿密要塞,以及其中最为重要的,位于伊利湖西北缘的底特律要塞。

这片壮丽的土地上,充满了波光粼粼的湖泊、宽广奔涌的河流以及青翠无边的森林,但在大多数美国人看来却是阴森可怖且永恒存在的威胁。在一系列"殖民地之间的战争"中——这些战争最早可以追溯到一个世纪以前,法国人以及他们的印第安人盟军一次又一次地从西北领地发兵掠夺英国殖民地边境的定居点。

如今,西北领地的印第安人成了英国人的盟军。他们对于美国西线的定居点威胁之大,向东竟然可以波及匹兹堡。因此,乔治·罗杰斯·克

---

① 原文疑有误,*Watashi* 应为 *Wabashi*。

第三章 前线烽火

拉克的目标就是要控制住这片面积几乎与欧洲大陆一般大①的西北领地。而重中之重就是要守卫好肯塔基地区免受印第安人的袭击,尤其是要抵御肖尼人(Shawnee)和切诺基人(Cherokee)的进犯。克拉克于1776年访问威廉斯堡,获得了弗吉尼亚人的帮助。他也积极活动,组织民兵保卫该地区。几乎从两方敌对的最开始,美军就已经有了攻打底特律的算计了。丹尼尔·摩根(Daniel Morgan)、爱德华·汉德(Edward Hand)以及拉卡兰·麦金托什(LacLan McIntosh)②都曾想派遣出一支远征军。克拉克也越来越坚信,倘若印第安保留地没有战事之忧拖住后腿,那么美国南方防线的中段和北段就很难守得住。在底特律这边,被蔑称为"买头皮公"(Hair-Buyer)的英国陆军中校亨利·汉密尔顿,行讨好和贿赂印第安人之能事挑唆他们去劫掠美国人,并且就是从这个贸易据点衍生出一条为印第安人服务的源源不断的补给线,提供着有偿和无偿的物资。

如果说底特律是终极目标,那么它的确也是路途最遥远、防守最顽固的。但先攻打卡斯卡斯基亚和文森斯将会大为削弱底特律并且遏制住印第安人的袭击。当克拉克不断造势以争取获得官方批准和支持他的远征计划的同时,他已经派出了两名经验最丰富也最悍勇的樵夫去刺探卡斯卡斯基亚和文森斯的情况。克拉克原先挑了4个人,但是后来还是决定派两个人,因为两个人或许能完成得更好。有4个人参与抽签,分别是西蒙·基顿、席·哈兰德、本·莱昂和山姆·摩尔。最终莱昂和摩尔抽中了,他们被派往俄亥俄河和密西西比河的交汇口处进行探测。与此同时,克拉克的作战计划也获得了支持。弗吉尼亚议会以过半数赞成票通过了

---

① 原文不准确,应与法国面积相当。
② 3人均为美国独立战争时期名将,丹尼尔·摩根是美国独立战争中萨拉托加大捷的功臣,爱德华·汉德曾任华盛顿的副官长;麦金托什是美国独立宣言的署名人之一。

他的方案,但是弗吉尼亚能提供的资源实在太过寒酸,不足以支撑他如此野心勃勃的远征作战行动。此外,这件事更适合由国会出面来做,要是由弗吉尼亚出面,想起来着实令人颇感不安。不过最初找到弗吉尼亚当局作为后援的原因,也是因为弗吉尼亚当时宣称,相当于今天美国阿利根尼河以西的地方,包括西北领地,实际上都由弗吉尼亚管辖。因此,主流的弗吉尼亚人,尤其是那些参与土地投机活动的(还有那些蠢蠢欲动的),绝无可能没有利益驱使。正如杰斐逊所言,让弗吉尼亚人在他们政府当局的帮助下攫取土地,无论是正式的还是非正式的,都"对建设我们的西部边陲有着重要的影响"。此处不仅仅在说美国的边境,同样也在说弗吉尼亚。到了仲夏时分,莱昂和摩尔带回来了令人振奋的消息。驻防在卡斯卡斯基亚的英军已经撤退到了底特律。卡斯卡斯基亚以及附近与之关联的法国人建的小镇,如米泽尔(Misère),圣热讷维耶沃(Ste. Geneviève),莎泰莱堡(Ford de Chartres),岩石原(Prairie Du Rocher),甚至在密西西比河上游更北的卡霍基亚事实上都是不设防的。更为利好的是,当地居民并不热爱英国人。

克拉克立即给总督帕特里克·亨利(Patrick Henry)写信,陈述了西北领地的现状以及他想要控制该地区的计划。他在信中向亨利总督说,在卡斯卡斯基亚共住着 100 个左右的法国或英国家庭,他们大多从事与印第安人的贸易。此外,他也说当地有一些黑人,他们加入了一些民兵武装,在小镇周围的田野里工作。小镇的要塞距离镇子不远,是用木头建起来的,大概有十英尺高,四个角上都有碉堡,在上面装设了几台加农炮作为防御。卡斯卡斯基亚的指挥官,"怂恿沃巴什印第安人侵入到肯塔基一线"的洛克布拉沃,"每天都在和别的印第安部落打交道,给他们送上丰厚大礼,并重金悬赏他们去割头皮"。当说到英国人占领卡斯卡斯基亚之后获得了多少好处时,克拉克又补充道:"如果这个镇子在我们的占领下,那就会让底特律的那些士兵们在物资供给方面一筹莫展,而且这两条大河①的支配权也就落到我们手中,那我们就能获得西班牙人(他们控制着密西西比河下游地区)提供的物资补给,并且继续和印第安人做生意……"

帕特里克·亨利总督以及弗吉尼亚议会没有给予克拉克特别有力的支持。克拉克名义上的指令只是保卫肯塔基地区。的确,也不需要让很多人知道此行是要去占领过肯塔基河往西北150英里的卡斯卡斯基亚,而且,如有必要,还要再远征几百英里去占领底特律。

克拉克远征和夺取卡斯卡斯基亚的传奇故事超出了本书的叙述范围,此处按下不表。和我们要说的故事相关的是一个英国人,加拿大副总督亨利·汉密尔顿,在他统辖的区域内征召了一些有势力的部落,将他们投入战争,这场战争很大程度上决定了他们随之而来的不幸遭遇。

英国人的印第安盟军被要求在密歇根地区的拉哈布雷·科洛什(L'Arbre Croche)集合,与汉密尔顿会合。但是印第安人裹足不前,因为克拉克的名声让他们不寒而栗,且他们也不愿去伊利诺伊进行一场艰苦的战役。于是,汉密尔顿就派遣了查理·德·朗格拉德,一位服役在英军之中的法国军官,去劝说印第安人出征。但当朗格拉德劝说无效之后,他只能靠他自己对印第安风俗和迷信的丰富认知来作最后一搏。他在印第安村子的中央建起了一座四面开门的帐篷。他按照印第安人非常流行的做法,每天杀狗大摆狗肉宴。他在帐篷的每个门口都放上一颗仍然温热的狗心,并邀请印第安战士来大快朵颐。最后,他唱着战歌,绕着旅舍走,

---

① 密西西比河和沃巴什河。

他从每一扇门前经过的时候,就会吃一片狗心。这项挑战真可谓无懈可击。如果到场的印第安人不想像个懦夫就得学他的样,吃一片狗心,然后去打仗。印第安人不敢亵渎部落的古老传统。于是,他们和着战歌,拿起武器跟着朗格拉德一起去伊利诺伊打仗去了。

尽管双方交战的主战场在俄亥俄北部,伊利湖和安大略湖以东和以南,即所谓的"西战区"(Western Department),南方战线却从1775年到1783年打打停停战事不断。这个地区之所以如此不同是因为这里的战争,可以说是北美殖民地之间的战争时期开始就持续不断的边境冲突的一种延续。

早在18世纪60年代中期,定居者和地产投机商人,就已经沿着瓦陶佳河①(Watauga River)和肯塔基河向西推进。詹姆斯·罗伯逊和他的家人和一小队定居者来到了瓦陶佳河谷。一年之后,绰号"诺利查基的杰克"(Nolichucky Jack)(因为他曾在诺利查基河生活过)的约翰·西维尔(John Sevier)也来到了这里。西维尔长得很帅气,个子很高,又蓝又亮的眼睛很是迷人。他出身于一个胡格诺教派的大家庭,他有文化又有智慧,举止充满魅力又很优雅。当这个地区有越来越多的人进来,人们觉得有必要建立起某种政府机构。居民们聚会在一起,组建起了瓦陶佳协会并选举出了5位委员来管理这个定居点。在1776年8月他们在北卡罗来纳的议会作了如下的演说:

> 我们生活在烽火前线,而且甚是诚惶诚恐,如果我们想要建立起

---

① 位于今田纳西州东部及北卡罗来纳州西北部。

第三章 前线烽火

相应的法律机构,那我们也有可能成为那些欺骗债权人行为的庇护者。但是,考虑到我们有必要记录产权、遗嘱和开展其他公共事务,因此以人民的名义,我们建立了法院来实现上述的目的。这件事是由我们的选民的意愿而生,也是依据弗吉尼亚的法律为指针的,任何符合这两者情况的行为都是可以得到批准的。我们这么做是为了自己,也是以我们每一个人的名义来完成的……我们恳请你们仔细而慎重地考虑我们的决定并且将我们纳入贵省①的版图……这会让我们在自由的光荣事业中也沾一分光。我们法律的执行也会得到了权威认可而且我们在所有方面都成为社会优秀的一分子……

1775 年,在肯塔基河边,詹姆斯·哈罗德建立起了第一个永久定居点,也正是从这里发展出了日后的肯塔基州。在同一年,丹尼尔·伯恩在不远的地方开创了一个叫伯恩斯伯勒(Boonesborough)的小社区。罗根驿(Logan's Station)和沸腾泉(Boiling Springs)也在同一年建立起来了(两处均为定居点,前者是依照该地土地测绘者本杰明·罗根命名,后者是因附近有一处含铁质温泉而得名),还有一名北卡罗来纳的土地投机商人,理查德·亨德森想曾经想把这些定居点整合成一个叫"特兰西瓦尼亚殖民地"②。殖民者如此紧锣密鼓的推进,终于,累积起来的不满也让该地区的印第安人有所反弹。早在 1769 年,出身肖尼人的威尔上尉就已经警告过丹尼尔·伯恩说:"现在,兄弟们……赶紧回家,待在家别出来了。

---

① 北卡罗来纳建州于 1789 年,此时称为北卡罗来纳省,或北卡罗来纳殖民地。
② 亨德森曾想从切诺基人手中购得相当于今天肯塔基州中部和东部地区的一大块土地建立新的殖民地称为"特兰西瓦尼亚购置案"(Transylvania Purchase),但是因为这片地区是弗吉尼亚和北卡罗来纳共同主张的,在 1776 年,弗吉尼亚议会即判决亨德森的购买为非法,宣告新殖民地的建立胎死腹中。

你们再也不许来这里,这里是印第安人的猎场,所有的动物、皮毛都是我们的。如果你们蠢到敢再来这里冒险,那么胡蜂和小黄蜂会狠狠地蛰你们。"

在独立战争爆发之际,南方最强大的印第安部落,切诺基人仍沉浸在法国—印第安人战争的惨败阴影之中。在那场战役中,安姆赫斯特派了1 200名正规军和地方预备役消灭了切诺基人的抵抗,并摧毁了15个切诺基人的定居点。因此,当独立战争开始的时候,切诺基人就在关系紧密的肖尼人的怂恿下,抓住良机攻打佐治亚和南卡罗来纳前线的定居点。英国方面的特派员在这件事上建议他们不要冒进。英国人的建议是明智的。就当切诺基人袭击了瓦陶佳河和霍斯顿河上的定居点却被迎头痛击之后,佐治亚、南北卡罗来纳和弗吉尼亚共同发起了一次反击。1776年8月,安德鲁·威廉姆森将军为首的1 800人大军,在卡塔瓦巴人探子的引导下,攻打了印第安人的村庄和玉米田。到了9月,由北卡罗来纳的格里菲斯·卢瑟福将军率领的2 500名民兵也与之汇合。联军节节推进,将印第安人驱赶到佛罗里达,他也夷平了中地切诺基人①的村庄,把那些人往西赶到了山外地区。而第三支部队——在威廉·克里斯蒂安率领下2 000名弗吉尼亚和北卡罗来纳的民兵,已经沿着霍尔斯顿河顺流而下,深深插入到了山外切诺基人的腹地。切诺基人企图获得克里克人和英国人援助的指望也落空了,因此,1777年5—7月,切诺基人签署了一系列和约,割让了他们蓝岭山脉以东,诺利查基河(从蓝岭山脉发源,向西流向今田纳西州)以北地区的所有领土。

---

① 按殖民者的划分,切诺基人大致分为三支,居住在今天北卡罗来纳州西部的蓝岭山东侧的称为近地切诺基人 Lower Cherokees。居住在蓝岭山和大雾山区的称为中地切诺基人 Middle Cherokees。而居住在两山以西的称为远地切诺基人 Upper Cherokees,两山以西地区也被称为"山外地区"Overhills。

第三章　前线烽火

这是在美国独立战争期间，针对印第安人发动的最大也是最有野心的一次战役，有效地终结了切诺基人与英国人并肩而战的历史。詹姆斯·罗伯逊被任命为北卡罗来纳的印第安特派员。他在重要的切诺基小镇埃丘卡（Echoca）开始立足。将切诺基人拦阻在战场之外的功劳多半要记到他的身上。一小撮不愿意合作的切诺基人搬到了奇克莫加河（Chickamauga Creek）流域。他们以那里为基地，在克里克的人援助下整个独立战争时期不断袭扰前线的殖民者。当罗伯逊1779年离开埃丘卡之后，切诺基人就和奇克莫加人以及克里克人开始了大规模的偷袭。但是，就在1780年10月7日，前线的殖民地民兵在南卡罗来纳的国王山（Kings Mountain）击败了一支亲英分子的武装之后，约翰·西维尔和伊萨克·谢尔比（Issac Shelby）就再一次夷平了印第安人的定居点。

1779年夏天，西班牙决心押注在法国和美国这边，共同对抗大英帝国。其实就算西班牙拿得到什么美国独立上的收益，也是要比法国少的，但是她也着实无法抗拒一个从这头已经看上去气喘吁吁、困兽犹斗的不列颠狮子身上分到一杯羹的念头。想要夺回直布罗陀①的念头——也是受了法国人的撺掇，也许是最大的刺激因素。在美国，西班牙对英国在密西西比河下游的据点很感兴趣，于是，西班牙军队就从新奥尔良出发去夺取巴吞鲁日、纳切兹（Natchez）、莫比尔和宾萨克拉（Pensacola）。英军在密歇利马琪那要塞（今密歇根州的马金瑙）的长官帕特里克·辛克莱尔决心收复这些据点，并派遣远征军顺密西西比河而下将西班牙人赶回到新奥尔良。辛克莱尔长官主要的心腹是一个叫艾曼努尔·黑塞（Emmanuel Hesse）的英国贸易商人。黑塞给急于取得胜利的辛克莱尔

---

① 位于直布罗陀海峡北岸，今仍为英属。

提出了一个作战方案：先从密西西比河和威斯康星河的交汇处出发，沿着密西西比河漂流而下，夺取圣路易斯，从而控制住毛皮贸易，然后溯密苏里河而上，建立一个为远征纳切兹作准备的基地，最终，直捣黄龙府，拿下新奥尔良。辛克莱尔的战略构想远远超出了他手上的资源所能提供的。因此，黑塞雄心勃勃的计划只能调遣到 300 名正规军士兵和 900 名印第安人，后者包括美诺米尼人（Menominee）、索克人、福克斯人、温尼贝戈人、奥塔瓦人和苏族人。

西班牙军队在圣路易斯的指挥官是唐·费尔南多·德·雷巴上尉（Don Fernando de Leyba）。听说黑塞要往这里来，他立即增强了圣路易斯城的防御工事。他建起了一座木塔，装配了五门加农炮。在他属下有 29 名西班牙正规军士兵，城市里居住着 281 名居民。就在黑塞攻打圣路易斯的时候，底特律方面正在攻打肯塔基地区，而佛罗里达正有一支军队远征新奥尔良。在黑塞不断迫近圣路易的时候，一位聪明的英国游击队首领，亨利·伯德上尉，正率领着 600 名亲英分子和印第安人的非正规军队沿着莫米河[①]（Maumee River）和迈阿密河而下，行军途中他又招募到了另外 600 人入伙。伯德最值得称道的成就是他在行军途中一直拖着的 6 门大炮。当他攻打拱卫肯塔基河和利金河地区的鲁道尔驿（Ruddle's Station）和马丁驿（Martin's Station）的要塞时，这些要塞在炮火下望风而降。伯德保证所有居民只要躲进用栅栏围住的要塞，就不会被印第安人俘虏后，鲁道尔上尉也就投降了。可是最后，伯德食言了——印第安人不愿意被拿走嘴边的肉。但是伯德也逼印第安人签下协议，将来的战俘要归远征军中的白人来处理。当马丁驿也投降之后，印第安人对眼前的战

---

① 位于今俄亥俄州。

第三章 前线烽火

利品喜不自胜，急急忙忙地要去攻打莱克星顿①，但是伯德却清楚地意识到战争胜利带来的负面作用是他的部队会分散得太远、太广，于是他说服印第安人带着350名战俘和大批掠夺物品开始撤离。

仍梦想着要去攻打底特律的乔治·罗杰斯·克拉克，此时被迫放弃了原有计划，并且伺机拦截伯德的军队。确实，英国军队作战计划的破产很大程度上是克拉克的功劳。伯德竭力避免与之相会，而黑塞在和克拉克的军队于卡霍基亚短暂交火之后，也折返了。伯德在拿下鲁道尔驿和马丁驿之后，撤军速度之快，很大程度上是因为他对克拉克作战能力的传言感到惴惴不安。果然，伯德的小心谨慎是有道理的。克拉克一听说伯德大致的作战方案之后，就起程前往杰斐逊要塞②，并从那里带着两个随从前往哈罗兹堡③。在那里，他招兵买马来应对伯德的下一步战略。几周时间内，他在利金河口一带已经招募了1 000名志愿兵。这些人应征而来的时候，不仅自备武器而且还自带口粮。正如我们前面所说，伯德避免与之交战，撤军了，而克拉克颇感失望，因此决定使用这些新招募的人去肖尼人的地盘上打他们。

受了大炮的拖累，克拉克的士兵们4天只前进了70英里。印第安人的探子时不时关注着他们的一举一动，就当一行人来到了此行第一个较大的肖尼人定居点，老奇利科西④（Old Chilicothe）的时候，他们发现这里已经是人去楼空。克拉克很清楚，印第安人就是要一点一点把他们引诱进入腹地，他们只不过是在等待恰当的时机发起攻击。克拉克的军队摧

---

① 今肯塔基州首府。
② 位于今俄亥俄州西部。
③ 位于今肯塔基州中部，莱克星顿西南。
④ 位于今俄亥俄州。

毁了奇利科西的建筑和庄稼,并推进到有要塞保卫的皮克威(Pickaway)定居点。印第安人在这里发起进攻,随之双方就进入了激烈的战斗之中。渐渐地,美国人卓越的战术能力和纪律性开始崭露头角。那些印第安人——肖尼人、明戈(Mingo)人、怀安多特人(Wyandot)和特拉华人不断遭到两翼包夹,只能被迫后撤,直至他们完全被围困在一片小树林和一个毗邻的要塞之中。现在,克拉克的大炮就可以发挥威力了。到了晚上,印第安人都被打垮了。美国人这边有14人阵亡、13人受伤(意外的是,伤亡比率特别高),而印第安人方面,据克拉克估计有3倍之多。

在31天时间内,克拉克和他的手下一共推进了480英里,摧毁了800英亩①的玉米地,以及数不胜数的蔬菜地。天气的炎热和物资补给的缺乏使得进一步远征变得没有可能。在那一年余下的时间里,肯塔基的定居点都平安无事,而克拉克又再一次燃起了信念要夺取底特律,这个"万恶之源"。

克拉克要攻打底特律的流言让英国人寝食难安,他们大半个冬天都在劝说西北领地的印第安人要立场坚定。谣言说有27个部落准备和克拉克讲和,但英国人仍不遗余力且不惜血本地征召肖尼人、怀安多特人和特拉华人"来拦阻弗吉尼亚人的来犯之路"。一位英国军官写道,印第安人一定是"被精妙地组织安排,以防任何有利于叛军的情形出现"。

印第安人得知英国人计划在春季发动一次总攻,准备借此拿下尼尔逊要塞,进而在整条战线取得压倒性优势。与此同时,针对肯塔基和弗吉尼亚定居点的袭击也将继续。

---

① 1英亩约合4 000平方米。

第四章 苏利文远征

无论是怀俄明山谷大屠杀,还是樱桃谷大屠杀,抑或是布兰特对米尼辛克的袭击,距离西点和莫里斯敦①都不足 50 英里的距离,这些事件也引发了苏利文将军领导的对印第安地区的远征。此次作战计划需要对印第安人的强有力控制地区进行三管齐下的进攻。苏利文将军率领 2 500 人沿着萨斯奎汉纳河溯流而上,进抵纽约殖民地的南境;詹姆斯·克林顿将军,率领 1 500 名士兵,穿过莫霍克峡谷,来到奥齐戈湖②(Lake Otsego)萨斯奎汉纳河的源头,沿河而下;此外,有 600 名士兵在丹尼尔·布罗德海德的指挥下从皮特要塞出发,沿阿利根尼河而上。苏利文和克林顿将军在迪奥加(今宾夕法尼亚州的雅典市)会师,然后挥师北上来到尼亚加拉,他们准备和布罗德海德在开勒维尔(Cuylerville)附近的基尼斯③(Genesee)合兵一处。

苏利文的任务是由华盛顿指派的,目的是"全面摧毁和破坏"易洛魁

---

① 前者位于今纽约州,后者位于今新泽西州,均是北美殖民地的重要据点。
② 位于今纽约州中部。
③ 今称 Geneseo,位于今纽约上州中部。

悲剧遭遇：美国原住民史

人的定居点，"无论男女老幼，抓尽可能多的俘虏。毁掉他们田里的庄稼并且不让他们再种新的实属必要"。

那些听到苏利文远征消息的印第安人早已经溜之大吉了。当美国人来到印第安村庄的时候，他们发现那里已经人去楼空了。"我们已经不可能和他们会战了，"苏利文写道，"我命令把他们的镇子付之一炬，我们烧掉了他们30—40幢又大、建造又精美的建筑，尤其是教堂和议会厅。我也把他们覆盖面积特别大的一片片玉米田给毁了，还有长满草木的花园也摧毁殆尽……"还有"大量的马铃薯、大南瓜、小南瓜……"在印第安人和亲英分子撤离希芒①（Chemung）之后发生的混战中，7个美国人被打死、13个人受伤。

苏利文的下一个目标是纽顿②（Newtown）的印第安人定居点。这个定居点特别大，全军花了大半天时间才摧毁了"大片大片的优良玉米和大豆"。在苏利文看来，纽顿是印第安人的主要供给中心。20幢建筑被毁，而在往东2英里处又发现了30幢建筑，同样被毁。这样，从远征开始，苏利文军队摧毁的印第安村庄数目已经达到了14个之多，"有些村庄是举足轻重的，有些则是不值一提的"。

当苏利文在纽顿奏凯之后，他竭力想和奥内达人建立盟友关系。他的口信中说到，奥内达人是否忠实于美国人让人有些怀疑，但如果奥内达的战士能参与远征——尤其是那些"对我将要走过的地方了然于心的人"。除此之外，如果奥内达人能证明他们"愿作美国人争取自由大业的附庸……我有幸指挥的军队也将用以消灭我们共同的敌人（易洛魁人），并且将确保你们的生活绝对的安宁，能安享你们既有的一切，与你们美国

---

① 位于今纽约州南境，和宾夕法尼亚州交界。
② 位于今纽约州艾尔米拉 Elmira 附近。

第四章 苏利文远征

人继续保持双方互惠互利的贸易关系"。做到这些,疑窦就可解除。奥内达人感觉受到了威胁,只能小心翼翼地提供帮助。

苏利文发现,他的军队所到之处皆是遗弃的村庄,看不到什么印第安人的踪迹。在凯瑟琳镇(Catherinestown),美国人发现了卡尤佳部落的两位老妇人,其中一位被美国人的先头部队击伤了。苏利文命令把一桶猪肉和一些饼干留给"这个老东西,让她活命",一位军官愤愤不平地写道:"尽管(猪肉)是个稀有品——战地指挥官级别以下的军官从离开迪奥加之后就再没尝过一口了……"这个印第安妇女高兴地把知道的都一五一十地说了。她说,就在纽顿之战的次日早晨,印第安战士来到这里。她听到他们说:"告诉自己的女人,他们战败了而且必须逃,他们很多人被杀,大量的人受伤了……他们在每座山上都安排了报信人,来观察我们军队①的行进情况……"当说到美国人迫近的时候,她说,"所有还没有被派出去的人都已经匆匆逃走,只留下她无路可逃"。布兰特已经带着伤员,用独木舟往迪奥加河上游而去了。据估计,他手下的印第安人和亲英分子是800—1 500人,而这个最大值是苏利文本人的估计。毫无疑问,他估计得太多了。

在另外一个被废弃的印第安小镇,肯达亚②(Kendaia),苏利文找到了一名怀俄明山谷大屠杀的幸存者。他从抓住他的印第安人手里逃脱,给美国军队描绘了印第安人士气低落的情况。全军又花了一天时间,把这里"一眼望不到边"的玉米地和一些年代久远的果树林都给毁的毁、砍的砍。部队推进到塞内加湖③(Seneca Lake)旁的坎拿达西嘉④

---

① 应指苏利文的军队,可能是老妇人已经视美国人为自己的军队,或者是记录者的自我代入。
② 位于今纽约州中部,手指湖群 Finger Lakes 一带。
③ 今纽约州中部手指湖中最大的一个。
④ 亦作 Kanadaseaga。

(Canadasega)，他们发现了一个大约3岁大的白人孩子就把他一起带走了。坎拿达西嘉有50幢房子和大片的果树，不出意外，也和整个镇子一起被毁了。在另外一个小镇，坎拿代瓜①(Canandaigua)在印第安人小镇中显得很特别，因为它有23幢"非常精美的建筑"，大多数都是按照白人的建筑式样来架构的。这里的玉米地和果树林实在太大，因为要捣毁这些得花上两天时间。

基尼斯(Genesee)，这座印第安国度的"大都城"，是苏利文最终的目标。因为这里是最偏远的村庄，所以被印第安人选作中央粮仓。不同民族的印第安人整个春天在此耕种的庄稼可以让他们吃饱肚子度过寒冬，还能让他们有力气去袭击和白人在边界上的定居点。即便是亲英分子游骑兵甚至一些英国军队，就像童话一样，也曾积极帮助他们种植玉米和小南瓜。

苏利文的部队于9月14日到达基尼斯的附近地区。这次行军实在是太过离奇。一路上到处都是印第安人来来往往，但他们却没有想要再组织起来抵抗苏利文军队的意思，那些人的数量要比能和苏利文军队叫板的任何印第安士兵和亲英分子混合部队都要多。那些人眼瞅着自己的家乡从地图上被抹掉，他们赖以度过漫长苦寒的粮食被有条不紊地毁掉。当然，这些印第安人也没有从他们的英国伙伴那里得到什么像样的帮助。

不过印第安人和亲英分子也取得了一次戏剧性的胜利。托马斯·伯艾德(Thomas Boyd)中尉带着一支有几名印第安人的26人侦察队，在基尼斯附近遭遇了一伙敌对的印第安人，并杀了其中两人。就在伯艾德的手下争执该由谁来割死人头皮的时候，沃尔特·巴特勒和几百个埋伏着

---

① 位于塞内加湖西侧的坎拿代瓜湖的北岸。

第四章 苏利文远征

的印第安人和亲英分子冲杀出来。他们或杀或虏了侦察队中的 22 人。伯艾德在战斗中负伤并被巴特勒俘获和审问,然后他被转交给印第安人,随后被他们酷刑折磨至死。有个和伯艾德一起遇难的奥内达印第安人,名叫汉·耶利(Han Yerry),他是一个有名的神枪手,据说抓住他的人"简直就是把他砍成一片一片的"。

苏利文的人找到了伯艾德的尸身,显然他生前遭到了残忍的鞭笞,而且他的指甲也被拔出,舌头和鼻子都被割掉,一个眼珠被挖了出来,他的身体上也被矛刺穿了好几处地方。他的生殖器也被切掉了,而且还受了别的一些酷刑,苏利文写道:"为了体面的考虑,恕我难以启齿。"作为结果伯艾德性命的**致命一刀**,他被活活剥了皮,头颅也被砍下。

基尼斯是一个很有气势的村镇,有着 128 幢房子,"大多数房屋又大又精美"。这个地方在苏利文的话来说,"几乎是坐落在一片美丽的开阔平原的中心,平原的向外扩展出有好几英里;在平原上是一望无垠的玉米田,也种着各种各样叫得出名字的蔬菜"。摧毁工作还得接着来,"苹果、桃子、黄瓜、西瓜还有家禽,等等"统统毁掉。躲在村子外的一个白人妇女现身了。她也是在怀俄明山谷被俘的,而且她还带来了苏利文感兴趣的消息。那就是,大家多半也能猜到的,印第安人和领导他们的亲英分子关系并不融洽。据她说,一些印第安人想毙了盖伊·约翰逊上校,因为"他的谎言误导了他们也毁了他们"。她也偷听到巴特勒对约翰逊说,在纽顿战役之后就别想把印第安人再拧成一股绳了。还有,他们的庄稼被毁了,也无法指望加拿大给他们供给粮食。从巴特勒自己的角度来看,他说他都没这个念头要把印第安士兵再汇聚到一起,来增援防守尼亚加拉,而这座要塞在巴特勒看来,是苏利文远征的最终目的。

但苏利文并没有这样的壮志雄心。他时不时要抱怨军队食物不足

（尽管他也从来不解释为什么军队在横扫印第安村庄的时候没有像王公贵族那样美美地吃上一两顿），最终他宣布因为物资补给有限,他将不再往尼亚加力进军。他转而折向东北,沿着安大略湖的南岸去蹂躏卡尤佳人的家园。虽然卡尤佳人常常和他们作对,但奥内达人,显然是受了卡尤佳人的嘱托前来求情,想让苏利文放过卡尤佳人,但苏利文坚称为时已晚。留给卡尤佳的黑暗记忆实在太多。苏利文派出了彼得·甘瑟夫特中校、威廉·巴特勒中校和亨利·迪亚伯恩上校开始全方位地摧毁卡尤佳人的村镇。迪亚伯恩焚毁了6座小镇,抓了1个印第安小孩和3名妇女作为俘虏,"其中一名妇女已经是高龄,而那个少年是个瘸子"——实在不是什么像样的收获。当地指挥官命令只保留一所房屋给印第安人当避难所,但是当军队开始撤出的时候,"一些士兵趁着不被注意,在安全检查和关紧房门之后,趁机将房子点燃……随后房子就和里面的野蛮人一起在大火中消失了……"

菲利普·范·柯特兰(Philip Van Cortlandt)上校在一次类似的任务中"毁坏了好几片玉米地,烧毁了好几幢房子"。威廉·巴特勒中校摧毁了5个主要的镇子"以及一些镇外零星的房子,全部加起来大约有100幢,这些房子都是特别大,建筑又特别精美",除此之外"还有200英亩长得很好的玉米和一些果园,其中一个果园里有多达1 500棵的果树。"苏利文估计,他们一共摧毁了40个镇子和16万蒲式耳①的玉米。"以及大量的各式各样的蔬菜……我也是深深地叹服,"苏利文在他凯旋回到迪奥加后写给国会的信中写道,"除了一个镇子……在那五个印第安部落的区域已经没有一个印第安镇子了。"

---

① 1蒲式耳约合36升。

第四章 苏利文远征

苏利文强调，这次远征的成功完成只不过付出了40人阵亡的代价。他的部队在没有详细的地图也没有经验丰富的向导的情况下，穿越过一片"遍地都是树林、溪水、河流、山脉、沼泽、隘路"的土地，用他们的双脚开辟出一条条道路。而且他们，"如果没有因为下雨被耽搁，或者忙于摧毁印第安人的定居点"，能保持每天10—15英里的行军。

苏利文的这次作战，是美国历史上的历次焦土政策中最为残暴的一次。这足可以拿来与谢尔曼的"向大海进军①"(march to the sea)以及越南战争期间，美军士兵的"搜索并歼灭式②"(search and destroy)作战来作比较。易洛魁联盟是新大陆上最发达的印第安人联盟，这个组织把大致相当于今天纽约州中部的那片土地变成了一片片繁荣的农庄，有良田、果树还有结实的房子。我也确实相信，易洛魁人可以说在合作式农业生产方面要比白人定居者领先得多。通过好几代热爱这片土地的人的辛勤耕耘，才诞生了这样一个全新样式的印第安社会。这个社会不再依赖游牧漂泊的生活也不再仅仅靠狩猎谋皮为生，而是一个既保证了丰富的印第安文化其内在的完整，又建立了一个稳定和有秩序的结构关系的社会，从而能自立自强，抵御白人文化的侵袭。但就在一个月多一点的时间里，这些都灰飞烟灭了。易洛魁人也从此一蹶不振。

然而，必须要指出的一点是，美国人的残暴行径也是被印第安人多次的野蛮行为所激怒而造成的，其中尤以怀俄明山谷和樱桃谷为甚。在美国人自己看来，此战的目的是为他们的生命，也是为他们的自由。美国人

---

① 美国南北战争期间的著名焦土作战，由北军将领谢尔曼实施。他从1864年11月15日占领亚特兰大开始至12月21日占领萨凡纳港为止，率军一路烧杀抢掠，严重挫伤了南军的斗志，奠定了战争的走势，也破坏了南方的经济基础，让南方尤其是佐治亚州的人民蒙受了巨大的损失。
② 是美军在越战期间为了对付越南丛林中的北越游击队而制定的战术，即用直升机将小股部队投放到指定地点，搜索敌军，歼灭之，然后快速撤离。但在实战中效果并不理想。

已经想尽办法让边境上的印第安保守中立——这的确也是出于私心,并且他们也多半出于自身利益考虑,凡是和易洛魁联盟组成民族有世仇的部落,他们也尽量避免与之结盟。而且尽管易洛魁人已经掌握的农业生产的技术和经济头脑,他们还保留着尚武的传统。的确,如果丢掉尚武传统,他们的文化也就消亡了。因此易洛魁人是美国人一直以来的威胁。他们抗拒那些比较有责任感的英国军官,如盖伊·卡尔顿爵士等主张保持印第安人中立的做法,却反倒要听从那些口蜜腹剑的亲英派领导人,如巴特勒父子——这两个叫巴特勒的都是一样的残暴无耻和目光短浅。

加拿大副总督爱德华·阿伯特(Edward Abbott)当时正在底特律,他于1778年6月写给盖伊·卡尔顿爵士①(Sir Guy Carleton)的一封信就充分暴露了当时英国人政策上的荒谬之处:

> 阁下明鉴,我方与叛乱分子交战中之用印第安人已陷我战略之目的于大不利之境地。但有其一线之机,数百民众均有盼得上庇佑之意。然此悲贫交加之民若不作抗颜犯上之举则家室倾毁或饿殍于野或见戮于此等蛮人,其无大谬乎?凡此种种惨相,吾不卒言。阁下深悉人伦之常,请竭力停止此等作为为盼。彼印第安人大肆屠戮之人,非武人也,乃出奔荒原以为家计之贫弱人家也!且这等蛮人杀人无性,妇孺亦皆无放过。

当怀俄明山谷和樱桃谷发生了那么严重的袭击事件——这些事件有很大的惩罚性色彩,并没有什么真正的军事企图,并且如果没有亲英分子

---

① 时任加拿大魁北克殖民地省的总督,在美国独立战争中保卫了魁北克省,在英军战败投降之后被任命为北美英军总司令。后获封男爵。

第四章 苏利文远征

起头,印第安人也不太可能这么去做——激起了美国人复仇之后,无论是亲英分子还是英国人的正规部队都没能力,或者说愿意去蹚这个浑水,在苏利文大军来犯的时候,做些什么保护印第安人免遭此灭顶之灾。加拿大的总指挥官,哈尔迪曼德(Haldimande)收到了美国人将要发动此次战役的详细警报,但他不予理睬,而其中部分是因为消息源来自印第安人(人们总会预判这些消息是不可靠的)。除此之外,人们不免会猜想,他并不真正关心印第安人的命运。印第安人确实带来过方便,而且当时作为权宜之计也利用过他们,但是他们毕竟不是英国人。因此,在被残酷地剥削之后,印第安人也宿命般地被弃如敝屣。英国的战略规划上并没有包括保卫印第安盟友家园这一条。

就苏利文远征战役本身来看,其作战的地方实在令人不可思议。面积相当于新罕布什尔州①这么大,而且这片土地上的人也是以其好战本性而著称的,却被一支在陌生环境里作战的杂牌军,被一个不擅长战术和决断力不强的人指挥,在几个星期内蹂躏殆尽。这些印第安人虽然好战,但他们也没有准备好打持久战。他们所谓的"战争"就是一些彰显他们作战技能和证明他们是勇士的偷袭战或者个人英雄主义的行为。他们无法面对巨大的伤亡,或者说他们不愿意己方遭受巨大减员。对于很多印第安部落来说战争是伴随他们的常态,那么战斗中如果有大量战士要被杀或者致残就会使得该部落遭受重创,因为实际上部落里的所有男性成员都是战士。印第安人当然表现出极大的个体勇武之处——这也是他们"道德"的核心所在,但看到自己处于不利之境,或者遭受了巨大伤亡之后,他们却不愿继续战斗下去了。他们为了荣誉和战利品而战,却不是为

---

① 约2.4万平方公里。

了白人所定义的"胜利"而战。同时，他们反复无常又天真幼稚，而且因此总是被白人牵着鼻子走——因为他们有着贪婪、仇恨和恐惧的邪念，因而总是被白人玩弄于股掌之间。除此之外，印第安人几乎毫无例外地只会一种军事手段——进攻。在进攻中，尤其是夜间或是破晓时分，他们恐怖地降临，他们风驰电掣的速度和矫健灵敏的身手，他们让人抖如筛糠的吼叫，他们在近距离交战中表现出的孔武有力以及穷凶极恶，以及他们运用战斧和战刀之炉火纯青，使他们足以成为高效的辅助作战部队。但是我们也看到了好几次，当印第安人的杀性被唤起之后，就很难被约束和控制，从而在任何普通的军事作战中也就很难成为一支称职的盟军。

在防守时，他们实际上毫无用处。在会战中，如果遭到优势兵力的持续进攻，很少会看到大批的印第安人在固守阵地。仅有的一些战例是他们被包围时，必须在战死或投降中两者选其一。于是，印第安人不出意外地会选择战死。但是，这并不是什么勇气的表现而是因为他们意气用事，他们战争的模式，甚至是他们的"战争意识"在作祟，让他们没有一种应有的战术、纪律或决心来坚守某个阵地迎击来敌。还有部分原因是没有使用过或还没有习惯大炮的印第安人，经受不住其开火时的威力。一门加农炮就足以让一支人数众多的印第安部队落荒而逃。只有把这些因素考虑进来，我们才能理解为什么易洛魁族人会呆呆地站立一旁，眼睁睁看着他们的"国度"被夷平，而没有办法阻止起任何有效的反击来对抗入侵者。任何一支由一位果断的白人将领所率领的军队，在自己的国土上奋战时，都一定能拖住苏利文麾下的这支缓慢前行的军队，等到他们入冬彻底无法动弹为止。的确，印第安人在人数上是有巨大劣势的，但他们本可以建立起更多的防御工事。他们在纽顿的伤亡数字，尽管被苏利文的乐观估计所夸大，但显然并不算太严重。只要有那么一批人愿意为保卫"国土"

第四章　苏利文远征

而死,那么苏利文远征想取得现在这样的成果就要困难得多。

在描述远征的情形时,杰瑞米·福格(Jeremiah Fogg)少校写道:"我们80英里的行军中一枪也没放,回来的时候也没见到一个印第安人。然后我们就等着会不会来个最大规模的骚扰战——要是来100人就能救他们的国家一半之多了,也能拖慢我们的节奏,直到我们粮草耗竭。我们回师的时候,同样规模的印第安人也能拖住我们的后队,说不定能让我们损失些粮草辎重,也能让我们看看印第安人的风范。"

福格也写道,上天的垂爱也为远征立了不小的功劳。而在对远征细节描述的结尾处,福格写下的这段话,简直是一语成谶:"你很自然地要问这个问题:'你们有什么可以来表功?你们的战俘在哪里?'这对于这样的问题,我会回答说我们战士的破衣烂衫和憔悴消瘦说明我们一定是满怀疲惫,而且如果质疑我们的人能说出驯养山鹑的办法,或者必须骑着轻型马去打野火鸡该有什么样的应对办法①,我就告诉你们我的战俘在哪里。他们的巢臼已经被毁坏,但是这些人还在自由飞翔。"

苏利文在给国会的远征报告总结中说到了以下的一点个人观察:"我军很欣慰能将敌军拖入第二次会战,但上一次会战中给他们留下的恐慌心理却让第二次会战并没有展开。因为他们不敢贸然正面接触我军,他们也没有在我们行军或分散的时候开过一枪,那可是在一个非常适合埋伏作战的地方啊。"

10月3日,华盛顿致信苏利文命令其"尽可能调派所有人马"与其合兵一处,希望与德斯坦伯爵的舰队一起攻打纽约城②。于是,和印第安人的战争结束了。易洛魁人的家乡和田野都已经被毁,他们只能依靠驻扎

---

① 两者均是很难办到的事,暗喻彻底打击、驯化印第安人的难度之大。
② 此时纽约由英军把守。

在尼亚加拉的英军提供足够的食物，免得挨饿。整个冬天，他们在过渡用的帐篷里悲惨地瑟瑟发抖，也渴望着复仇。

回过头来看，华盛顿也要为愚蠢的印第安政策负一部分责任。苏利文、克林顿和布罗德海德的参战部队人数近5 000，已经和南区的全部军人数量相当，也超过华盛顿麾下的大陆军规模的一半，但是这支大军从1779年4月到10月初，6个月的时间内守着不动。华盛顿命令苏利文执行的焦土政策，其唯一说得上来的成果，只是把易洛魁人的社会结构给摧毁了，但却没有真正打掉这些怀着怨恨的印第安人未来可能诉诸武力的隐患。不过，这次远征也当然确保了前线的军民这个冬天不会再遭到印第安人的来袭。

有另外两种作战方法多半能获得更好的战果。首先，只要有一名熟悉军事的军官领导，而且把总部就设在迪奥加，那么招募一支由500名（大约为苏利文远征所动员的士兵数量的1/10）经验丰富的印第安战士组成的部队，并完全可以实现周期性地骚扰印第安人地区的边缘地带——如希芒、纽顿这样的镇子——也就可以有效地使当地的印第安人和亲英分子变得中立化。

而既然已经打算招募一支像苏利文所率领的如此大规模的军队，那么比实际执行的战术更好的办法是深深插入印第安地区，直抵基尼斯，摧毁之，然后直扑尼亚加拉，以美国人的实力以及印第安人的英国盟友无力回天的现状震慑印第安人，想办法同易洛魁人进行和谈。苏利文的远征只单单对怀俄明山谷和樱桃谷袭击事件进行了复仇或报复性反击。而且就像我们在别处已经讨论过的一样①，惩罚性行动最后只能伤害到自己。

---

① 上文谈及印第安人的惩罚性行动处。

第四章 苏利文远征

远征让易洛魁人吞下满心的苦水而不得消解,而留下的创伤,不管是内心痛苦还是满目疮痍,都永远无法愈合。亲英分子和印第安人这对要命的组合(无论是对前线军民还是印第安人都一样)仍旧坚不可摧。的确,远征军迫使印第安人要依附于英国人才得苟活,于是,"印第安—亲英分子—英国人"这铁三角联盟反倒比什么都没做的时候更坚固了。苏利文远征的全部成果就是让印第安人的怨气爆发出来,并在来年春天席卷前线。在华盛顿的指挥下,苏利文播下了这场风暴的"因",而留待定居者们来"收获"这复仇旋风的"果"了。

* * *

西部战区[①](Western Department)**的总部**位于匹兹堡,在这里发号施令的是一位苏格兰出生的军官,拉克兰·麦金托什将军,他来自南卡罗来纳的查尔斯顿。麦金托什喜欢辩论,容易和人起口角,做事没什么效率。他向华盛顿汇报了一个可怕的消息:位于宾夕法尼亚西部的——在麦金托什的要塞的保护范围之内——前线定居点遭到了印第安人的袭击。克拉克和他15名来自宾夕法尼亚第十八团的手下从劳伦斯要塞离开的时候,遭到了西蒙·吉厄蒂——一位叛变的美国士兵带领的一小撮明戈人和塞内加人的埋伏。克拉克被迫回到了要塞,随之发生的交火中,两个手下被打死,一人被俘。几个星期后,在距离匹兹堡仅20英里的小型定居点乌龟河(Turtle River),一小群印第安嗜血狂魔杀戮了18名美国人,男女老幼都有。劳伦斯要塞也传来消息,在18人护送下,一名马车

---

① 为美国独立战争前后大陆军的七大战区之一,范围相当于从宾夕法尼亚州的西部和西北领地。

悲剧遭遇：美国原住民史

夫被要塞派去拉木头，途中遭到印第安人袭击。这些人在要塞看得见的地方全员遇害，并且都遭剥头皮，印第安人事后还包围了要塞的岗哨。

类似令人沮丧的悲剧在那年春夏反复上演，与此同时，丹尼尔·布罗德海德上校决计要招兵买马，用一支庞大的军队将敌人拖入战争的火海，这让麦金托什感到些许欣慰。布罗德海德是曾经参与苏利文打击易洛魁人定居点的行动，是宾夕法尼亚战线上老资格的军官，也是长岛战役[①]的功勋老兵。他好斗好勇、飞扬跋扈又专横霸道，但他却有麦金托什所缺乏的动力和精力。于是他带着五六百人的小部队开拔远征，深入印第安地区。

哈丁中尉率领着15个穿着打扮成印第安人的白人和8个特拉华印第安人的先遣队出发。当一行人以一字纵队沿着阿利根尼河河岸前行时，他发现就在他们可见范围内前方，有一群人数两倍于他们的敌对印第安人正从他们的独木舟下船登岸。哈丁立即把手下人粗略地围成半圆，然后手执战斧向敌军冲锋，"他们仿佛有某种无法克制的怒火……野蛮人很快就抵挡不住攻势，他们害怕极了，用飞快的速度逃走。有些人纵身跳进了河里，还有些人消失在茂密的树丛之中。他们大多数人逃走了，留下5具尸体……"攻击一方有3人受轻伤，那些死了的印第安人立即就被割了头皮。

以上仅仅是整个战役中的唯一一次遭遇战，尽管战时的全部31天中，布罗德海德的军队前进了400英里左右。一位士兵是这样叙述这次行军的：

[①] 发生于1776年8月美国独立战争早期的战役，为英美之间第一次陆地会战，主要地点是今纽约布鲁克林，战争结果是英国获胜，但军队在华盛顿的领导下乘着大雾成功撤离到曼哈顿，保存了实力。

第四章　苏利文远征

我们走过的地方，几乎无法穿行，因为所到之处不是令人徒呼奈何的爬坡就是毛骨悚然的下坡，一路上都是崎岖险峻的山峰，到处都是倾倒的树木、荆棘丛和矮灌木……布罗德海德的这支小队"焚毁了明戈人、门塞人（Munsey）和塞内加人的10个镇子……其中包括165幢房屋，也毁坏了一片一片的玉米地，加起来有500英亩之多。

布罗德海德回到匹兹堡的时候，怀安多特人的首领，杜恩永塔特（Doonyontat）跑来和他讲和。这个印第安人宣称，

兄弟们啊，看到你的眼中盈满泪水，我也不禁感伤。我深知这是英国人造的孽。兄弟们啊，让我来拂去你的泪水，让我来抚平你被英国人和我愚蠢的年轻族人弄乱的头发……兄弟啊，我看见你的心脏在绞痛，脖子和喉咙拧向一边，这是因为我的年轻族人给你们造成的伤痛和怒火啊。所有让你们感到不快的，我都将之去除，确保你们回复往日的平静生活。这样，你们就能自如地呼吸，尽情享受着食物和养分，……兄弟们啊，我把这次争执中，我们双方阵亡的年轻人的骸骨都聚拢在一起，不分彼此。兄弟们啊，我现在抬头看一眼我们的造物主，我想我们的头顶还有一丝黑暗，由于大洋彼岸那位国王的邪恶之举，神几乎看不见我们。由那位坏国王而起的这些厚厚的云雾，我现在已经全部破除了，现在神可以俯瞰我们，目睹我们的友谊之交，成为一切真相和我们真诚愿望的见证者。

印第安人在这篇长祷文式的演说之外，还恭敬地献上了贝壳串珠，而

布罗德海德在次日就此作了答复。"兄弟们啊,怀安德特人的首领们和英国佬住在一起太久,所以他们看不到事情的本来面目啦。他们一定期望着,当他们想要和好的时候,他们派来谈判的那个首领,会看到美国人身靠篝火旁在你们给的美梦中沉沉睡去。但是,圣灵用来点亮这片土地的太阳却让我看到,他们大错特错了。"美国人并不轻易相信廉价的承诺和甜言蜜语。布罗德海德想要的印第安人信守承诺的保证是休伦人送过来的人质。他接着又说,

> 就像我说过的,除非印第安人像杀美国人和抢美国人东西那样去杀同样多的英格兰人及其盟友,抢同样多的东西,并且归还从"兄弟们"那里偷来的所有东西,以及兄弟们的血和肉,以及在所有情况下和我们并肩而战共同抵御敌人——满足以上这些条件……只要太阳照常升起,河水依旧流淌,那么印第安人和他们的子孙后代就能永远生活在和平之中,尽享他们的财产,不会受到这片土地上兄弟们的打扰。兄弟们啊,我是发自内心说这番话的。我是一名战士,但也是一个讲和的人。我说的话不多,但我会说到做到。而且我必须告诉你们,如果印第安民族做出不道义的事情,那么在英格兰被赶离这片土地之后,他们也将不能享受到和平与繁荣。

他还说这些话虽然都是重话,却是在绝望中不得不说的。

用纽约州州长克林顿①的话来说,美国人正等待着"印第安人提出和

---

① 为纽约州首任州长。

第四章 苏利文远征

平建议,因为我们有很多理由从他们那里得到这样的请求",但他们听到的却是令人恼火的传言,说印第安人还在计划对边境的白人定居点发起新的进攻。被苏利文征召协同作战的奥内达人,此时已经感受到最初一轮的全力猛攻。在英国正规军和亲英分子的支持下,莫霍克人、塞内加人和卡尤佳人已经摧毁了奥内达人的定居点,把他们赶到了莫霍克峡谷的另一端。大部分奥内达人聚集在史内克塔迪附近①(Schenectady),在这个地方他们也就不能给前线充当预警防线了。

3月,在乔治湖附近的斯坎斯伯勒要塞②(fort at Skenesborough)守备的民兵遭到俘虏。樱桃谷以南20英里的小镇,哈珀斯菲尔德(Harpersfield),在几周后遭到了布兰特的袭击。大多数居民及时撤离了,但仍有几个人被害,还有亚历山大·哈珀(Alexander Harper)上尉——小镇就是以他的名字命名的——和其他18名男女被俘获。当哈珀听说布兰特有意攻打鲁尔要塞(Lower Fort)时,他就提供了一个假消息吓唬他说那里有300名大陆军士兵。然而这个诡计对于饱受摧残的米尼辛克定居点的幸存者来说就不是什么好事了,因为布兰特和他的手下又回到了去年春天打劫过的这个村子,把剩下的所有东西都抢走了。

人们很快就发现,敌对的印第安人已经遍布卡纳霍卡里直到怀俄明峡谷北端的印第安地区。一座位于萨堪达加的碉堡遭到了7名印第安士兵的攻击,结果他们全部被要塞里的守军给杀死了。在4月末,一个有79个人的印第安团伙再次袭击了樱桃谷,他们杀了几个白人,还割了头皮,但这一次要塞里的定居者和士兵好好表现了一番,把掠夺者给击退了。

这是大反击的第一阶段,除了布兰特对哈珀斯菲尔德的攻击之外,这

---

① 位于今纽约上州东部,州府奥尔巴尼附近。
② 位于今纽约上州东北与佛蒙特州交界附近。

一阶段的攻击大多是由"小团伙,无组织的饿汉"来发动的。接下来的要可怕得多。到5月,约翰·约翰逊爵士准备打击为莫霍克峡谷的定居者提供基本防御的小要塞和碉堡系统。约翰逊带着400名亲英分子和200名印第安人,沿着查普林湖至皇冠角一线,于5月21日来到了莫霍克峡谷北缘的约翰斯顿定居点。以那里为起点,他向萨堪达加河进军,又派遣布兰特去火烧考夫拿瓦加定居点。两天后,他焚毁了约翰斯顿,俘虏了40名战俘,同时也接纳了一些亲英分子军官和士兵的家属,这些人当初被美国人收容在此,多少带着点扣押人质的意思。在8月的前两天,布兰特和500名亲英分子以及印第安人摧毁了卡纳霍卡里,焚毁了大部分的建筑,杀死了许多居民,并将余下人等掳走。

当布兰特沿着俄亥俄河而下的时候,他抓到了一些先遣队的人,这些人要带话给乔治·罗杰斯·克拉克,说阿契巴尔德·洛克里上校正率领着挑选过的一支100人的宾夕法尼亚志愿兵往俄亥俄方向而来,支援克拉克对卡斯卡斯基亚的进攻。布兰特带人马前去阻截洛克里的去路,当这个宾夕法尼亚上校刚带着士兵们渡过大迈阿密河上岸后,布兰特就发动伏击战,几乎歼灭了这支分遣队。其中5位军官和36个当兵的被杀,48个兵和12名军官被擒。洛克里被俘获了,他和其他几个战俘都被酷刑折磨致死,但过半的战俘最终回到了宾夕法尼亚。这场战役,虽然人们并不愿承认,是在殖民地边境战争中,布兰特打得极为漂亮而对于美国人来说输得最惨的一仗。

在俄亥俄大获全胜之后,布兰特和他的部队满载着人头皮、战利品和战俘挥师北上,他们加急行军与约翰逊爵士汇合,远征纽约的特里昂县(Tryon),在莫霍克峡谷地区的这一段已经可以看到一些胶着的战斗了。哈尔迪曼德于1780年9月18日写给热尔曼的信中阐述了这次战役的目

第四章 苏利文远征

的。在信中,哈尔迪曼德希望,这场战役能"分流掉一下 H. 克林顿爵士①受到的压力,也有利于在他基于目前的情势而进行的任何作战行动,能使得忠实于国王陛下的人有机会及时逃离殖民地……"为了实现这个目的,他整装了"两支各有 600 人的部队,不包括印第安人,深入到敌军控制区直至莫霍克河和乔治湖"。战役的一个次要目的是夺回约翰•约翰逊爵士的父亲,著名的印第安地区长官威廉•约翰逊爵士的家——约翰逊府邸(Johnson Hall)。在位于莫霍克河和斯克哈利河(Schoharie River)交汇处的约翰逊府邸,约翰•约翰逊爵士发现了许多家里的银器和家庭文件,早些时候为了躲避起义军的追击,他们把这些东西给藏了起来。

1780 年 9 月,约翰逊离开奥斯威戈(Oswego)直奔乌那迪拉(Unadilla)而去,在那里他遇到了刚打了漂亮仗赢了洛克里的布兰特,以及绰号叫"玉米农"(Cornplanter)的一个比较有名的作战首领。他是一名白人贸易商人和塞内加人妇女的儿子。加上布兰特和"玉米农"的人,约翰逊麾下的亲英分子和印第安人就超过了 1 000 人。他随军带着一门铜质的"三磅炮②",又名"草蜢炮"(grasshopper)。他悄无声息地潜入斯克哈利河谷(Schohary),在 10 月 15 日摧毁了那片区域,然后他毁坏了亨特要塞附近所有叛党的房屋,然后沿着莫霍克河而上,沿途在两岸烧房毁地,往北一直到卡纳霍哈里。一位民兵中校向罗伯特•范•伦瑟拉尔将军(Robert Van Rensselaer)报告说,"敌人把整个斯克哈利地区都给烧了……他们从教堂的屋顶上往里扫射了两圈"。

当范•伦瑟拉尔以规模小得多的军队开始追击时,约翰逊已经渡过

---

① 全名为 Sir Henry Clinton,为英军将领,与上文所及美国方面的时任纽约州州长 George Clinton 同姓不同名。
② 因其比起当时的大炮要轻便且移动能力强而得名。

了莫霍克河。"一路长征让我的人马备受其扰且疲惫不堪,"范·伦瑟拉尔写道,"我很担心,虽然这支小队足以赶上他们,却不见得能抓得住他们。但是,我们应该努力不懈地去追赶……"

一个又一个村庄和农场被摧毁的背后是一幅人们恐惧、受难,并且死亡人数不可计数的景象。"笼罩人们心头的恐慌心理简直太不可思议了,"舒尔勒将军(Schuyler)在给克林顿州长的信中写道,"我竭尽所能也不能让很多人不要丢下他们的家园逃跑,我担心除非还有民兵在此驻守直至我们彻底找到解决的办法,所有的定居者都会搬走。"

就当舒尔勒尽其所能帮助范·伦瑟拉尔招募一支军队能抗击约翰逊的侵略部队时,有四五百名民兵已经在莫霍克峡谷的谷底集合,而克林顿州长也带领了一支小型的匆匆忙忙纠集起来的部队离开奥尔巴尼,合兵追击约翰逊。在阿拉伯石定居点(Stone Arabia)附近的巴黎要塞,约翰·布朗上校收到了范·伦瑟拉尔的确认信息,这位将军将会及时赶到并支援他130个人,来迎头痛击约翰逊具有较大优势的兵力。这几乎宣判了布朗手下许多兵士的死刑。布朗在已经废弃的凯瑟要塞(Fort Keyser)追上了约翰逊,在持续了大半天的血腥战斗之后,他的小分队损失惨重。他手下40人被杀,其余的被打得四散奔逃。之后,约翰逊也就抢劫并焚烧了阿拉伯石的村庄。

像凯瑟要塞战役一样的战斗在美国革命的历史中显得微不足道,但是这场战斗伤亡对一个定居点很分散的区域来说却堪称致命,这里的每一个士兵都是当地居民的父亲或是儿子。在布朗军中的民兵,他们之所以如此奋勇杀敌,其实也是为了他们自己的生命,他们的家庭和财产,而这40个亡魂差不多相当于邻近地区健康成年、肢体健全男性的4/5。就像南方的游击斗争一样,这种战斗展示了战争最残酷的一面。

第四章 苏利文远征

范·伦瑟拉尔迟到了一步，没能拯救布朗手下人的命，但是他的部队却因为刘易斯·杜博瓦（Lewis Dubois）上校带来的 400 名民兵和 60 个奥内达人而实力增强。他紧紧追在约翰逊部队的脚跟后面，这位亲英派军官终于在 19 日，于福克斯磨坊（Fox Mills）被迫转身迎战。范·伦瑟拉尔的人不需要什么动员就发起了进攻。战斗十分紧张激烈，渐渐地，约翰逊的人马开始处于下风，最后在黑夜的掩护下逃走了，"他们丢了很多东西在身后，"在克林顿州长给华盛顿的报告中他说道，"有行军包、粮草还有一门配备弹药的三磅炮。"

而美国这边，因为之前一天没有中断地行军了 30 英里，所以此时也是体力不支无法继续追击，而且克林顿带的人，在次日早上抵达，用他的话来说也是"实在是太累了，我们 24 小时内行军了至少 50 英里，再也不能往前进了"。而克林顿向华盛顿汇报的损失统计数字就像一个讽刺性的巧合：根据他的数字，约翰逊的袭击，"经过保守的计算，摧毁了 200 处房屋、15 万蒲式耳的麦子，以及一定比例的其他谷物和动物饲料"。一年前，苏利文为期一个月的在印第安地区的袭击，糟蹋了对方 16 万蒲式耳的玉米以及 40 个村子被毁。而约翰逊的袭击只持续了 5 天却造成了差不多的损失。他的袭击犹如旋风一般，而苏利文却培植了基础。他们两次袭击有着两处明显的差别。首先，约翰逊在凯瑟要塞遭遇强敌，又在福克斯磨坊陷入缠斗。即便他没有被那些从方圆 100 英里地招募而来的起义军民兵打败，他也不会继续袭击超过一个星期。其次，尽管他在当地居民中间散播了恐惧，也造成了重大的损失。但当他一走，那些家庭就可以放松神经，开始重建他们遭到毁坏的农场和村庄。到第二年春天，一位旅行至此的人说道："这里是一派繁荣景象，不仅在于数都数不清的庄稼，也在于人们的思绪（不再停留在伤痛之中）。"

除了约翰逊的袭击,英军第五十三团的一个小分队攻打了康涅狄格河谷上游,在罗亚尔顿(Royalton)烧毁了几所房子,同时另外一小撮人沿着哈德逊河一线南下,袭击了史内克塔迪12英里以北的波尔镇(Ball's Town)。

在新的一年,即1781年的最初几个月,在克洛克原野(Klock's Field)受伤而停止四五个月活动的布兰特,毫发无损地通过了上莫霍克峡谷。许多家庭已经逃离了峡谷地区,因此并没有民兵武装给他带来了什么麻烦。樱桃谷在四月份遭到袭击,两支大陆军纽约第二军团的小队,在企图给斯坦威克斯要塞(Fort Stanwix)挨饿的守军提供补给的时候被俘获,这些守军当时正身陷于围困之中。

到了5月,因为饱受枪弹和洪水的破坏而几乎无法提供补给,斯坦威克斯要塞只能放弃了。这个决定似乎象征着人们对美国独立前景不抱希望了。自从1776年以来,斯坦威克斯要塞就拱卫着从安大略湖的奥斯威戈到上哈德逊、特里昂县、新英格兰心脏地带以及莫霍克河源头这一条重要的交通要道。在要塞坐落的区域周围住着友好的奥内达人,因为眼下的要塞弃守,也被迫逃到了史内克塔迪附近地区。

但后来发生的事情却昭示了美国人很快时来运转了。马里努斯·威列特(Marinus Willet)上校被派往此地掌管防务。威列特年届40,是纽约国王学院(King's College)的毕业生,他也是个成功的商人,而且在法—印第安人战争期间担任中尉。他在布拉多克战役期间,曾和华盛顿并肩作战。他是"自由之子"(Sons of Liberty)的领导人之一,参与了1775年袭击英军纽约军火库事件,在亚历山大·麦克道尔[①]的纽约第一

---

① 美国大陆军的少将。

第四章　苏利文远征

军团中担任上尉。他在蒙莫斯(Monmouth)战役①中表现突出。他有三次婚姻,至少一名私生子。但威列特在军事领导方面却是十分传统。当他掌管了纽约州西部和莫霍克峡谷的防务大计之后,也就要为这5 000平方英里土地,以及在此居住着的2 000名勇敢居民——他们已经抵抗了一次又一次要将他们赶出家园的攻势——负起责任。威列特在波尔镇,卡兹吉尔(Catskill)以及日耳曼平原(German Flats)的赫尔基默要塞(Fort Herkimer)均建起了重要的岗哨,有一百二三十名大陆军战士被分配驻守于这3个岗哨。主力部队大约有120人,他们驻扎在卡纳霍卡里,这里也是威列特选定的总部所在地。因为威列特两年前曾随苏利文带兵横扫印第安地区,他熟知地貌和自然环境对他的不利之处。威列特估计,因为他防守的地区饱受亲英分子和印第安人来来回回的袭击,所以他能召集的民兵兵源从独立战争开始时的2 500人到如今"可征召居民"(年满16岁的男性)已经锐减至一半。就是这些人中,不足2/3的(大约800人)才够格可以加入民兵队伍。因此,经过威列特的计算,民兵的数量,已经随着战争进行,减少了2/3。至于减少的人数,据威列特估计,"其中1/3被杀,或被敌人掳走;1/3人搬到了后方地区;而另有1/3人投靠了敌人"。

　　仍然坚守的居民,主要寄居在简陋的要塞中,每个要塞能收容10—15个家庭。威列特受命要防守的这个地区,大约有24个类似的要塞。每天,农夫们手握上了膛的火药枪,像出征一样上田劳作,到了傍晚再回到要塞。很少会有哪一个星期太平无事,没有那些来打家劫舍的印第安人在田头伏击、杀害个把农夫,然后割头皮的。

---

① 独立战争期间战役,1778年发生于今新泽西州蒙莫斯,华盛顿追击英军亨利·克林顿率领的军队,未决出胜负。

悲剧遭遇：美国原住民史

威列特的第一招是在他4个重要据点轮换士兵。这会让他更了解这些手下人，也会让他们保持斗志，精神紧绷，而且民兵活动的曝光率也会增加定居者们的士气。威列特也深知，没有什么事情变糟糕的速度比士兵一味地进行戍守要快，因此他"让士兵不断来来回回地行军"，他于7月6日写给华盛顿的信中写道："而且我还不断改变他们的行军路线，这么做可以实现好几个目的，相信阁下您也会很快看到，无需鄙人在此赘述。"除此之外，威列特常常亲自访问防区内的各个地方，希望守备军与他本人更熟悉，而且还能"视察民兵武装的条件——这是我必须充足确信的"。威列特的战略并不是要防御每一个据点，但是"只要敌人再次从这个方位出现，无论他们的军力如何，我们都要竭尽所能应时应地募集的兵力，争取在战场中将他们打垮。"而做到这一点，就意味着要有一个有效的预警系统以及他麾下的士兵，无论是正规军还是民兵，都必须具备高度的应战能力和机动性。

在他抵达卡纳霍哈里不久，威列特就得到消息，在东南方的科雷镇（Corey's Town）方向，可以看见一些烟雾。35名大陆军士兵已经得令出去巡逻了。威列特把他们找回来，派他们去科雷镇。16个正规军士兵和所有能找到的民兵都被他派去了17英里外的镇子，好在他们赶到及时，扑灭了部分的火。与此同时威列特也召集到了100多名民兵，加上原来的正规军士兵，他手下的小小武装也扩容到了170人。一个探子带消息给威列特说，敌人安营扎寨的地方已经找到了。威列特估计敌人会返回那里，在黑夜笼罩之下连夜赶去，他率军行进18英里穿过乱石丛生也没有路标的地区，并在早上6点钟抵达。在日光之中，已经谈不上奇袭了，但威列特继续进军。而来袭军队的首领，也许意识到自己的人在进攻时比在防守时更有效，因此命令向威列特的军队进攻。这些印第安人和亲

第四章 苏利文远征

英分子,边大声叫嚷边用火药枪射击,向前冲锋。"这只不过是印第安人的一腔怒火,"威列特写道,"他们只是色厉内荏之徒。当我们的人一呼号前队一冲锋,他们很快就败下阵来。"与此同时,美国人这边的右翼也遭到了攻击,但他们展开了激烈反击,而这些印第安人也被打散,各自逃命去了。

战斗持续了一个半小时。威列特部队的损失是5人阵亡,9人受伤。根据威列特的计算,敌军几百人的部队减员不少于40人,其中就有臭名昭著的亲英派分子,唐纳德·麦克唐纳(Donald McDonald)[①]。此战对于印第安人和亲英分子而言是一次大挫折。这场战败让他们损失惨重、无法继续战斗,于是在夏日的剩余时光里,这一地区附近再也没有了这样的不速之客。此外,同样重要的一件事在于,这场一边倒的胜利对于起义军而言无疑大大提升了士气。满怀感激的奥尔巴尼市议会通过投票,授予威列特"荣誉市民"的称号,每一个定居者都可以因此睡得好一些。他完美展示了一位激励型的领导者能取得怎样的成就。

然而,到了秋天,敌人的活动开始回潮。10月下旬,威列特得到消息,在卡纳霍哈里大约20英里的沃伦思灌木林(Warrens Bush)出现了一支规模不小的敌军。威列特立即采取行动,他带着伦瑟拉尔要塞内所有敢和他一起去的士兵赶往事发地,他也命令所有在"邻近定居点和军事据点的"正规军和民兵"随后跟上"。他带兵整夜行军,天亮后来到了亨特要塞,在这里他发现敌人已经渡过河去往约翰斯顿了。一位倒在路边、奄奄一息的英军士兵告诉威列特说,来袭的远征军中包括800名有战争经验的亲英分子和英国正规军以及由沃尔特·巴特勒指挥的120名印第安

---

① 此君是苏格兰裔的亲英分子,来自约翰斯顿。

人。在亨特要塞，威列特命令集合的其他队伍也赶到了，于是，他手上才算有了一支勉强超过400人的军队，大多数人还是民兵，他就靠这些人去迎战一支两倍于己的部队。下午，他用小船把部队运过了河，开始向约翰斯顿进军。在距离镇子还有2英里的地方，威列特得到消息，敌人正在忙着宰牛。他决定立即进攻。他把人马分成两拨，一拨人继续行军正面迎敌，而另一拨人，则借道从敌人的后方进攻。指挥着右翼进攻梯队的威列特，进入了毗邻巴特勒部队驻扎地的一个阵地，开始猛烈的攻势，迫使敌军逃入树林，隐蔽了起来。于是威列特命令部队排成战斗队形，前进并射击，但是我们到现在才比较了解的那种莫名其妙的瞬间恐慌，此时此刻却降临到这些士兵身上。他们掉转头就跑，不管他们愤怒的长官怎么鼓舞士气，都不管用。在这个关头，眼看败局已定，指挥包围作战的马萨诸塞指挥官罗莱少校，带着他的部队——除了60个正规军士兵，几乎都是民兵——往上冲。这支部队冲锋非常果断，以至于英国人最后阵型被打乱，逃离了阵地，多数的装备和包裹都被扔在了原地。时值深夜，美国人打着火把搜索着双方的受伤和遗弃的装备。他们一共俘获了50名战俘，加上杀伤的数字，共歼灭了敌军近百人。而威列特的损失则是40人死亡或受重伤。

因为无法确定敌人的意图，威列特把部队撤回了日耳曼平原(German Flats)，之后将部队驻扎在巴特勒的军队和他们遗弃在奥内塔河边的船只中间。在这里，有60个奥内塔人战士加入他的帐中，再加上新加入的民兵，他的这支小军队也有了差不多500人。两天后，巴特勒显然已经不想再拿回他的船，也许要从陆路去往奥斯威戈。而威列特这边，他挑选了400个人带上5天的口粮，跟随着巴特勒而去。两天的急行军，在经过大暴风雪的考验之后，他们马上发现，敌人就在他们眼皮子底下。

第四章 苏利文远征

威列特追上了一支正在觅食的分遣队,其中有 40 个士兵和几个印第安人。这些人有的被杀,有的负伤,有的被擒,余下的人四散逃窜。威列特再次发动攻势,主力部队向前压上,但是这一次因为疲惫且缺乏食物,部队彻底没有了士气。全军显露出一些组织混乱、士兵摸不清方向的迹象,敌军无心恋战,在一番潦草的抵抗后,急急忙忙成一纵队逃离战场。这真是场奇怪的追逐游戏。巴特勒一定想过他不能总是逃。他的手下人也已经到了忍耐的极限。而且天气实在是太糟糕,雪也都化成了冰泥,妨碍他们的行军。而追赶的人,因为可以向自己的苦主复仇而身受鼓舞,但他们和被追的人一样也是疲惫不堪。下午近黄昏,巴特勒带领人马渡过了加拿大河(Canada Creek)之后,停下了脚步准备开战。在第一次交战中,他身负重伤,手下有 20 人阵亡。其余人再次逃亡,而当威列特的军队驻扎停当且补上了他们梦寐以求的睡眠之后,英国人这边没有吃的,也没有毯子只能咬牙坚持着保持和美国人之间有足够的距离。他们似乎陷入了绝望的境地。前方要抵达的奥斯威戈还有 7 天的路程,没有粮草和毯子能让他们渡过越来越难熬的苦寒长夜。犹豫之下,威列特放弃了追踪,让英国人去接受大自然给他们的仁慈。而且,他的人马也只有 5 天口粮,很快也会像敌军一样消耗殆尽。

入侵者最惊人的成就是他们的行军速度。以每天半磅马肉的供给比例,即使是在苦战 4 天之后,这些英国人、亲英分子和印第安人,以小跑为主地,行进了 30 英里才歇脚。威列特写信告知克林顿说受伤的巴特勒已经找到,是"我们这里的一个印第安人找到的,他和巴特勒了断了恩怨,还得到了不少战利品"。剩下的入侵者们(按威列特所说)"公平地接受了惩罚,比起火药枪子,战斧或者囚禁都更配得上他们的荣誉"——在森林里活活饿死。

悲剧遭遇：美国原住民史

美国人最重要的收获就是沃尔特·巴特勒死了，这个人和他的父亲还有约瑟夫·布兰特已经在前线为患多年。他打家劫舍的劣迹以及他的无情和残忍为人深深记恨。但历史学家却一直想要替他洗刷最为不堪的一些污名。巴特勒在奥尔巴尼接受培训成为一名律师，他是一个英俊潇洒又举止优雅的人。对于他是否一定会投靠英国军队这件事，大家并无异议。因为他的父亲，一位印第安事务特派员，是伟大的威廉·约翰逊爵士的朋友，也是英国国王的忠诚奴仆；他的儿子加入威廉·约翰逊爵士的儿子约翰·约翰逊爵士的军队，其实也是遵循这个传统。4 年前，巴特勒因为在特里昂县招募定居者给亲英派做事而被捕，他被军事法庭判间谍罪绞死。讽刺的是，当时威列特就是军法检察官。巴特勒却逃脱了。威列特上校的儿子认为巴特勒"比前线任何一个人，都作出了更多的野心之举、造成了更大的伤害、犯下了更多杀人罪行"。对于莫霍克峡谷支持美国独立的居民来说，巴特勒之死是一个比华盛顿打败康沃利斯①(Cornwallis)更伟大的时刻，也是人们更为兴高采烈地欢呼的时刻。

尽管一小撮一小撮的印第安人还在前线四下活动，偶尔会袭击前不着村后不着店的定居点和农舍，但是威列特在约翰斯顿的胜利标志着对美国北方前线大规模的袭击告一段落了。这是苏利文的 5 000 兵马没有做到的事（而且也可以说他反而激起了更多的边境冲突），而威列特只用了 1/10 的人就办到了。

---

① 独立战争的英军副总司令，在约克镇战役中，在被美国和法国军队围困 3 周之后，于 1781 年 10 月 19 日投降，标志着独立战争以美国胜利而告终。

第五章　桑达斯基的血影

在1782年早春，发生了一件让美国军队蒙羞的事件，而且也招致了印第安人残酷的报复。

两名摩拉维亚教派①传教士，大卫·奇斯伯格（David Zeisberger）和约翰·赫克威尔德（JohnHeckwelder）到特拉华印第安人中传教。他们让很多该部落的人皈依了基督，并且说服他们在宾夕法尼亚的西部地区过上安居乐业的农业生活。在独立战争爆发的几年前，两位传教士应特拉华人的请求，搬到了托斯卡拉瓦斯河上游的一个地方居住，距离皮特要塞②（Fort Pitt）大约100英里。在那里，他们建立了3个繁荣的定居点：肖恩伯恩（Schönbrunn）、格纳登胡腾（Gnadenhütten）和沙勒姆（Salem）。在独立战争开始的时候，传教士和他传道的印第安人都表示中立。但最后无论是英国人还是美国人都怀疑他们有变节行为。因为信摩拉维亚教派的印第安人和特拉华人有亲属关系——而特拉华人又是最忠于英国人

---

① 又称摩拉维亚兄弟会，起源于今捷克摩拉瓦河流域，宗教改革后产生的较早的新教流派之一。
② 匹兹堡前身。

的——他们不断被施压倒向英国人这一方,而且其中一些胆子大的年轻人加入了英国一方的印第安军队。最终,一支50人的英国和印第安人的军队逼着他们在1781年离开他们居住的村庄前往桑达斯基河(Sandusky)的上游。当他们证明了自己很清白没有支援美国人,底特律的英国当局感到满意之后,有100个居民被允许回到托斯卡拉瓦斯河(Tuscarawas)的定居去收获田里已经长得高高的玉米。

与此同时,在宾夕法尼亚的边境地区,又发生了一系列影响恶劣的印第安人暴行,激起了白人定居者对印第安人的深仇大恨。当流言传来说有一群敌对的印第安人占领了摩拉维亚教派印第安人废弃的村庄后,白人定居者就派了一支300名民兵的武装前往讨伐。这些回到家乡的印第安人,一方面内心觉得自己很无辜,另一方面想保护自己的镇子免遭战火涂炭心切,所以没有逃走,也没有采取什么防御措施。民兵们先来到了格纳登胡腾。离这个镇子还有1英里的地方,他们遇到了一个叫舍波什(Schebosh)的年轻印第安人,他们上前就杀了这个青年,还割了头皮。还有两个平和且手无寸铁的印第安人也同遭毒手。剩下的印第安人都被赶到一起,他们得到保证"不会加害他们"并且被带到了镇子的中央,在这里他们一个个被捆了起来。"男人们被带进一所房子,女人们则被带进另外一所房子"。

现在,这些印第安人才缓过神来,他们即将成为美国人对于复仇渴望的牺牲品。男人们开始祈祷,唱圣歌,"然后说一些激励人心的话,然后挨着个说着安慰的话,直到他们被一一处死"。接着就轮到妇女们了。有一位精通德语和英语的莫西干妇女,名叫克里斯蒂娜,她想哀求民兵们放她和她的姐妹们一条生路,可是最后还是行不通。

这个悲剧的故事还有一段苦涩而讽刺的续曲。就在民兵们来到格纳

第五章 桑达斯基的血影

登胡腾的时候,有一个传教士被派往沙勒姆向那里的印第安人报信。那里的印第安人不知道他们的同胞遭此厄运,他们内心十分笃定没有逃,因为如果逃走了就等于说他们是有罪的。第二天,一伙民兵来到了沙勒姆,他们缴了印第安人的械,把他们带回了格纳登胡腾。在那里,他们把印第安人绑了起来,拿走了他们的小刀。用奇斯伯格的话来说:"这些民兵让我们的印第安人把他们藏在灌木丛里的东西拿出来,然后通通拿走。他们让印第安人告诉他们蜜蜂在灌木丛的哪个位置,帮着他们把蜂蜜取出来。印第安人还被迫做了许多事情,然后就被杀了……印第安人们祈祷、歌唱直到战斧砍到他们的脖子上……民兵们把死尸连着这些房子通通付之一炬……"

民兵们很清楚这些印第安人是"印第安良民"(good Indians),也就是说,这些印第安人没有针对美国定居点的敌对行径,并没有和敌人结盟。他们还知道,这些印第安人是基督徒,而且令人难以置信的是,在刀下亡魂面对死亡时表现出来的勇于殉道的精神面前,这些人竟然无动于衷。他们胸中究竟有怎样无法平息的仇恨,我们实在无法探查而知。就像美莱村①(My Lai)的那些美军士兵,格纳登胡腾的这些民兵屠杀了没有武器的男人、女人还有小孩,并且他们的残暴行为来自一种对人恐惧和仇恨的奇怪反应,有悖于人道。这场大屠杀激起了一阵抗议的浪潮。在前线定居点的头面人物异口同声地斥责其为世所罕见的野蛮行径。人们要求严惩行凶者。宾夕法尼亚的议会调查了事件的始末,并给予了谴责。然后此事就不了了之了。

大约一个月之后,在 5 月 25 日这一天,一支由威廉·克劳福德

---

① 越战中臭名昭著的美军屠杀平民事件,发生于 1968 年 3 月 16 日在越南中部的广义省美莱村,死亡人数从 150 人到 900 人不等,众说纷纭。

(William Crawford)上校率领的远征军从皮特要塞出发,前往桑达斯基河上游的怀安多特人和肖尼人的镇子,他们的使命是"只要有条件,就要用火和刀剑摧毁他们……只有这样,我们才有可能让我们这个国度的居民生活无忧而平安"。以上是宾夕法尼亚人威廉·埃尔文(William Irvine)将军写给华盛顿的信中内容。在克劳福德帐中的465名来自宾夕法尼亚和弗吉尼亚的前线战士中,有些人参与了格纳登胡腾大屠杀。

这支小型部队穿过了茂密的灌木丛和开阔的林间路,也走过了越橘地和沼泽地,他们神经紧绷,不放过任何一个印第安人的踪迹。当他们沿着去往桑达斯基河的小径,逐渐接近摩拉维亚派印第安人的定居点时,探路兵发现了大约有60名印第安人在行进,而且有3个印第安战士坐在马上尾随这支美国部队。在好几个地方,印第安人点着了树林,想要困住这些士兵。此时,路面变得越来越崎岖,一条条沟壑和泥泞的小河横亘在他们的行军路上。在这条小径上,军队因为其精疲力竭加上事故损失了一些马匹,但是全军仍然咬牙坚持,即便地势复杂,每天仍然能行进20英里之多。

到了6月1日,克劳福德的队伍显然是遇到麻烦了。印第安人发现了他们的行踪,因此不难推断他们将会把分散的兵力汇合至一处。克劳福德的给养也快用完了,而且士兵们都在私底下抱怨,他们因为行军困难而心气低落,尽管没看见几个印第安人却风声鹤唳,以为印第安人已经到处都是了。当天,克劳福德召开了一个战斗会议。如果他们到达了桑达斯基河上游,那么他们怎么再从这一片充斥着敌对印第安部落的地区撤回呢?他们怎么把伤病员抬出去,而且给养日渐紧缩,怎么样才能吃上新鲜的食物?但是,会议讨论的结果是继续进军,因为回头也许和继续向前一样危险。在临近他们的目标,即桑达斯基河的印第安镇子的时候,美国

第五章 桑达斯基的血影

人发现了许多踪迹。很快,他们就遭到了攻击。靠着树林作为掩护,民兵们和印第安人交上了火,并在日落之前都把他们控制在河湾一带。次日早晨,简单清点人数之后发现有两个人被当场杀死,还有3个人是在夜里死的,他们的呻吟和嚎叫一点也不能鼓舞同伴的士气。还有19个人受伤,而且其中有3个人的伤势过重而无力回天。有一个美国人被割了头皮,而印第安人那边也有两个人被割了头皮。到了6月5日,印第安人团团包围了这支深陷困顿之中的小型部队,很显然是想吸引他们开火,并且在己方增援部队到来之前把他们死死按在原地。到了傍晚,一伙约150个肖尼人的部队出现了,他们成三纵队,扛着一面红旗,堂而皇之地行军前来,在包围克劳福德的部队中也出现了特拉华人的身影。印第安人在美国人的退路上建立起了简陋的防御工事。而克劳福德和他手下大多数军官决定趁着夜色杀出一条血路。他们悄悄给马匹上好鞍,士兵分作两纵队行进。但其中一个小队,并不想跟从这个大方案,而是另外选择了一条路线,因此这支部队从一开始就陷入了严重的分歧。到了晚上,混乱开始加剧,一队人想要沿着两天前来的那条小路杀回去,而另外一队想要走那条靠近印第安小镇的。他们的目的地是这些人在遭遇印第安人之前曾经在那里安营扎寨的一处泉眼。克劳福德在混乱中不见了踪影,而另外一个人接过了对这些人的指挥权。

　　许多人三三两两地开溜,因为他们觉得靠自己的话,也许逃跑成功的机会更大。他们稍事休息就赶着逃命,耳畔时不时传来恐怖得让血液都要凝固的"割头皮士兵的呼喊",说明印第安人抓住了一个掉队的或是开小差的,已经剥了他的头皮。渐渐地,当一行人逐渐离肖尼人的镇子越来越远,有些独自跑路或者一起跑路的人才又聚到一起。最初的465个民兵,有380人逃了出来。这支部队有这么多的人找到路逃了出来,充分展现了他们作为林中人过硬的求生技能,同样也暴露了印第安人持续追逐能力的薄弱。最终的伤亡数字是 40—50 名官兵被杀或失踪,28 人受伤。而克劳福德和远征军的军医以及其他一些美国人被擒,毫无疑问也帮助了这些逃出密林的美国人逃脱魔掌。许多印第安人撤回到了他们控制的其中一个镇子,开始拿这些战俘取乐了。

一开始,克劳福德和约翰·奈特(John Knight)医生被剥光衣物,然后被抹成黑色,在左右两列由男女老幼组成的夹击队形中跑过去,两边的人用大棒、棍子和拳头伺候他们。第二天,他们再次被涂成黑色,手被绑到身后。而克劳福德被领到一个四周都是烧得发红的煤块的桩子前,他被逼着在滚烫的煤块上行走,而折磨他的人要么近距离地向他的身体射击,要么用点着火的木棍戳他。在足足折腾了两个小时之后,克劳福德央求站在旁看好戏的一位叛变的美国人西蒙·基尔第(Simon Girty)给他一枪,求个痛快,基尔第则回答他:"你没看到我没枪吗?"

最终克劳福德被割了头皮,当血液从他头顶的伤口处涌出后,他轰然倒在仍旧燃烧不息的煤块上。同时,印第安妇女们也一铲铲地往他身上堆煤块。奈特被迫看着他的朋友被折磨致死,而且当克劳福德被割头皮之后,这些印第安人"把他的头皮摔到医生的脸上说:'这是你们伟大头领的头皮,明天我们接着伺候你。'"

奈特在另外一个村子被折磨致死。有一个印第安人被指派去押着他。就在他们去行刑地点的路上,这个野蛮人想生个火,于是解了奈特的绑,命令他去捡木头。奈特找到一块趁手的木头,给了那个印第安人当头一棒,当场把他撂倒,还缴了他的枪。当印第安人逃走以后,奈特也穿过丛林逃跑,走了 20 天才回到了皮特要塞,告诉了人们他的可怕遭遇。只有被特拉华人抓住的战俘才遭到了酷刑,"那些人说他们不要对白人表现

第五章 桑达斯基的血影

任何的仁慈,"一位远征军成员写信告诉他的朋友说,"其实他们对自己的朋友和亲属,那些虔诚的摩拉维亚派印第安人也没有表现出什么仁慈。"

克劳福德败北所带来的后果是,它激起了俄亥俄河上游沿岸地区①印第安人袭击事件的大爆发。这些喜怒无常的印第安人,打败了就垂头丧气,而胜利了又变得兴高采烈。在匹兹堡郊外30英里左右的汉纳斯顿(Hannastown)就遭遇了印第安人的奇袭和火攻,有20个定居者没有来得及逃到要塞里面,就被杀的杀、被掳的掳。在整个前线地区,要求为克劳福德的兵败和蒙受酷刑以及汉纳斯顿和其他偏远定居点的袭击事件而复仇的呼声越来越高涨。定居者宣称,如果埃尔文将军带着他们干,他们就能招募和装备起一支六七百人的民兵武装,远征讨伐桑达斯基河的印第安村庄。政治机器的再次高速地旋转起来,他们一共募集到了1 000人,其中还有100名正规军的加入,使其实力大振,他们的目标是扫荡桑达斯基河流域,并且和克拉克会师共同打击肖尼人。

约瑟夫·布兰特正在准备攻打西弗吉尼亚的惠灵②(Wheeling)及其以南的定居点。西蒙·基尔第和威廉·卡德维尔(William Caldwell)上尉——一个胆子很大、进取心很强的亲英派军官,也前往支援。布兰特指挥的联军包括1 100多名印第安人,这也许是美国独立战争期间集结起来的最为庞大的一支印第安军队了。但是当他们开拔之后,却传来了克拉克远征讨伐肖尼人村庄的消息,而且他们求布兰特折返协防。大多数士兵是想折返的,但他们的头儿们却下定决心,不放弃这次出征,非要到肯塔基地区去捞一把。因此300名怀安多特人和一些亲英派武装的游骑兵在1782年8月15日渡过了俄亥俄河,并包围了莱克星顿以北5英里

---

① 今宾州匹兹堡以西,与俄亥俄州的边界处。
② 位于今西弗吉尼亚州和俄亥俄州交界处,俄亥俄河的东岸。

处的布莱恩驿(Bryan's Station)。布莱恩驿是个小要塞,有200码长,40码宽。其中有40间小木屋,住着90名男人、女人和小孩。每个角上有一个两层楼高的碉堡,而包围整个要塞的栅栏墙有12英尺高(约为两人高)。要塞的居民们很早就得到消息说印第安人将要来犯。要塞的唯一水源是在要塞山脚下的一处泉水,靠近印第安人驻扎隐藏的地方。要塞的守军决定派妇女拿着水桶下山打水来做饭和浣洗,假装他们并不疑心敌对的印第安人就在附近。这真是一幕荒诞剧。一小队妇女和年轻的女孩,有说有笑,成群结队地来到山下泉边,用水桶打满水。而怀安多特人则认为妇女们来打水这件事清楚地证明了要塞里并没有人疑心他们的存在,因此他们就让这些妇女完成了她们的使命,没有找她们的麻烦。

当妇女们回去之后,印第安人马上派出一小队人马企图引诱定居者离开要塞。守军假装上钩。一小队人杀将出来追击印第安人,但他们却小心地尽可能地紧挨着要塞,从而可以快速地逃回去。基尔第和他的印第安战士确信他们的诡计已经奏效,就从树林里面冲出来,在另外一边攻打要塞,但是他们却迎面遭到了猛烈的炮火,只得狼狈退去。基尔第只得对要塞进行间歇性的火力威慑,并要求要塞的人投降,还保证会保护里面的人不会遭到印第安人的毒手。而年轻的亚伦·雷诺兹(Aaron Reynolds)大声驳斥基尔第,说他是一个出了名的恶棍和狗奴才,任何一个诚实正直的人都会看不起他。如果他和那些狗杂种手下们胆敢踏进要塞一步,他们会用鞭子抽而不是用枪把这些畜生赶走。雷诺兹还说,如果基尔第敢在此多逗留一天,那么援兵就会把他肮脏的皮囊给钉到树上去。听了雷诺兹的这番奚落,印第安人火冒三丈大吼了起来。子弹雨点般地砸到栅栏墙上,而且因为过于密集还把栅栏墙给引燃了。但第二天,基尔第在确信攻坚战无果之后,摧毁了田里的庄稼,杀死了牛羊猪锣,顺走了

第五章 桑达斯基的血影

马匹,撤兵而去。

基尔第慢慢撤回利金河边的蓝盐地(Blue Licks),等候追兵。而就当基尔第撤离布莱恩驿的时候,从莱克星顿、哈罗兹堡以及伯恩斯伯勒的志愿兵,以及林肯县的135名民兵以及由丹尼尔·伯恩带领的法耶特县(Fayette County)的一个分遣队都来支援了。他们决定立即追击基尔第部,并挑选了180名骑马的步枪手出发去追赶印第安人。在下蓝盐地地区①,他们看到一些印第安人在不到1英里的一条岩石路上行进。一些步枪手,包括伯恩在内,怀疑这是一个陷阱,要求所部静候对方主力的出现。其他人则急于想进攻。一个脑子发热的肯塔基人休·麦克加里(Hugh McGary)少校停止了辩论,他狠狠地给自己的座驾一记马刺,朗声说道:"等待就是懦弱!不是懦夫的就跟我走,让印第安人看看我们都是有种的。"于是,在麦克加里的率领下,这队人马穿过了一条小溪,并布成了一条攻击线,伯恩指挥左翼,而麦克加里坐镇中央。他们策马来到距离怀安多特人和亲英分子守候他们的地方大约60码的地方,他们翻身下马,开始射击。伯恩在左翼打得印第安人节节后退,但阵型右翼的美国人却因为遭到包夹而溃败,而麦克加里也发现他的右侧和后方遭到攻击。他的手下纷纷撤到伯恩的右侧,接着美国人的整个阵型都崩溃了,人们纷纷逃奔至渡口。"能重新上马的人算是走运了,"一位军官这样写道,"而上不了马的人,连一点喘息的时间都没有。"在溪边,有的人被一小队印第安人纠缠住,许多人在试图渡过溪水的时候被砍死了。剩下的人马,一渡过河就继续撤退直至遇到增援部队。此时,印第安人也鸣金收兵,这次行动戛然而止。

---

① 沿利金河而下分别有上蓝盐地和下蓝盐地地区,后者因为之后的战争改建为州立公园。

悲剧遭遇：美国原住民史

蓝盐地之战是肯塔基人在英属印第安人手中败得最惨的一次。70人阵亡——超过了部队集合出发时人数的 1/3，还有 20 人被俘或者受重伤。当增援部队抵达蓝盐地渡口时，他们发现一些美国人被绑在树上，"被人用刀和矛砍死了"。安德鲁·斯蒂勒（Andrew Steele）是增援部队的成员，他在给弗吉尼亚州长本杰明·哈里森的信中写道：

> 凡 7 年征战不休，胜负交替，还未曾见此等令人惊恐、性命攸关，且有害于肯塔基民众福祉之事……两县①民众观此世所未见暴行之惨状，其情之悲切，余语塞而不知何以表之……我肯塔基之勇士，四十有七，遭彼人（印第安人）空前之横虐，成旷世残杀之冤魂后又见弃于野……如今敌我之间，战和皆可、守得平衡，但遭如此一击则恐摇摇欲坠，一发而不可收拾也……

几周后斯蒂勒又给哈里森写了一封信，描述了前线的现状。

> 蛮族敌人对我外围之据点频繁入侵，横加劫掠。我兵力疲散，久战之军亦遭败绩，但见寡妇泣、孤儿号，其声洞洞，缠磨于耳……自 1778 年，有一股三百余蛮匪糜烂我境始，余每岁均乞告阁下边患之不堪，又，1976 年迄今，计八百又六十名可战之士被戕，遭此空前之横虐，成旷世残杀之冤魂②（斯蒂勒看来很喜欢这个说法）。

如果哈里森能对前线定居者表现出一点关心的话，人们也许会给这

---

① 指的是当时的林肯县和法耶特县。
② 斯蒂勒在信中一字不差地重复了上一封信的这句话。

第五章　桑达斯基的血影

位"豪门贫儿①"这样的头衔，比如"我们生命、法律和宗教自由伟大的守护神和保护人"，"历史年鉴将会把你的名字收录在最勇敢的爱国者和最睿智的政治家名录之中和每个肯塔基人都会对他打心眼儿里感激得如滔滔江水连绵不绝之列……"

整个肯塔基前线一度让人看来是准备放弃的了。克拉克被人诟病说没有保护好肯塔基地区，但他回应说像蓝盐地那样的悲剧是因为指挥官"百分之一千该受到谴责"的行为造成的——他们在增援部队还没有抵达的时候就贸然发起了攻击。

蓝盐地之战的效应，就像类似的挫败所造成的影响一样，刺激了前线将士，让他们想要重头再来一次。埃尔文将军麾下汇聚了1 200名民兵和正规军的雄武之师，准备讨伐印第安人盘踞的桑达斯基河地区。"我此次去印第安人的地盘，不是去观光游览的，"埃尔文在写给哈里森的信中写道，"我的部队主要是志愿民兵，除了这些自带干粮和装备的之外，我也把能带上的大陆军人马都带上了。如果我们如愿将肖尼人、特拉华人和怀安多特人的镇子化为一片火海，那么我们这一带和印第安人的战争就可以告一段落了。"

克拉克率领了一支人数相当的部队从肯塔基出发，准备攻打以奇利科西为中心的肖尼人的村子。另外，还有约1 000人被派往攻打基尼斯附近的印第安人的镇子，这些地方3年前曾被苏利文的远征军夷平。

1782年11月初，就在埃尔文的部队准备出发前几周，克拉克已经率领了一支1 050名骑兵的部队，从利金河河口②出发攻打肖尼人控制的地

---

① 本杰明·哈里森州长贵为家中长子，在父亲骤然逝世之后，因其父亲反对长子继承制而只分得部分家产。
② 利金河注入俄亥俄河处。

区。克拉克在6天行军中,一如既往一丝不苟地执行计划。而肖尼人得到了情报并成功逃脱,仅有10人阵亡,10人被俘。奇利科西和其他几个镇子都被付之一炬,1万蒲式耳的玉米被毁。因为无法和印第安人正面会战,克拉克不情不愿地撤回利金河河口,但他确信已经让印第安人处于下风,并且前线的定居点也将在未来数月没有印第安人来袭的后顾之忧。印第安人过冬的口粮算是灰飞烟灭了,但更重要的是,蓝盐地之战给美国人带来的阴影也一笔勾销,而且美国人也再一次提醒了印第安人:他们有复仇的本事。按丹尼尔·伯恩的话来说:"印第安人的精气神被打趴下了,他们部落间的联系被消解了,他们的部队被打散了,要是想再发动一次入侵,他们的实力也完全不够了。"

一个英国军官在写给一个叫亚伯拉罕·德·佩斯特(Abraham de Peyster)的亲英派武装军官的信中,也描述了类似的境况:"我多么想把印第安人再组织起来,但我发现我再也找不到足够的人来对抗美国人了。来此讨论重组事宜的印第安首领们,让我告知你他们的位置,请求你通过一个保密的渠道和他们的同胞,在大湖区的印第安人取得联系。如果不能立即给予帮助,他们就会被赶出家园,他们的敌人对他们而言实在太过强大了。"

就当埃尔文将要开始他更为漫长的对桑达斯基河印第安镇子的攻击时,华盛顿那边传来消息说,英国人已经向他保证,在和约签订期间将停止一切敌对活动,而且他们也命令印第安人不得开展任何袭击活动。但在西北领地,恐惧心理让流言像插了翅膀一样快速地传播,谣传克拉克将像对付肖尼人一样,攻击别的敌对印第安部落,这让那些和英国结盟的部落陷入了持续的骚动之中。英国人试图要限制他们的袭击活动,也让印第安人变得焦躁不安、魂不守舍,而且底特律和尼亚加拉的英国当局通常

第五章 桑达斯基的血影

会赠予他们的补给也直线下降。克拉克主张全面进攻印第安人盘踞的沃巴什河源头地区,以及正在巩固工事的尼尔逊要塞和文森斯,目的是要正告印第安人:"首先他们不如我们白人,其次英国人对我们弱点的臆测是错误的,还有只要我们乐意,随时随地就可以深入到你们的腹地……"1783年4月中,消息传到交战前线,说在巴黎已经草签了和平条约①。在条约最终版本的条款中注明,西北领地被英国割让给了美国。本杰明·哈里森州长在7月写信告诉克拉克,说他的出征已经没有必要了。"在信末题款之前,"哈里森在信的结尾处写道,"鄙人以及议员同仁们无法抑制吾等最为强烈的向您表达感谢之意愿。您为国屡屡征战,居功至伟。从彼英国劲敌之手,拼死夺此广袤膏腴之地,又退其蛮族同盟之犯,且于其腹地连战连捷……"

发生在西部战区的战争,有时也叫作边境战争,有时被人们看作是美国独立战争的一个脚注,或者是一种补充,这种说法确实不为过。这里的战争,实际上是另外一场印第安人在英国人的协助、煽动和撺掇下,发生在印第安人和美国人之间的战争。这场战争早在独立战争之前的殖民地时代的数次"印第安战争"中就开始了,而且在东部的战事结束之后(东部战事基本上在约克镇战役之后就结束了)还在继续,甚至到了1783年《巴黎条约》签订,标志着美国革命正式结束为止都还在进行。

从许多方面来看,美国革命最灾难性的后果也许就埋藏在西部定居者和与之对立的印第安人之间长久的、彼此怨恨的关系。这种对立,往最好的地方说,也是一种难以处理且危机四伏的关系。正如我们前面看到的,英国人从起初零星地到后来全面地鼓动印第安人对从纽约上州到佐

---

① 为英美双方签署的1783年《巴黎条约》。

治亚的整条边境线发动袭击。大多数袭击活动只有粗略的军事目的。渐渐地,越来越多的袭击是惩罚性的,他们教训的是居住在远离任何有军队驻扎或者军队可以驰援地区的美国人,只是因为这些美国人被认为有可能忤逆其母国。西部战区的独立战争主要就是一场印第安战争,如果没有这些印第安盟军,英国人在西部战区的活动就会大为受限,只会有一些英国正规军和亲英分子的远征军,而且后者也主要来自纽约的莫霍克峡谷地区。正因为印第安人的参战,整个前线在一场残酷又野蛮的全面战争下变得满目疮痍。的确,在袭击和反击来回的边境战中,前线定居者饱受创伤,伤亡数字比华盛顿率领的大陆军在所有主要会战中的伤亡人数还要多。一位定居者在一片荒野之中费力修整出一片小小的土地,盖起一间小木屋和一些简陋的棚子,围起一块蔬菜地,花了不少的心血和开销养了一匹马和其他一些家畜家禽,但是,他们却要眼睁睁看着自己的房子被付之一炬,豢养的动物惨遭屠戮,自然渐渐就会对英国人和跟着他们的印第安人产生恨意。还有,如果他看到自己的亲友被印第安人割了头皮之后暗猩红色的头颅,那么只要还有一口气,他胸中想要复仇的欲望就会燃烧不息。从某种程度上,美国人不仅仅是面临挫败,要为自己的生命而战时才被印第安人激起了战斗的欲望,而且因为印第安人,在实际作战中就是英国人的雇佣军,只是他们野蛮地掀起全面战争的方式和黑森人①(Hessians)有所不同。英国人付钱给印第安人,源源不断地奉上各种大礼,就是让他们去屠杀美国人,至少从美国人的角度来看就是这样的。

  英国人在美国革命期间所遵循的各项政策中,买印第安人之凶来杀美国人是最难辞其咎的。正如我们之前提出过的,在苏利文将军摧毁易

---

① 美国南北战争期间臭名昭著的雇佣军。

第五章　桑达斯基的血影

洛魁联盟家园这件事中,英国人对美国人血腥无情,而对印第安人也是残忍而充满利用性质的。当英国人撤离之后,他们留给印第安人的只是永远也尝不尽的苦果。自美国革命之后,在前线定居点生活的美国人开始不断向西迁徙,在他们眼中,印第安人是仇敌,是残忍、欺骗和蛇蝎心肠的代名词。他们认为既然敌人狡猾又野蛮,那么自然就需要"自卫"与之对抗,于是就拿恐怖对付恐怖,一命来抵一命,你割我头皮我就割你的,定居者和野蛮之间陷入了一种暴力漩涡。起先,人们还区分"好"印第安人和"坏"印第安人,或者"敌对的"印第安人和"友好的"印第安人。但这种区分都很笼统,而且常常叫人看不出来。而这些区分对待所产生的一个必然结果是,有些部落之间传统的仇恨开始愈演愈烈,彼此征战的部落之间怀着一种从前很少见的凶狠劲儿。他们从白人那里学会了实施彻底消灭的战术。

正如克拉克曾指出的,英国人政策的讽刺之处在于,大多数殖民地前线的人对于美国革命的"事业"几乎没有认同。他们之所以搬到前线地区是因为他们希望"自由"和"脱离"任何政府,不管它是英国人的还是美国人的。波士顿那些腰缠万贯的律师,或者纽约富得流油的那些所谓热爱美国的商人或地主,在前线的定居者眼中就和诺斯勋爵①(Lord North)以及他傲慢无礼的使者一样,都是和他们气味不相同的异路人。从一开始,前线定居者就表现出一种强烈的"分离主义"倾向,他们希望就像佛蒙特和肯塔基②或者在瓦陶佳和新生的富兰克林州③那样,建立起独立的州。并且,很多情况下,只要谁赋予他们渴望独立的权力,他们就会支持

---

① 美国独立战争期间英方的主要负责人之一,曾担任英国首相。
② 佛蒙特和肯塔基是美国原先的13州中分出的两个新的州,分别来自纽约州和弗吉尼亚州。
③ 存在于1784—1788年,位于今田纳西州东北部,该地原属北卡罗来纳州,被用作偿还其在独立战争期间所欠美国大陆议会债务,后又收回。

谁。例如，一群在殖民地西部的定居者在1782年于惠灵聚会一堂，计划在玛斯金格姆流域①搞一片土地，成立一个新的殖民地并接受英国人的管辖。如果英国人此后能约束一下印第安人的行为，并且鼓励这些已经成燎原之势的分离主义倾向的星星之火，那么比起他们煽动边境袭击的成就来说，英国人这么做一定能给这个号称"合众国"的政权带来更多麻烦。但他们的战略好像就是准备把前线定居者推入美国大陆议会或者某些州并不温暖的怀抱中，而事实确实是这样。在满脸厌倦的大陆议会代表们眼中，让前线定居者吵吵嚷嚷的流血事件感觉如此遥远，就像发生在月亮上一样。基本上大陆议会对前线所知甚少，而且也没什么同情心。他们把定居者这个群体看作是社会底层个体的抱团，反抗统治权威，而且他们的习惯和举止并不比那些"野蛮人"好多少——这些人没有能力和他们的印第安邻居处好关系，而且他们不断去侵占印第安人的狩猎地才给已经要处理很多问题的大陆议会带来了没完没了的问题。

霍华德·斯维哥特（Howard Swiggett）是研究印第安人及其亲英分子盟军的战争的学者，因此，他也描写了英国人是如何利用印第安人的：

> 最讽刺的是，印第安人在打仗中是最不堪用的，而且英国的高级指挥官也早就避之唯恐不及。他们的战斗素质，一次又一次地被证明比最没用的民兵还要差……养活他们的难题也很棘手。饥寒交迫的印第安人涌入了从奥斯维戈以西到底特律的西北领地的据点之中，过去威廉·约翰爵士在13个月里面在他们身上花了1.7万英镑，而现在才几个月就花了这个数字的5倍之多，而且都打了水漂。

---

① 位于今俄亥俄州东南和西弗吉尼亚州西部。

第五章 桑达斯基的血影

他们让英国军队蒙羞,让战争的运作陷入茫然。

斯维哥特显然是言过其实了。虽然说英国人利用印第安人作战是他们所犯下的最严重的战略错误之一,但是印第安人,只要有足够的条件,其实是令人畏惧的战士。只是,问题在于他们无法被控制和约束,而且他们被派去和正规军作战时,战斗表现很不稳定。如果美国独立战争是通过消耗战的方式来决出胜负(英国人也清楚地认识到这种可能性),那么使用印第安人也许是不道德的,但却是一个很高明的计策(我们所说的"不道德"不仅是因为英国人对印第安人的无情剥削,也是因为印第安人在前线定居点造成的令人恐怖的破坏和人们的痛苦)。沙斯蒂吕克斯侯爵①(Marquis de Chastellux)在 1783 年曾写道:"雇佣印第安人的政策,……并没有获得普遍认可,其产生的后果直接地妨碍了大英帝国的利益。这将会让受入侵的所有殖民地的居民团结如一人,来对抗印第安人和他们的盟军,而且会造成无法消解的仇恨和复仇的血腥事件,让人噤若寒蝉。"

尽管英国人压榨印第安人以及印第安人和定居者之间的对立,最早可以追溯到殖民地初创时期,但还有像罗杰·威廉姆斯②,威廉·佩恩③和约翰·艾略特④这样的定居者领袖,虔心努力要保护印第安人的权利并保持和他们的和平关系。而且即便经历了多次印第安战争和互相屠杀,印第安人大致上还能保持他们部落的完整性。从白人开始入侵以来,

---

① 美国独立战争期间法国远征军的将领。
② 17 世纪从英国来到北美洲的新教神学家,主动学习北美土著语言,主张与印第安人公平贸易,并且是最早的废奴主义者之一。
③ 17—18 世纪英国地产商、殖民者,宾夕法尼亚殖民地的开创者,费城的设计规划者。
④ 17 世纪的英国清教传教士,主要在印第安人中间传教,上文提到他将《圣经》翻译成印第安人的语言。

当他们被迫离开世代繁衍的地方，他们会在战斗中很好地注意保存实力，并坚决地进行后方掩护作战，然后撤退到哪怕只有片刻安全的地方。还有些像斯托克布里奇印第安人，他们已经"归化"了，就在白人生活的地方附近互不干扰地定居了下来。因此，到了 1775 年，人们就有理由相信印第安问题会有"办法"来解决。那就是，殖民者和印第安人，尽管彼此之间存在文化的鸿沟，但他们可以学着在这个土地广袤的国度共同生存下去。但美国革命改变了所有这一切。无情的争斗所留下的伤口，永远不会愈合。从美国革命开始直到 19 世纪末，对于前线的定居来说，只有一种"好"印第安人，那就是死了的印第安人。

如果说争取独立的战争终止于《巴黎条约》，那么美国人和那些与大英帝国同盟的不同印第安部落之间的战争则将延续下去。

第六章 印第安人和新的国家

在美国这个新生国家的最初几个月里,新生的美国国会①的议员们必须要处理有关白人和印第安人关系的问题。这个问题的复杂性体现在他们目前面临的两大难题之中。其中之一,是沃巴什河上的印第安人和他们在西北领地的盟友正在捕杀侵犯他们领地的定居者。这个难题还算是相对简单一些。只需要派一支军队远征而去,赶跑印第安人,然后保卫新的定居点就可以了。另外一个涉及美国和克里克印第安人之间正在磋商的和约,克里克人祖居佐治亚西南部。这份和约旨在保护这些印第安人在他们土地上的权利。但这却招致议会中佐治亚代表的痛斥。詹姆斯·杰克逊,是一名佐治亚州的众议员,他宣称:"这份和约已经让所有佐治亚人民警觉起来了。在没有任何赔偿的前提下,我们要把宪法赋予我们佐治亚人的土地割让出去,足足 300 万英亩……联邦政府尊重佐治亚州的权利吗?并没有!联邦政府把她的领土赠予他人,请一个克里克的野蛮

---

① 对美国独立起到极大推动作用的殖民地议会,即美国大陆议会(也有译作大陆会议)于 1781 年改组为邦联议会,在立宪之后从 1789 年起由第一届美国国会接替,原文均简称为 Congress。

人成为联邦政府的座上宾,用最奴颜婢膝的方式来安抚讨好他,然后让他带着无数的好处回家。"

人们一传十、十传百地广为谣传与克里克人的和约中含有对佐治亚州不利的秘密条款。"我的天!在天堂之下,合众国政府怎么能和别的国家有什么秘密条约!……国会能忍受美利坚合众国的法律……在没有人读得懂它的地方执行,然后还要惩罚不遵守它的人?这办得到吗?请注意,阁下先生,人民从来不想被秘密条约所绑架。"杰克逊冲口而出的申辩预示着此事的困难所在。果不其然,和约最后也是不欢而散。

眼下,要对付西北领地的印第安人,最棘手的一件事是正因为英国人还保留着俄亥俄北部地区的一些据点,所以印第安人底气颇足。特拉华人、肖尼人、迈阿密人(Miami)、怀安多特人以及奥塔瓦人携起手来一起对付美国前线地区。在邦联国会时期(1781—1789年),美国就已经表明态度,这些部落因为在独立战争期间支持英国人而丧失了他们的土地所有权。尽管如此,邦联国会还是承受了相当的痛苦,与印第安人缔结和约,赠予厚礼以安抚印第安人。1784年签订的《斯坦威克斯要塞条约》,目的是撤销易洛魁人对相当于今天的俄亥俄州、伊利诺伊州和印第安纳州这片区域的领土要求。怀安多特人、齐佩瓦人和特拉华人也接受了类似的条款,而肖尼人在一年之后也随后跟进。但迈阿密人、齐卡普人以及波塔瓦托米人拒绝和约磋商。这是一个和印第安人相处中司空见惯的问题。波塔瓦托米人的语言属于阿尔冈昆(Algonquian)语系,他们世代和易洛魁人为敌,而且当初也是站在法国人那一边。所以,得知易洛魁人和邦联国会达成和约,就会让波塔瓦托米人选择不和美国人签署和约。

迈阿密人的情况类似。他们和易洛魁人打打停停已经有百年之久,而且很多勇士死于和易洛魁以及和苏族之间的战事中。现在,他们已经

第六章 印第安人和新的国家

准备好跟住在俄亥俄河以北的白人定居者成为战场仇敌了：在文森斯，住在老法国定居点内的几千人，塞莫斯购买案土地①（Symmes Purchase）上居住的 1 300 人以及另外 1 000 个生活在俄亥俄公司②（Ohio Company）所控制的土地上的居民。其他的分布在各个小定居点中，比较著名的有克拉克斯维尔③（Clarksville）以及卡斯卡斯基亚等。

整个春夏两季，定居点不断传来印第安人发起进攻的消息。一位 19 世纪的历史学家曾这样娓娓道来："起初，印第安人只是被视作是一些蛮夷之人，因为他们总会伤害一个陌生国度来的定居者。这是自约翰·史密斯和米尔斯·斯坦迪什（Miles Standish）以来没有断绝的。"他们肆意杀戮，在俄亥俄河上截杀一船逃难者，烧毁房屋，绑架妇女和儿童。亚瑟·圣克莱尔（Arthur St. Clair）是一名独立战争的老军人，比起他的将军身份，他倒更像个政客——他被任命为西北领地的总管。他把行政中心设立在辛辛那提，这个城市的名字是他命名的，用的是他自己当时担任主席的辛辛那提协会④（Society of the Cincinnati）的名字。而这一举动则招致了这个兄弟会的仇敌们无情地抨击。圣克莱尔派约翰·汉姆崔马克（John Hamtramck）少校去打探印第安人的动向，而他聘请了一位在文森斯的法国商人去拜访这些部落，然后向他汇报这些人的所思所想。

商人带来的情报却颇为令人紧张。在他看来，至少有 3 个部落毫无疑问地正在磨刀霍霍准备开战。圣克莱尔立即纠集了一支杂牌军来进攻

---

① 又称迈阿密河购买案土地。美国独立战争期间，新泽西的法官塞莫斯从大陆议会手中购得土地，这些土地位于今俄亥俄州西南汉密尔顿、巴特勒和沃伦三个县，毗邻大迈阿密河和俄亥俄河。
② 全称为弗吉尼亚俄亥俄公司 Ohio Company of Virginia，是一家帮助弗吉尼亚人在俄亥俄地区——略等于今俄亥俄州——定居以及与美国原住民进行土地交易的土地投机公司。
③ 位于今印第安纳州，隔俄亥俄河与肯塔基州的大城市路易维尔相望，也属于路易维尔的都会区。
④ 一个爱国的世袭会员的兄弟会，创建于 1783 年，在美国各地和法国均有分支机构。

印第安人盘踞的沃巴什河流域地区。他拼凑起来的这支远征军归约翰·哈丁(John Hadin)和詹姆斯·卓特(James Trotter)两位上校指挥。这支1 453人小型部队的不祥之兆已经可以从明面上看出端倪。虽然哈丁是军衔更高的长官,但是他严格的行军纪律使得他颇讨人厌。因此,士兵们开始拒绝接受他的指挥,而他也不得不把权力让给更和蔼的卓特。在美国革命期间,和与英国人结盟的印第安人发生的冲突已经清晰表明,在军事作战中,行军时的纪律从来不会比作战时的纪律来得重要。保持静默、机动性和行军速度在需要突袭敌军的时候是必须要保证的。

向沃巴什流域的进军变成了场低俗喜剧,这和9年前命运悲惨的桑达斯基远征几乎一样。这支侵略部队就是一支衣衫褴褛的民兵队,里面大多是老人和少年,因为极少数为人夫和为人父的壮年男子能离得开他们在前线的农场。他们的武器也是五花八门,有些人拿着破火枪,有些人则只是拿把生锈的军刀。很快这些没有经过训练的民兵就和身旁的正规军士兵吵了起来,正规军为此次远征的准备也不见得好到哪儿去。他们的第一个攻击目标是大约30英里之外的几个迈阿密人的村子。哈丁受命指挥进攻,他的任务是突袭待在小屋子(wigwam)里的印第安人,在大部队赶到以前不要让他们跑了。他和他的手下花了一天半的时间,才冲过一片森林来到了村庄。

果不其然,他们发现这个村子已经人去楼空。又过了两天,卓特带着大部队才赶到,然后他们花了4天时间来捣毁这些村庄并烧毁农田。而到了晚上,守卫营地的人玩忽职守,竟然让印第安人潜了进去,顺走了大部分装备和拉大炮的马,于是远征军无法继续追击他们了。

也许是想弥补一下这次走霉运的袭击行动,圣克莱尔辖区内的军事指挥,约赛亚·哈马尔(Josiah Harmar)将军,派卓特带着300个人在附近地区

第六章 印第安人和新的国家

抓捕所有的印第安人。结果,只有一个印第安人在追捕中被杀,还有一个是被远远地瞧见的,于是在卓特指挥部里的4个军官包括上校本人立即开始追击,足足跑了半小时,而同时他们的部队像无头苍蝇一样地散作一团。

既然卓特丢了脸,那么就轮到哈丁来表现了。他也被派遣去执行一次类似的袭击任务。他和手下人很快发现了一处最近刚废弃的印第安人营地。哈丁让他的手下排成一纵队前行,深入到森林之中。其中有一个小分队因为没有接到行军的指令,还待在原地不动。前方没有探路队,而两翼又没有骑兵护卫,哈丁慢慢踏入了包围圈。当发现自己遭到火力攻击之后,民兵们立即丢下武器开始逃命,而起头的是他们的指挥官。那支掉队的正规军小分队的军官在战后发誓他和手下人奋战到底,直到除了他以外的所有人都被杀为止,然后他才逃了出来。无论具体情形究竟是怎样,这次作战堪称惨败。在民兵和灰头土脸的哈丁回到了之前被捣毁的印第安村子之后,哈马尔下令全体撤退,回师辛辛那提。

哈丁急于想洗清战败耻辱,他说服了哈马尔让他统领350人,在印第安人回到村子的时候伏击他们。他乘夜出击,希望在黎明时分奇袭印第安人,但这一小队人马到达村子的时候,太阳已经高高挂在天边了。探子回报说,印第安人已经回村了,但是仍然可以奇袭他们。哈丁把人马分成三队。两队直接进军攻打村子,另一队绕到村子的后路,切断印第安人的撤退路线。整个军事布置进行得非常顺利,但是部队撞上了一个印第安人并向其开火,于是枪炮声惊醒了其他人,印第安人开始逃命,而民兵们则跟在后面追。当印第安人开始反击追击的民兵之后,这些民兵又感到了恐慌,于是掉头逃回哈马尔将军的驻地。哈马尔于是采取了那些对抗印第安人的将军们并不陌生的做法。他宣称远征取得了巨大成功:印第安人已经四散逃命,士气低迷,5个印第安村子以及他们的过冬补给,大约2万蒲式耳玉米被毁掉了。随后,他就开始率军"凯旋"回到了华盛顿要塞。事实上,这次远征就像过去很多次远征那样,其结果正好是和战略意图南辕北辙。美国人作战的不力让印第安人壮了胆气,而摧毁他们村庄的行为则点燃了他们的怒火。还在动摇的部落则被劝说也同美国宣战。同时,哈马尔所宣称的胜利也让定居者胆子更大了,他们开始进一步往西深入俄亥俄地区。马利埃塔①(Marietta)已经初具规模,有80幢房子和一个小碉楼了。

位于小卡诺瓦河②(*Little* Kanowha River)和俄亥俄河交汇处的美丽原③(Belle Prairie)是另外一处繁忙的定居点。在附近的河流上,如达克河④(Duck Creek)和沃尔夫河⑤(Wolf Creek)上有许多锯木工坊和一个玉米脱粒的磨坊。

其中防御能力最差的一个定居点是大谷地(Big Bottom),位置在大约沿玛斯金格姆河从河口往上游走40英里的地方。那里有12户人家,他们就像本杰明·拉什⑥所描述的那样从一堆乱树林中建起了简陋的农舍。1791年1月2日,印第安人在日落时分袭击了大谷地,杀死了所有居民——无论男女老幼——并把他们的房屋和粮仓烧为平地。

大谷地屠杀的消息造成了定居点与定居点之间的谣言满天飞。其中最让人们警觉的一则谣言是那个赫赫有名的约瑟夫·布兰特是这伙迈阿密人和沃巴什河的印第安人组成的大军,要以排山倒海之势将白人赶出

---

① 位于今俄亥俄州东南玛斯金格姆河和俄亥俄河交汇处,是美国成立之后在西北领地的俄亥俄河边建立的第一个定居点。
② 原文疑漏 Little 一词,卡诺瓦河 Kanowa River 是另外一条河,也是俄亥俄河的支流,位于小卡纳瓦河的西边。
③ 该城的现名已缩减成 Belpre。
④ 在今马利埃塔附近,也汇入俄亥俄河。
⑤ 马利埃塔附近的主要支流玛斯金格姆河的支流。
⑥ 美国建国之父之一,独立宣言的联署人之一,物理学家和教育家。

第六章　印第安人和新的国家

整个西北领地。那些很小的定居点的居民想想也许没法保全自己,就带着所有能带的东西,赶着家里的牲口奔马利埃塔的要塞而来,因为那里至少还有20名正规军把守着。

鲁弗斯·普南(Rufus Putnam)是曾经指挥过邦克山战役(Battle of Bunker Hills)的伊瑟里尔·普南(Israel Putnam)将军的堂弟,他在担任西北领地地区法官的时候,建立或者说重建了马利埃塔镇。他用哀求的口气写信给他父亲的老长官华盛顿,告诉他大谷地屠杀事件的惨状,美国人在那里没有什么保护,以及他们目前极为需要得到帮助的事实,他还说:"如政府不迅疾遣军入救,我等皆不久矣。"

大谷地屠杀也激起了联邦政府的强硬反弹。华盛顿任命圣克莱尔为部队统帅,任务是镇压印第安人。他们要去发现印第安人的目标,然后在战斗中击溃他们,并且在辛辛那提到圣玛丽河以及圣约瑟夫河与俄亥俄河交汇处一线建立起一连串的要塞。圣克莱尔开始厉兵秣马着手准备远征。夏日岁月是战斗的最佳时机,但是因为招兵买马的不顺利而耽搁了。最终,在9月下旬,圣克莱尔带着2 300名正规军和一些民兵出发讨伐印第安人的地区。在大迈阿密河注入俄亥俄河的附近河岸上①,他建立起了汉密尔顿要塞。从那里开始,他沿着俄亥俄河往下游走了44英里②建起了杰斐逊要塞。离开了粗糙简陋,又是匆忙搭建而成,栅栏围起来的杰斐逊要塞,圣克莱尔和他的军队继续沿着俄亥俄河③,往西南方向迤逦前行。秋日的空气很是凛冽,河水上笼罩的雾气让士兵们感到瑟瑟发抖,有的开始发起了高烧。民兵们对这次漫长的远征准备严重不足。许多人都

---

① 原文疑有误,应为七英里河Sevenmile Creek注入大迈阿密河处。
② 此处应有误,圣克莱尔此时是北上,但今天的地图上从汉密尔顿要塞到杰斐逊要塞没有直通的水路,可能为七英里河或大迈阿密河之一。
③ 此处应有误,可能为莫米河(Maumee River)。

生了病,食物供给也开始不够了。而且士兵们沿途也禁止打猎,因为害怕惊扰到印第安人。圣克莱尔自己也病了,在担架上躺了好几英里。指挥官身体抱恙使士气进一步低迷下去,而且有些民兵已经开小差了,一次就有五六十人。

经过10天的行军,在圣克莱尔的军队因为非战斗减员损失了过半的战斗部队之后,这1 400个全无斗志的士兵来到了圣克莱尔所认为的此次远征的最西端——圣玛丽河。其实,那只是沃巴什河的一条支流,有大约50英尺宽。圣克莱尔将部队分成两排沿河岸驻扎,他让民兵驻扎在河对岸大约1/4英里远的地方。在民兵营地外1英里的地方,他安排了一些由正规军士兵组成的前哨部队,目的是在森林中探寻印第安人的足迹。前哨部队很快发现在环抱营地的树林中有敌人的活动,因此他们立即撤回总部向圣克莱尔报警。

圣克莱尔一点都没有向他统帅的部队示警,结果在黎明时分,印第安人进攻并打垮了民兵。他们显然是发动奇袭的。侥幸在这第一次遭遇战中没被杀死的民兵逃过了河,而印第安人在后面猛追。几个正规军士兵列队在河岸边掩护民兵渡河。圣克莱尔则将余部环绕大炮列成方阵。但在迎击印第安人的进攻时,这样的布阵实在太过奇怪。

在独立战争中,大陆军士兵花了5年时间才学会排成紧凑方阵站立射击作战,而不是原先从印第安人那里学来的散兵线布阵,利用地形优势如树木和地势起伏等来进行保护或者躲藏。而同时,英国人却学会了使用美国人弃之不用的战术。在约克镇战役前几个月的格林斯普林战役(The Battle of Green Spring),士兵以紧密方阵穿过树林,却遭遇了散式作战,以印第安人风格作战的英国军队。现在,圣克莱尔的排兵布阵看上去好像他是在打一场普通的欧洲战争。士兵们站立成一列,进行射击,

第六章 印第安人和新的国家

然后撤回①,完全暴露在躲在树干和岩石后面的印第安人的枪口之下,因此美国人遭到了沉重的伤亡打击。正规军在提刺刀进军时,表现出了他们极高的战术纪律素养,但是他们这么做只能逮住印第安人的影子。印第安人逃得远远的,嘴里还发出一些表示嘲笑的喊叫声,而当士兵们回到方阵之后,印第安人又开始火力攻击了。那些在刺刀进攻中刀下的正规军士兵,在他们的袍泽弟兄面前被割了头皮。

战斗持续了4个小时,而美国人的情况越来越糟糕。穿着亮色制服的军官成了印第安人格外关照的攻击目标,就像英国军官经常成为美国人的靶子一样。此战,五名军官被杀且割了头皮,还有5人重伤。圣克莱尔准备决死一战冲回到他和手下人来的那条小路上去。他们再次使用刺刀进军战法,把印第安人赶得远远的,才让这些惶恐至极的民兵回到了正路上。于是,他们丢下枪械和装备,脱下沉重的战靴,逃命去了。而接着逃命的正规军也并没有显得更镇定有序,丢下了马车、大炮、战马、帐篷和其他物资,扔下伤员们,让他们等待割头皮刀和炮烙酷刑的"伺候"。大约有600名正规军和大约有一半的民兵,走了大约29英里回到了杰斐逊要塞,这条路在他们来的时候足足花了10天的时间。而因为恐惧的刺激,他们返回的时间连10个小时都没有。

不出意外,获胜的印第安人狂欢的大叫声充斥了整片森林,为了分配战利品他们彼此之间开始争执和打斗。因为战利品而分了神的印第安人,没有顾得上追击圣克莱尔的散兵游勇。尽管此战的指挥者是迈阿密印第安人的酋长"幼龟"(Little Turtle)——他因为其作战时的足智多谋,以及开会时的睿智善思而出名("幼龟"在一年前打败哈马尔远征军的过

---

① 当时的火药枪不能连击,所以射击后由后队变前队进行射击,等前队装填完弹药后再交换。

程中也起到了最关键的作用),而且印第安人在此战所表现的不屈不挠的斗志也显然和他有关,但是当美国人逃走之后,"幼龟"却没能管住他的战士们。他们无比兴高采烈地开始战后的酷刑仪式:受伤的士兵被卸下了胳膊和腿,还有些人遭到了剖腹和阉割,随军而来又在溃败中被抛下的妇女们则惨遭木棍贯穿其身。

在战斗一开始美国人的部队人数是远远多于印第安人的。据估计,印第安人参与战斗的不足1 000人。"幼龟"的这场精彩的胜利和他的战士的勇猛,无疑震动了整个前线。既然印第安人能够在战场如此巧妙配合,彼此通力合作,那么他们尝到了甜头之后一定会继续进犯。他们足可以深入到匹兹堡一带,然后可以赶尽杀绝西北领地内的大多数白人定居者。但是这次白人定居点大规模的收缩,最多也只是给了印第安人片刻喘息。印第安议会陷入了严重的分歧。许多"幼龟"手下的勇士都希望打一场歼灭战,消灭白人在前线的定居点,但是这位酋长却觉得他们如果总是穷兵黩武,最后灭亡的还是自己。因此,他提出建议要磋商和谈事宜。

圣克莱尔败给迈阿密人的消息传到华盛顿那里的时候,他正在用餐,这仿佛是他收到阿诺德背叛西点军校的消息的场景再现。在传信官的坚持下,华盛顿的秘书托比亚斯·里尔(Tobias Lear)附在华盛顿耳边小声告诉他这个消息。华盛顿听后脸色并无起伏。当餐毕且客人告辞之后,华盛顿才开始大发雷霆,简直是他此生前所未见之盛怒,他大声咒骂着圣克莱尔,还怒骂士兵们的懦弱。

反联邦主义者[①]将溃败的责任扔给联邦主义者也一定程度上暴露了

[①] 反联邦主义顾名思义是反对联邦主义者建立跨联邦的强力政府,强调州权的理念的对立面,这些人在1787年立宪之后宣告失败,但"小政府"思想得以保留,后组建民主共和党,是美国民主党的前身,但已经与其理念完全不同。

第六章　印第安人和新的国家

他们的虚伪。反联邦主义者认为持联邦主义观点的投机商,总是想从印第安人手里抢走他们的土地然后扩充他们的钱袋子,他们推动人们在西北领地建设定居点,挑衅了印第安人,迫使印第安人站出来保卫自己的家园。于是,联邦主义者就要召集一支人数众多且开支巨大的军队来镇压印第安人,拯救那些居民,这么做他们可以收割大把的政治红利。要供养这样一支军队,他们一定会横征暴敛,那么毫无疑问他们会派军队去收税。最终,这支军队将会成为镇压所有诚实善良的共和主义者①(Republican)的工具。

圣克莱尔将军变成了公众宣泄不满的众矢之的。在他一路东行向他的长官去汇报战争详情的路上,人们在他经过的镇子的道路两旁等着,当他经过的时候就大声奚落他,给他喝倒彩。

美国人不会咽下圣克莱尔战败的苦果。现在,该轮到安东尼·维恩来收拾残局了。他在作战的规划和组织方面谨小慎微,并且在1793年深秋已经完成了征兵工作。随后,他便催动人马,在极其严格的行军纪律下深入印第安地区,并在格林维尔②安营过冬。在这里,他让手下士兵接受了严格的军事训练,并派他们到周围的森林中去探险。他在原地盖起来"复兴"要塞③(Fort Recovery),戍守之,等到冬天的雪化一融化,他就把部队推进到莫米河一带。在其与奥格拉奇河交汇的地方,他又建起了"反抗"要塞(Fort Defiance)。在圣玛丽河与莫米河交汇的地方,他们又建起了亚当斯要塞(Fort Adams)。时值8月,维恩带着的3 000名士兵将要

---

① 此处不指共和党人,而是秉持共和主义的民主共和党人。共和主义肯定古希腊罗马的共和体制的理念和做法,实行三权分立,强调公民权,反对一切腐败、贵族统治、精英主义和君权理念。
② 位于上文所述杰斐逊要塞附近。
③ 复兴要塞实际位于圣克莱尔此前的战败地。

深入到英国人在莫米河上的据点，迈阿密要塞（Fort Miami）附近的印第安地区。他派出一些侦察兵带着和谈的旗子要求和印第安人谈判。逞击败圣克莱尔的余勇又得英国人送枪送炮的底气，印第安人这边发话的人要求10天时间考虑维恩的提议。他们宣称："你们要是再往前一步，我们就给你点颜色看看。"维恩确信这些印第安部落是铁了心要打，只是需要10天时间来整顿人马，于是他回绝了印第安人的要求，命令部队以战斗队形前进。

印第安人挑选的阵地是一片刚遭到飓风袭击的地区。成千上万的数木被吹倒——被称作"落木地"——形成了一片人马难以进入，就算进入也是脚下羁绊不断、举步维艰的，对印第安人作战风格来说非常理想的作战环境。在进入这片天然屏障之后，维恩手下意志坚定、纪律严明的士兵们开始奋力前行。维恩把他们分成两排铺陈开来的攻击线，第一队突击吸引躲藏在树桩和落木后的印第安人的火力，而第二队则原地待命，随战事进展，再压上前线进攻。而第二队完全无事可做。遭遇到了第一队美国士兵精湛而凌厉的进攻之后，仅仅交火了不到一个小时，印第安人就溃不成军，四散逃窜了，把阵地留给了维恩的部队。落木地战役极富戏剧性地暴露出印第安人在与白人进行散兵作战中的软肋。他们通常单兵作战，没有全局性的计划，也没有战斗指挥，他们很少能坚持长时间的会战，尤其在战事朝着对他们不利的方向发展的时候。在这种局面下，他们在军事行动中最困难的一环变得束手无策，而这就是撤退。他们勇猛、矫健，展示了惊人的体能素质，但是却缺乏秩序和凝聚力。

带领印第安人打败圣克莱尔的"幼龟"，也在落木地战役现场，他非常清楚地看到了两军对阵之后，孰强孰弱。

他知道印第安人在这些被运用得当的白人士兵面前胜算渺茫。无论

第六章 印第安人和新的国家

是防御,还是战斗位置或是军事手段,印第安人几乎完败。从印第安人的侦察兵那里听说维恩正在拼命准备的消息的时候,"幼龟"就明白印第安人要倒霉了。他曾经敦促他的同伴以他们最大的诚意来与这位"不眠将军"(General-Who-Never-Sleeps)谈判。而这个称号也算是他赠予维恩最大的赞美了——带有印第安语言特有的简洁性,他捕捉到了维恩将军最本质的特点,也多少预感到了战事的最后结果。

当印第安人溃退之后,维恩把他们的村庄给毁了,田里的庄稼也割走了,印第安珍贵的盘中餐——玉米,被他卷走了一半并毁掉了另一半。印第安人要是吃饭,多半只能靠英国人的施舍。而且对这些容易受影响的印第安人来说最泯灭士气的是,维恩竟然几乎是在印第安人前去求助的英国人要塞的眼皮子底下,实施了他的焦土政策。这其中传递着准确无误的讯息。"你们口口声声称之为朋友的英国人,是你们不幸遭遇的导火索。他们给你们枪炮,鼓励你们来迎击我们进入你们领地的定居者,但现在你们看看你们的朋友根本没有能力保护你们免受倒行逆施的后果。"

维恩眼下可以畅通无阻地沿莫米河而下,来到莫米河和圣玛丽河以及圣约瑟夫河交汇之处,他在这里造了一座又大又结实的要塞,他取名为维恩要塞①。此后,全军返回格林维尔,在那里度过了又一个冬天。

次年夏天,西北领地内的印第安部落的战士和酋长聚集到格林维尔,要和美国的专员们谈判。他们来光顾的那个星期,有时候是几十个人一起来,有时候是几百人,他们来自基卡普人、迈阿密人、齐佩瓦人、奥塔瓦人、波塔瓦托米人、怀安多特人以及肖尼人。这些人加起来算是和白人打过许许多多的交道。这些印第安人在西北领地内四处逡巡,其中基卡普

---

① 今印第安纳州韦恩堡市所在。

悲剧遭遇：美国原住民史

人算是其中活动最广的，他们从南方的田纳西河一带，一直穿梭到今天的威斯康星州、伊利诺伊州、印第安纳州、俄亥俄州、宾夕法尼亚州以及纽约州。在被安排好"家园"之前，他们还会远走高飞，而这在其他部落中或多或少也是这个情况。部落的重要首领们都在场，包括"幼龟"和当时还不算有名的年轻的肖尼人战士——提库姆塞（Tecumseh）——他在落木地战役中表现不错，以及其他一些曾率领过手下勇士取得对白人重要胜利的印第安战士。

当印第安人等待和约谈判开始的时候，他们开始玩起了游戏，摆起宴席自娱自乐起来。但是会场上仍然有一种挥之不去的阴郁气氛。各部落意识到，他们想要遏制白人蚕食自己领土的行动已经失败了。他们来此会谈就是来承认失败并签字画押的。他们不知道前面还有什么等着他们，但他们深切地感受到他们的生活将再也不会是过去那个样子了。

在为期数周的谈判形近尾声的时候，在本次和谈会议标志性的高规格礼节程序之下，双方达成了共识，即印第安人放弃其对一片广袤之土，约2.5万平方英里的地区①之领土申索权。而作为回报，美国方面不仅将奉上2万美元的礼金，而且也承诺同意和约的部落每年能得到1万美元的津贴，就像是对他们表现良好的年度嘉奖。

在会议的最后，维恩将军对印第安人发表演说道：

> 印第安兄弟们，鄙人对我主的祷告是何其热切，祈求今日建成之和平能永寿永昌。希望其能助我等携手并进，永结友谊直至天荒地老。鄙人也祈求我主能开汝之民智，拓汝之视野以见此世间真乐，即

---

① 相当于今俄亥俄州东部，南部及西南部。

第六章 印第安人和新的国家

尔等子孙后代能学会耕耘之道,尽享和平与辛劳之果实。

向西迁徙的移民潮势头,曾经造成了"印第安问题",到"落木地战役"和《格林维尔条约》才告解决。而且这些人西进途中只是因为"战争"而稍作驻足,如今他们又恢复了不可阻挡的势头,大多数人是顺着密西西比河沿流而下。

第七章 "西进"的动力

当国会正在努力组建一个共和制的国家政府之际,在广袤而极为不稳定的前线地区发生了一些重要的事情。1783年《巴黎和约》标志着美国革命结束,这份和约中包含了对亲英分子被没收土地的赔偿,而英国也放弃了其在西北领地,包括据点在内的许多东西。但英国人却撕毁了和约,继续占据着那些据点。其借口是美国各州实际上拒绝遵守和约中对亲英分子的那部分义务。正如上文所述,英国人继续保有这些据点鼓励了该地区的印第安部落,使他们继续袭击前线的定居者,从而导致了圣克莱尔和维恩相继前来讨伐。

西进运动在某些方面可说是美国历史的主题。政治小册子作家、政治理论家和政客堂而皇之地嚷着要占领整片大陆,尽管他们预测这要在遥远的未来才会发生。他们预计这片浩瀚的土地从散布着一些原住民的现状到遍地都是农场、城镇和大城市,一定要过上好几个世纪。而要说这中改变在几代人,甚至只有几十年之后就能实现的念头,在当时除了半疯的预言家之外,谁也不敢想。

第七章 "西进"的动力

确实,西进移民百折不回、坚持不懈的势头在历史上也是堪称一道奇景。他们在美国革命之前就很有苗头了。在美国革命期间,这一势头还在继续,主要是在南方和瓦陶佳定居点,而且他们还冒着遭到印第安人毁灭式袭击的危险。战后,西进移民的数量显著增加,毫无疑问,这些人是被一种幻觉所激励的,他们认为打垮了印第安人的支持者英国人,那印第安人就会感到害怕了。

如果说西进运动是一种本能使然,那么在善于思考的观察者看来,他们脑海中浮现的是一群群长途跋涉然后跳入海中的旅鼠①。西进迁徙中有其异乎寻常的困苦和危险,而死亡率足以让统计者脸色发白。赫克托·圣约翰·克雷夫科尔在他的《一位美国农夫来信》(Letters from an American Farmer)中所刻画出的形象最佳展现了这些新型人类。"美国生活"(American experience)——这种加尔文宗的教条和前线的生活的奇怪组合,造就出一种全新类型的人,这群人是经由美国革命的确定和"设定(set)"的任何一个能自由呼吸的人所形成的新群体,而且这些个体身上蕴含着——我们今天所说的所谓"内化的"(internalized)——在荒野之中建立稳定群体所需要的价值观和制度惯例。

在西进运动的一开始,就有许多心驰神往的看客,以及业余的社会学家和人类学家对此进行研究、描述并思考它的重要性。他们发现这一运动有几个连续的不同阶段。本杰明·拉什在写给一位英国医生朋友的信中,基于他自己的观察,仔细分析了"在一个新国家定居的方法"道,

> 第一个在林中里定居的人基本上是一个在这个州已经开化的地

---

① 旅鼠会在种群数目超过一定水平之后迁徙到海边悬崖边并跳海溺死。旅鼠成为盲目跟从团队,近乎自杀的个体的代名词。

方透支完信用,耗尽财富的人。他搬家的时间必在4月。这个人最初的目标是给自己和家人,用粗木条盖一座小木屋。他以土地为地板,再劈一些木条当天花板。他的采光是靠开门,或者有时靠盖着油纸的窗户。在小木屋旁边搭建得更为粗糙的房子里养着一头牛和两匹瘦马。建起这些房子之后,该干的活就是把木屋周围几英亩土地上的树给砍了,而要砍这些树则必须在离地两三英尺的地方绕着树砍一圈才行。

然后就是种玉米,而且单身一人的定居者整个夏天就靠捕鱼和打野味果腹——松鼠、兔子、山鹑还有火鸡。他豢养的动物都在林子里喂食。

第一年他得忍受饥饿、寒冷和各种突发事件引起的痛苦,但他很少抱怨也很少浸淫其中。当他住在印第安人居民区的时候,很快,他在举手投足间就能有一种强烈的印第安人气质。他连续工作的时候会花费很大的劳力,但之后间隔的休息时间也很长。他的爱好大多是钓鱼和打猎。他酷爱烈性酒,无论他是吃,还是喝还是睡觉,都穿着破衣烂衫,待在自己小木屋的尘土堆里。

这样一个定居者要在这个从荒野中披荆斩棘打造出来的原始农庄里住上两三年。然后,"他周围的人口比例开始增加,他也变得越来越不自在和不满意。从前他的牛都是散放在外,如今他的邻居让他把牛围在牛栏里,怕它们踩坏了田里的庄稼"。其他定居者的到来也赶跑了猎物。"说一千道一万,他就是要反抗法律。他不能把这天然赋予他的权利拱手交换政府那边的任何利益,因此,他也就丢下那个小定居点,逃到了树林

第七章 "西进"的动力

中,在那里他把我们前面说的那些苦活累活又重新做了一遍"。

有时这个简易农场的创始人丢下农场就向西进发了。但很多时候,他会"稍作改善",然后卖给"**第二代**定居者"。而这个人"基本来自有产阶级"。他会先支付这三四百英亩土地价格的 1/3 或 1/4,余下的则进行分期付款。他的首要目标是把木屋变大,然后变得舒适,而且他基本都会使用木板而不是原木,"因为锯木工坊基本上是在每个定居点里都会盖起来的"。他用来盖房顶的会是薄木板——一种从短橡木上切割出来的粗糙木瓦片。他也会"拿木板铺地板,他一定会加一个二楼,或者是用来睡觉的阁楼以及地窖,他也会辟出一片种满果树的果园,在一年左右之后,再建造一个又大又高用木头搭的仓库"。他上家留下的树,无论是砍了的还是留下的,他都会一一砍平,然后把树桩给挖走。他也会增加耕种庄稼的种类,除了小麦之外还种黑麦。他可以把黑麦蒸馏成威士忌酒,所以这也算是他的"经济作物"。也许他比第一批定居者更安居乐业,而且也更勤劳,但是"他的房屋还有他的农场带有许多精神弱点的印记"。尽管他们的房子上有窗户,但却是——

没有镶玻璃的,或者就算他们装了玻璃,如果砸破了就拿旧帽子或者旧枕头去填窗户洞。文明社会的场所,如学校和教堂,对他毫无用处,而且他也一样地不愿支持民选政府。他对于自由有着高度理想化的认识,因此他也拒绝承担因为这个国家要建立这样的政府,而要求他承担的那部分开支。他高兴的时候,主要是在有伴的时候——有时会过量饮用烈酒——花上一两天参加一个政治集会,接着他履行了他应支付的那笔开支(如果他不能因为货币贬值而获减免的话),而这却迫使他把自己的种植园给卖了……卖给了**第三批**也

悲剧遭遇：美国原住民史

是最后一种定居者。

而这最后一种定居者，拉什给出了清楚完美的定义：他身材魁梧，"品行端正"且不嗜好"烈酒"。他外观整洁，生活井井有条，并且有强烈的社会责任感。他经常去教会且对学校教育很支持。他虔诚而努力地工作，修建农场的时候有很多奇思妙想。他从附近的水道或河流挖渠引水，而且还盖着结实的石头做的仓库，"正面周长100英尺，进深40英尺"。他有坚固的篱笆，以及一个家庭菜园。他小心喂养家禽，让它们慢慢繁衍壮大。他还盖了一个熏肉房。他的妻子在家织布、侍弄花草还挤奶。儿子们和他一起在田间劳作。他盖起又大又舒适的房子，摆满了实用又阔气的家具。拉什写道："我们不会骗移民说，他们会享受到阿卡迪亚般①的美丽舒适。如果我们忍耐、勤劳和付出能保证我们富足、独立和幸福，那就足够了。"拉什还说，土地的廉价，"将我前面描述过的生活福祉在人与人之间传递着"。

在客观描述几批移民的变迁之后，拉什忍不住略加了一些点评，

> 这种移民的热情……在欧洲人看来一定很古怪。一个人告别他呱呱坠地的房子——也就像看到一个人告别他们在此皈依上帝的教堂……告别年轻时的朋友和伙伴，以及告别所有文明社会的消遣娱乐……一定会让你们大洋彼岸的哲学家看作是一派忤逆人类活动的习惯和规则的人性姿态。但这种热情，尽管看上去新潮又奇怪，但却十分有利于美国人口的扩散。

---

① 阿卡迪亚是希腊的一个地区，文艺复兴以后常被刻画成未受污染的美丽荒野，类似于陶渊明的桃花源。

第七章 "西进"的动力

提摩西·德怀特①(Timothy Dwight)曾担任耶鲁学院的校长②,在大约20年之后游历了新英格兰地区,而他所描述的移民不同阶段和拉什所述不谋而合。他也觉得西进移民令人动容,也颇为震撼。他把这看作"人类历史的新篇章",而这些乡民对于其中蕴含的意义懵懂不知。"这些文明人去荒野中殖民的状态,是从一开始就把一个正规的政府与文明的举止、艺术、学习方法、科学和基督教都融入其中。这是美洲大陆东部或者过去任何时代的文献资料所能提供的记录中都找不到先例的,也没有任何相似的例子"。

像拉什一样,德怀特形容这个新生的阶层为,

> 比较不安分守己、喜欢到处闲逛、到处漂泊的人,他们就像这些地区(西部地区)的社会形态一样,如果一切开始变得有秩序和稳定的话,那么就会成为当初吸引他们远离故土的理由一样让他们选择离开。这样的人无法在任何一个正常的社会中生活下去,他一定会弃之而去,他要投奔的是能让他放浪形骸、恣意妄为的所在。他们就像一伙先头部队,总是走在一般定居者的前头,而且这些人看上去只是帮后来条件更好也更太平的定居者扫除困难,让他们不至于望而却步,除此之外也没有别的用处。因此,这些人也总会在每次迁徙过程中赶在那些真心实意大干农业的人来到之前离开,或许这种总是领先一步的情况要等新英格兰的殖民地扩张到太平洋不能继续西进才会结束。

---

① 全名为提摩西·德怀特四世 Timothy Dwight Ⅳ。
② 1795—1817年在任,为史上第八任校长。其孙提摩西·德怀特五世为第十二任,并于1887年将校名从耶鲁学院改为耶鲁大学。

这些人中有平地人,有猎人和捕手以及中部地区的向导和住在落基山脉的山地人,这是我们在这段历史的每一个阶段都会讨论到的一种经典类型的美国人。

事实上,无论是贬低他们的人,如古尼弗尔·莫里斯①(Gouverneur Morris)所坚信的:"人类奔忙劳作之所在,而非遥远荒野,乃是涵养政治天赋之学堂。"或者为他们辩护的人,包括麦迪逊、詹姆斯·威尔逊②(James Wilson)和乔治·梅森③(George Mason)等,对于推动这次西进运动,并使之成为不可阻挡的势头的男男女女都只有一些最模糊的性格、需求或动机方面的概念。这些人和他们居住的土地,对于正在参与这个新生国家的大小事务的大多数领导者来说,只有最微弱的那一点现实性。有一些更有远见的人去了他们所属各州的西部边境,但这也是他们能走得最远的距离了。

有许多到前线地区旅行的东部人发现那里的生活方式和沿海各州的很不一样。来自南卡罗来纳的年轻的威廉·普雷斯顿④(William Preston),被他的父亲送去参加全程3 000英里的前线地区游览之旅。他提到,在邻近的肯塔基地区,即便是从弗吉尼亚迁徙过去的贵族家庭,"都会丢掉一些弗吉尼亚上等人的份儿沾上一些肯塔基的习气,不够含蓄,表现得自以为是"(值得一提的是,在伦敦的时候,和普雷斯顿成为好友的华盛顿·欧文,一个纽约人,斥责这个南卡人太随便、太开放)。普雷斯顿写道,

---

① 他是美国宪法的起草人和联署人之一,也被广泛认为是宪法前言的作者。
② 美国建国之父,独立宣言及美国宪法联署人之一,为美国首批六名联邦大法官之一。
③ 美国制宪会议上三位拒绝在宪法上署名的代表之一,其推动的弗吉尼亚权利法案的大部分内容后成为美国宪法修正案第一至第十号,即权利法案。
④ 曾担任代表南卡来罗纳州的参议员。

第七章 "西进"的动力

> 我同龄的人中……他们对于生活中的小节以及严格遵守习俗这件事，抱有一种自以为是的心态——还谈不上一种主张，并且对其极其傲慢自负地加以轻视和贬低，这真让人颇感不悦。当人们迁徙到一个新的地方，哪怕是成群结队去的，原有的文明也不能一并带去或者保存下来。新的物质环境会导致新的变化，也会孕育出新的社会。旧形态的社会不可能在新的地方繁衍下去。社会文明有所减损也在所难免。人们身上更古怪、更强韧的特质一定会被极力诱导，从而把更温柔、更优雅的那些给排挤掉。

法国流亡者塔列朗①（Talleyrand）造访了他的同胞在俄亥俄地区的一个殖民地后，他对前线的居民有了颇为负面的看法。他写道：

> 他（指抽象的一个前线定居者）对什么都不感兴趣。他排斥任何一个富有感情的想法。这些大自然鬼斧神工的山林景色——漂亮的枝叶，点染森林一角的光晕，层翠叠嶂、明暗相序——什么他都看不见。他也记不起周遭发生的事情。他唯一考虑的是要下几斧子才能砍倒这棵树或者那棵树。他从来没种过（树），他不了解种树过程中的乐趣。如果有一棵树是他种的，那他就不会拿它取乐了，因为他只要有一口气就不会砍倒这棵树。而他现在只要有一口气就是要去破坏。他周围都是被他破坏的东西。他并不关心自己一手造成的命运。他并不热爱自己劳作的田野，因为他只知道苦干蛮干，而没有丝毫喜爱之情。

---

① 全名为 Charles Maurice de Talleyrand-Périgord，法国著名政治家和外交家，曾经历路易十六至波旁王朝复辟历次政权更迭而不倒，仅于拿破仑执政晚期流亡美国。

悲剧遭遇：美国原住民史

亨利·特克尔曼（Henry Tuckerman）是一位不知疲倦的旅行家，在他笔下，前线地区是一片完全没有"过去和现在有机而生动联系"的土地，反而都是"令人痛苦的新奇感以及看似美丽、野蛮对人性仿佛自然而然的胜利"。

我们所能看到对前线生活描述得最为生动的内容来自牧师约瑟夫·多德里奇医生（Reverend Doctor Joseph Doddridge）。他的家庭在他4岁的时候从马里兰搬到了宾夕法尼亚的西境。多德里奇是一名圣公会的教士，在本杰明·拉什的门下学习医药，他将所见所闻结集命名为《1763—1783年，弗吉尼亚及宾夕法尼亚西部定居点及印第安战争见闻杂记》（以下简称《杂记》）——这已经是个足够谦逊的名字了。

他是在50多岁，也就是19世纪20年代编纂这本回忆录的。但他在《杂记》中记录的内容好像他至少在那里生活了100年，目睹了沧桑巨变一样。和许多其他先驱一样，他感觉"年轻一代"已经忘却了父辈和祖父辈的艰苦奋斗和牺牲，所以让这些回忆再生是他的使命。多德里奇写道："即便在长久的和平年代中，在远离文明的荒野之地要开天辟地造一个新世界都是非常困难的。然而，除了这份事业不可避免的艰难困苦之外，和野蛮人之间无休无止、异常惨烈的战事所导致的后果更加雪上加霜，苦力、贫困和痛苦都达到了人们所能承受的极限。"

当多德里奇的父亲带着全家跋山涉水来到了宾夕法尼亚的西境之后，他们用来做玉米面包的印第安粮食供给已经用完了，此时距离他们的玉米收获还有6个星期。于是他们只能拿野火鸡和熊肉填补空缺，但是它们却不是很好的辅食，孩子们总是会"饱受饥饿感的折磨"。多德里奇记得他和兄弟姐妹们是多么热切地看着土豆苗，南瓜藤长高长大，一天又一天的"盼望着能收获一点什么就不用吃面包了。真难忘收获小土豆的

第七章 "西进"的动力

时候,它们的鲜美滋味啊!获准去摘小玉米,做成'烤玉米穗'(roasting ears)的时候,真是高兴啊……就这样我们变得越来越富有和充满活力,来与我们当时贫苦的现状抗争。"

多德里奇列举了几种宾夕法尼亚和弗吉尼亚前线地区的"原生水果",这是最早来此的定居者们重要的食物来源。春天第一个结果的是野草莓。紧接着的是"瑟维斯树"①。它们开花在4月,整个林子到处都是娇艳的花,而果子是在6月成熟,很甜,"略带一些酸涩"。每到周日,定居者派一些人全副武装防备印第安人来袭,其他人就去捡果子。有些时候因为梯子太笨重不好拿,只能把树砍倒才能够到果实。在被风刮倒的树旁边,黑莓就长得特别多。孩子们到了秋天就喜欢去捡黑莓,当然这也是要大人荷枪实弹在旁警戒的。野覆盆子和醋栗没有那么盛产,但是要是能找到也算不虚此行。野梅子在沿着溪水的低地上长得又好又多。到了秋天,野葡萄可以酿成美酒。水道边的大灌木丛上长着黑山楂,红山楂还有甜山楂树。它们结的果子是孩子们的最爱。野樱桃也非常多,还有一些沙果②(sour crab apples)可以制成可口的果冻。许多河岸边都能找到木瓜。壳很厚的小核桃,甘甜的果肉藏得好好的。它们散布在森林的每个角落,除此之外还有白色的和黑色的大核桃、榛子和板栗。

大多数前线定居者穿着一种改良的印第安服饰。狩猎服装整齐划一,是一种"宽松长袍",材质主要是麻毛布(一种粗制的亚麻布),"向下垂到大腿的中间,袖子很长开襟的,两片前幅很宽,如果束腰带的话两幅叠合的宽度有一英尺"。在衬衣上一般披着一件夹克或者像斗篷一样的披

---

① Service Tree,其名字和 service 的词义无关而是其拉丁文名字的转写,果实为红色,在中国也称为花楸树。
② 果实酸涩,也称柰、海棠果、林檎等。

肩,上面镶着或者印着彩色花纹。束腰带的衬衣胸口处有个小口袋"用来装一小块面包、蛋糕或者'嚼客'(jerk)(干牛肉)和擦拭来复枪枪管的布头"。腰带系在身后,上面还挂有别的必需品,手套、子弹夹、一把战斧以及在皮鞘里的割刀。他们下身穿着紧臀或者紧腿的裤子。他们通常只到大腿根部,略高于衬衣或袍子的下摆。而许多年轻男子喜欢扮成印第安人,穿一种土布裤子,其实就是一卷短布,沿腰带从前到后围一圈,遮住耻部而已。

穿鞋方面,大家都热衷于莫卡辛鞋①(Moccasin),并且都是系在脚踝上的。在寒冷的季节里,人们会往鞋子里垫上鹿毛或者干树叶让脚保持温暖,但是皮革的防水太差,所以在湿漉漉的地面上穿莫卡辛鞋行走有一个常见的说法是"一种优雅的光脚走路的方式"。如果穿着湿掉的莫卡辛鞋走上太久,那么结果就是患上前线居民经常抱怨的风湿病。穿麻毛布的衬裙和日间睡袍②(bed gown)的妇女,不下雨的时候就光着脚,冬天的时候就穿莫卡辛鞋和一种缚带防水鞋,是用布料和皮革做成的没有定型的鞋子。他们的木屋子里也没有更衣室或衣橱,居住者的衣服就挂在墙头的衣架上。

他们的家用餐具既简陋又贫乏。碗、杯子、盘子还有勺子通常都是木制的,有的时候也会用葫芦和厚皮的小南瓜盛放食物。像铁锅、刀子和叉子是少数的珍贵家用品,定居者会把它们用牛或马驮着翻山越岭随行都带着。盐和糖很少见也很昂贵。一蒲式耳盐的价值抵得上一头好奶牛或者一头牛犊。而糖可以从早春枫树叶的汁液中萃取,但盐就要从贸易商人手里买来。"猪肉炖玉米粥"(Hog and hominy),或者不同比例的猪肉

---

① 一种皮制软底鞋。
② 是欧美妇女在20世纪60年代以前流行的一种服饰,也称短袍,一般还套有围裙。

第七章 "西进"的动力

和晒白的玉米混合做的菜,是定居者的主要饮食,除此之外还有强尼蛋糕①(Johnnycake)(用玉米面粉和牛奶混合,在炭火余烬上烘焙而成)和玉米饼(corn pone)。晚餐一般就是牛奶和玉米糊,有条件的时候还佐以鹿肉、松鼠肉和熊肉。印第安人的玉米是前线饮食中最关键的一味材料——无论是磨成粉、发酵、晒干,反正有6种形式和搭配。多德里奇直到8岁才第一次喝到了茶和咖啡,对他而言能在配有茶碟的瓷杯子里喝这种饮料,简直是一种奇迹。

在家庭层面的经济事务中,有着相对粗略的分工——比如说一个有经验的石匠会为别人干活来交换对方为自己纺布——但是大多数家庭都是自己纺布,自己鞣制皮革,自己做莫卡辛鞋和皮带,等等。多德里奇的父亲盖起了一个纺织工坊,为家中服装所需织布所用,也织莫卡辛鞋和缚带防水鞋需要用到的线。家庭中的男劳力,因实际需要所迫,变成了铁匠、木匠、鞣皮师、铜匠、石匠和发明家。

大多数家庭都住在一个简陋要塞发号令能听到的距离,或者跑步能够得上的距离之内。如果他们运气好,只要一看到有印第安人入侵的迹象,他们能立刻去整修要塞。当他们发现有任何敌对印第安人的踪迹,跑得很快的年轻人就会被派去在黑暗中挨家挨户召集这些家庭到要塞集中。多德里奇回忆起了童年的一次经历的场景,其中这位信使,

> 悄悄地来到门边或者后窗口,轻轻敲敲门或窗户把我们全家人叫醒……全家人立即行动起来。我的父亲拿起枪和其他作战用品。我的继母醒了过来,以最快的速度帮孩子们穿上衣服……除了这些

---

① 也称 Journey cake,或为讹传;一种未发酵的扁面包。

小孩,我们也摸黑胡乱抓起什么衣服就往身上套,随手抓上一些吃的用的,因为我们不敢点蜡烛,连炉火都不敢动一下。所有这些我们都是自己分头去做,都是在死一般的寂静中完成的。剩下的事情不用担心,人们会开始呼叫:"**印第安人来了!**"而在此之后,完全听不到一声啼哭。

接着,聚集在要塞的定居者要决定该在那里等多久。印第安人不太可能攻打这样一座要塞,但是他们已经盘桓在附近的森林中怒吼了半天,已经快等不及了,也许要走了——或者至少假装要走。他们时常会焚烧被废弃的木屋,毁坏他们能毁坏的所有庄稼。有好几次,几户莽撞的家庭,因为牵挂他们的花园、财产和家养动物,在确保视野范围内已经没有敌人之前(这通常是由侦察队来判断的)就冲回自家的木屋。这种行为对所有人都有危险,因为如果他们误入仍在附近埋伏的印第安人的陷阱,其他人要花很大的力气才能把他们救出来,所以许多条人命都会受此连累。

多德里奇写道,

这个国家前线地区的早期定居者,至少在两个方面,颇似非洲沙漠中的阿拉伯人:每个人都是士兵,而且战斗的时间从早春,一直到深秋,必须一直全副武装。而他们的工作必须由不同的人来完成,每个人都要拿着来复枪,其他的随身品也要和战服匹配。他们被安放在战场的中央地带。一名哨兵在防守圈外站岗放哨,因此哪怕只是收到最普通的警报,全军也立即开始整饬武器,准备立即投入战斗。

除了印第安人之外,还有数以千计的自然灾害的考验。一棵倒伏的

第七章 "西进"的动力

树木可能会砸坏一排篱笆,而马儿和牛群也会闯入田间糟蹋庄稼,浣熊会来偷鸡。早霜会冻坏玉米,洪水会泡坏玉米,而干旱又会让玉米焦干。害虫、啮齿目动物、鸟类、鹿、松鼠和任何一种能爬的或会飞的动物,都在和农夫们争夺他们本已不多的收成。

疾病、事故和身体不适时常伴随定居者的左右。在没有医生的情况下,每个人都要自医,因此他们治疗起来也有各种各样的验方。许多是传统的土方子,也有一些是借鉴自印第安人的。烫伤或者割伤在从来都不干净甚至常常是肮脏不堪的环境中很快就会感染。如果是烫伤,通常会敷一点堪称万金油的玉米面或者烤过的芜菁。许多孩子会死于哮吼(croup)这种病,而治疗的方法是服用烤洋葱的汁水。发烧的疗法是出汗,而针对响尾蛇和铜斑蛇咬伤则有琳琅满目的解药。罹患风湿病的人喜欢擦一点响尾蛇、狼、鹅、熊或臭鼬熬出的油,在火堆前暖一暖发痛的关节。咳嗽、肺病、胸膜炎、肝病和腹泻都很常见也常致命。多德里奇的母亲,就因为一匹马踩在她的脚上造成的擦伤,而在30多岁就英年早逝。尽管她的伤口被涂了一些药膏,但是伤口还是感染了。他的父亲则在46岁时死于肝病。

如果我们抛开饮酒不论,那么跳舞就可称作前线的首要消遣娱乐活动了。每个定居点都有一两个喜爱玩乐的人,他们只要一有机会就要举办舞会。唱歌是另外一种娱乐。在多德里奇的回忆中,许多歌曲是关于侠盗罗宾汉的,而其他的大多都是"悲伤的……情歌,内容大多是谋杀"。年轻男子喜欢狩猎,定点射击,也举办弓箭和战斧的竞赛。婚礼是欢庆的最佳场合,因为它通常都会连着办好几天。

因为没有正常的遏制犯罪的司法机构——如法庭、律师、法官和监狱等——前线的人都信奉"我即法律"。他们最看重的品质是"工作和打猎

悲剧遭遇:美国原住民史

时勤勤恳恳,战斗时勇猛,坦率、诚实、好客以及举止稳重……他们对游手好闲、不诚实,或者声名狼藉的惩罚是'仇恨这个罪犯'",这好似一种在小型社区内的陶片放逐法①(ostracism),其效果要么是让当事人悔过自新,要么就把他吓得逃走。如果一个人在互相帮忙盖房子的时候,搬木头的时候或者"丰收聚会"时没有完成自己应该完成的那份工,那么人们就会叫他"劳伦斯②"(Lawrence),而且这个游手好闲的人如果要帮忙也会被他们拒绝。人们也会特别诅咒逃避保卫定居点职责的人。这个人会"被当面骂作懦夫"。

　　社区内的制裁和压力取代了法律,而且大致上非常管用,只是常常显得很残酷。他们针对社会不良现象而进行的对普通犯罪的惩罚严厉到了极点,其中,粗暴的鞭刑是常见的惩罚形式。偷了"某件小东西"就要受罚在背上挨13鞭子(象征美国国旗上的13条条纹)然后被流放。"带罪奴"(convict-servants)是那些因为之前犯下罪行,被判处在一段时间内接受奴役或者在允许蓄奴制度的前线地区成为奴隶,他们深受鞭刑之苦,常常好几天才能痊愈。有些人是连着好几天,天天挨打。多德里奇看过不止一个人被打得非常惨烈,"很快他的肩膀上就流了很多血,血也从他的背上和两肋淌了下来……他的裤子被解开了,颇为羞辱地被人把裤子扒落到脚边。人们从刑具堆中挑出两根新的山胡桃树枝责打他的臀部,很快那儿就像他的肩头一样,到处都是裂口和鲜血"。

　　多德里奇后来被他父亲送去巴尔的摩的亲戚家寄宿,保证他可以接受教育,但当他看够了那里令他作呕的蓄奴制度之后又满怀憧憬地回到

---

① 为古希腊雅典的一种政治制度,定期由雅典公民在陶片上写上其想要放逐的其他人,得票达到6 000的人则要接受在外流放10年的命运。
② Lawrence这个名字有很多含义,此处可能指吊儿郎当,人浮于事。

第七章 "西进"的动力

了前线地区。"离开了那种令人痛苦的社会状态,"他这样写道,"我,一个共和主义者,又回到边远落后的地区,我不知道此行是为了什么,我只是讨厌一个人可以有权肆意践踏另一个人。"

前线地区在多德里奇的眼中是多么了不起,在这里,人们真正理解自由和独立的真正含义。

在西部地区的爱国者,要是把他们的政治人物、道德楷模和宗教领袖和欧洲许多国家的此类人物一作比较,那么他们对于国家的热爱和对民族的骄傲能达到最高水平……(在美国)我们没有对于欧洲大陆的祖先的风俗习惯盲目且迷信地加以效仿,相反地,我们想自己所想,为自己所为,而且我们改变了自己也改变了周遭的一切。

尽管多德里奇对于奢侈品和物质财富积累持批判态度,但是他很快就承认"贸易早期的引入,是某种程度上改变这个国家人口外部特征的首要条件之一,也给了社会人心和个人奋斗的新渠道"。面对贸易并没有显著增长的事实,多德里奇宣称:"我们朝向科学和文明的进程将会缓慢得多。"

和拉什以及德怀特一样,多德里奇也写到了前线定居者是一些渴望"**天高任鸟飞**"的人,因此一旦他们感觉居住环境拥挤,他们就立即逃到前线定居点附近的森林中,宁可重复一次把荒原变成丰收庄稼地的苦活累活,甚至冒着要和印第安人干一架的风险,也不愿忍受人满为患的定居点中的处处掣肘。这些拓荒者一开始在肯塔基歇脚,然后又去了印第安纳,现在又是密苏里。对于这些热爱荒原的人来说,太平洋才是西进的最终站,而这恐怕也不远了。

很明显，多德里奇对前线地区的个人感受是五味杂陈的。一方面他欢迎"科学和文明"的进步，另一方面他也为民众的团结，以及他所了解的那个前线地区共赴患难精神的失落而感到惋惜。而且他也很清楚，前线地区的生活通常是"险恶、粗野和短暂的"。在总结他的感受时，多德里奇写道："实际上，西部地区是一个冒险乐园。如果我们从引进科学、艺术和财富中获得什么优势，那么我们的道德和政治情况反过来也会备受困扰也会面临危险。因为在高水平的科学技术、完美的艺术以及通过任何已知的不法手段来追求财富中间，我们沉浸在源源不断而入的糟粕之中。"在多德里奇看来，只有坚守法律，才能拯救"我们如婴儿般稚嫩的国家……免遭如此大规模的道德沦丧带来的瘟疫般影响"。现在这个令人痛苦的问题再次放在了人们面前：如何利用好我们的"贪婪"，或者说商业精神，让它有利于社会的进步而不用承受财富和奢华带来的"道德沦丧"。所有矛盾和模糊的地方都在于此。这种思想最核心的分裂点在于：对于进步既盼望，又恐惧；相信法律既能克服不公正，又担心它会限制开拓者；渴望纯真自然，但又希望在世界上被认可为"文明社会"。关于我们意识中的模糊性，很难再找到表达得更贴切的话了。有一种看待前线定居点难题的办法是去回顾，当这些人跑来前线冒险的时候，无论那时候前线已经推进到什么地方，他们都会假设自己置身于欧洲最具压迫性的贫农社会才有的那种身体和心理的苦难之中。他们远非追求什么财富和安逸，**他们要的就是苦难**。我们不知道他们是自愿前来，不然我们会想他们八成是被流放来承受这份比去魔鬼岛[①]（Devil's Island）和西伯利亚还厉害的苦。

[①] 法属圭亚那外海的一座监狱岛，先后有八万犯人死于此处，因此得名。

第七章 "西进"的动力

如果东海岸的城市和城镇展现了美国的"文化",那前线地区就是一种"反文化"(counterculture)。对于前线这些定居者来说,东部人都还是愣头青,而后又会成为纨绔子弟或者小市民,乃至城市里的"老狐狸"。他们的生活方式和行为举止看上去过分的优雅或者说女气。对于东部人来说,前线定居者生活丰富、多姿多彩,但好像属于一个简陋而又粗暴的世界,这个世界距离他们无限之遥远,同时也让其多多少少感到一些羞耻。前线定居者的语言相当粗鲁难听,而他们的衣服和印第安人的服装别无二致,他们的房子、帐篷和茅舍不忍卒睹。说得好听点是东部人觉得比前线定居者高那么一头,说得难听点他们就是仇视他们或者对他们冷漠无感。如果我们要了解19世纪早期的大多数前线定居点内是什么样的氛围,那么在今天最接近的我们可以设想一个由城市和郊区的青年男女组成的农业公社:他们赤着脚,穿着又破又脏的衣服,住在废弃的棚屋或者他们自己建造的简陋或许还算有趣的住所,然后把这些我们前线地区原始的"反文化"中标志性的艰难困苦、肮脏不堪以及生活不适,骄傲地复制和传播开去。

如果不是东部人要在西部从事土地开发,而且他们迫切希望找到定居于此的人,很难说西边的人会不会和东部人在政治上取得平等。因此,或许可以说美国的历史是在两个层面上同时进行的。其中一个层面在于有意识的政治行为,在这个层面上是关于和外国的磋商谈判,规范商业贸易,为了达成某些目的而制定法律和法规。而另外一个层面上,就是普通人——主要是参与西进的那些人——的所作所为,而这些事情和政府宝座上发生的事情无甚关联。他们对于在纽约、费城以及之后在华盛顿的政客——这些都是精于为自己谋利的人——抱有怀疑,甚至是敌意也不是什么新鲜事。他们和这个新生国家之间的纽带常常没有他们和这片在森林中白手起家,乱石丛生、树桩遍地的土地的感情来得深。最不可思议的事情在于他们对于这无法耕作的森林竟如此痴迷——以及拉什和德怀特都没有提及的一件事——那份炽热之情就写在他们的脸上,他们迷恋那些让强壮的人都要为之色变的艰难困苦,而且还有可能迷恋危及生命的连连险情。正如多德里奇在前面告诉我们的,比疾病或者肢体伤残事故、饥馑和寒潮**更恐怖**的,是印第安人三不五时的神兵天降。任何一处位于前线的住宅或小定居点,都要头悬着那把众所周知的剑①,伴着印第安人来袭的梦魇入眠。而死亡本身还不算一件最糟糕的事。对于被活捉,或者受轻伤的男子来说还有痛苦的酷刑折磨等着他,而妇女和年轻女孩则会遭到强暴或者被押作人质在某个印第安部落中生活。有时候,整座村庄会遭到全体灭口,而且几乎没有哪个前线定居者没有一两个亲属或朋友遭到这些处于交战状态的印第安人的毒手。印第安人喜欢兵不厌诈,打起来又穷凶极恶,喊叫声叫人不寒而栗,这三者合一让印第安人成为人们所能想象到的最恐怖形象。但尽管如此,冒着这种持续而来,甚至我们今天的人都是几乎无法想象的恐怖气息,这些定居者不屈不挠地向西推进到印第安人的土地上。与此同时,联邦政府也在竭尽所能地在西进的定居者和节节败退的印第安人之间创造缓冲地带,他们主要是通过缔结一个接一个的和约谈判购买印第安人的土地来实现的——或者更确切地说,既然印第安人没有土地所有权的概念,就贿赂贿赂他们,让他们往西边再挪一挪,从而避免和移民而至的白人发生冲突。

除了同印第安人签订和约之外,另外的办法就是开战了。在战争中,尽管联邦政府心不甘情不愿,但必须支持定居者去迎击和赶跑印第安人,

---

① 即达摩克利斯之剑,指随时都有可能降临的灾祸。

第七章 "西进"的动力

因为定居者侵占印第安人的狩猎地的节奏实在是太过决绝,而且还建立要塞,在前线地区维持某种秩序。一份新的协议签订完毕,决定把一块印第安人的土地开放用以修建定居点,并不一定意味着定居者保证不会受到印第安人的来袭。那些签约的部落中间常有一些持异见的派别,拒绝遵守和约,或者这块地方恰好是由某个部落主张所有权,却被一个敌对部落给交易掉了。更有甚者,那一大片新土地好像全被印第安人割让完了,但是之后还是传来了消息,说定居者推进到某地区时,这里的印第安人刚被赶走,并且他们决心抵挡白人的进一步入侵。这一过程还得循环往复,直到定居者和印第安人的摩擦变得非常严重之后,才会被印第安人"战争"打断。联邦政府常被描绘成印第安人的镇压者。但是事实上,除了某些比较有名的事件之外,联邦政府是印第安人最好的朋友,因为他的既定利益在于和原住民进行公平往来,以及限制白人进入印第安人控制范围,保留足够的"保护地",并且可以为目前可能走向混乱的局势制定某种程度的秩序。

对于东部的印第安人来说,最强有力的影响或许来自和白人做交易。白人和印第安人的关系全史,从最早在新英格兰和弗吉尼亚建立定居点的时代就开始,主旋律就是做交易,而且许多交易对于印第安文化都有极为负面的影响,这是因为许多部落在和白人文明的主要接触中所派去的人很少能代表该部落文化的正面形象。皮毛是最受白人追捧的印第安商品,而且无论是白人还是印第安人,围绕皮毛贸易控制权发生了许多流血事件而且许多部落的生活方式发生了翻天覆地的变化。其中之一,就是皮毛贸易让许多部落从海边迁徙到河流和森林内陆地区,因为那里可以收获皮毛的动物,尤其是河狸的分布极广。而且这也消除了那些急于宣布对河狸盛产地拥有永久主权的部落之间爆发战争的可能。因为河狸可能在一片水域已经"资源枯竭"了。所以这个部落被迫,或者不得不去寻找新的狩猎地。有一位历史学家曾经说过:"白人贸易活动最具破坏性的一个方面是导致了饥饿。而破坏性最小的方面是,它改变了印第安部落的社会结构也改变了他们赖以谋生的经济模式。"或者这样说,白人激起了印第安人对于代表更精致文化的装饰品和艺术品的渴望。印第安人的堕落也就是从珠子、宝镜、金丝边的外套、刀子、枪械和插羽毛的帽子开始的。

比欧裔美国人的艺术品更具破坏力的是这些白人带来的疾病。人类学家估计,在10年间,休伦人和易洛魁联盟的人有过半数的人死于疫病,尤其是天花,印第安人对其特别没有抵抗力。

白人和印第安人之间的冲突本是难以避免的,除非美国白人安于在大西洋沿岸一线向南的狭长地带中(事实上,严格意义上来讲,除非整个北美大陆都由印第安人把持才可避免冲突)。白人的西进运动,自相矛盾地阐释出"民主"丑恶和美好的两面性。美国人的进取心——有时会有一种令人相当迷惑的说法,叫作"自由"的进取心(好像是说还有一种"不自由"的进取心),也在这次运动中前所未有地、淋漓尽致地展现了出来。而美国版的个人主义以其不可动摇的对克服任何障碍——无论是人还是自然——的信心,是其中的基础因素。对于一些处于中立的旁观者看来,这常常看着像是一种病态,好像整个民族生来就是这么疯狂。拉什和德怀特的观点是正确的,在白人种族的漫长历史中并没有这样的先例。每一个待在远方木屋中那位孤独的定居者,以及每一批定居者,显然都觉得自己可以征服整片旷野大陆。这些印第安人,也许在某些特定的具体表现上既凶猛又令人恐惧,但是他们只是一颗要扫除掉的绊脚石。印第安的文化,印第安的艺术和学问,印第安人和自然之间亲近而互惠的关系,即

第七章 "西进"的动力

我们今天如此推崇的"热爱土地"的精神,对于边民,对于前线定居者来说——他们时时生活在脑袋要被装饰华丽的战斧砍下,或者自己的马匹要被一伙装备精良的年轻印第安士兵给哄走的险境之中——这一切简直毫无意义。

事实上,前线地区对于印第安人的态度之变化可谓天差地别。正如拉什指出的,初来前线的定居者和印第安人和印第安文化之间有着最紧密的联系。他们的服装很相似,而且他们也采用了印第安人的策略和做法,吃印第安人的食物,吸印第安人的烟草,纳印第安妇女为妻室或情妇。他们的生命系于与印第安人之间建立起来最起码的互信之上。起初,他们是几个人对好几千人。但他们的后代,相对来说更为扎根于此,生活也更稳定的一群人,总体而言对印第安人是既害怕又仇恨。对他们而言,印第安人是野蛮人,必须连根拔掉,彻底清除。他们为自己辩护的言论中一定会有,他们所看到的印第安人表现出了最狰狞丑陋的一面:印第安人就是一群破坏狂,野蛮的东西,近乎非人,这些家伙把定居者辛苦搭建的木屋和仓库付之一炬,屠杀他们的家禽,强暴他们的妻子。

在细致地讨论了前线定居者之后,不妨我们可以进一步地反思印第安人给他们带来的不利影响。白人和印第安人的关系中,最不可调和的一个冲突是印第安人生活在一个失乐园①(the Fall)之前的世界。用基督教的术语来说,这个世界是蒙昧无知的,人们还没有掌握有关善与恶的知识。因此,印第安人所做的一切,都是源自这种蒙昧无知,靠着这种"道德心"的。当他杀死敌人并把他碎尸万段了,偷了他的马了,杀了或抢走了

---

① 《旧约·创世记》之中,亚当与夏娃因偷食禁果,违背上帝的意愿,成为有罪之身,遭到逐出伊甸园的命运;被圣经阐释者称为"人的堕落"或失乐园。

他的女人了,印第安人并没有概念说这些举动可能被判为恶行或者说他自己也很难对此抱有罪恶感。他的萨满巫师和用来辟邪的动物可以帮他"通神转运①"(Tricksters)。这在白人眼中是耍诈,而印第安人则敬慕它为绝伦的妙计。印第安部落生活在一片广袤、美丽却恐怖的伊甸园之中。只有白人基督徒才相信,那个上帝造人的乐园中没有杀戮和暴力。杀戮和暴力的确存在于斯,只是它们不被认为是"有罪的",因为那里根本没有"罪"的概念。(顺便说一句,我在此申明,我引述的"罪"或"自我意识"——对于善与恶的意识——之概念,既来自神学范畴,也同样程度地来自人类学范畴。)人类学家如今已经理解这些原始部落的道德意识相当于基督教中在失乐园之前的蒙昧状态。亚当与夏娃的故事,从这样的角度来看,就好像是一个人类负担起一种新的自我意识的寓言故事,即获得了一种抽象性的知识,知道了什么行为是善,什么行为是恶。亚当因为意识到自己的赤身裸体感到羞耻,是人类意识到自我脱离于自然,或者与自然对立的现代意识的发端。在一封传教士纳西萨·惠特曼(Narcissa Whitman)——传教士马库斯·惠特曼(Marcus Whitman)之妻,写给她姐妹的信中,洋溢着一种深深的凄凉之情:"在印第安人中间,有一些人似乎要责怪我们告诉了他们终极的真相。有一个人说,过去他们只知打猎、吃喝和睡觉,这是好事,而现在这些却都成了不好的事情。"纳西萨自身显然已经感到了传教使命中的混沌不清。她写道:"最近,我内心中对他们的怜惜不舍之情超过了以往平时。因为在我的丈夫说他们一个都不是基督徒,而且正在走向毁灭的宽阔大道上之后,他们看上去情绪很糟糕,很失望,而且一些人还很生气……他们想劝我丈夫不要跟他们说这些不好

---

① trickster指骗子,耍诈,设局的人,此处应该是作者的贬称。

的东西,他们说,希望我丈夫跟他们说好的事情,或者给他讲讲故事,说说历史……"

自我意识,以及伴随而来的羞耻感和罪恶感开启了现代意识不断浮现的过程。后蒙昧时代的人类意识产生出抽象思维、科学以及伟大的"世界性宗教"(world religion),以及"文明"的所有副产品。但文明人从来没有停止怀念他业已失去的部落生活中的蒙昧无知,在那个时代阶段,**一切事情**都是靠良心。如果说"羞耻"已经被人感知并在部落中被用作一种社会控制的工具,那么"罪恶"还有待于被发现。有人为白人辩护说,他们希望印第安人像世界其他地方的人那样,得到"救赎",但是他们必须认识到摧毁印第安人的意识,实际上就是毁了印第安人。这种辩解实在是大错特错。而要去理解这一点,则要求大多数白人完全摒弃他们对文明的既有理念,甚至是放弃基督教的既有地位来改变整个世界。事实上,是有一部分人是愿意这么去做的。他们运用了一个理想化版本的印第安文化,来抨击一个越来越隔膜的城市化、工业化世界的种种不足之处。

世俗理性派人士和热衷传道的基督徒之间只是半斤八两。后者想要逼迫印第安人吞下分辨善恶的智慧果,而理性派也同样无情地、意志坚定地要把印第安人纳为白人社会中的"理性"成员,他们恰恰比那些基督徒缺乏耐心来面对印第安人极度富于想象力的符号化生活。对他们而言,这和东正教用以框住其信徒思想的迷信手段是一丘之貉。

印度的哲学家雷蒙多·潘尼卡[①](Raimundo Panikkar)谈论了部落意识的本质,或者按他的话来说,人类意识发展中的"出神时刻"(ecstatic moment),这是"人了解自然的时候。他同样也了解了他的上帝和诸神。

---

① 1918—2010 年,罗马天主教神父,一生呼吁宗教间的对话和解,大部分时间生活在欧洲,其主要生涯是为罗马教廷服务,然后在世界各地讲学。

他失足犯错。但是他顺应事物的本身,让它们来改正他自己。人所学到的最重要的事是顺从,比如说,谛听……周围世界会告诉他什么"。这基本上就是美国印第安人的意识状态,"印第安人的交流很直接。他不贪恋'他物',或者想要比原来的更'多'。事实上,他的内心本就没有外物的空间……当一个人看着苹果的时候,看出了苹果'之外'的东西,那么他也是到了丧失纯真①边缘。"全世界、全宇宙的人类悲剧,都被基督徒和犹太教徒融汇在亚当堕落的故事中,即纯真蒙昧的失去;而取而代之的,正是英国哲学家杰拉尔德·赫德(Gerald Heard)所说的"错误的欲望"(Wrong Appetency),即幻想和渴望"'外界'之物以及'多余'之物"。由白人导致的印第安人的蜕变之滥觞就是这外界之物和多余之物的引入——珠子、宝镜、毛毯和插羽毛的帽子。纯真蒙昧被摧毁了。白人就是伊甸园的那条蛇,而他们拿来交易的便宜货就是那颗禁果。无论当时或者更早以前,这一过程是势在必然,不可阻挡。我们也想不到什么办法来阻止纯真的崩坏,阻止其堕落为可怕的自我意识,产生罪恶感,"感觉不好",就像卡尤塞(Cayuse)印第安人对马库斯·惠特曼所抱怨他们感受的那些东西——为了这些感受,他们最后杀死了马库斯和他的妻儿。这其中的悲剧在于文明社会的人从古代苏美尔和埃及文明走到现在数千年的历程,却必须在**屋子外面**的美国土著人身上立刻完成。这就好像文明中所有复杂的悲剧和重大成就要让这些原始美国人马上经历一遍一样。

关于原住民是怎样把这颗苹果想成是自然——他们永远依靠他生活——全部网络中的有机组成部分的想法,有一百多种不同的方式进行阐释。对于带有西方观念的人来说,最骇人听闻的是,他们在许多印第安

---

① 纯真与无知英文中均为 innocence,在此处从作者的角度思考,纯真即无知,无知即纯真是可以彼此换用的。

第七章 "西进"的动力

传说中读到有男人或女人与动物发生性关系,继而产下或为人类或为兽类的后代,这样的内容。但我们必须记住的一点是,这类志异故事对于浪漫的现代世俗想象的魅力在于,人与自然的分离——或者更确切的说法是,人逃离自然——是人类的大解放。美国原住民的生活完全和自然融为一体不可分离,因此他们对于自然世界的真实态度也和经过现代的热爱自然的人或者自然保守主义理想化后的所谓态度差上了好几光年的距离。印第安猎手如果杀了100头或1 000头水牛,只会宰割掉50头,剩下的就留给狼群和秃鹫享用了。印第安人是十足的挥金如土,他不知道推迟满足。他只要有胃口就一定要立即吃饱喝足。这一点确实也提供了一些线索,来回答为什么印第安人对酒精,以及让他们进行商品贸易的诱饵那么没有抵抗力。没有任何一种形式的"善与恶"能够让印第安人领会,所以白人的世界和价值观简直是令人绝望的刻板和专制。同理,要让白人接受(除了在最浅表的方面)印第安人的世界也是天方夜谭。白人都不知道如何进入这个世界。他可以观察它、描述它,找到其中很吸引他的东西,浪漫化之和感性化之,但白人没有能力理解这个世界,只有浮光掠影式的一星半点的心得,和印第安人理解白人的世界的方式别无二致。

最终,所谓"印第安人"的世界中无法回避的事实就是他们是由许多部落组成,几乎无法数清个数或者记录完整。他们在荒野中逡巡往返,偶尔会在北美大陆上已经伐木开田的地方从事农耕,而大多数人总是处在居无定所的状态。他们说的语言或者使用的语言变体超过1 000种,因此并不奇怪为什么白人定居者总是动不动就相信印第安人是以色列王国失落的部落,因为建造巴别塔而被上帝"搅浑"了各自所说的语言。在人类的漫长发展历程中,超越部落文化之后,意味着大规模全新类型的人类能量和想象力的开启。这也是人类精神经历过的规模最大的一次解放。它是以"一个世界"为假设前提,即人类属于同一种族。这个抽象观念只能在人脱离了自然以及原始的部落意识后才能在大脑中形成。在新大陆上,文明社会的人遭遇到了他们数千年前就已经逃离的部落意识。因此,白人与印第安人的相遇,其本质上是一种和原始自我的相遇,而且人们对于这一实质了解甚少。

白人和印第安人之间的冲突,有一个特别讽刺的事实,在于当时的新时代的理想化形象——冲在前线,受个人内心鼓舞的,宗教改革后的新教民主主义者——是印第安人的老对手。只要有一个已经民智开启的上流社会的波士顿人或纽约人,爱印第安人如兄弟,利印第安人之所需。同时就有9个,或者99个前线定居者,秉持着所谓"好印第安人就是死了的印第安人"之类的观点。约翰·霍尔姆斯(John Holmes)成长于坚定的废奴主义城镇,俄亥俄州的玛斯特维尔(Masterville),在那里威廉·劳埃德·加里森①(William Lloyd Garrison)的《解放者报②》(Liberator)被奉为圭臬。约翰回忆道,玛斯特维尔的文学和辩论协会曾严肃地辩论过一个问题:"野蛮的印第安人该不该被消灭。"许多没有自由主义氛围的城镇之中,哪怕在这些类似的话题当中选择为反方辩解都会被视作危险分子。

如果说,许多虔诚的美国人在19世纪初的几十年间,让人们确信如果戒绝酒精、给予妇女应有的权利以及解放奴隶的话,美利坚合众国就可以得到拯救,那么毫无意外的是,也有很多人同样确信拯救这个国家,甚

---

① 美国著名废奴运动者,南北战争后致力于妇女平权运动。
② 废奴主义的报纸,1831年创刊,1866年因南北战争结束,废奴事业取得胜利而停刊。

第七章 "西进"的动力

至是拯救整个世界的通途,指向的就是那群异教徒野蛮人的国度。向印第安人传播基督教的时间,至少可追溯到约翰·艾略特时代。自从殖民地初创以来,还没有哪一段时间中没有什么传教士致力于将这些原住民皈依基督教信仰。这种情况是不可能有例外的。因为只要有一支基督教成为真理,那么每一个基督徒都有义务传播这种救赎和永生的福音。所以传播上帝信仰的工作靠着这些不知疲倦的神仆一代接一代,迎着那足够吓退最虔诚者的巨大困难,传承了下去。住在原住民的部落中通常是极度危险的,因为大量的传教士死在了他们企图感化的印第安人手上——这一点就足以证明。除了野蛮人的不按常理出牌以及接待他们时的勉勉强强之外,传教士经常生活在条件极度艰苦的环境中,他们的生计是靠着派他们来传教的布道委员会时断时续的接济,或者靠他们自己的智慧和计谋来维持的。如果他们居住其中的部落传染上了对白人致命的疫病,那么传教士对诸如风湿病、肺炎、痨病以及疟疾之类的疾病防无可防,而他们要驯化的印第安人却相对地对他们免疫。

有一位英国旅行家,弗雷德里克·马里亚特①(Frederick Marryat)海军上校在印第安地区旅行期间,造访了一所为达科塔苏族印第安女孩而建的教会学校。在那里,孩子们阅读和书写英文、法文和苏族文。"她们都很谦逊,表现也都良好,就像印第安妇女普遍表现的那样。她们每天傍晚都祈祷……印第安战士们在房间四周的地板上;传教士……和他的家人坐在中间;他们都唱得特别好。这套和印第安人相处的方式,在我看来,非常好。"马里亚特补充道。

到1826年,在14个东部和南部的部落中共计有38所学校,他们是

---

① 曾著有儿童文学《新森林的孩子们》,也制定过一套海上旗语。

悲剧遭遇：美国原住民史

由美国海外传教委员会（American Board of Foreign Missions）、浸信会总会（Baptist General Convention）、外国传教士联合会（the United Foreign Mission Society）、西部传教协会（Western Mission Society）、美以美会（Methodist Episcopal Church）以及新教圣公会（Protestant Episcopal Church）来维持的。尽管它们都是由基督徒承办的慈善事业，但是却有一个明显的分歧在于每一个新教的派别应该只支持本教派的传教活动，还是所有教派应当齐心合力共同传教。在1825年，上述的传教机构贡献了所有202 070美元的传教开支中的176 700美元，剩余部分是由联邦政府提供的，大多是为了偿付某些和约中的承诺支出。

年复一年虔诚的劳动终于结出了果实，尽管数字常常比较寒酸。1828年的报告中写道，

> 在切诺基人、奇卡索人和乔克托人……之中传播福音的工作取得了异乎寻常的成功。在布雷纳德①（Brainerd），5月份有6个原住民加入教会。7月份，另外有10个人表示虔诚的愿望，其中大多数人是真正的改过者……在11月15日，29名乔克托人加入了教会……据估计在这些印第安人中间已经有3 000人左右急切等待的信仰问路人，超过2 000人已经开始祷告了。

在印第安人中间传教的工作一直在持续，甚至每一个10年都有所增加。传教士陪着因《印第安人迁移法》②（Indian Removal）而被迫远走的5

---

① 应为今田纳西州东南部，查塔努加市附近的原布雷纳德教会驻地，该教会驻地的墓地已经被列入美国国家历史遗迹名录。
② 由美国总统安德鲁·杰克逊于1830年签署的法令，迫使印第安人离开世代居住的地区，搬到密西西比河以西的地区。

个印第安部落①(Five Nations)一起搬到了俄克拉荷马领地②(Oklahoma Territory)居住，在卡尤塞印第安部落当医疗传教士的马库斯·惠特曼是和他一头金发的美丽妻子纳西萨一起去的，他尤其注重提高部落的健康水平以及教育部落成员提高耕耘技艺。美国布道委员会是支持惠特曼在俄勒冈领地传教活动的机构，这个委员会的秘书在给他的信中写道："您所描述的您要为那里的白人和印第安人做的，有关磨坊、农田和牧群的大小事宜真让鄙人惶恐，您都快忘了此次传道之行的伟大精神目的了。而您也几乎是非常乐见印第安人在生产、文明生活中的艺术领域以及让生活变舒适的手段上突飞猛进。如果他们几乎满脑子都是这些，难道他们不会变得贪婪而自私吗……"

对于一个出钱供养传教士工作的布道委员会的发言人，有这样的牢骚实在是稀松平常。因为这些布道委员会想要的成果就是俘获更多基督徒的虔诚之心。而在"这片田野"上工作的人，常常先想到的是，为了改善他的教民的生活条件应该做什么，而后才是如何对待这些人的内心。惠特曼确实是一个了不起的人物。他默认了自己对推动向俄勒冈地区移民，以及让这个地方的人改信基督教这两件事都很关心。事实上，在直接帮助了超过1 000名定居者移民到俄勒冈地区，以及探索去该地区最便捷的陆上通道这两方面，他也都作出了贡献。他为自己作为一名教士如此沉浸于凡间俗务辩解说，如果不这么做，那么"耶稣会的教士③"(Jesuit Papists)就会占据整片地区。在写给一位痴迷于米勒教派④(Millerism)

---

① 指已经文明化的五个部落，切诺基人、奇卡索人、乔克托人、克里克人和塞米诺尔人。
② 该地原先是密西西比河以西不属于密苏里、路易斯安那或阿肯色的区域，用以安置印第安人，也曾被称为"印第安领地"，之后面积缩减为今天俄克拉荷马州差不多大的规模。
③ 即天主教势力，基督教和天主教为美国两大宗教，彼此自始至终都处于竞争的状态。
④ 19世纪的一个基督教流派由威廉·米勒创立，该派别认为基督将会在1843年左右再临凡间。

的朋友的信中,惠特曼写道:"来吧,来俄勒冈吧,恢复你从前的信念吧!俄勒冈是那么奋发向上啊……无论是从原则、行动、责任以及成就还有神圣性……来俄勒冈你可以互帮互助,其乐融融……"这片土地富饶又肥沃。"我们有信仰、有操守的人也不能让凡夫俗子把这些地方都占了去。"如果这位朋友的姐夫带着一帮朋友一起来俄勒冈,他们可以拿到最多640英亩的土地作为"赏金",而且"作为双方协议,从中拨出一部分作为维持福音传播、学校建设和学习的费用……"

传教士当然没有解决所谓"印第安问题",严格来说,这个问题没有办法可以解决,但是他们作出的贡献却比人们普遍知道的要多得多,他们改善了保护地里的印第安人的生活条件,给他们建立起了学校、教会、教堂和医疗诊所。在此过程中,他们让许多印第安人皈依了基督教,占据了遭遇白人世界的印第安人中的很大比例。如果说这对那些迫切想要保存部落文化的主要元素的印第安人和白人来说,不是理想的解决办法的话,那么至少对于已经皈依的人来说常常也是一种世俗的解救,并且为白人和印第安人彼此世界的沟通起到了重要的桥梁作用。

第八章 刘易斯与克拉克的远征

从托马斯·杰斐逊早年在法国担任公使(1784—1789年)的时候起,他就梦想着能派遣一支远征探险队,沿密西西比河而上到达密苏里河,然后向西到达"石头"(洛基)山脉,再沿着某条向西流的河道,走向太平洋。他起初征召了约翰·莱德亚德(John Ledyard),一位不知疲倦的冒险家和探索者,他们计划从西海岸开始向东倒着走上述的这条路线,这次冒险须得到俄国女沙皇叶卡捷琳娜二世的同意。她号称拥有包括大致相当于今天的阿拉斯加州开始一直往南到加利福尼亚一带①的土地。叶卡捷琳娜二世先是恩准了,而后又撤回了旨意,命令莱德亚德回到波特兰。1792年,在美国哲学学会(American Philosophical Society)支持下,又有一次这样的行动计划,最终也宣告流产。因为法国公使拒绝让梅里韦瑟·刘易斯(Meriwether Lewis)以及法国自然学家安德烈·米修(André Michaux)穿过路易斯安那领地②。

---

① 不包括加州全境,仅加州北部一小块地区。
② 当时位于密西西比河以西,落基山脉以东的大片法属殖民地,后由美方出资购买,成为美国领土。

时间到了1803年,国会正在进行辩论,商讨是否要将关于与西北领地印第安人之间进行往来商行的建立和监管的法律进行修订之际,杰斐逊看到了开展他梦寐以求的计划的新机遇。于是他劝说国会授权组建一支远征探险队来联系别的部落,看看他们愿不愿意加入贸易体系。而其真正的目的——去探索一条到太平洋的道路——则秘而不发。

杰斐逊的个人秘书梅里韦瑟·刘易斯内心十分渴望得到这次机会,而杰斐逊也认为他是合适的领导者:"他(刘易斯)了解印第安人的脾气性格、风俗习惯和做事准则,他也很习惯打猎生活……他为人诚实、公正无私、做事开明、业务熟稔,而且对于真相是如此一丝不苟,因此无论他汇报了什么,我们都可以像亲眼所见那么确信。"刘易斯挑选了他的朋友威廉·克拉克(William Clark)同行为伴,而杰斐逊则将两人都任命为探险队的首领。两人也都拿到了详细的命令布置和充足的行军补给,"探测的仪器,包括星空观测以及对将要穿过地区的地理情况进行探测的仪器都已经备好。轻质的交易品,以及散发给印第安人的礼物(其中有由约翰·特伦布尔设计的漂亮的银质'和平奖章',用以分发给重要的印第安人首领),扈从们的武器,大约可以装备10—12人,还有船只、帐篷和其他旅行装备,还有弹药、药品、手术工具和日用品。"

"你们此行,"杰斐逊在命令中写道,"是探索密苏里河及其主要支流……找到横穿此片大陆最直接和可行之水路通道,以达成商业贸易目的。"杰斐逊希望探险队对印第安部落尤其多加几个心眼:"印第安人财产拥有的程度和限度;他们和别的部落的关系;他们的语言、传统和遗迹;他们在农业、渔业、狩猎、征战、艺术方面的日常作为以及他们所使用的工具;他们的食物、衣着以及家居用品;他们的流行病以及采取的治疗措施;他们与我们已知部落之间不同的道德和行为表现;他们的法律、习俗以及

第八章 刘易斯与克拉克的远征

战略部署中的特别之处;他们可能需要和提供的贸易品,以及需求的量为何。"

最后,既然每一个民族都希望"伸张并增强在其周围民众中间的理性和正义的权威性,那么如果你们获知那些人的道德状态、宗教和情报就会很有用,而且这也能让那些热切盼望能开化和指导这些印第安人的仁人志士如虎添翼,基于着手应对的那些人的既有理念和应对经验,他们将进行调整"。

他们和印第安人打交道的时候,一定要待之以"最友好和好言安抚……平息他们对于我们此行目的之嫉恨;安抚他们,告诉他们我们没有恶意;让他们了解美国的位置、幅员、性格、爱好和平以及开展贸易的意向;让他们知道我们希望成为他们的好邻居、好朋友,并且能有用于他们"。最为尊贵的首领将被邀请去华盛顿会晤杰斐逊,费用由美国政府承担。同样地,如果哪位首领想让他们的后代"和我们一起生活成长,让我们教习他们有用的文化知识",那么远征探险队会照顾这些孩子并把他们带回美国。他们也会教给印第安人如何预防天花。

刘易斯和克拉克也被要求密切留意"该地区的土壤和地貌",以及植被、树木、动物、火山活动的迹象、矿藏以及气候。他们的观察所得要写在"桦树皮纸上,这种纸比普通纸在潮湿环境中更不容易损坏"。刘易斯和克拉克扮演的角色是杰斐逊的眼睛和耳朵。而杰斐逊则好似这两人的大脑中枢和神经系统。这次穿行在贸易上的比重远远不如这些"科学研究"任务。让杰斐逊所着迷的正是印第安人。他如饥似渴地搜刮印第安人生命的每一处细节,而且不出意外,他也想尽可能快地带给他们文明的好处,即"科学""理性"和"正义",更不必说预防天花——夺去原住民生命的最恐怖的杀手——这样的小事。毫无疑问,杰斐逊满脑子所想的就是,上述这些都是好处。印第安人一定会像白人一样容易受到社会进步的感召。就像多德里奇和绝大多数同胞一样,杰斐逊万万没想到印第安人会抵触白人文明的这些优势,同样也不愿意最终和白人融为一体。

当然,刘易斯和克拉克的远征已经为美国人民所知晓。杰斐逊写道:"从来也没有一件事情,像这件事一般让整个美国欢欣鼓舞。即便是最底层的公民也热切关注着关于这次远行的话题,迫不及待地想知道他们会带回来什么样的讯息。"

刘易斯于1803年7月5日离开华盛顿。在匹兹堡,他带上了远行的补给,并且挑选了随行的士兵。在坎伯兰河与俄亥俄河交汇的地方,威廉·克拉克加入了这支队伍。因为旅途屡屡被耽搁,所以他们被迫在密西西比河东岸,离圣路易斯不远的一处营地捱过冬天那几个月。到1804年5月14日,在密苏里河的冰面开裂之后,一行人开始溯流而上。

远征探险队包括克拉克招募的9个肯塔基青年,来自匹兹堡军事据点的14名志愿参加远征的士兵,两个法国人——一个是猎手,另一个是翻译——还有一个叫约克的,是克拉克的奴隶。1名一等兵,6名二等兵和9名有经验的河工也参与其中,帮助探险队完成长途跋涉的第一段。他们携带的辎重中,大部分包裹是给印第安人的礼物——送给印第安重要首领的,漂亮的银边或金边大衣和插羽毛的帽子,以及一些常见的各部落都很珍视的玻璃、珠宝、颜料和刀具等。

运载这支探险队以及携带物品的共有3艘船。主船有55英尺长,吃水深度为3英尺,有前甲板、船舱和船桨架,共有21只船桨驱动,还有两艘分别为六桨和七桨的敞舱船组成了这支小型的舰队。另外,还有两匹马在密苏里河河岸上跟随前景,"目的是驮着原先打好的猎物,还有就是猎物如果不够可以骑着去打猎"。

第八章 刘易斯与克拉克的远征

这条路从一开始就不好走。一行人不断溯河而上的时候,对逆流航行很是纠结了一番,在河道沿途的水面下还有数不清的漂流木。这条河因为春季洪水而涨了起来,河水冰凉冰凉的。寒意沁人的5月之雨沾湿了远征队员的衣襟直达肌肤。迎面风进一步减慢了他们的行进速度,以至于有时候一天都不超过三四英里。

沿河航行了40英里之后,他们遭遇了第一批印第安人——一伙齐卡普人。这伙齐卡普人拿4头鹿换了两夸脱的威士忌。齐卡普人的家园是卡斯卡斯基亚和伊利诺伊两河的源头地区,位于密西西比河以东,但他们偶尔会到密苏里河一带狩猎。齐卡普人是阿尔冈昆族各部落的一个小支,其人口包括总数不足百的战士,以及大约5倍于此的妇女、儿童和老人。齐卡普人参与了乔治·罗杰斯·克拉克攻打文森斯的部队。战后,他们又和传统盟友迈阿密人并肩作战,迎击了入侵俄亥俄地区的白人定居者。当美国将军维恩取得落木地战役大捷之后①,他们又割让了一大片领土来换取联邦政府的年金。

在向西前进和大幅向北推进之后,远征军已经通过了在密苏里河上的最后一处白人定居点。就在第二天,他们遇到了两艘顺流而下,来自奥马哈人(Omaha Nation)的装满皮毛的独木舟,以及一艘来自普拉特河(Platte)的帕尼人(Pawnee)的大木筏,还有另外3艘来自大敖塞吉人(Grand Osage Nation)。和奥马哈人类似,敖塞吉人也是苏族人的一支,据说原先定居在弗吉尼亚和卡罗来纳地区,后来被人多势众且实力更强大的易洛魁人赶到了西边。敖塞吉人的时间要么是打猎,要么是耕种,居住在半永久性的村寨之中,房子都是烤炉形状的,用幼树苗和泥土搭建。

---

① 见第六章,为美国击败密西西比河以东印第安人的决定性战役。

悲剧遭遇：美国原住民史

他们种植玉米、南瓜和豆类。大敖塞吉地区附近的一个村子里有大约500名战士。另外还有1 000名战士生活在另外两个村子里。这些战士高大威猛，英俊帅气，"据说他们掌握了优良的作战技能"，但他们的邻近部落靠白人贸易商人用来复枪装备妥当了，因此敖塞吉人发现他们与达科塔人相比处于明显的劣势。

敖塞吉人的创世传说认为，建立这个部落的是一只蜗牛，它一直在河岸上过着简单的生活。直到有一天，一场洪水把它冲走了，把它留在一处又高又干枯的河岸上，在那里太阳"把他晒熟，变成了一个人"。这个人又累又饿，是圣灵（Great Spirit）救了他。圣灵赐给他一把弓和一支箭，并教他如何猎鹿和剥鹿皮。当他变回蜗牛到家的时候，他发现一只河狸想要挑战他对河流的控制权，但是河狸的女儿为了让双方不流血，提出嫁给蜗牛并和他分享这条河的控制权。因此，敖塞吉人一直禁止捕杀他们视之为兄弟的河狸，直到白人贸易商为了河狸皮开出天价，终于让敖塞吉人没那么顾及自己"亲属"的感受了。

眼下，这些探险者已经深入到只有皮毛商人探险过的印第安地区。从这里开始，他们就只能指望这无数的印第安部落高抬贵手了。许多部落还是很好战的，而且在大平原地区①（Plains）肆意往来。密苏里河及其支流在他们看来既是部落之间大致的分界线，也是把皮毛输送到圣路易斯的交通渠道。他们此次探险之旅的成败就系于两位领队在应对他们必须要遭遇的部落时所运用的技术和策略，以及条件越来越艰苦时，他们自身的大胆刚毅和坚韧不懈。

有两个法国皮毛商人，他们的独木舟绑在一起，满载着从堪萨斯河源

---

① 即北美大平原，简称大平原地区，在美国境内的大平原地区范围很广，约相当于密西西比河以西，落基山脉以东，加拿大边境以南，墨西哥边境以北都可算作大平原地区。

第八章　刘易斯与克拉克的远征

头捕获的河狸身上剥下的皮毛,他们告诉探险队说堪萨斯人(Kansas Nation)正在大平原地区打野牛。很快,队员们就频繁看到印第安人的踪迹,尽管没有真正看见几个人。空营地,印第安小马的蹄印,以及莫卡辛鞋的印记,都说明印第安人就在附近。河两岸是连绵起伏的开阔地或是悬崖。这队人马穿过了好几片盐碱地,软砂石滩,然后又是镶嵌着色彩斑斓的燧石的石灰岩,其勾画出的形状好似一只只动物。当大队人马在奋力划桨的时候,猎手骑在马背上分头去寻觅猎物——先猎鹿,然后屠熊。

当他们接近苏族人的地盘时,众人都感到非常不安。苏族人是大平原地区的主宰者之一。他们控制着该地区的许多毛皮贸易,而且被认为是好战且神出鬼没的一族人。在6月12日,一位法国陷阱猎手达里昂(Dalion)乘着一艘装着毛皮和野牛脂的木筏,在去圣路易斯的航路上和探险队不期而遇。达里昂靠和苏族人做生意过活已经20年了,因此刘易斯劝他和探险队一起逆流而上,充当他们的捐客和翻译。

翌日,远征探险队来到了一处密苏里印第安人古老村庄的遗址,他们也曾是苏族人大家庭的成员。数年前,他们被苏族人的宿敌,阿尔冈昆族部落的萨克人和福克斯人给消灭得差不多了。从这里开始,河流中间都是边缘曲折多变的沙洲,阻挡了船只的前行。无论是划桨还是扯帆都没有什么用。只能用绳索固定住船,沿着河岸拉纤才能把船拉过沙洲岸和浅滩。

来到了与堪萨斯河交汇的地方时,密苏里河足有500码宽,水势很慢水也很浑浊。河边的几处村庄住着300名堪萨斯部落的战士。如同密苏里人的命运一样,他们的人数也因为艾奥瓦人(Iowa)而大幅减少。艾奥瓦人认为堪萨斯人也是苏族人的一部分,因此就投靠了阿尔冈昆族的萨克人。萨克人和艾奥瓦人带着步枪,去堪萨斯人的村子里杀了许多人。

普拉塔河是此次远征探险的重要标记点之一。当一行人于7月22日抵达此处的时候,他们已经跋涉了大约200英里。普勒特河又宽又浅,是奥图人(Oto)和帕尼人的地盘。帕尼人是卡多安族(Caddoan)的重要部落,最早曾占据密西西比河东岸,俄亥俄河以南直到路易斯安那的地区。到了17世纪,也许是易洛魁人步步紧逼,他们西迁到了如今的内布拉斯加州地区。再往北一点,有一个叫阿利卡拉(Arikara)的印第安部落,他们也被叫作利人(Ree)。帕尼人是北美印第安人中的"天象学家"。他们相信,天空中某些像晨星和晚星这样的星星都是神祇,而且他们膜拜星星的仪式是所有印第安人中最富有诗意的。阿利卡拉也通过星象来确定播种以及举办宗教仪式的最佳时机。他们笃信玉米是降临世界的少女,对他们而言,玉米发芽就是生命力的一种体现。他们崇拜一位独一无二的、缥缈无闻的、全知全能的神明以及大地母亲。他们为从未与白人为敌而感到骄傲。他们也乐于接纳寻求他们保护的其他部落的残部,其中就有奥图人和密苏里人。帕尼人分成四个小分队,主要从事农业,也通过打野牛来补充玉米产量的不足。近些年来,被萨克人往西赶的敖塞吉人和他们战事频繁,大为削减了帕尼人的数量。

7月31日,侦察兵遭遇了14名奥图和密苏里部落的印第安人,并把他们带到了河边——其中有6人是首领——还有一名充当翻译的法国贸易商人。这是他们和内地的印第安人第一次正式接触,克拉克和刘易斯出驾相迎,并赠予他们一些礼物,如烤牛肉、猪肉、面粉和粗玉米粉等。作为回礼,印第安人送给他们一些西瓜。

次日早晨,为了让来访的印第安人集合观礼,一座由帆船布做成的华盖升了起来,远征探险队的队员们也整肃集结,为来宾表演列队行军。梅里韦瑟·刘易斯向印第安人发表演讲,告知他们这片地区已经被美国买

第八章 刘易斯与克拉克的远征

下了,已不在法国人的管辖范围之内。6位首领也轮流作了答复,表达了"他们对政府更迭的喜悦之情,他们希望我们可以把他们引荐给他们的伟大之父(美国总统),这样他们就能获得贸易权和必需品"。他们最想要的东西是武器和弹药,因为他们正在和奥马哈人作战。因为他们的"大首领"并不在场,探险队员委托在场的人将一面旗子、一块和平奖章和一些银饰品捎给他。地位低一些的首领获得了小一点的奖章,还有一些颜料、袜带、一罐火药以及一瓶威士忌,"这些东西看上去让他们格外满意"。

那位不在场的大首领有一个如雷贯耳的大名叫作"维阿拉什哈"(Weahrushhah),据克拉克说,翻译成英语的意思是,"堕落成小毛贼"(Degenerates into Little Thief)。而这个地点被两位领导者命名为"康塞尔布拉夫斯①"(Council Bluffs)。他们认为这里是"建立要塞和贸易工厂"的理想所在,到奥图人的地盘只要骑行一天,到"伟大的帕尼人"(the great Pawnees)那里要一天半,去奥马哈人那里要两天,两天半时间到沃尔夫帕尼人(Wolfe Pawnee)那里,距离苏族人的狩猎地也不远。

在此,我们有必要说说印第安人和他们的马。直到西班牙征服墨西哥②、庞斯·德·里昂③(Ponce de León)探索佛罗里达之前,还没有一个美国印第安人见过一匹马。而在200年不到的时间具有古老文化的大平原地区印第安人中间,马匹已经成为一种引人注目的时尚。马,如今成了他们部落生活的核心。一个印第安战士或首领要能镇得住自己的手下,很大程度上要靠他作为骑手的技能以及他拥有的马驹数量,或者更重要的是,他能偷来多少马。因此,偷马驹也仅次于狩猎成为许多部落的当务

---

① 该地名直译为"会议崖",但常直接音译,因此采用常见译名。
② 为1519—1521年西班牙帝国击败阿兹特克帝国占领中墨西哥的战役。
③ 西班牙著名探险家,据称他于1513年登陆佛罗里达,登陆点命名为圣奥古斯丁。

之急。头脑灵活、行动隐秘、胆大敢为以及坚韧不拔是印第安人中间最受敬仰的几大素质,也都是开展一次成功突袭所必备的条件。偷马驹的优势在于没有明着开战那么危险,同时一旦得手,也能增加财富和威望。当然,如果偷袭的人被遭打劫的部落发现,就会被杀死然后割头皮——只要他们的劫掠一被发现,他们就会被对方玩命地追赶,一旦被抓住,要么当场杀死,要么被对方酷刑折磨至死。

而据威廉·克拉克所说,印第安人屠杀野牛的主要方式,是把牛群从密苏里河上的一处悬崖上赶下去,"一大群牛在一瞬间就被杀死了"。他们派一位年轻的勇士,披着有牛头的牛皮,在自己的头上插上两根牛角,藏在牛群中间。另外一位坐在马背上的猎手就会大叫一声,促发牛群的踩踏。穿野牛皮的那个印第安人则会诱使牛群跑到悬崖边,他跑在牛群最前面,跨过悬崖口之后,他就躲藏在悬崖口下方的一个山坳子里。根据刘易斯和克拉克的记录,印第安人在数百头摔死或摔伤的野牛中,"挑选出足够多他们想要的肉,多余的则留给了狼群,屠杀现场留下了阵阵可怕至极的恶臭"。

刘易斯和克拉克这次劳心劳力的溯流之行,经过了许多被遗弃的村庄,他们诉说了致命的天花疫情如何夺去了绝大部分居民的生命。许多一度强盛的部落被彻底击垮了。有一处废弃的奥马哈人村庄,有一处300多座被焚毁的木屋的遗迹,在这个村庄在3年前有超过400名男子以及数目更为庞大的妇女和儿童死于这场恐怖的疫病。用克拉克的话来说:"他们曾经是如此有实力又崇尚武力的一群人。但是当这些战士看到他们的力量在一种他们无法抵挡的疫病之前不断消耗殆尽时,他们变得无比的疯狂。他们焚烧了整个村子,许多人把妻儿也给杀死了,避免让他们遭受如此苦难,而且这样所有人就能一起去'好地方'了。"

第八章　刘易斯与克拉克的远征

当一行人来到了曼丹(Mandan)印第安人的地区时,克拉克和刘易斯扮演起了在奥图人和奥马哈人的两方残部之间进行和平斡旋的角色。与此同时,为了吸引"所有邻近的部落",他们在附近的平原上点起了火。这是"贸易商人约定的习惯信号,告知印第安人他们来了"。奥图人和奥马哈人的首领都来了,而刘易斯,则通过一名翻译了解双方敌对的原因。他得知,此事一开始是两个被奥图人庇护的密苏里人,他们对奥马哈人发起了"盗马偷袭",却被对方察觉,然后被杀了,密苏里人见状,就想要为死者报仇。与会的首领们得到刘易斯和克拉克惯例馈赠的礼品,并被他们敦促要在不使用武力的情况下,调和彼此的矛盾。

到8月份,探险队中有两个人开小差了,此外,还有一名叫查尔斯·劳埃德的中士罹患"胆绞痛"(Bilious Colic)而去世了。这是此行的第一个死亡案例,让这支小型部队的士气暂时受了一些打击。

到了月末,有3个在打猎的人与一伙杨克敦(Yankton)苏族人初次遭遇了,这伙人宰了一只肥美的狗款待了他们,"他们尽情地大快朵颐,觉得狗肉很是美味"。杨克敦苏族人是苏族大家庭的一员,苏族人众多的分支和家族主宰着大平原地区。苏族人,或者达科塔人,甚至已经成为印第安人的典型形象。他们是一群打野牛的"马背上的印第安人",他们的伟大首领包括"坐牛"(Sitting Bull)和"疯马"(Crazy Horse)。只有他们才戴着老鹰羽毛的头饰和带软边穗,穿着镶珠子的衬衣。而今天的人们却把这些认作是印第安人的传统服饰。但事实上,那只有达科塔人和苏族人才有这样的装饰。他们住在野牛皮做成的锥形帐篷里,上面用颜料画着各种花纹。

体型上,他们个子很高,肩膀很宽,体格健硕,颧骨高昂,不是鹰钩鼻就是狮子鼻。他们的宿敌是阿尔冈昆族的部落——从南加拿大,走西南或者正北的方向遭其进扑。克拉克形容杨克敦苏族人时,说他们有"一种独特的尊贵而勇毅的气质",他也记录到这些人喜欢"3英寸长的白(灰)熊熊掌做的装饰品"。这个部落有一群年轻的勇士,这些人宣称永远不会后退或者迎难而退,他们建立起了一支"震慑人心的武装"。"这些年轻人,"克拉克写道,"坐在一起,一起扎营,一起跳舞,和部落其他人截然不同。"这些人非常狂热,有一次,当他们从冰面上穿过密苏里河时,遇到了一条没有封冻的水面,他们就径直走过去了。直到他们有一个死了,其他队员才在部落其他人的喝阻下停止前进。

刘易斯和克拉克又举办了一次会议。在刘易斯发表完演讲之后,他和克拉克抽了抽和平烟,分发了礼物,大摆筵宴,饕餮了一番。克拉克写道:"年轻人操演弓箭,他们通过射靶子来争夺宝石奖励……而到了傍晚,所有人一起跳舞一直到很晚……他们的乐器是鼓以及一种用野牛皮做的小包……里面装了一些小弹丸和鹅卵石,拴着一缕头发,能产生一些叮叮咚咚的音乐。"

第二天一早,第一位首领,在问询过其他人的意见之后,用这样的方式来回应刘易斯的演讲:"我的面前是伟大之父(美国总统)的两位贤孙孝子。而你们面前,是鄙人以及其他首领和战士。我等皆苦命人也!我们无枪药,亦无弹丸和战刀;我等之妻小,苟活于村中,衣不蔽体……恳请诸位我兄,赐我等物品一二以遗家中妻妾。"其他首领也以同样的基调说了类似的话。"所有的高谈阔论,"克拉克写道,"最后都会归于描述族人的不幸命运。他们祈求我们怜悯他们,派人跟他们贸易,而且想问我们要枪药弹丸,似乎看上去很急切地想要我们给他们补给'伟大之父的乳汁'。"印第安说这个词意思指的是威士忌。

继续前进之后,远征探险队初遇了一群草原土拨鼠,法语中叫作

第八章 刘易斯与克拉克的远征

"Petit chien"。它们居住在村庄之中,有成千上万只之多。在附近,探险队还发小了一具45英尺长的恐龙骨架,"处于完美的化石状态"。他们切下了其中一部分,准备把它带回给总统先生。他们还看见了一大群野牛和动作迅敏,又好看的羚羊(探险队员把它们称作"山羊"),它们多达3 000多只,在平原上星星点点地分布着,而它们身后是伺机捕食的数不清的郊狼,克拉克称他们为"小狼"。

9月末,远征探险队进入特顿(Teton)苏族人的领地,这些人是苏族人中人数最多也最有实力的一支。因为他们东边有达科塔部落的人挡着,使他们免受阿尔冈昆人的威胁,所以特顿苏族人在不断壮大,而他们的邻居却要承受损失。特顿人特别喜欢对曼丹人发起盗马袭击。而因为天花疫情而人数减少的曼丹人,喜欢袭击特顿人在玉米田里劳作的妇女和儿童,并割下他们的头皮。特顿人把盗马文化作为复仇手段,最终彻底放弃了农业,以及让他们名声在外的制陶业。他们和从东边逃难而来的阿尔冈昆族的夏延人(Cheyenne)成为朋友,但是居住在个地区小一点的部落,如帕尼人、曼丹人以及克劳人(Crow)都终日生活在特顿人打砸抢的阴影中。

因此,对于远征探险队来说,向特顿人讨好献媚尤为重要。在特顿人的保护下,刘易斯和克拉克能相对安全地前行,直抵落基山脉脚下的山丘附近。许多特顿人首领获赠了头等的礼物——镂花边的大衣,插羽毛的公鸡帽,奖章和烟草。重要的首领被邀请登上了探险队的旗舰,并被热情挽留在船上过夜。但印第安首领们对白人拥有的东西感到如痴如醉,尤其感兴趣他们的船只和所携带的补给,显然不太愿意让他们继续溯河而上。在克拉克请这些首领上岸的时候,他们还手握着绳索,把着桅杆,迟迟不肯动。此时探险队就将面临极为脆弱敏感的外交时刻了。印第安人想要威士忌和更多的礼物,于是一个首领堂而皇之地说出了口。面对这样的要求,克拉克回应道,"我们是战士,不是你们的妻妾。我们的伟大之父派我们来到这里的,他可以瞬间消灭印第安人。而这个首领则回答说,他们也有战士,而且正要和克拉克队长来场个人决斗,而克拉克立即把剑拔了出来。"见状印第安人纷纷张弓搭箭,把克拉克给团团包围。而船头的一把旋转枪则对准了印第安人,有12个士兵列成队形,站在克拉克的身后。这也许是远征探险队迄今遇到和后来遇到的各种艰难险阻中最危险的时刻,但是还是过去了。这位首领让印第安战士后退,但拒绝和克拉克握手,做出什么表达友善的姿态。但他改变了想法,回到船上,陪着探险队一起往上游他的村子驶去。

到了印第安首领的村子,克拉克和刘易斯被带到了一间用细树干搭起来,墙上覆盖兽皮的会议室。大约有70个男子围成一圈坐在首领周围。在这一圈人的中央,摆放着400磅野牛肉,作为送给白人的礼物。在首领身旁,用两根枝桠托举着的是和平烟斗。烟斗槽是用红土做成的,3英尺长的烟杆用灰土做成,整枝烟斗用羽毛、毛发和豪猪刺来装饰。一位年长的印第安首领说到部落需要伟大之父的保护,听罢,刘易斯给他打了包票。接着,这位老人宰杀了"一条狗,祭献其身上最精美的部位……然后举起了和平烟斗,先是向上指向苍穹,然后指向周围四方,之后向下指向大地,发表了一段简短的演说,最后点燃了烟斗",随后将其先后呈给克拉克和刘易斯。在随后的宴会上,远征探险队的领导者们平生第一次尝了尝狗肉和印第安干肉饼——一种用晒干切薄的野牛肉混上油脂和"一种土豆粉"的食物——的滋味。

晚餐之后是跳舞活动,演奏伴奏的音乐的是由10个人使用一种把动物皮箍在铁圈和响板上而制成的手鼓,"以及由五六个年轻男子演唱"。

第八章 刘易斯与克拉克的远征

妇女们则盛装打扮,手持着装饰有他们丈夫得来的头皮和战利品的棍子,各顾各地跳着"曳步舞"。许多头皮还是从他们的近亲,奥马哈人的袭击中得来的。在那次袭击中,他们摧毁了40处住所,杀了75名战士,虏获了25名妻妾和儿童。这些妇女儿童中,许多人看上去沮丧失望和悲惨无助,因此美国人的队长们给了他们锥子和针线,并代表他们跟首领说情。他们告诉印第安首领,伟大之父希望这些妇孺回到自己的人民中间。

苏族妇女长得很标致,而且无论男女都显得"兴高采烈且生机勃勃的",但是进一步认识之后却发现,他们"狡猾又邪恶"。这些战士把头发剃得只剩"头顶的一小块",这块头发他们会让其肆意长长,扎起发辫,然后用老鹰的羽毛来装饰。在部落仪式和作战中,他们会在身体上涂抹一种油脂和煤灰的混合物,肩膀上披着一件宽松的野牛皮袍,上面装饰着豪猪刺。参与聚会的远征探险队员一开始还对印第安人献上妻室给他们侍寝的传统感到难为情,但是他们马上就欣然接受了。

当远征探险队准备继续溯河而上之时,特顿人又一次出现,毅然决然地挡住他们的去路。但两位队长勇敢地挫败了这些人的阻挡,摆脱了他们的纠缠。就这样,印第安人在岸上骑马紧追尾随着船只的前进,令人厌恶地"护送"着远征探险队。这群白人有了一种很明显的感觉,即苏族人正在等待有利时机,发起进攻。

远征探险队下一个遇到的部落是阿利卡拉人,他们是卡多安族(Caddoan)的一支,是帕尼人的近亲。阿利卡拉妇女划着用兽皮蒙在一个竹篮式结构上做成的独木舟,看到克拉克的奴隶,约克,"一个非常高大粗壮的黑鬼"时,不禁纷纷大惊失色。约克见妇女们对他都很好奇,于是他就告诉他们说他曾是一头野兽,但被他的主人捕获并驯服,随后他无比骄傲地展示了一下他的力量。

在这里，又是会议、礼物和演讲这套东西。阿利卡拉人"身材都很高，比例匀称，妇女们都很俏丽而活泼可爱"，但是这个部落却很贫穷。在个人装饰方面乏善可陈，但是他们却很"友善且慷慨"，而且并不像苏族人那样索求无度。这里的女人"多情善媚，而我们的人也很轻松地就找到枕边人共度良宵……黑人约克在这般风月事中尤为如鱼得水……"因为他的肤色非但没让别人打入另册，而且还为他在印第安女人中间获得了额外的加分，这些女人在克拉克说来，就是"渴望与这位雄伟绝伦的陌生人留下些记忆"。与苏族特顿人废弃农业专事打猎和劫掠不同，阿利卡拉人居住在半永久性的村寨中，房屋的结构是用柳树枝和草混编的材料建成的，外面全部用泥土糊盖起来（这种居住方式当然会让他们在更具侵略性的游牧部落的袭击面前弱不禁风），他们也耕种玉米、豆类、南瓜、西瓜、小南瓜和独特品种的烟草。

过了阿利卡拉人的土地，这里就是曼丹人的地盘了。他们在天花蔓延和遭到苏族人屠杀之前，占领着沿密苏里河的 9 座村子，过着农耕和打猎的生活。也就是在曼丹人的地盘上，或者在其附近，克拉克和刘易斯决定就地过冬。河水很快就要开始冻合，因此必须找到一个掩蔽点，最好这个地方靠近比较友好的印第安部落。几支艾奥瓦人和米尼塔利人（Minitari），在远征探险队邻近曼丹人主要的村子之时加入了探险远征队。米尼塔利人也被称为希达萨人（Hidatsa）、大肚族（Big Bellies），或称格罗凡特人①（Gros Ventre）。艾奥湾人和米尼塔利人是与曼丹人结盟的，却和较远处的肖松尼人（Shoshone）为敌。和谈会议的仪式如法炮制。刘易斯借机敦促曼丹人与阿利卡拉人讲和。礼物则参考首领的位阶高低

---

① 来自法语，意思即为"大肚"。

相应发放。最受欢迎的礼物是一只研磨玉米的铁磨,这是我们今天所说的"适用技术①"(appropriate technology)既然远征探险队已经想要和曼丹人一起过冬,那就要多费工夫保持和他们的热切关系。约克再次成为印第安人痴迷的对象,而当白人一起跳舞的时候他们也都兴高采烈地旁观。这些舞蹈,甚至成为这些印第安人的主要娱乐方式。

远征探险队员接着开始建造房屋来储存补给,搭建棚屋来居住。完工后,这片小小的建筑群落一共有两排棚屋,每排有4只,每一间棚屋内有14平方英尺的空间和倾斜的屋顶。除此之外,还建有两间大屋子用来储物和存放日用品。甚至在建筑结构完成之前,印第安人就蜂拥而来,一探究竟探险队员在干些什么,以及接受他们的礼物。有一个首领往返了6次,扛来了一片片硕大的剁成两半的野牛和鹿——这都是他妻子的功劳。这位妇女有一次还背来了一艘小船,供她的丈夫在河里航行时使用。哈德逊湾公司的特使在印第安人中间制造了一些不安的气氛,这些人迫不及待地想要破坏竞争,他们散布流言说这些白人要和苏族特顿人一起攻打曼丹人。克拉克答应帮助曼丹人为一位丧生于苏族入侵者之手的年轻勇士而报仇,大为消除了曼丹人的疑虑。

曼丹人宗教的核心在于咒术的理念。每一位部落成员都选择了一种精神或者一种动物作为自己的"咒术",是他和大神②(Great Spirit)之间的仲裁者。克拉克遇到的一个曼丹人吹嘘他已经把17匹马封为自己的"咒术"。曼丹人的创世传说是这样的,他们原先是居住在一个靠近湖边的地底村庄的民族,那里长着一根葡萄藤。有些勇敢的人,顺着葡萄藤往

---

① 是诺贝尔经济学奖获得者 Atkinson 和 Stiglitz 提出的概念,即从使用环境和使用者适用角度出发而制定使用的技术,而不是从科学技术相对发达的地区照搬技术。
② 为印第安人的原始信仰的神,被认为是宇宙间蕴藏的神秘精神力量。

上爬,爬出了地面,"在地面上,他们发现到处都是野牛,长满了各种各样的水果"。他们回到地底村庄,告诉人们地上世界的种种奇迹,于是许多族人开始顺着葡萄藤来到这个神奇的世界。但是,当有一半族人以这种方式爬出地面之后,有一位胖妇人,因为身体太沉,扯断了葡萄藤,于是其余的族人被迫待在地底下,这个地方也是一个好曼丹人死后要回归的地方。

渐渐地,天气变得刺骨寒冷,远征探险队也大多忙于保暖,以及狩猎野牛和鹿。而这些作为远征探险队主要食量的猎物,在冬天到来之后就变得稀少也更难捕获。气温时常会跌破零度①,冻疮是随时随地的危险。队伍中的铁匠是块宝,因为他会为印第安人打制铁质兵器来交换他们的玉米。

1月初,河水冰冻得很厚,而野牛也鲜有发现,于是印第安人就举办起专门吸引野牛的舞会,诱使它们靠近。据克拉克所说,这种舞会是由部落的长老设计的,而且很容易理解个中原委。当长老们围聚在火堆边的时候,"村子里的年轻男子身前都放着一幅画有妇女打扮的玩偶的画像,带着他们的妻子以及食物和烟草来到长老们身边"。妇女们除了袍子或斗篷"松松垮垮地包裹着身体"之外,身上不着一物。接着,一个个年轻男子走到一位长者面前,恳求他与自己的妻子交媾。"接着,这个女孩会带着这个老人(通常已经行走相当不便),带他去一个方便之所行房事……如果老人(或者白人)回到住处的时候,没有对……他的妻子感到心满意足,那么(这位丈夫)会一次又一次地献出她……我们派了一个人去参加昨晚的咒术舞会"(Medicine Dance),克拉克又说道,"他们先后给他献上

---

① 美国使用华氏摄氏度,华氏零度约为摄氏零下 17.78 度。

第八章 刘易斯与克拉克的远征

了4个女孩。"

远征探险队在2月份遭遇了一次严重的挫败。入侵的苏族人切断了猎人们把肉带回营地的路,威胁要取他们的性命,并且把肉高高地堆在马背和雪橇上逃之夭夭了。在阿利卡拉人的村子里,苏族人放话说"未来只要有条件,就会把我们[①]所有人都给弄死,因为我们都是恶咒术。"

到了4月份,河上的冰开冻了,于是远征探险队准备再次启程。在离开前,他们整理了几箱给杰斐逊总统的东西,派一个有合作关系的贸易商人送过去。其中有一只塞了东西的羚羊标本和它的骨架,一只黄鼠狼,三只松鼠,一只草原土拨鼠,岩羊角,驯鹿角,一张野牛皮和一些印第安人的物品。所有东西都符合总统先生科学上的本能爱好。

在曼丹人的村子里,又有两位翻译加盟,他们是乔治·德劳易拉得(George Drouillard)和图桑·夏伯农(Tousaint Charbonneau)。法国人夏伯农还是一位陷阱猎手,他的妻子萨卡加维亚(Sacagawea)是一个斯耐克族(Snake)印第安人,她在米尼塔利人的袭击中被俘,然后被卖给了夏伯农。萨卡加维亚身边还带着她刚出生的孩子。

沿着密苏里河往上之后,远征探险队遭受灰熊和棕熊的骚扰越来越多,它们冲击营地,偷走无人看管的食物。克拉克和刘易斯轮流带一支先遣队,在大部队之前探测好前方地区的情况,寻找合适的营地,以及宰杀猎物准备晚餐。连绵不绝的美妙奇景在他们的眼前徐徐展开。

当他们不断溯河而上的时候,周遭环境对萨卡加维亚来说也越来越熟悉。终于,她认出了白漆溪(White Paint Creek),她告诉刘易斯,船队

[①] 此处引用探险队记录,指的是杀死白人。

正在接近密苏里河源头,三河的交汇处①。队员们匆匆打量了一下河两岸有没有斯耐克(或称肖松尼)印第安人的踪迹,就是萨卡加维亚被掳走离开的那个部落。接下去,此次远征探险的最终成功就要寄托于沿途一直保存着马匹,指望它们能驮着队员们翻过落基山脉,来到哥伦比亚河及其支流适宜于航行的区段。

远征队员最终来到了密苏里河的三河交汇处,两位领导者把西南的一条支流命名为杰斐逊河,"以示对本次壮举的发起者……表示崇敬之情,中间的一条则命名为麦迪逊河"②(这条河注定成为美国径流量最大的一条河之一)。第三条支流则命名为加拉丁河③。萨卡加维亚宣称远征探险队安营扎寨的地方"恰好就是"当年米尼塔利人(或称希达萨人)的袭击部队来犯时她野营的地方。强盗们杀了12名男人、女人和小男孩,把其他妇女押作俘虏,跟两位队长说起这些的时候,萨卡加维亚脸上都没有任何感情的表露。

沿着他们所认为的密苏里河(实际上是密苏里河的一条支流)继续溯流而上,他们又来到了一条大河边,刘易斯将之命名为哲学河(Philosophy River),这同样也是为了表达对远征探险的赞助者杰斐逊,这位被称为"民主思想的哲学家"的敬意(可惜,后来这个名字改成了臭水河,因为它水中的矿物质气味太过浓烈)。第二天刘易斯又把探险队经过的一条河命名为智慧河,还把另外一条奔流入杰斐逊河的河流,象征性地命名为博爱河,因为博爱是公民道德中最崇高的一种。而哲学河、智慧河

---

① 位于今蒙大拿州西南部,三河是杰斐逊河、麦迪逊河以及加拉丁河,命名原因下文会有交代。
② 麦迪逊时任国务卿,杰斐逊卸任之后竞选担任了美国第四任总统。
③ 加拉丁时任美国财政部长。

第八章 刘易斯与克拉克的远征

以及博爱河都汇入杰斐逊河,这一定是让刘易斯沾沾自喜的命名之奇思妙想。

到了比福海德河(Beaverhead River),萨卡加维亚认出这里过去是她的部落在夏季安营扎寨的地方。现在寻找她的部落变得越来越急迫了。刘易斯带着手下最骁勇的人马,冲到河的南岸,远远甩开大部队,他们决定"无论有多长时间脱离大部队,在返回大部队之前,都要会会某个部落的印第安人"。最终,刘易斯在用战地望远镜侦查地形的时候,看见两英里外有一个骑马的印第安人,在他看来好像是肖松尼人。他的任务是靠近这个印第安人,而不把他吓跑。因为如果他得到警报,可能会返回部落说苏族人就在附近,这样整个部落的人都会弃营而逃。当他进入喊话区域的时候,他从装备里拿出一条毯子,把手里的来复枪放在远远的地方,他挥举了毯子,然后放在了地上,这是一种传统的信号语,表明来者是为了和平并希望进行谈判,"这在密苏里河上和落基山脉中的印第安人中间是一种通用的友好信号"。接着,他脱下了衬衣,表明他是个白人,不是苏族人或米尼塔利人的战士,嘴里喊着"*tabba bine*",也就是"白人"。尽管他百般讨好,印第安人还是径直拨转马头,一溜烟地跑进了柳树丛,而刘易斯已经有几百码之遥了。

两天后,刘易斯和他的同伴们遇到了3个印第安妇女。其中一个逃走了,而另外两个见退路已被截断,索性坐下,俯下头去,这是印第安人请求敌人赐予他或她爽快一死的经典姿势。刘易斯让妇女们起身,以一些实际行动向她们保证自己只有和平的愿望。他送给妇女们一些针线,珠宝和两面镜子。他又在她们的脸上抹上红颜料,"这种仪式在肖松尼人中,是和平的象征"。

刘易斯表示说,他希望两位妇人能带领他和手下去她们部落的营地。

但是这些人刚走出一些距离,就有60个骑马的印第安战士策马而来。当印第安人逼近之后,刘易斯放下枪,和妇女们走到印第安战士身边,妇女们向他们解释说刘易斯和他的手下是白人,并展示了从刘易斯那里收到的礼物。看到这些,3个战士跳下马来,和刘易斯拥抱。"印第安战士的身体整个拥了过来,"刘易斯写道,"我们的人被他们又摸又抱,没有少沾到这些新朋友身上的油脂和油彩。"作为友谊的象征,印第安人接着脱下了莫卡辛鞋,而且示意白人,他们也该这么做。脱完鞋子之后,刘易斯不禁想起摩西在踏上圣地的时候,也被训诫要脱鞋。和平烟斗点起来了,礼物也分发了——蓝珠子和红颜料特别受欢迎——全队兴高采烈地奔着印第安人的村子而去。

在那里,刘易斯和他的手下是人们兴奋关注的中心。他们被带到了一间柳树枝和皮革建造的房子里,在里面又是抽烟和分发小玩意儿。村子里的食物很稀少,但是肖松尼人发现他们的访客是友好的白人而不是敌对的印第安人时感到格外的如释重负。于是那天夜晚,人们整宿都在跳舞和唱歌。

次日,刘易斯代表全队试图劝说印第安人陪他们去杰斐逊河的河口,与克拉克及远征探险队的其他人会合,并且商谈一下购买马匹的事宜。而印第安人,因为疑心这是把他们送入敌人虎口的计谋,立即变得愠怒起来,满脸都是怀疑。刘易斯只得穷尽一切外交手法说服了印第安人的首领卡梅维特(Cameahwait)跟他一同前往。他告诉那位首领,白人认为"欺骗或者引诱敌人进入陷阱,即便敌人本身有错"都是不诚实的行为。如果印第安人坚持他们的疑心,那么就没有一个白人会来和他们做生意,带给他们枪支,使他们能和敌人势均力敌地作战。如果印第安人没有勇气和他一起去,那他就一个人去。卡梅怀特立即回应他说,他并不怕死。

第八章 刘易斯与克拉克的远征

有8名印第安战士和他们一同前往,而村子里面其他的人则陷入一片悲悯的哭声之中,因为这在他们看来这些勇敢的人很快就要万劫不复了。不过这一行人只走了一小段路之后,就有另外12名战士加入其中,最终村子里面所有的男子和大多数妇女都一起高兴地向前行军,忘记了他们的恐惧。

因为没有一个人带着哪怕够吃一天的食物,刘易斯派2名手下走在前头当猎手。当看到这样的动作,一些印第安人感到不安,并且回到了村子。所幸,猎手们打到了一头鹿,而肖松尼人一得到消息,就催动身下的马驹,以最快的速度向前冲来。当他们赶到德劳易拉得剥鹿皮和清理鹿肉的地方时,"他们乱作一团地翻身下马,彼此推搡,跟跟跄跄地跑了过去,像极了一群饿疯了的狗。每个人都拽走一块他能拿到的肉,然后立马就啃食起来。有些人拿到的鹿肝,有些拿到了鹿肾……有一个人……拿了9英尺长的肠子……尽管他们都是饥肠辘辘,但他们从没有做过,也没有想过要抢过整只鹿来吃"。当鹿肉清理完毕之后,刘易斯留了1/4给自己和手下人,把其余的送给生吃肉的印第安人。猎手们又打了两头鹿,而已经感到餍足的印第安人,又很快兴奋起来。

当印第安人和白人来到河边后,又是一段令人尴尬的时间,因为克拉克指挥的船没有到达预定地点,所以印第安人又一次疑心白人的背叛。但克拉克,此时已经弃舟登岸,而他和夏伯农以及萨卡加维亚沿着河岸步行。但只走了1英里左右,萨卡加维亚开始"手舞足蹈,表现出无比的喜悦……因为她看到几个印第安人……骑在马上行进,与此同时,她把手指放在嘴边吹口哨,显然这是她所属部落的族人"。当萨卡加维亚和她的丈夫以及克拉克靠近这些人之后,"一个夫人,冲过了人群奔向了萨卡加维亚,她们彼此相认,以最含情脉脉的方式相拥"。她们两个人都被印第安骑手抓住,脸上露出俘虏的颤抖之色,但萨卡加维亚的朋友逃脱了,逃回了她的部落。几分钟后萨卡加维亚见到了卡梅怀特,这是她两个在米尼塔利人袭击中幸存的兄弟中的一个。用克拉克的话来说,"她立刻就跳了起来,跑过去拥抱他,把她手里的毯子扔给他,然后放声大哭起来"。

远征探险队重聚了,也联系到了肖松尼人,克拉克和刘易斯又迫不及待地想要继续上路了。他们需要一名向导和一些马匹。从印第安人说的所有事情来看,他们这次远征最困难和最危险的部分还在前头——即从密苏里河的源头,或者说从能航行的最远端开始,要爬上陡峭而且岩石坚硬的落基山脉东面山坡,翻过大陆分水岭(Continental Divide),才能找到向西流入太平洋的河流。印第安人告诉远征探险队员,前路的猎物将会非常稀少,而通途也很少,而且上面到处都是尖锐的石头,即便是最健硕的印第安马驹也会走成瘸子或者从窄长的岩脊路上和背上的负重一起滑落下去。尽管如此,没有人想要掉头。

大家决定由克拉克带着11个人出发来寻找哥伦比亚河,并且在发现以后开始造船,以便全队顺流航行1 000英里左右来到太平洋畔。与此同时,和肖松尼人砍价买马的工作也在进行。一件制服外套,一条包腿裤,3块手帕和3把刀换来了3匹好马。另外一匹马是用一件旧的方格衬衫和一条帆布包腿裤换来的。

克拉克一行人,在勾勒出这片大陆的岩石脊梁之陡峭的上坡路和深不可测的下坡路上缓慢前行着。在出发第二天,他们遇到了一小队肖松尼人。他们建造了河堰,来捕捉鲑鱼。这些印第安人把捕捞所得分了一些给这些白人。这还是他们第一次品尝太平洋鲑鱼,这就是明确的信号说他们现在的方向是往山下走了。他们确实已经进入了一片新世界。大平原地区的印第安人的经济和生活主要围绕着野牛,落基山脉西山坡的印

第八章 刘易斯与克拉克的远征

第安人则主要靠鲑鱼——晒干、烟熏、粉碎,再做成一种鱼酱或者辅食,在鲑鱼不再溯游而上的季节里,他们就靠吃河鱼、莓类和许多种根茎过活。

住在斯耐克河(Snake)和哥伦比亚河沿岸的印第安人长得远没有大平原地区骑马的印第安人招人喜爱。"穿鼻族"(Pierced Nose)或者是法国人口中的内兹珀斯人(Nez Percé),因为他们会在婴儿脸上绑上木板从而把前额压平压长而容貌丑陋。他们自身显然乐此不疲,但在白人眼中他们的行为实在谈不上对容貌有任何改善。

肖松尼人,从某种程度上说,横跨了落基山脉东西两边。他们原本是生活在大平原地区的印第安人,但是他们在易洛魁人——这个最强大也最好战的民族——把阿尔冈昆人——这个民族原先和易洛魁人共享东部的狩猎地——赶到了西北领地,以及密西西比河以西之后,也被赶到了落基山脉地区。

阿尔冈昆人因为遭到白人定居者的步步紧逼,又被维恩将军在落木地战役好好地教训了一下,迫使卡多安族的帕尼人和阿利卡拉人和苏族人西迁,而这些人,反过来又来进犯斯耐克河地区,这里主要居住的居民是基奥瓦人(Kiowa)、科曼切人(Comanche)以及肖松尼人。正如我们曾经说过的,有些民族大家庭内部的对立冲突比起不同民族的部落之间的冲突来说真是半斤对八两(所谓民族大家庭,并不是部落之间的结盟,而是语言和文化近似的部落群体)。所以苏族特顿人对于同样是苏族大家庭的曼丹人来说是你死我活的关系,但这些苏族人却庇佑属于阿尔冈昆族的夏延人。另外还有一个令人感到讽刺的地方是,越是往西偏远的部落和东部部落战斗的损失就越大,因为越是和白人关系紧密的印第安部落,越是常装备令人畏惧的火枪和来复枪。因此,曼丹人、阿利卡拉人和肖松尼人希望和白人开展贸易是因为他们可以获得枪支和弹药,从而在和宿敌作战时有更多的胜算。

肖松尼人，一直很畏惧苏族人，因为他们在苏族人手上送的命，要是数起来真是令人恐怖。在鲑鱼洄游结束到敢冒险回到野牛活动地区的西缘狩猎的时间段之内，他们的伤亡尤为惨重。对于远征探险队的成员来说，肖松尼人是他们所有遇到的印第安部落中最吸引人的一个。按克拉克的说法："因为他们害怕（米尼塔利人和苏族希达萨人），所以只要他们有足够的物资，他们就不会离开山上。而且只要他们拿到了一大票干（野牛）肉，他们就会立即撤退，躲藏起来，慢慢享用。"尽管如此，他们"不仅士气高昂，而且还很高兴"，对于克拉克来说，这些印第安人的性格中有"因不幸而产生尊严的成分"。他们不像苏族的特顿人乞求施舍，也不像阿利卡拉人那样偷鸡摸狗。"因为他们性格活泼，"克拉克写道，"他们喜爱花哨的服饰，以及各种游乐活动，尤其是一些冒风险的游戏。并且他们也和大多数印第安人相似，他们也喜欢吹嘘自己的战斗成就，不管是真的还是瞎编的。"

肖松尼人个子很矮，"双足又厚又平，还是 O 型腿"。男性最常见的装饰是水獭皮的领子或斗篷，上面装饰着几百个貂皮小卷和一个黑貂尾巴的穗子，镶着珍珠贝的壳。他们包腿裤的缝合处常挂着"他们杀死的敌人……身上的髭须"。杀死敌人的话，只有割下头皮才能算数。部落中的老年人很少，探险家看到的那些老年人并没有"被温和地对待，或者得到尊重"。一个印第安战士一辈子可能有两到三个不同的名字。每一个新的成就都能让他获得一个新的名字——"盗马，割敌人的头皮或者是杀了一头棕熊"这样的成就。

肖松尼人的政府"完全没有任何限制措施。每一个人都是自己的主人，他们的行为唯一听从的是首领的意见，而首领的意见是通过首领的权

第八章　刘易斯与克拉克的远征

威来影响部落内其他人的"。和其他印第安人一样，肖松尼族的男人是他的妻妾和女儿们完全的拥有者，能将她们交换掉，"或者以男人们所认为的任何妥当的方式处置她们……丈夫只要收到一份小礼物就会把他的妻子借给陌生人过一夜"。但是，没有经过丈夫的允许，和他的妻子发生了性关系，就会被责打致死。克拉克写道，这个部落的妇女常被认为地位"最为低贱，而且要干最辛苦的体力活……他们要收获植物根茎，然后做饭。她们要去修棚屋，清理动物皮毛来做衣服。她们还要收拾柴火，沿途还要帮着照顾马匹……男人们的唯一工作就是打仗。所以他也会自己照料他的马匹，这战场上的好伴侣。而休战之后，除了打猎、捕鱼，他们什么也不干"。肖松尼人的盾牌是一件神圣的物品，上面雕画着魔法符号，诅咒箭头和子弹偏转方向。除此之外，许多印第安战士所穿的铠甲，是用一层一层羚羊皮胶合直至坚硬稳固而制成的。他们最喜爱的战马，常常会被涂上油彩，它们的耳朵会被切成不同的形状，而鬃毛和尾毛上则会饰有发亮的羽毛。

到8月底，克拉克和手下人回来了，他们勘探了一条穿山的路，于是远征探险队全队，在配好了肖松尼人提供的驮货物的马匹之后，开始了这次漫长远征的最后一段路。他们前行的方向，就在这窄窄的山路上，即便是步伐最稳健的马匹有时也会在这岩屑密布的山坡路上打滑，摔下去。一旦发生这样的事，全队必须停止行军，救回这匹马驮的包裹。天上时而下雨时而下雪，猎物实在太过稀少，因此队员们只能从随行携带的可怜巴巴的食物补给中挖一小勺出来垫饥。只有在沿途遇见印第安人时——他们正在溪水或河水边打鱼，并在岸边晾晒他们渔获所得——才能填饱他们挨饿许久的肚子。这些原住民卖给他们鲑鱼、各种植物根茎，以及最重要的食物，许多许多的狗肉。即便远征探险队员们听说要吃人类最好朋

悲剧遭遇：美国原住民史

友的肉感到崩溃的话，他们也已经复原了，因为从落基山脉到大海边的路程中，根茎、鲑鱼和狗肉是他们每天的主食。

队员们现在所遇到的印第安人属于同一个语族，人类学家将其命名为佩纽蒂族(Penutian Family)，其中有"加利福尼亚各部落"如约库特人(Yokut)、克拉马斯人(Klamath)、莫多可人(Modoc)、卡尤塞人(Cayuse)和支努干人(Chinook)。在今天的华盛顿州，一些所谓的萨哈泼丁(Shahaptin)部落，散布于哥伦比亚河及其支流之上，其中内兹珀塞人最为著名。克利基塔特人(Klikitat)、乌玛提拉人(Umatilla)以及亚基马人(Yakima)最为繁盛。但除此之外，还有不可胜数的其他小部落，有的连名字拼读都很困难：艾尼舒尔人(Eneeshur)，"不好客且小气吝啬，不守约定"，他们"深陷贫穷和龌龊之中，却保有了某种程度的骄傲和自大，只能让我们的队员敬而远之"，克拉克写道。还有瓦拉瓦拉人(Walla Walla)，是远征探险队遇到过最诚实也是最可靠的部落。斯基特索密什人(Skeetsomish)、图瓦纳西奥克人(Towahnnahiook)和斯马克肖普人(Smackshop)，穆尔特诺玛人(Multnomah)是哥伦比亚河中游地区占主导地位的部落；奇鲁乞特夸尔人(Chulluckittequaw)、维奥克索科维拉库姆人(Weocksockwillacum)、内胡人(Nehuh)、瓦克莱拉人(Wahclella)、尼尔卓基奥人(Neerchokioo)以及许许多多的部落，在此不一一赘述了。奇鲁乞特夸尔人的首领足实吓了刘易斯一跳，因为他造了一个巫术袋，里面装着的是他无比自豪地取来的"十四根食指"，这是他从死掉的敌人手上剁下来的，显然这些手指属于斯耐克部落的印第安人。文身也并不鲜见，在妇女中间尤为普遍；一个支努干妇女的腿上文着"Jonathan Bowman[①]"

[①] 普通白人男性名字。

的字样。

内兹珀塞人,也称乔普尼什人(Chopunnish),正如我们前文所及,是一个较大的部落,也是远征探险队离开肖松尼人的村庄之后所接触的最重要的部落。那些马匹,曾驮着远征探险队从肖松尼人的村庄来到斯耐克河(克拉克想把这条命名为"刘易斯河",但是这个名字没有流传下来)源头,就被留在了内兹珀塞人这里,等白人回来的时候再来取,而内兹珀塞人也给他们提供向导和食物。

哥伦比亚河流域的印第安人都有一种饮食植物根茎和鲑鱼的文化。他们都是个子矮矮外加罗圈腿的,在克拉克看来,是因为他们总爱猫腰下蹲造成的。大多数人的后脑勺是平的。他们住在一种很长的房子里——有时长度会超过200英尺,建筑材料是雪松木和树皮。而房子一般要从地下深达6英尺的地方开始建造。火堆一般在这类住房中央的凹槽里。一处住所可能有12户人家,甚至更多。男男女女睡在靠墙而建的床架和铺位上。死去的人通常就裹在兽皮内,像柴火一样堆在一起,放在特别的建筑中。

鲑鱼和熊都是有灵性的,于是各部落会有不同的仪式来抚慰它们的亡灵。5月份,鲑鱼的第一次洄游让人翘首以盼,而且人们会高兴地进行庆祝,因为他们冬季靠植物根茎和"捣碎"的鲑鱼果腹的日子将要告一段落。

这里沿海沿河而居的印第安人出行都靠独木舟,就像大平原的印第安人出行靠的是马。独木舟的尺寸大小不一,从小的承载1—2个人的规模,到40英尺长,足可以载20个人,甚至更多。船身的前后都有精美的雕刻纹。所有的独木舟都是用红木做的,而且白人对于印第安人操纵这些独木舟技艺之娴熟,甚至能远涉太平洋而啧啧称奇。沿海的印第安妇女的地位要比大平原地区印第安妇女高得多。这一点让克拉克敏锐地发现，妇女的生活条件不仅仅在于"社会文明"的程度，而且还在于妇女自身的经济效用。"只要哪里的妇女帮助部落获取生计，"他写道，"哪里的妇女就能获得更平等地对待，而且她们的重要性是和她们付出的劳动成正比。"这里沿河，特别是沿海的印第安人妇女，和男人们共同承担捕鱼的工作，而且还是收获植物根茎的主力军。她们有时还要划独木舟以及操控方向。"她们被允许在男人面前自由地讲话，有时候她们说起话来还带着一种权威的口气。"这种自由是在骑马的印第安人中间简直匪夷所思。当准备一个盛大的宴会时，食物都是由男人烹饪和奉上的。妇女们的保留地是制作篮子——编织和装饰篮子，有些篮子编得特别紧，他们会拿来盛水。

就像苏族人一样——或许所有其他印第安部落实际上都是这样的，一旦白人在印第安村庄附近驻扎下来之后，他们就会殷勤地献上自己的妻子。在哥伦比亚河口附近，一个支努干老妇人带了六名未婚少女来到探险远征队的营地。根据她眼中"每个女人的美貌程度"，她开出了整齐有规律的不同价码。要拒绝一个印第安丈夫提出拿他的妻子和女儿"交换一个鱼钩，或者一串珠子"的交易，不啻于"贬低这位女士的魅力，而且这是极大的冒犯，因为即便我们偶尔对印第安人出言不逊，但实在没有别的什么事情比拒绝他们向你献上印第安女人更会激怒这些印第安人，无论男人还是女人"。

在狩猎部落中，诸如苏族的以及阿西尼伯伊尼人（Assiniboine）的部落，当老人成为部落的累赘时，他们经常会被弃之不顾，因为这些部落要不停地颠沛流离，战争也是时战时歇。在克拉克的记录中是这样写的："当他们（苏族人）要出发开始新的征途时，如果老人不能一同前往，他的

第八章　刘易斯与克拉克的远征

孩子或者近亲就会在他面前放上一片肉和一些水,告诉他你已经活得够长了,是时候回老家见他的亲戚了,比起他在人世间的朋友,那些人会把他照顾得更好。然后,他们就毫无悔恨地离开了这个老人,任凭他这点微薄的食物供给消耗殆尽之后,自生自灭去了。"大多数定居一地的西海岸部落很少会让老人去等死,反而他们很关注老人的需求,并且至少对老酋长表示顺从。

赌博是许多部落的主要日常活动之一。他们对于这种消遣的追求,"怀着一种奇怪而颇具破坏性的贪婪之心",他们时常会输光自己最珍贵的东西——他们的妻室、独木舟和武器。

哥伦比亚河河谷部落的一个普遍习俗是使用蒸汗房(sweathouse)。这无论在什么方面都不是这些部落的独创,但却受到这些部落异乎寻常的喜爱。这种设施是这样建造的:先是把一条小河的出口围堰起来,挖出底泥,形成一个6—8英尺深的方形坑,然后在坑口盖上一个用编织的树条和泥土做成的圆锥形的顶。"洗蒸汗浴的人,(从顶上的一个开口)下到坑底,随身带着一些烧热的石头和几壶水。当他们在蒸汗室里坐停当之后,就把水浇在石头上,直至水蒸气让里面的温度达到他们的需要为止。"蒸完汗以后,他们会跃身跳入冰冷的河水。他们也遇到过一个印第安人并不按照这种常规,他蒸完汗以后是用自己的尿从头到脚冲洗全身。蒸汗浴成为一种"非常基本的社会交际娱乐,因此如果拒绝朋友一起洗蒸汗浴的邀约,对他而言是一种莫大的侮辱"。有时候,蒸汗浴会演变成一种友善的竞争,看谁可以忍受最热的蒸汽而不逃走。

在他们顺流而下的过程中,远征探险队员经过了无数的鱼梁①和一

---

① 捕捉游鱼的枝条篱。

小队一小队扬着鱼矛、鱼叉的印第安人,他们偶尔是用鱼钩来钓鱼的。鱼儿被剖开展平,放在有凸起的木架子上晒干,空气中是燃烧核桃木条而散发出的臭味。斯耐克河、哥伦比亚河以及它们的支流,是印第安人的交通要道,"他们或溯流,或顺流,来往之人不在少数",克拉克如是说。

顺河水漂流而下,其实际遇到的危险主要在于河上数不胜数的漩涡,时刻可能给远征探险队的六艘独木舟带来倾覆之虞。因此全队必须不断停止前行,修葺船只,烘干被激流打湿的衣物和给养。

到了11月,远征探险队到达了哥伦比亚河的下游。河面在此豁然开朗,足足有1英里之宽。河面上是一群群鸭子和鹅,河水咸涩,说明探险者已经来到潮汐区。这里的印第安人以克拉克所称的克拉特索普人(Clatsop)为主,也有支努干人、提拉穆克人(Tillamook)以及克拉玛斯人(Klamath)。这些部落视自己为河口的保护者,很大程度上控制了和停泊于此的英国和美国船只的贸易活动,这些船一般5月份靠岸,在整个夏天都在此进行贸易。这里许多印第安人穿着水手的服装和帽子。但和许多河边的印第安人一样,他们也是打光脚的,因为莫卡辛鞋非常不适合在他们这儿,通常很湿润的环境中使用。

除了上述所及的克拉特索普人和支努干人之外,这里还有勒克顿人(Luckton)、尤伊特人(Youitt)、库酷瑟人(Cookoose)(这些都是按照克拉克的简易音节拼写法写出)、乌尔赛亚人(Ulseah)、基卡维人(Kickawi)、卡浑科尔人(Kahunkle)、夏斯塔克尔人(Shiastuckle)、奇尔特人(Chilt)、克拉莫依托密什人(Clamoitomish)、基拉索克人(Killaxthokle)、坤努特人(Quinult)以及卡拉斯索特人(Calasthorte),大多数后面说到的部落,其成员还不足100人。

现在,一行人又遇到了新的不便,那就是该地区下不完的雨。雨接连

第八章　刘易斯与克拉克的远征

不断地下了10天,最后这些人和他们的物品都已经湿透了。许多人患了重感冒,发起了烧。在这种情况下就很难去打猎,但是饥饿却会加重寒冷和潮湿带来的痛苦。冬天渐渐来临了,因此一行人不得不寻找一个既便利又对身体健康有利的地方来建立营地。据克拉克所说,雨水已经"弄湿了所有的货物,让一些鱼肉变质,弄坏了一些袍子,我们仅存不多的几件衣物,尤其是皮革服装,也有近一半霉变了"。

12月8日,经过数周的搜寻,两位领导者选定一处建立要塞的地点,手下人则立即就地开工。这里被称为克拉特索普要塞(Fort Clatsop),就是根据附近印第安部落的名字命名的。尽管雨水不停,建筑工程则依然延续至修建棚屋和存放远征探险队日渐减少的补给的房子。猎人们在河湾边的山上努力搜寻鹿和麋鹿的踪迹,而一队队不同部落的印第安人,日复一日地出现,与探险队交易、交谈或者只是过来瞅一眼。克拉克和刘易斯询问了每一个部落的名字、他们的祖先以及他们的风俗,记录下他们的着装、武器,以及尽他们所能地记录下他们的语言和方言。

当棚屋已经修建完毕,探险队中的病员以及健康状况堪忧的队员都已经安置妥当以后,两位队长花了大量的个人时间来仔细描述该地区的动植物群落。有条不紊的营地生活在1月份被一则大消息打乱了。有一头鲸鱼在靠近哥伦比亚河河口的海岸上搁浅了,印第安人们从数英里之外蜂拥而来,把鲸鱼剔骨抽筋,带走了所有的鲸鱼肉和鲸鱼油脂,和其他喜食腐肉的动物——海鸥和秃鹫、狐狸和狼——随后赶来争夺每一口肉。

当冬季过去之后,刘易斯和克拉克手下的这队人开始迫不及待地期盼春天的到来,以及启程回家。他们在回程中所遇到的主要问题是从哥伦比亚河以及斯耐克河溯流而上到密苏里河的路途中猎物非常少。鲑鱼还没有开始洄游,而远征探险队可供交易的物品存货已经大为减少,队员们还得靠这些交易品从印第安人那里换来植物根茎和狗肉。更有甚者，印第安人自己常常都会食物不足，更别指望他们能分一点给白人了。麋鹿和鹿非常稀少，而且在森林中并不容易猎得，更何况在凛冽的寒冬之中没有办法食用。因此队员们不得不作出英雄般的壮举，省下了足够的干麋鹿肉和干鹿肉，以及一些植物根茎和烟熏鱼肉，作为至少是回程初段旅行的基本粮食储备。

1806年3月23日，一行人登上独木舟，离开了克拉特索普要塞。当船只经过河水的下游流域段之后，就变得进展缓慢了。此处河水高涨，而逆着激流而上比顺流而下要难多了。因此，大家不得不频繁地进行水陆交替运输，枯燥无味地从船上下来，背着货物前行，然后再上船。因为绳索不够、河岸走势不规则以及河流的作用力，这些独木舟拖运起来实在不便。最终，两位队长决定卖掉独木舟（以及他们能从补给中舍弃的任何其他东西）来交换尽可能多的马匹，然后沿陆路前进。一旦他们回到内兹珀塞人的地盘上，就可以取回他们寄存的马匹，然后前往肖松尼人的领地，拿回载他们沿密苏里河而上的独木舟和驳船，顺流而下回到圣路易斯。

买马的谈判果然是漫长又累人的。尽管这些沿河的印第安人很少用马，但马匹依然是财富和地位的象征，印第安人不愿拿马匹交换远征探险队手中越来越寒碜的东西了。最终，在克拉克和刘易斯的共同努力之下，他们还是拿到了足够多背部有伤的马匹保证一行人可以继续前进。刘易斯和克拉克享有神医美誉，说他们可以制造非常有效的灵丹妙药，其实言过其实，但是当他们回到内兹珀塞人的领地时，仍有近50个病人在等他们。因为食物短缺，两位队长草草制订了如下的一个价目表：一定剂量的硫黄或酒石粉等于一条狗；如果要动大手术，如切开并清理脓肿，则需要一匹肥硕的小马。

第八章　刘易斯与克拉克的远征

克拉克所记录的一次和内兹珀塞首领们会谈的内容，揭示出交流沟通中的种种困难。队长刘易斯先同队中一个懂法语的队员说。然后，由这个队员翻译成法语告诉夏伯农，由他翻译成米尼塔利语说给萨卡加维亚听，再由她翻译成肖松尼语。最后靠一个被内兹珀塞人俘虏的年轻的肖松尼人翻译成内兹珀塞人听得懂的语言。

经过无法估量的艰苦努力，一行人终于抵达了大陆分水岭，跑在前面的猎手们绝望地搜寻着猎物。最终，探险队以两把枪的奢侈代价，招募到了3个印第安人带着他们来到密苏里河的源头。沿途之上，队员们找到了当初往西走时藏匿在那里的补给品，于是他们高兴地把这些东西放在了马背上。在一行人前进的两个多星期内，他们行进的节奏多半是由沿途有没有马儿可以吃的草而决定的。一旦他们发现有一片草地上没有雪，他们就会停止前进，让马儿好好吃一顿。旅行者歇脚处（Travelers' Rest）就是一片对马儿来说水草丰茂，对人类来说猎物丰富的山谷，远征探险队在此兵分两路。刘易斯，带着9名手下和1个印第安向导，向北进发到玛利亚斯河（Marias River），看看这里往西去的路是不是比他们原先的路更容易走。然后他们沿着玛利亚斯河而下，直至其汇入密苏里河的交界处。

克拉克和剩下的人往杰斐逊河进发。那里他们又在河岸边找回了一个隐藏的补给箱，而其中最受欢迎的东西是一块块的嚼烟。所有的事情都在有条不紊中进行，他们用石块的重量沉到河底的独木舟，被修复好又能在水上漂流了。一半人就乘着这些独木舟沿杰斐逊河而下，克拉克带着另外一半的12个人骑马前往黄石河（Yellowstone），另建两艘独木船，然后乘船前往位于黄石河和密苏里河交汇的约定地点。

在沿着玛利亚斯河而下的时候，刘易斯和他的手下与印第安人爆发了第一次激烈的冲突,因为一伙米尼塔利勇士想要偷他们的马和枪支。在随后爆发的战斗中,印第安人被打垮了,刘易斯一枪射中了一个印第安勇士的胃部。马匹找回来了之后,这些人又急忙向约定会面的河口而去,因为他们担心很快就会被米尼塔利部落的作战部队追击。他们快马加鞭,以最快的速度前行,最终刘易斯和他的手下足足沿玛利亚斯河往下游奔驰了70英里才稍做歇息。当他们来到杰斐逊河和密苏里河交汇的地方时,他们无比欣喜地和已经到达那里的伙伴会师。现在他们有五只独木舟和一艘驳船。此时,因为春汛加上支流中裹挟的从山上倾泻而下的洪流而水位猛涨,水流分外的湍急;而再加上队员的奋力摇橹,这些船只漂流的速度竟然能达到惊人的每小时 7—8 英里①。真是轻舟过遍万重山,他们已经进入了旅行的最后一段了。这里的猎物非常之多,又因为春天的草长莺飞也特别肥美。被派作前队、充实粮仓的猎手,也打回来了29头鹿。因为思家心切,全队早早就在爬满蚊子的帐篷里睡下去,次日早晨四五点又登船沿河而下了。在黄石河河口,他们发现了克拉克留的条子,说他和他的手下要在更下游的地方和他们会合。

在刘易斯的小队和跟着克拉克的人于密苏里河上,靠近小密苏里河河口的地方重聚之前,在 8 月 12 日,他们从两个陷阱猎手那里得到了不好的消息,他们说米尼塔利人、曼丹人、阿利卡拉人以及黑足印第安人(Blackfoot Indians)都已经卷入了战争。这样的话,也就没有可能让任何一位酋长和远征探险队同回华盛顿了。但是克拉克最后还是劝服了"大白"(Big White),一位曼丹部落的首领与他们继续同行。不过,现在他们必须告别萨卡加维亚的陪伴了。关于她,克拉克写道:"她天生就具有忍

---

① 参考1807年由富尔顿发明的蒸汽船,其最高航速约为5.2英里/小时。

第八章　刘易斯与克拉克的远征

耐力,真的很让人敬慕,这一路上如此劳顿,她还要受孩子拖累,这个孩子到现在也只有 19 个月大。"

在沿密苏里河而下的一个阿利卡拉人的村庄里,克拉克听说 700 名苏族战士正在和曼丹人以及米尼塔利人作战。他和刘易斯得知之后,与那两个部落的首领重申了彼此友好的关系,并敦促他们不要和苏族人作战。

在 9 月日昼渐短,天风渐寒的日子里,独木舟和驳船乘风破浪,常常日行 50 英里还多。9 月 23 日,远征探险队抵达了他们的此间天堂——圣路易斯,克拉克说:"我们在 12 点抵达圣路易斯,鸣炮致意并下船登岸。我们收到了全镇人最发自内心也最热忱的欢迎。"他们此行一走就是两年零四个月。他们跋涉穿越了近 8 000 英里,经过了世界上最美丽也最恐怖的自然景色,远离了他们熟悉的一切,远离了所有的"文明世界"。

就这样,堪称史上最壮观的一次漫游之旅就这样结束了。所有的这一切,无论是征途漫漫地循着一条通天大河溯流而上,还是穿越地势险峻奇绝的山脉,都是在托马斯·杰斐逊的伟大设想下才得以付诸实施。正是他的好"咒术"让这些人得以成行,而他的精神也伴随着他们走过每一步路,横穿了这片大陆,然后归来。人类常被称为"理性的动物",或者说"有信仰的动物",凡此种种,但人类同样,甚至首先应该是一种喜爱寻找、探索和旅行的动物,他们对于探索新的风景有着一种溢于言表的不知满足的兴趣。如果说,在美国,这种古老的精神动力已经表现为一种民族性格,那么刘易斯和克拉克的远征探险无疑是最强有力的一次表达。

如果读者好奇发问,为什么我要讲这么一段冗长的旅程?那么我就在下面回答一二。首先,这是一个冒险故事,有着层出不穷的戏剧冲突。其次,这个故事能带着我们穿越整片峰峦起伏,山陵交错的国度,体验在

悲剧遭遇：美国原住民史

铁路时代来临以前，美国人是如何跋山涉水的。而且还至少在东西走向上对于我们国家的地理情况有一些片段化的认识。其三，这段旅程也会带我们去认识当时住在这片地区的许多印第安人部落，而且，我也相信，这样的叙事也表达出了印第安人各部落以及他们的风俗习惯和生活方式上的有着千差万别这一观点。

在这个故事中，名望上仅次于克拉克和刘易斯的即是萨卡加维亚，这位印第安妇女。如今，她已经成为一个传说般的人物了。有无数的故事谈及她突然之间降临，像一位凡间神明指引一群没有方向的背井离乡者，在没有任何坐标的土地上找到他们的去路，并且在一个最无助的时候给他们提供帮助，加油鼓劲。她带着一起去太平洋又带回来的婴儿巴普蒂斯特（Baptiste），在克拉克的勉励下，成为一名著名的向导。

另外还有一次稍令人感到陌生的远征之旅是由泽布伦·派克（Zebulon Pike）中尉领导的。这次远征与印第安人部落遭遇的情况可以为刘易斯和克拉克采集的信息提供补充。

派克于1805年8月9日离开圣路易斯，远征队中有1名中士，2名下士，以及17名列兵，乘着一艘大约70英尺长的龙骨船，带着4个月的粮草。而他们的使命，按派克的话来说，就是"探索密西西比河的源头，对河道、河岸及附属于两者的物体如动物、植物和矿石等进行大致的勘测，也包括对于两岸野蛮人定居者的观察"。

探险的经过在很多方面与刘易斯和克拉克的很相似：他们在溯流而上的时候同样是历经千辛万苦，逆流甚至有时逆风航行，遇到激流的时候只能水陆交替，也会被浮木拦住去路，在沙洲上搁浅。他们也是奋力划桨，或者岸上拉纤，加上使用风帆才让他们逆流而上。猎人们也是走在前头打猎，确保船员可以吃得饱。他们也频繁和印第安人打交道，主要是萨克人和福克斯人的部落。沿途过了伊利诺伊河之后,就是岩河(Rock River)、威斯康星河、黑河(the Black)、齐佩瓦河,以及圣克罗伊河(St. Croix)直达里奇湖(Leech Lake)——密西西比河发源的地方。这支探险队就是走了这样一条路。他们沿途也遇到了许多法国贸易商人,有些鬼鬼祟祟的,有些还算有帮助。他们遇到了威廉·厄文(William Ewing),他被派作"特使,与萨克人吃住在一起,教他们农业方面的科学知识"——这显然是一个很糟糕的差事。印第安人也在这次探险中帮了忙。在渡过得梅因(De Moines)河的激流时,萨克人扛的行李是最重的。烟草、小刀、威士忌以及和平奖章分发给了印第安人,双方也互相发表演讲,呼吁和平。在圣安东尼瀑布(the Falls of St. Anthony),派克招募了一个混血的法国人,名叫皮埃尔·卢扫(Pierre Rousseau)。他的职责是当翻译并且想办法把笨重的龙骨船换成驳船。因为和苏族人的关系很敏感,所以派克对于苏族首领的一举一动都特别关注。苏族人的大首领和派克一起抽和平烟斗,言语中谈及"新父"(New Father),涉及路易斯安那并购案的话题:①"这位首领很乐见一位了解'伟大之灵'的人可以称为这里的万民之父,无论是白人还是红皮肤的人。而且两者唇亡齿寒:因此他永远不会和'新父'作战,但也希望能永远保持彼此现存的良好互信互解。"随后,就是菰米和鹿肉的大宴,以及一场舞会。"有许多好奇的士兵也参加其中——男男女女地混在一起跳舞,"派克写道,"他们的着装风格都特别鲜艳夸张,每个人手里面都攒着一小块某种兽皮。"

在拉辛河(Racine River)一带,派克和他的手下看几百个苏族战士玩一种叫"勒克洛斯"(Le Crosse)的游戏(现在人们称之为兜式曲棍球),他

---

① 指的是美国总统,在与法国人的路易斯安那购并案后,成为密西西比河以西到落基山脉,除西班牙控制区外的统治者。

悲剧遭遇：美国原住民史

们用力掷出一个小球，然后用顶端带着一个皮带子的棍子，用尽办法去捕捉那只小球。就像刘易斯和克拉克在密苏里河上过冬的时候盖的那样，派克的人建立起了一个由棚屋组成的定居点，此时，派克发现自己"对大脑中的古怪想法感到深深的震惊……我就像灵魂出窍了，因此也很容易去设身处地想为什么有那么多被困在远离文明之境的人，会变得饮酒无度，以及染上别的恶习，而这些恶习原先只是拿来打发时间的"。

这确实是一次需要非常留心的旅程，派克在圣诞节前几天的日记中写道："我还从来没做过比这更累人的活，要同时当猎手、间谍、向导、指挥官，等等。有的时候要跑到前面，有的时候要殿后——时不时要走在大部队前头 10—15 英里的路。要是那样，我到了晚上都几乎没法写让人看得懂的行军记录。"

靠近密西西比河源头，在红松湖（Red Cedar Lake）北面，是北西贸易公司①（North West Company）的贸易据点。这里是齐佩瓦人的地盘，而这个部落是美国人的凤敌。派克和手下再一次神经紧绷起来，但派克遇到的一个印第安人告诉他的翻译，齐佩瓦人如今更敬仰美国人，胜过英国人、西班牙人或法国人，"说到战争成就……他们（美国人）就是白皮肤的印第安人。"

在萨凡纳河（Savannah River）附近，派克捎上了一个齐佩瓦部落的年轻人，作为他的特别伙伴，尽管这两个人要交谈的话只能靠手语。派克很是依赖这位印第安朋友，所以当这个齐佩瓦人离队之后，他"感觉遭到了孤独的诅咒"，这使得他开始反思这样人生中的荒凉之感。"即便是富可敌国的财产也不足以诱使我和人类社会脱离开去，当我周围只有一个

---

① 1779—1821 年存在于北美地区的皮毛贸易公司。

第八章　刘易斯与克拉克的远征

野蛮人和还没开化的蛮荒之相,没有书籍,没有其他智力娱乐方面来源,也从没有得到文明社会的祝福,或者感受到一个有教养的美人的心思。"也许唯一让贸易商人们感觉眷恋于此的就是印第安妇女了——他总结道,那或许能把他们拴在这片荒野之中,10年、15年,乃至20年。

因为风湿病和冻疮,派克的腿和胳膊都肿了起来,而他于2月1日终于抵达了里奇湖——这个他所以为的密西西比河源头。翌日,派克整天都在读沃尔尼①(Volney)所写的在叙利亚和埃及的旅行见闻,或许也在思忖自己的远征不知要比之艰辛多少倍。在里奇湖上,派克把这个几个挨过一路苦难,为了开化萨克部落(Sauk,也称萨克人Sac)印第安人经历了刀枪洗礼的手下召集在一起,给他们发新衣服。嗣后,他们即掉转船头而下。4月30日,在出发8个月之后,他们回到了圣路易斯。

尽管这次远征的光芒完全被刘易斯和克拉克的远征盖过,但派克此行依然有与之比较的价值。他的日记精彩地记录了人类的足智多谋和坚韧善忍,并且他加入了路易斯安那领地中一部分地区相当翔实的内容,这些对于美国人来说还是鲜有耳闻的。

因为詹姆斯·威尔金森将军②(James Wilkinson)又派他去另外一次远征,所以派克没有时间整理他的笔记和日记。这一次远征是把敖塞吉的几位首领送回他们的部落,与好战的科曼切人沟通有无,探索阿肯色河直至它的源头,然后去往红河(Red River)的源头,再从那里顺流到密西西比河。威尔金森写道:"在你这次旅行过程中,无比留意沿途的地理构造、自然演化的历史以及人口状况……特别小心地去收集和保存,在矿物和植物世界中每一件有趣事物的标本,只要它可以保存且便于携带。(派

---

① 法国18世纪末哲学家、东方学家。
② 威尔金森于1805年被任命为路易斯安那领地的第一任总督。

克还被要求带回来一定数量的)最尊贵的科曼切人。"

1806年7月15日,密西西比河远征归来仅3个月之后,派克又再次出发,这一次,他带了2名初级军官,1名军医,16名列兵,2名翻译,外加帕尼人和敖塞吉人的首领和他们的妻小,人数达51人。他们是被波塔瓦托米人搭救的,作为美国政府的亲善友好姿态而被送回他们的原生部落。派克的计划是乘船,溯堪萨斯河而上,来到距离圣路易斯西边几百英里的一个地方,然后横穿陆地找到阿肯色河在邻近今天堪萨斯州中部的河段。印第安男子们沿河在岸上走,身旁有士兵包围,同时,远征队其他人坐在逆流而上的船中,而船中还有远征探险队的包裹行李和印第安妇女。在离开圣路易斯一个月之后,派克和手下抵达了敖塞吉人的村落,把首领及其家人们交还给了他们,场面无不欢欣鼓舞。

在11月末,派克发现了那座后来以他名字命名的山峰,且试图登顶。虽然他并没有成功爬上去,但是因为他对这座他称为"大山峰"(Grand Peak)的描述,使得这座山峰得以用他的名字来命名,而这也是他的远征在公众心中留下的最显赫的功名了。从这座大山峰往南,派克一行人进入了今天的新墨西哥州。这里当时是西班牙人的土地,因此派克和手下被捕,并被西班牙当局下了狱。派克的笔记都被缴获,而这群美国人也被押送到圣塔菲①。当他们后来被释放之后,一行人沿着红河而下来到了纳基托什②(Natchitoches),到达此地时,距离他们出发已经过去了近一年时间。

---

① 今新墨西哥州首府,西班牙殖民时期已成为重要城市。
② 位于今路易斯安那州。

第九章 印第安人大迁徙

安德鲁·杰克逊①是自杰斐逊之后,第一位和印第安人打过交道,也曾专注于处理印第安事务的白宫主人。杰斐逊对印第安人的兴趣是"哲学上的",或者可以按我们今天的说法,是人类学上的。但杰克逊是通过和不同的印第安人部落作战(或者并肩作战)来获取第一手信息的。杰克逊的前任——麦迪逊、门罗以及约翰·昆西·亚当斯——确实都曾花了不少心思和不同的印第安部落打交道,但是他们不仅缺少了杰克逊对于印第安人生活习惯和风俗民情的了解,也没有他对于这些原住民的同情心。印第安人内心把杰克逊视作一名伟大的战士。而在他首次国会演讲中,杰克逊说了许多关于印第安人的内容,表达了他对印第安人仁慈的关切。他支持要把广袤的西部地区②保留出来,留给他们,而印第安人也应该被鼓励自愿迁徙而去。而如果他们更想待在原来所在的某些州境内,就必须服从那些州的法律。但是迁走印第安人的建议,尤其主要是将南方各

---

① 美国第七任总统,1829—1837 年在任,其头像印在 20 美元正面。
② 此时西部的概念已经不是原 13 块殖民地以西,而是密西西比河以西。

州和白人已经融合到一定程度的印第安人赶走的建议,招致了在北方视印第安人为友者的大声抗议。对于杰克逊敦促切诺基人迁徙到密西西比河以西这件事,印第安人的支持者已经对其发出警告,况且切诺基人自身也已经明确,他们将会留在世世代代居住的土地上。

杰克逊还迫使克里克人西迁,他宣称如果他们不搬走的话,联邦政府也不能保护他们免受州政府的压迫。在给克里克人的信中,杰克逊写道:

> 我们的友人及兄弟钧鉴。在你们而今所处之地,尔等与我白人子弟,实在彼此过于靠近,无法和谐和平共处。况且汝之猎物将尽,而汝民多不事生产不为耕作。而在浩荡之密西西比河对岸,汝部族亦有迁徙去往之地,尔等之首领①分此广阔之土与汝,足可以让尔等皆可安居于此,也建议尔等速速迁往之。在彼岸之土,白人兄弟自不会前来进犯。他们亦不会来索要土地,只要草长水流,尔等皆可居住于斯,平静无扰,富足安康。密西西比河彼岸之土皆属于美国总统之名下,不归他人,赠予尔等,必称永久。

印第安人提出的和美国政府缔约即能免除其保护地所在州法律的诉求,被总统无礼地拒绝之后,在新英格兰地区激起了民愤。查尔斯·弗兰西斯·亚当斯②(Charles Francis Adams)在当年1月写道:"我参加了一个为了切诺基和克里克人与佐治亚州当局矛盾中支持这些印第安人而召

---

① 即美国总统。
② 曾任美国众议员、驻英大使,是美国第六任总统约翰·昆西·亚当斯的幼子,也是第二任总统约翰·亚当斯的孙子。

集的会议。会场里座无虚席。我还从未见过这样的阵仗。但是这个会议开得既不明智也欠缺考虑。"有一个发言的人"宣称要派 1 000 名正规军士兵到佐治亚去,这言语之间的轻松劲儿就跟去厨房拿早餐一样",而他的匹夫之勇也获得了人们还算热烈的掌声。全会一致决定谴责当局违反与印第安人协议的行为,因为与会者认为这样对待印第安人"会使我们损伤贵为人类的脸面,而且一定会把我们推上天堂的审判台"。查尔斯·弗兰西斯认为,这些演讲和决议实在是"愚蠢而蛮横"。此外,那些人也给他找了点麻烦。他在写给老亚当斯的信中表示,他认为此事应当从实际情况出发来作决定"而不要从抽象且不实际的道德主义者观点出发"。他还想要把自己的观点公开进行发表。但他却收到父亲极其严厉的指责,他父亲敦促他不要"将自己有关重大问题及国策方面非主流且不成熟的想法公诸于众",尤其在他还没有搞清楚这件事究竟是"正义问题还是道德问题,是政治问题还是自然问题,是普通宪法问题联邦法律问题,还是自然历史和政治经济问题之前,以后凡事皆需如此思忖一番"。

在参议院有关是否迁走切诺基人的辩论中,亨利·克雷(Henry Clay)极尽巧舌之辩,又十分打动人心。于是消息就在国会乃至华盛顿全城传开了,都说克雷将要帮切诺基人说话,于是参议员的大厅和走廊上挤满了外国公使,支持克雷的打扮入时的妇人和一群庄严肃穆的切诺基人首领。这些观众果然没有失望。"他的开场白,"哈利·马蒂努尔(Harrit Martineau)写道,"有点平淡无奇,带一点迟疑和繁复,而且他不停地戴上眼镜又摘下,而手则在桌上的文件堆里颤抖着,显示出他的激动之情。"当克雷开始切入正题时,"这种激动变得有所不同……他的谈吐依然很稳重,但是声音却变得格外吸引人……它随着情感而颤动,随着演说者真情流露而时高时低……而他整体的演说姿态变得极富有说服力,令人无法抗拒。只有马丁·范布伦①(Martin Van Buren)明目张胆地打着哈欠,而来自佐治亚州的参议员则对克雷的演讲表现得无动于衷"。

反对迁徙印第安人政策的人中,反对声音最响的是在印第安人中间的基督教传教士。1829年12月,在北卡罗来纳新埃丘塔(New Echota)举行的会议中,一群传教士决议声明:"我们认为,目前在美国风起云涌的印第安问题,不仅仅是一个政治问题,也有伦理道德方面的因素——因为它牵涉到究竟该保持还是违背我们国家的信仰——而且这也需要所有美国公民以最严肃的态度来审视,我们不仅要从爱国者的角度去看,也要从基督徒的角度去看。"

切诺基人也是万万不能接受杰克逊的迁徙政策的,然而但凡有印第安人想为其辩解,便不是被杀就是被放逐。这一问题的复杂性因托马斯·麦肯尼(Thomas McKenny)撰写的报道而被揭示出来。这位作者是一位长期的印第安人权利的捍卫者,同时也是美国印第安人事务局(the United States Bureau of Indian Affairs)前身组织的领导。麦肯尼帮助建立起了一个很有企图心的计划来"开化"印第安人,其手段是首先建立一些学校,印第安人在其中同时被教授应用和学术理论的学科。当麦肯尼1830年造访印第安人保护地时,眼前条件之简陋,让他的心凉了一半。"有一些印第安人从这些教学中获益,但其他人都非常无精打采,无所指望的样子。在这次亲身经历之前,"他写道,"我曾是无限欣喜地盼望看到这些人在他们自己的家园,得到宽慰,得到拯救。但看到了他们的生活条件,以及由此可能会爆发冲突的预期,以及产生出的他们与美国政府之间的畸形关系,突然之间就改变了我的观念,破坏了我的希望。"

---

① 美国第八任总统,1837—1841年在任。时任副总统。

第九章　印第安人大迁徙

在国会进行的迁徙印第安人政策的辩论表面上都围绕着一个问题，即何种方案将最有利于印第安人。但没有一个发言人（无论是支持还是反对）曾提议印第安人应该被允许保留——或者在许多方面重新恢复——他们的部落生活和习俗。这一条道路看上去是明显行不通了。战争、偷袭和狩猎野味是部落生活的基本组织要素。除了打猎——这也越来越没有经济价值，部落生活的其他两方面给了原住民生存方式以其形式和秩序，但却在美国各州的境内无法被包容。如果说要证明保持部落生活行得通，那么进行试验的地点就只能选在广袤无垠的密西西比河流域以西的无人居住带。即便是在那里，也需要严苛的限制条件，即政府承诺保持每一个印第安部落的独特性和独立性。但是这个承诺不可能实现，因为许多部落与其他部落之间根深蒂固的仇恨要比他们与白人之间的敌对情绪要深刻得多。

刘易斯·卡斯（Lewis Cass）是杰克逊政府的战争部长①，他尽显说客的本领，试图劝说切诺基人酋长的代表团接受迁徙方案。但酋长们意志很坚定。"人们都希望，"卡斯在写给新任佐治亚州州长威尔逊·卢普金（Wilson Lumpkin）的信中写道，"政府提出的有利于印第安人的条款能被他们接受。但是在这些印第安人中间却弥漫着一种迷恋故土的情绪。他们的现状以及从我们这些原住民部落的历史纵贯来看，都足以说明他们没有办法留在故土且繁荣昌盛起来。"既然他们依然不肯动摇，杰克逊总统就只好自己出手了，他向印第安人保证"我无比真挚地渴望改善你们的福利"。而印第安人也必须加入到他们业已迁往西部的"乡民"中间："你们早一天搬迁，那么你们进步繁荣的好日子就早一天开始。"

---

① 战争部是美国1789—1947年间的一个内阁行政部门建制，1947年分为陆军部和空军部，并于1949年和海军部一起并入了国防部。

约翰·昆西·亚当斯曾经着手处理的印第安人基本问题,因为亚拉巴马州和密西西比州步佐治亚州后尘,通过了法律将印第安人划归州司法体系的管辖之中,而使情势变得更为复杂。要求印第安人遵守所居住的州法律,在表面上看合情合理,但是佐治亚州有一条法律是这样说的:"任何居住在克里克及切诺基印第安人部落地区的印第安人及其后裔,均不得在本州任何法庭审理中,在有白人出席的情况下,被视作一名合格的证人……"

从新英格兰的各个角落发来的陈情表和请愿书淹没了国会大厦,他们抗议政府的该项政策实质上是把印第安人推入佐治亚州、亚拉巴马州和密西西比州与之水火不容的公民魔爪之中。一位愤怒的佐治亚州众议员反斥道:"这群乡巴佬疯子(新英格兰人)躲进宗教的碉堡里,指责我们佐治亚人是不信神的,或者信自然神的、异教徒、不守主日的坏蛋,在该死的奴隶制度下劳作的人……我们佐治亚人被形容为最恶劣的野蛮人,说我们是那种不识字也不会写字的人,是除了被新英格兰的传教士传道之外,从没听过一次布道的人。"

这三个南方州明确了他们的目的,即无条件地将印第安部落通过和美国政府缔约而保有的土地纳入版图。而唯一的问题就在于总统和国会将会如何回应。杰克逊的反应清晰明了,他并不想在这个议题上对相关各州施压。甚至,他还画了一条线,说明联邦政府所能做的,最多就是帮助印第安人迁徙,尽管他也特别指出,迁徙必须以印第安人意志作为唯一参考。顺着这条思路,国会在进行了一番还算激烈的唇枪舌剑之后,经过投票,以103票支持对77票反对通过了一项法案,旨在将密西西比河西岸的土地提供给印第安人,并拨款资助他们进行迁徙。如果说有人可能还会对政策的结果产生疑问的话,那么在佐治亚,切诺基人拥有的土地上发现黄金这件事就把这个议题彻底板上钉钉了。到1830年夏天,已经有超过3 000名白人在疯狂地挖掘这种黄色金属。佐治亚州立法机构迅即通过法律,禁止任何切诺基人的议会和法庭会议的召开,违者将领受4年监禁的处罚。威廉·伍尔特(William Wirt)是一名著名的宪法律师,他当时被切诺基人雇佣,将这个案子上诉到联邦最高法院。而使得印第安人的上诉变得更具戏剧性的,是一个名叫"玉米穗"(Corn Tassel)的印第安人的案子。他杀死了一个印第安同胞,被一个州级法庭认定谋杀罪,判处绞刑。审判结果被上诉到联邦最高法院,并由其下发了一份文告质问佐治亚州,为什么在该州对其没有司法管辖权的前提下,"玉米穗"没有得到释放。但因佐治亚州州长的催逼,这份文告被置若罔闻,而"玉米穗"也被绞死了。

在最终审理之前,切诺基人上诉案的听证会的日子选在了1831年3月初。佐治亚州当局甚至拒绝出席,理由是本案中最高法院无权传召一个司法独立的州当局前去聆讯①。伍尔特辩称切诺基部落的法律地位形同外国人。本案主法官约翰·马歇尔(John Marshall)驳回了伍尔特的辩词。在回顾了联邦政府和印第安部落的关系史之后,马歇尔总结道:"即便认为切诺基人拥有权利属实的话,那也不应该由审判席来伸张。但是,如果判决造成错误也属实的话,那么我们就不免担心还会有更严重的错误,修订过去和控制未来并不是审判者的职责。"值得注意的是,法庭上来自北方的法官,约瑟夫·斯托里(Joseph Story)以及史密斯·汤普森(Smith Thompson)对此并不苟同。

但这并非是最高法院参与印第安事务的终结。佐治亚立法机构立法

---

① 联邦最高法院不受理州政府与本州居民之间的诉讼,本案中需证明切诺基人不从属于佐治亚州才可受理。

规定切诺基人地区的白人必须在1831年3月之后离开该地,或者从州政府获得许可证并宣誓归附佐治亚州。该法案主要针对向印第安人传教的传教士,如果不服从的话,他们就将身陷囹圄,服苦役4年。一些顽固分子拒绝离开,其中有6人被捕。该案曾在格温内特(Gwinnett)县高等法院审理,而辩方律师坚持认为佐治亚的该项法律有几处违反了宪法。他认为这是追溯法律①(ex post facto),这在美国宪法中是被禁止的。而且这项法律违反了各州公民可以享有其他州公民的特权和豁免权的保障,更会招致不合理的搜查和抓捕。法庭驳回了所有的辩方陈词。其中两名在押犯是传教士,他们被释放了,但理由很奇怪,说他们是美国政府授权的特使,能免于佐治亚州法律的制裁。

但杰克逊执政当局否认这两位传教士是美国政府的特使。数周之后,萨姆埃尔·A.沃切斯特(Samuel A. Worchester)牧师及一位同事被勒令10日之内离开佐治亚州。沃切斯特表示抗议,称他病中的妻子不能出行,但他和另外10位传教士遭到了逮捕,"他们脖子上了锁链……另一头套在马车上",被带去了监狱。所有人都被佐治亚的陪审团判处4年徒刑,在州立监狱服刑。之后,州长提出,如果他们宣誓服从该法律,就可以让他们获得保释。有9个人显然已经照着做,得到释放,但沃切斯特和艾里祖尔·巴特勒拒绝服从,故而被投入大牢。于是他们向美国联邦最高法院申诉。

联邦最高法院再次接收了佐治亚州和印第安人之间的官司。这一次审判席决定受理此案。主审法官马歇尔提醒法庭与会者道:

---

① 即追溯在立法之前的违法行为的法律。

第九章　印第安人大迁徙

自我政府初创，国会即通过多项法案规范与印第安人的贸易和交流活动。我待其如邻邦，尊重其权利，并于实现和约应尽义务方面，展现我之坚定不移的态度。所有这些法案，尤其是1802年，依然生效的这一部，显然是将若干印第安民族视若不同的政治实体，与之有领土的边界，且其对于该领土范围内有独一无二的领导权，并且对该领土范围内的所有土地皆享有权利，这一点不仅为我美国政府承认，而且为之担保……因为佐治亚州的法律与联邦宪法、美国的法律和与他国缔约有抵触……所以本案原告遭到起诉所依据的这项佐治亚州法案……相应宣告无效，审判结果也不成立……

这份法庭意见这一次得到了法官们的一致拥护。闻听消息，据报道说，杰克逊是这么说的："既然约翰·马歇尔已经拿定了主意，那就让他执行吧。"佐治亚州当局则无限期地拒绝释放两位传教士，并谴责最高法院的判决。

如果杰克逊立即派遣一支联邦部队，让佐治亚州释放传教士，那么该州当局毫无疑问将会束手就擒，不会进行任何武装抵抗，但即使那样印第安人的境况也不会有实质性的改善。毕竟，亚拉巴马州和密西西比州也和佐治亚州一样，在从不受他们待见的邻居那里攫取领土的意志是顽固不化的。杰克逊方面这样兴师动众，会让南方各州警惕起来，也会增加想让南方分离出去的势头。当时杰克逊是否要谋求连任尚不够明朗，但是如果对佐治亚州当局强制执行联邦最高法院的判决势必让许多南方选民离他而去，毁掉他的连任希望。所以，实际上联邦政府不应该在"沃切斯特诉佐治亚州"（Worchest vs Georgia）一案上主张其权威性，而杰克逊，这位精明老辣的政客，早就洞悉了这一切。

然而对于大多数国民共和党人①（National Republican Party），印第安人权益的捍卫者，甚至那些认为联邦最高法院是维系国家统一的唯一希望的人来说，事情就完全不是这个样子了。来自北方的通讯社连篇累牍地攻击佐治亚州当局。而在法尼尔厅（Faneuil Hall）也有人发表了演讲，表达了对国会和总统的不满，扬言要为捍卫切诺基人和克里克人的权利而行动起来。在整个新英格兰，无数城镇召开了相应的会议，更多的请愿书和陈情表像潮水般涌入国会。然而面对着堂而皇之的非正义行为，任其公开地挑战宪法和联邦政府，但看上去，自己却什么也不能做或者什么都不会去做。首席大法官马歇尔自己也很泄气，因为杰克逊总统并没有支持联邦最高法院的判决。他决定解甲归田。在他看来，联邦最高法院已经老气横秋、行将就木。总统先生的一言一行都表明，他铁了心要褫夺联邦最高法院对于联邦政府的行政以及立法这另两个分支的权威制约作用。大法官斯托里却很得意，因为他认为最高法院的行为很光荣。"感谢上帝，"他在给朋友的信中写道，"最高法院终于金盆洗手，不再做不平等对待印第安人，无视他们权利的事了。"但马歇尔却写信告诉他年轻的同事道："我不得不慢慢地，心不甘情不愿地承认，我们的宪法已经无法维持下去了。我们的意见已经在一个铁板一块的政府面前变得无足轻重……这个国家要是能维持下去多半只能靠奇迹了。我实在担心他们走不了太远。"

约翰·昆西·亚当斯在他的日记中写道："无论怎么去看……佐治亚州的霸道行径都在消灭印第安人这件事上取得了成功，而同时也牺牲了

---

① 该党为美国历史上短期存在的政党，与安德鲁·杰克逊所在的民主党原属于民主共和党，后因政见不同而分裂，国民共和党后分裂改组为辉格党，之后又分裂为若干党派，该党也被视作今天的共和党前身。

民众对于这个国家的信仰,以及我们与印第安人缔结的和约。"亚当斯也或多或少感到了一丝释然,因为他本人并不需要决断该不该以联邦政府权威之全力(无论是以何种方式),来执行联邦最高法院的判决。甚至人们很难摆脱一种假设,如果亚当斯得以连选连任,那么他在个人和公共事务中的咄咄逼人、不屈不挠的作风,说不定在其最终发生的30年前,就会导致南方各州的叛离,而那时,美国其他地区在道德和物质层面都还远没有作好准备,在"分"还是"合"的议题上可以与之角力。

值得一提的是,萨姆埃尔·沃切斯特自始至终都对他的印第安朋友忠心耿耿。他在佐治亚州决定无视联邦最高法院判决后没多久,就得到了州长的赦免。当切诺基人开始其悲惨的西迁之旅时,他也相伴左右,他建立了切诺基人帕克山教会(Cherokee Park Hill Mission)以及印第安人领地内的第一个印刷出版社。

当切诺基人仍然态度强硬之际,其他南方的印第安部落则屈服于压力而开始西迁。当然,印第安人迁徙计划不是一年两年就可以完成的。从最温驯的乔克托人开始漫长而艰巨的漫游之旅,到最顽固的切诺基人在联邦军队的刺刀下,被迫远离故土,已经过去了差不多10年。

迁徙计划的主要困难在于保留地内的印第安人是异乎寻常的五花八门。他们被分为两种人——"纯种印第安人"(full-bloods)和"混血印第安人"(mixed-bloods)。纯种印第安人通常瞧不起混血,这种感觉主要还是和彼此的利害关系有关。许多混血印第安人穿着像白人,追随白人的生活方式。他们把孩子送到教会经营的学校学习,种植庄稼,蓄养奴隶,有时候还会家财万贯。他们中很大部分,甚至可能是大多数人都是基督徒。而纯种印第安人则更倾向于继续穿戴印第安服饰,保留部落生活。他们通常很抵触传教士前来传播福音的行为,而且也很憎恨他们对皈依基督的印第安人的影响。

这种纯种和混血印第安人进行区分的经典案例发生在密西西比州的乔克托人中间,他们签署了第一个由美国联邦法律条款指导下的和约——《舞兔克里克条约》①(the Treaty of Dancing Rabbit Creek)。密西西比州的乔克托人有两位影响力最大的领袖,他们分别是格林伍德·乐福罗(Greenwood LeFlore),一个混血印第安人,以及老酋长穆舒拉图布(Mushulatubbe)——他曾经和杰克逊总统并肩而战对抗克里克人。穆舒拉图布在1826年被一个叫大卫·福尔桑(David Folsom)罢黜了大酋长的头衔,因为他酗酒无度,而且太容易受白人的影响,故而无法取信于民。穆舒拉图布,他名字的意思是"决意要杀戮",外表孔武有力又威风凛凛。他脑袋硕大,五官线条粗犷,且以善于演讲而著称。他有两个不同的家,里面各住了一位夫人,他拥有11名奴隶,在《舞兔克里克条约》签订时,有30英亩的耕地。我们现在还能看到格林伍德·乐福罗一身白人正装打扮的银版摄影照片,酷似一位成功的种植园主或者在前线地区的律师(混血印第安人比纯种的印第安人酋长要享受到更多的特权,这是印第安人生活处境中的一大讽刺。确实他们的知识或认知水平,显然要比他们的纯种同胞要"白人范儿"得多)。当乐福罗着手处理迁徙事宜之后,他很快发现自己已经与穆舒拉图布和其他酋长之间产生了矛盾,尽管这种分歧并不仅仅是纯种和混血之间的差异。因为这些酋长中也有像大卫·福尔桑这样受传教士教育长大的,还罢黜了穆舒拉图布的头衔。

---

① 原文作 Dancing Bear Creek 疑有误,1830年签订,为《印第安人迁移法》通过后的第一部与印第安部落的和约;该部落接受了迁往密西西比河以西的计划,并且一共向联邦政府出让了超过1000万英亩的土地。

第九章 印第安人大迁徙

尽管如此,乔克托人迁徙的第一阶段还是在一种振奋人心的基调下开始的。一群印第安首领,在联邦军队的保护下——保护他们免受白人和敌对印第安部落的侵扰,向伟大的白人之父①为他们在印第安人领地中的保留地进发。每一个印第安人都发了一支来复枪,以及枪药弹丸和过冬服装,并且和这一队人一起出发的是一名叫乔治·盖恩斯(George Gaines)的印第安贸易商人,他因公平交易且对印第安的处境表现同情而深受印第安人喜爱和信任。每天早上,猎人会从道路两边向外搜寻猎物,盖恩斯写道:"到了傍晚总能往营地里带回大量的猎物,供全队人吃喝,里面有鹿肉、火鸡、北美松鸡,有时还有熊肉。"长途跋涉很快就演变成了没日没夜的宴会:"猎物十分丰盛,气候宜人适合捕猎,每一天、每一夜都变得喜庆又欢愉。"指挥印第安人的护送兵中尉,以及派来照料士兵和印第安人健康的随军军医"既是欢乐的士兵又是好猎手,无论是白天和我们打猎,还是晚上和我们聚餐、欢闹,都是兴致勃勃、充满热情的"。在靠近加拿大河河口的地方,盖恩斯及一行人与一个执行同样任务的"奇克索人代表团"会合了,盖恩斯邀请他们"加入我们的队伍,和我们一起旅行,来享受我们的运动吧;现在野马很多……晚上有大篝火……延长了我们社交娱乐的时间。我们乔克托人的打猎、征战、猎艳和智谋,如今还调入了美国军人的故事和智慧"。

到达为他们量身定制的土地上时,印第安人都对这片国度"非常满意"。但是马上就发生了令人尴尬的事,即哪一块土地属于乔克托人,哪一块土地属于奇卡索人,此外"西部"印第安人可能发动袭击的威胁迫使这群不同部落的印第安人准备要与之一战。年轻的勇士们期待和假想的

---

① 指美国总统。

敌人过过招,这样他们就能了解未来邻居的战争素质了。

在红河上,他们遇到一群在此安营扎寨的肖尼人,他们自从1812年战争起就在此定居了。一个混血的印第安妇女,看着盖恩斯说:"你是个白人——我希望再也不要看见另外一张白人的脸了。"这里有些地方已经被乔克托人以及奇卡索人的定居点占据,这一群群印第安人是自己一路往西而来的。这些印第安人表示他们会欢迎印第安人迁居于此。

盖恩斯和乔克托人欢乐的远征,是整个西迁故事为数不多的亮点之一,而整个故事的悲剧性则一月复一月地叠加起来。在迁徙过程中,部落间争斗常会导致谋杀事件,甚至在印第安人中间也爆发争斗,这已经大大挫伤了印第安人的士气,而政府政策细节相关的不确定性,无疑更是雪上加霜。当已经接受方案的印第安人正式开始迁徙的时候,白人投机商人和贸易商人甚至在迁徙开始之前就已经涌入了将要留给印第安人的土地。他们奉上劣质的威士忌让印第安人头脑发昏,骗印第安人把自家宅地卖给他们。一些印第安人表达愿望说要独自前往,因为他们希望——最后也是如是而为——沿途靠打猎糊口,同时也能把政府发放的十美元旅途餐费揣进腰包。

当盖恩斯和他的乔克托朋友从印第安领地返回,带回了那里的第一手鲜活资讯之后,在乐福罗带领下,七八百名该部落的印第安人急匆匆地出发了,希望能在这片新土地上占据优先选择权。许多人把"上了岁数的和体弱的都留在家里",因为他们猜想政府会随后把他们送过来。亚历山大·塔里(Alexander Talley)牧师和一小队人马走在前头,在分配给该部落的地点建造了一座教堂,但是许多印第安人出发时并没有带好足够的过冬衣物,也没有足够的食物或给养,而且也没有办法渡过密西西比河。那年冬天一反常态的寒冷,有几个印第安人就在行军途中冻死了。盖恩

第九章 印第安人大迁徙

斯的兄弟埃德蒙·P.盖恩斯（Edmund P. Gaines）是一名美军军官，他写到密西西比州的乔克托人时说道："很多人表示，在告别他们世代所珍爱的山脉时，唯一的感受是，永远不再回来了！他们在这片国度上所受的穷苦，真是不忍卒睹。也许我言过其实了，但是从道理上说，迁徙政策对于印第安人的福祉来说是绝对必要的！"

在遭遇到新问题的时候，印第安人相当的手足无措，他们会耐心地等待陪伴他们而来的白人帮他们摆脱困境。载着他们那可怜巴巴的一点食物的马车陷在泥潭里时，印第安人就站在旁边，只要是出体力的活他们都不太愿意干。直到路过白人小镇，塔里牧师向一众基督徒们恳切求情之后，他才让印第安教民们不必再挨饿了。在向西挺近渡过密西西比河之前，塔里牧师已经耗竭了自己所有的资金，以及赊了所有能赊的账（当塔里要求报销开支时，战争部长建议拒绝给付，因为他的开支没有"事先得到政府的批准"）。

必须要提的是，向西迁徙的印第安人中，很少有像乐福罗的乔克托人一样可以不计成本地随性而行。在许多情况下，印第安人至少要装装样子进行规划和组织。印第安人带不走的房产、家禽家畜以及设备等，只能以远低于行情的价格卖给白人。上了岁数的、体弱多病的人被塞进了客运和货运的马车，和个人物品挤在一起，而猪猡、牛群、马驹和绵羊则被聚拢在一起，由妇女和儿童驱赶前进。有些时候驮物的马匹、骡子和牛比马车更受欢迎。迁徙中常有士兵护送左右，同行的还有一名联邦政府的特派员，他的职责是发放补助，并且执行一些大致的监管职能。迁徙之旅的第一段，沿密西西比河溯流而上到达红河及阿肯色河，比较实际的办法是坐蒸汽船，而船上印第安人们则和他们的家禽家畜挤作一团。

大致而言，早期的迁徙之旅是最艰苦的。许多地方道路和桥梁都需要搭建。军队长官和民事特派员必须从零开始处理这些复杂的问题——如何让这么一大群基本上没有主动性、有时候还要反抗的人走过那么长的一段路，而且"所过之处人烟稀少，而且真的不是人走的路，只有野兽才能通行"。仅从纯技术操作的层面来看，印第安人迁徙的组织工作完成得非常不错。除了开路和架桥之外，为了迁徙者准备的食物和补给都放在旅途规划路线的沿途"食品站"里。人们也驱赶着牛群一路前行，作为每日的肉食补给。

以上只是迁徙方案运转的**理想流程**，但是这套流程仅仅偶尔管点用。更多时候，以上这些环节会统统出问题。所有糟糕的事情中，最致命的是霍乱，这种可怕疫病的爆发和迁徙最活跃的时间段不谋而合。在隆冬时节，一大群乔克托人在一片沼泽地迷了路，数百匹马和牛死亡，而印第安人自己6天没有东西吃，最后靠随行的传教士招募来的白人才把他们救出去。从距离维克斯堡大约60英里的普罗维登斯湖，一位愤愤不平的白人定居者写信给战争部长，描述了他所目睹的一个场景道：一群印第安人要在一场雨夹雪的风暴中，用排筏渡过一条涨水的河，"他们忍着饥饿的考验，都是一些**老**妇人和年轻的孩子，脚上、腿上乃至身上都没有什么衣物蔽体，只有件棉内衣……在这些人去拿给养的地方之前，我让这一小队印第安人进入一片种着南瓜的田地。他们如果没有获得允许，即便挨饿也不会进入我们的田地。这些南瓜，他们就狼吞虎咽地**生着吃**下去了"。

截至1832年3月，据估计已经有4 500名乔克托人搬到了密西西比河以西，但是仍然有超过8 000人还留在密西西比州境内。讽刺的是，受到迁徙政策打击最大的恰恰是在适应白人生活方式上走得最远的。其中一个就是乔克托的一位酋长托布利·楚比（Toblee Chubee），他已经皈依

第九章　印第安人大迁徙

了基督,并且让其部落中的很多人也皈依了,他劝说族人要过戒酒、勤劳的生活,放弃印第安人的生活习惯,要活得"像一个有产阶级的白人"。到了1845年,托布利·楚比和族人最终被说服离开。而他们有很多人罹患疫病,死在了印第安领地内。差不多45年之后,残留在密西西比州的"印第安人"受邀去申领在印第安领地内的土地,有超过2.4万人前去申领,而绝大多数都是白人。其中有1 445人获得批准,加入了该部落。

亚拉巴马州的克里克人在该州的白人手里吃尽了苦头,所以到1831年该部落派两名首领去华盛顿,恳求联邦政府保护他们免受白人的觊觎和剥削。"凶手!"他们大声疾呼:

> 我们红种人、白种人,都有。红种人凶手已经被我们正法了,可白种人凶手还逍遥法外。我们种族弱小,我们的话、我们的誓言皆成儿戏。我们不奢求正义,也得不到正义。我们就坐等着凶手们来往得越来越频繁……他们把烈酒带给我们,想玩诈骗的把戏;他们把我们的财产日消月割;他们把白人军官带到我们的地盘上,诬陷我们欠了从来没欠过的债,把我们的财产给收走;我们被迫服从我们没法理解的法律;我们从来不知道什么时候我们才算做得对。

他们宣称,他们不会西迁。"我们上了岁数的父母亲恳求我们留在这片给予我们生命的土地上,这里也掩埋着他们同宗同族的血脉之亲。当他们离世的时候,他们要和这些人的骨灰混合到一处去"。其中一个叫艾尼亚·米科(Eneah Micco)的首领呈给了美国印第安事务专员一份非法居住在印第安土地上的白人名单。一些白人已经在他们想要占领的土地上做好记号了,他们在印第安人家附近的树上"划上或刻上他们的名字缩写"。

悲剧遭遇：美国原住民史

在华盛顿，克里克人的首领与战争部长卡斯会晤并向其声明："我方已经与合众国在每一个时间段缔结了许多和约，我方每一次签字立约都认为那是最终的和约……为了一些微不足道的补偿，我方一次又一次出让大片的领土，而现在我方竟被要求离开我们仅剩的土地，人则要搬到密西西比河对岸！"当时在亚拉巴马州共有约2 500名克里克人，他们还蓄养着900名奴隶。

约翰·阿尔伯特(John Albert)上校，受卡斯部长的指派主管亚拉巴马的克里克人迁离的事宜，他于1833年夏天在一封给这位战争部长带有预见性的信中写道，克里克人，

> 他们没有能力在这样的强度和计划下完成迁徙，而且他们完全不会预料到迁徙对他们的考验为何。他们自己也没有自信能完成迁徙。他们害怕途中会挨饿。那么既然很多人现在就几乎是挨饿的样子，还有什么理由相信他们不会呢……他们这个部落在秋天以25分钱一蒲式耳卖玉米，但在春天却要以一美元的高价买玉米或者刨植物根茎来维持生命。这个部落看上去从来不考虑明天，他们也不知道量入为出，不知道为这一路带着妇女、儿童，行走800英里的长征中该准备一些什么。

阿尔伯特提醒卡斯说，每一片适合打猎的地方，"每一个小麻烦都会耽搁上几天。再加上这些人无精打采、游手好闲、东游西逛的生活习性，以及饮酒的嗜好……真无法想象这些迁徙民没有人管会变成什么样子……您实在无法想象这些印第安人在最近两三年的堕落轨迹是多么惊人，从一种相对富足的状态变成了悲惨和贫穷的不堪境地"。

第九章　印第安人大迁徙

这种堕落主要该怪亚拉巴马州的现状,州当局希望获得印第安人的土地,已经允许白人侵略他们的领地,"纵容白人侵入他们的土地,甚至是他们已经开垦的土地,蹂躏那里的人和财产;成堆的贸易商人,像蝗虫一样,把印第安人仅有的一点从事农耕的愿望给摧毁殆尽……迁离或许是这些人仅存的自保希望。印第安人被人吹胡子瞪眼,威逼利诱,而且因为没有得到美国政府足够的保护而深感沮丧……他们不敢执行他们自己的法律来维持秩序,因为他们害怕白人的法律"。令人伤心的后果是,越来越多的印第安人成为不法之徒,他们完全不受任何管束,虐杀同胞却能逃脱刑罚。在另外一份报告中,阿尔伯特写到克里克人时,说:"这些人无可救药地一无所知,他们普遍都是善良之辈,(因为他们是一群友好的人),这并不是那种讨好他人的善良,而是他们看上去对伤害相当没有防备。"

卡斯部长看到这些汇报给他的事情之后,甚是惊恐,立即致信亚拉巴马州州长,抗议他们对不设防的克里克人的所作所为。他指责亚拉巴马州对印第安人"犯下了恶心和荒唐的暴行"。"印第安人的房屋被强行霸占,有的时候还被烧毁,屋主还被赶进森林里……他们的马匹、牛群、猪猡和其他财产都被夺走……更有甚者,副长官写报告给我说有 400 个人在印第安人割让的土地上卖威士忌给他们。"当美国联邦军队的将军和士兵们想要来逮捕侵犯印第安人权利最嚣张的不法之徒时,亚拉巴马州的军官们就把他们逮捕归案并绳之以法了。

1834 年夏天,杰克逊总统派弗兰西斯·斯科特·基伊(Francis Scott Key),这位《星条旗》的作曲者①来到亚拉巴马,给他汇报该州的情况。基伊在亚拉巴马州议会和国会都成功地为印第安人的境遇大声疾呼。他还

---

① 原文误,应为作词者。

报告说，愤怒的亚拉巴马人随时会把他们认为在保护印第安人的军官和士兵用私刑处死。他自己估计，大约有超过1万个白人现住在克里克人的土地上。要把他们赶走需要派遣一支军队，而且会导致大范围的内乱。

我们所熟悉的乔克托人遭遇的故事，又在克里克人身上发生了，但是最本质的差别是克里克人更不愿意迁徙，而且即便迁徙的话，也对可能发生的问题缺少应对策略。只有630个印第安人参加了约翰·佩吉（John Page）上尉——一位年轻的正规军军官，他对于自己的使命有着超强的热情——领导下的迁徙之旅，尽管针对他们已经开展了紧密的鼓动攻势。"我一天要6—7次地停下马车，把孩子们抱出来，暖暖他们，然后再放回去。我能拿到什么东西，就把它裹在孩子们身上，以免他们受冻……这必须非常留意，因为一些孩子可能会就此死去。因为受冻，每辆马车里总有5—6个孩子在不停地啼哭。"当他们抵达了3个月长的苦难之旅的终点，位于吉布森要塞（Fort Gibson）的克里克人收容站时，只有469人活着走完了这一路。

大多数克里克人拒绝离开，而且各种施压办法都用在他们头上——包括传播克里克人宣战的谣言——最后，甚至《蒙哥马利广告人报》（*Montgomery Advertiser*）也发声抗议了：

和克里克人的所谓战争是个彻头彻尾的**谎言**。这是一个由既得利益者设计的，为了让这群无知的人无法保护他们正当权利的，下作又残忍的阴谋……我们坚信，因为相关人士的揭露，这些吸血鬼的真面目才被发现，他们所传播的可耻谣言也大白于天下……可是红种人必须要马上离开。因为他们在这里已经没有什么剩下的能让他们维持生计了。他们的财产被夺走了——家禽家畜被屠杀殆尽，农场

第九章 印第安人大迁徙

被毁坏——而凶手是谁呢?就是一群白人……这些恶棍可以在这个世界上为所欲为,不受法律限制,但他们遭到报应的一天很快就要来了。

佐治亚和亚拉巴马的公民听到风声说,被推入绝境的克里克人准备对附近的白人挑起事端,不禁提高了警惕。他们还给国会发去一份愤怒的备忘录,要求其调查"印第安人在历史记录干下的最令人反感的事件,揭露他们奸淫掳掠、无恶不作的情形……并且他们究竟是怎样打开方便之门,对这片最近才繁荣起来地区不设防的妇孺,发动残忍的暗杀行动的"。这份备忘录有700人联署。就这样,联邦军队围捕了所有佐治亚州和亚拉巴马州的克里克人,把他们关进围栏,然后迫使他们开拔西迁,许多人还戴着手铐,在全副武装的护卫押送下向印第安领地进发。

在戴着镣铐的印第安战士后面,跟着两三千妇女和儿童,"他们泪流满面,极为痛苦地哀号着"。"这景象简直可悲,"一位军官写道,"但是他们造成的不幸和破坏,以及他们在这场战事[1]中标志性的恶魔般残忍,足抵得上这最羞辱人的惩罚,而锁链比起死亡更能让他们痛苦。"但《蒙哥马利广告人报》却载文说:"克里克人展现出来的场景实在是凄凉。一个曾经荣耀的部落的幸存者,手脚上了镣铐并被拴在一起。他们被迫远离祖先的土地来到一个陌生的地方,看着这一切,就足以让最强大的内心也跟着颤抖起来。"整个夏天,这个令人哀伤的故事没完没了地继续着。现在轮到热浪和灰尘,而后是致命的霍乱病,来撂倒一个个印第安人了。到11月,8 000名克里克人已经从孟菲斯渡过了密西西比河,另外还有

---

[1] 指1836年克里克战争。

5 000人驻扎下来,等待补给和让他们过河的船只的到来。

切诺基人拥有720万英亩土地,在密西西比河以东,占了佐治亚州的一大半。该部落据估计有大约2 700个家庭(或者16 542人),因此每户家庭平均拥有约2 666英亩土地。他们所遭受的骚扰,可以用约瑟夫·范恩(Joseph Vann)的故事来说明。他是一个切诺基人,有800英亩的耕地和一间砖房,据说耗资1万美元搭建。在他缺席的情况下,因为他在离开工地时让一个白人当监工,因此被法院判决他违法,一位州政府专员以罚没的形式占据了他的房产。两个白人都想要这所房子,为了所有权打得不可开交,最终当范恩一家逃到田纳西州那边去之后,他们把房子付之一炬。

迁徙切诺基的过程,起先还是一派令人蒙蔽的和谐景象。一支大约200人的先遣队于1830年1月来到了小石城(Little Rock),据旁观者记录,大多数人是白人或白人—印第安人混血,他们把印第安妻子和混血的孩子以及奴隶带在身边。有一些"印第安人"看着更像黑人而不是红种人,因为他们多半是印第安人和跑路的或被解放的黑人的后代。但劝说纯种印第安人迁离的努力遭到了坚决的抵制。一个叫布希海德(Bushyhead)的印第安人刚从印第安领地回来,他把那里印第安人受苦受难、缺吃少穿的不幸遭遇告诉了这里的人。正在此时,有关联邦最高法院对于沃切斯特牧师案件判决的消息,在切诺基人中间引得大家欢呼雀跃:"在切诺基人地区所有的城镇中都召开了会议,为了这件事每个地方都举行了欢庆活动——如晚间舞会等……"

约翰·罗斯是切诺基主要首领之一——他的印第安名字叫作库维斯库维(Cooweescoowe),他带领了一个代表团前去华盛顿。他是一个混血

第九章 印第安人大迁徙

印第安人,父亲曾是一名苏格兰裔的亲英分子,娶了他那位有四分之一切诺基血统的母亲。罗斯上的是白人学校,曾在克里克战争①的蹄铁湾战役(The Battle of Horseshoe)中在切诺基兵团中担任副手与杰克逊并肩作战。并且他也致力于发展提供给切诺基年轻人的学校和职业教育。当代表团从华盛顿带着一纸和约返回之后,该族不同派别的人围绕着迁徙事宜陷入了痛苦的争执。罗斯反对迁徙,但是埃利亚·博蒂诺(Elias Boudinot)——一位由宾夕法尼亚的慈善家埃利亚·博蒂诺建立的印第安学校的毕业生,并取了和他一样的名字——支持迁徙计划,并因此遭到杀害。罗斯万万没想到联邦政府,或者更准确地说就是杰克逊总统本人,批准了让他的人民背井离乡的计划。这宗法案实在是过分背离了美国人正义的每一条原则,违背了美利坚合众国的宪法,甚至不符合许多切诺基人信奉的基督教的宗教教义。

约翰·霍华德·佩恩,是一名受欢迎的演员、剧作家,他因为创作了《甜蜜的家》(Home, Sweet Home!)②而后世留名。切诺基人的首领们在田纳西的红土镇开会,讨论他们的大首领和战争部长协议缔结的和约时,他也在场。他将这次碰面的场景栩栩如生地记录了下来:

> 一切都是安安静静的。与会的首领们,进入会场,解开松垮垮地裹着或盖着他们脊背的毯子,把它们挂起来,然后把锡杯和其他随身物品放到篱笆上。大首领向他们走来。他们成斜对边站成两排,然后每一个人默默地靠近,向大首领伸出手。他们的服装很整洁,颜色

---

① 1813—1814年,是联邦军队镇压部分叛乱的克里克人而进行的战争,也是1812年战争和印第安战争的一部分,克里克战争让安德鲁·杰克逊名声鹊起。
② 原曲为英国人亨利·毕晓普爵士,歌词为佩恩创作,原先在佩恩的歌剧中使用。这首歌也被翻译成中文,定名为《甜蜜的家》,成为一首传唱很广的童谣。

艳丽。几乎所有人都戴着头巾,只有四五个人戴着帽子。许多人穿着短大衣,束着腰带。许多人还穿着长袍,而且几乎所有人身上都有一些打褶布。因此他们有着一种古老经书画着的父权社会列队前进景象的东方感觉。

和约被首领会议驳回,而罗斯则被命令回到华盛顿继续谈判。为了阻止他离开,25名佐治亚州卫兵在田纳西的土地上逮捕了他和佩恩,并把两人带到了佐治亚,在那里他们一共被羁押了12天。印第安人的报纸《切诺基凤凰报》(Cherokee Phoenix)遭到打击,而切诺基人也被禁止在他们的首府新埃丘塔召开会议。当佩恩被释放之后,他开始广为印刷传播切诺基人遭到迫害的事情。这些宣传在北方激起了一股批评浪潮,甚至也引来许多南方人前去抗议。

切诺基和其他南方印第安部落最不同的地方在于他们铁了心拒绝迁离。在乔克托人、克里克人以及奇卡索人中间,许多人被说服自愿迁离,或者至少最终屈服于白人的压力而搬走。但是到了切诺基人这边,贿赂、威胁、罚没财产、切断急需的食物补给,以及其他各种骚扰都不能让大多数切诺基人动摇。就在他们咬定青山不放松之际,约翰·埃利斯·伍尔(John Ellis Wool)被派去干这个吃力不讨好的差事——设法把切诺基人给赶走。他写给作战部的信中说到"无论多么可怜,多么穷困",大多数人都不愿意拿"来自美国政府的粮食或衣物,唯恐他们在和美国政府协议时,会吃人嘴短、拿人手软……许多人说要他们离开领地,不如先死了算了"。

伍尔的同情心完全都系于印第安人,他发现这些切诺基人的困境"令人十分悲伤"。他就和所有其他目睹印第安人境况的人一样,倾向于帮他

第九章 印第安人大迁徙

们迁离,"摆脱这些白人的魔掌,那些人就像秃鹫一样,虎视眈眈地随时准备扑向他们的猎物,然后把他们盘剥得一点也不剩……是的,先生,20个印第安人里就得有19个,如果没有99%那么夸张的话,身无分文地往西而去了"!一位印第安酋长写信给杰克逊总统说:"白人中社会地位最低的人用牛皮鞭、核桃树枝条以及棍棒殴打威吓切诺基人。我们待在自家的屋子里都不安全——我们的人没日没夜地被这些暴民袭击。甚至治安法官和警员都与之同流合污了。这种野蛮的对待方式不仅仅针对男人,妇女也被扒了衣服,非法地残忍地遭到鞭笞……请您派遣正规军士兵来保护我们免受这些不法之徒的袭击。"田纳西民兵的指挥官被招去镇压过一次子虚乌有的切诺基人起义,他宣称自己永远不会出兵帮忙执行显然是大多数印第安人反对的协议,因为这样会辱没田纳西军队的荣誉。

最终,在1837年初,在近8年抵抗之后,在全部1.8万人中,约有446名印第安人,他们是"最富有以及最有文化的",也是被白人劫掠最惨重的,被说服开始西迁。这些人中有一半是孩子。他们所经历的磨难并没有比许多其他迁徙者来得艰苦,但免不了要和粮食短缺、疾病和死亡以及迁徙本身的创伤时时为伴。

另外一群人在1837年年中离开往西去,但大多数印第安人在约翰·罗斯的领导下坚决不走,期间他们遭受了无尽的审判和羞辱。1838年春天,一封由超过1.5万个切诺基人署名的请愿书递交给马丁·范布伦总统,要求调查协议的欺诈及不实之处。范布伦总统希望延长规定印第安人必须离开的时间,但佐治亚州州长威胁要靠自己的力量来管这件事。1838年5月,是设定好让切诺基人搬离的最后时限,大型的平底船已经造好,准备载着这些迁徙者顺田纳西河而下。他们还带了炉子,让这些红种人乘客保暖,并在甲板上安上灶台用来煮饭。大约2000名印第安人已经出发西迁了。而现在就是要制订如何让剩下的人离开的计划。这个任务被交到了温菲尔德·斯科特(Winfield Scott)将军的手上,他指挥着一支由民兵、志愿兵和常规军混编的部队,总共大约有7 000人。

在迁徙工作中最让人心神不安的其中一点是,只要那里有条件,简陋的教堂和神坛就会搭建起来,而切诺基人神父在此开始主持宗教仪式,他们常常会提到以色列人在埃及遭受奴役的主题。这些神父真是不知疲倦。"他们从来没有放松过传播福音的工作,"威廉·库迪(William Coody),一位切诺基人酋长在给佩恩的信中写道,"他们召开教会会议,接纳了10名教友……然后带着他们来到河边,给他们受洗……一些白人断言,这是他们所见过的,最庄严,令人印象最深刻的宗教仪式了。"

迁徙者的前进路线是由一个叫"行走蛇"(Going Snake)的人带领的,"他是一个上了岁数且德高望重的首领,他的头颅经历了80个酷暑而花白,端坐在他心爱的马驹上……"库迪看"我那可怜又悲伤的乡民,被野蛮地拖离他们热爱和珍惜的祖先世代栖息之土,为了取悦白人贪婪的欲望"。

近1.5万名切诺基人,集中在七八个由士兵护卫的营地里,他们是在一段规定时间内向西迁徙的印第安人中人数最庞大的。他们乘着蒸汽船、平底船,坐着火车、马车,或者骑在马上,或者靠走路,开始了"眼泪之旅"(Trail of Tears),这条路的这个名字正是印第安人回首其迁徙的历程而取的。9队人马于1838年10月出发,另有4队于之后1个月出发。五花八门的疾病再次搞垮了许多的印第安人,而在年幼的孩子们中间,受害尤为严重。口粮不够吃、缺乏必要的卫生条件、私运的威士忌、脏水、闷热的天气、灰尘以及悲伤的情绪造成了每一队印第安迁徙者中都有数百人死亡,死亡数字总计高达数千。那些由本族印第安传教士,如杰西·布希

第九章 印第安人大迁徙

海德、伊万·琼斯(Evan Jones)带领的队伍获准在星期天不必前行,从而可以进行宗教仪式。有一队相对较为富有的印第安人,他们带了645辆马车以及差不多5 000匹马,除此之外还有很多牛。"这就像行军打仗,"有一个目击者说,"他们一个军团接着一个军团前进,马车在中央,军官在中心线上,而骑兵在后方的两翼上。"

有一位来自缅因州的旅行家,正在去往纳什维尔的路上,与一群大约2 000人的切诺基人在肯塔基州西部相遇,他对这次行军有一些细节描述:"印第安人脸上带着一种低落的沮丧,近乎绝望的神情;有的人带着一副野性癫狂的面孔,好像他们很快就要挣脱自然的锁链,饿虎扑食一样冲向他们的敌人……有一位女士骑在马上从我身边经过,身边有她的丈夫为伴,显然,她的教养气质以及穿着首饰和新英格兰的一位普通母亲别无二致。她有两个孩子,年幼的那个看上去3岁大,生了病蜷缩在母亲的臂弯里……"当流浪队伍的最后一个人走过去之后,这位无名的缅因州旅客,"哭得像孩提时代一样",因为他想到"我的同胞们把这些苦难的流亡者……赶出了家园……我希望总统阁下能在那天和我一起在肯塔基目睹这一切……我能完全感知到一个缅因人为了这些可怜的切诺基人的百般祷告,定会传达到天父的耳边"。

所有迁徙队伍中,死亡人数最少的一支队伍是由印第安人史蒂芬·福尔曼(Stepen Foreman)牧师领导的,他是协和神学院以及普林斯顿神学院的毕业生。福尔曼这一队人在出发前有983名男女老幼,大多数都是基督徒。他们在途中损失了57个人,都是因为死亡。而同时有19名婴儿降世,因此他们抵达新家的时候人数是921。信基督教的印第安人,因为在取得信仰的同时获得了部分主要为基督教思想的白人意识,表现出了白人在规划和组织方面的能力。他们在许多方面取得了物质上的繁

悲剧遭遇：美国原住民史

荣，因此他们常常会在长途旅行时考虑周密地带上所需的日用品，以便缓解在旅途中无法避免要吃的苦、要受的罪。这些人只在一些最细致特别的种族特性上属于印第安人。文化上，他们就是白人。他们和科曼切人或基奥瓦人之间的共同点绝没有比和一个虔诚的新英格兰农夫之间的来得更多。

总体而言，切诺基人的死亡情况是惨重的。在约15 000名被迁徙的切诺基人中，据估计死于被捕、羁押在迁徙之前的营地中或在迁徙途中的人大约有4 000人。

尽管切诺基人被迁离远没有更南方一些的部落被驱赶走时那么触目惊心，但是在约翰·罗斯的领导下，该部落大多数人拒绝迁徙直至其苦涩的结局，这件事引起了人们对于他们所处困境的特别关注。这也就是为什么说到印第安人被迁离，公众脑海中想到的就是切诺基人，即便他们在人数上是大大逊于其他部落的。

士兵们"被派去拿着步枪和刺刀搜查隐藏在山洞里，或者山泉边的每一所小木屋……男人在田间劳动，走在路上就被抓了，妇女们则在纺车边劳动时，孩童们在玩耍中也遭此命运"。有一位佐治亚州的志愿兵，在内战中成为南方邦联军队的一位上校，他在切诺基人迁徙事件的很多年后写道："我在南北战争中从头厮杀到结束，看过有人被子弹撕成碎片，见过数以千计的人被屠杀，但是强迁切诺基人，是我所知最残忍的一次。"

有一个老印第安人，他的房子被一队士兵团团围住，他把家里人都叫到一起，然后全体下跪祈祷，而那些感到不舒服的士兵则在旁边看热闹。那位切诺基首领，威廉·库迪，写信给约翰·霍华德·佩恩道：

除了身上穿着的衣服，他们没给人们时间拿随身物品。装饰豪

第九章 印第安人大迁徙

华的居所成为打家劫舍的好去处……许多人的财产就在眼皮子底下被拿走,然后几乎是无偿地给转卖了——许多事例中,卖家和卖家沆瀣一气,欺骗可怜的印第安人……许多切诺基人几天前还是安居乐业的样子,现在就要沦落到凄惨贫穷之境地了……以上所述并非是一个极端案例。所有这一切也只能模糊地展现了这些人对没有冒犯、没有武装以及没有反抗的切诺基人所做的好事。

最难解的印第安问题——如果审视一下"东部"和"南方"所有各部落的印第安人,也就是佛罗里达的萨米诺尔人(Seminole)了。为了对付他们,杰克逊在几乎20年之前就已经兴兵去讨伐了。他们全都住在佛罗里达沼泽地里像迷宫一样的蔽体中,非常热情地接纳庇护逃跑的奴隶。萨米诺尔人是一群膀大腰圆的印第安人,以他们的太阳崇拜为中心发展出了复杂而又深邃的文化。和许多其他的文明部落一样,非常善于耕种,种植的东西有小米、葵花、南瓜、甜瓜以及烟草。他们会做玉米面包和玉米粥。从白人那里,他们学会了养家禽和家畜,以及种植果树。

但他们意识到自己也被划为了迁徙政策的对象时,他们的领袖奉劝大家接受这不可避免的命运,而不要同合众国卷入一场无谓的战争。于是,在萨米诺尔人认可没有一个有黑人血统的人可以和他们一同迁徙的情况下,他们签署了一份迁徙协议。这些有黑人血统的人将被卖身为奴。而因为一些印第安妇女已经嫁给了黑人,这份法令意味着将要把一个个家庭撕裂开来,而萨米诺尔人拒绝就范。除此之外,一些首领已经造访过了预留给他们部落的土地,据他们说,他们未来要毗邻的印第安部落"很坏"。一些萨米诺尔人屈从于政府的压力已经搬走,而有一群人在一位部落首领——尽管他是一个叫威廉·鲍威尔的英国贸易商人的儿子,却使用他的印第安名字奥赛欧拉（Osceola）与人交往——的领导下，拒绝迁离。于是，双方有了进一步的协商。杰克逊总统确实在许多场合宣称过，没有一个印第安人可以在违背其意愿的情况下被迁离。但这一次他发布的命令是，要么印第安人自愿走，要么他们就要被锁链拴成一串拖着走。迁徙令被允许延期到1836年春天，而奥赛欧拉和其他志同道合的首领也抓紧时间准备抵抗。负责迁离萨米诺尔人的将军十分惊讶地听说有5名部落首领以及500名萨米诺尔人，他们有意迁离，却不得不逃命到位于坦帕湾（Tampa Bay）的联邦政府要塞寻求庇护。

奥赛欧拉的妻子是一个逃跑奴隶和一个印第安人的女儿。她的这种出身，在佛罗里达的法律中，可算作是一个黑人也是一个奴隶，所以当她陪丈夫来到金堡要塞①（Fort King）的时候，她以奴隶的身份遭到逮捕。愤怒的奥赛欧拉质问要塞的指挥官怀利·汤普森将军（Wiley Thompson），而汤普森则以不服从命令为由给他戴上了镣铐。为了重获自由，奥赛欧拉假意悔过，签署了一份文件答应迁离，而他一获释就开始袭击当地的种植园。

当他听说金堡要塞的主力部队将会撤离之后，奥赛欧拉和几位勇士就藏身到要塞附近，等汤普森一走出来，他们就用14发子弹把他打成了筛子。一个军中小贩和几个店员也被打死并被割了头皮，而店面也被打劫和纵火焚烧。随后，一些印第安人在瓦胡沼泽地（Wahoo Swamp）伏击了一支有110名士兵的小分队，将全员杀害并割头皮，只有3人逃走活命。两天后，奥赛维拉带领了200名萨米诺尔战士和逃跑奴隶，挡住了邓肯·拉蒙特·柯林奇将军（Duncan Lamont Clinch）的去路，他正率领着

---

① 位于佛罗里达中北部。

第九章　印第安人大迁徙

600名士兵从德雷恩要塞（Fort Drane）往威斯拉库奇河（Withlacoochee River）方向移动。奥赛维拉在交战中受伤，而萨米诺尔人在几个小时的惨烈战斗之后溃退了。

眼下，印第安人和黑人在佐治亚州毗邻的佛罗里达北部地区肆虐为患，他们杀害白人，焚烧种植园和田间的庄稼。很快，整个地区人口开始减少，因为受到惊吓的白人逃去了更大的城镇和政府的要塞寻求保护。从佐治亚州、南卡罗来纳州以及亚拉巴马州也招募到了一支1000人的志愿军，由温菲尔德·斯科特指挥。因为装备不良，且其统帅的也是未经训练、没有纪律可言的志愿兵，斯科特将军完全不是奥赛维拉的对手。甚至这三位将军——盖恩斯、柯林奇和斯科特——都没有办法将叛变的印第安人引入决战。斯科特被召回，而他的指挥权移交到了理查德·考尔①（Richard Call），一位佛罗里达民兵武装的军官手上。奥赛维拉于6月在麦卡诺皮（Micanopy）攻打了美国人的部队，虽然他没有成功拿下碉楼，但是他却迫使柯林奇将军撤出了德雷恩要塞。

在一年多的时间里，奥赛维拉时而掩蔽，时而出来骚扰，偶尔还能击败派来剿灭他的军队。最终，在1837年春天，耶素普②（Jesup）劝说了印第安人在达德要塞（Fort Dade）进行和谈。在这一纸和约中规定，"愿意迁离"的萨米诺尔人可以确保"带走他们有黑人血统的相关人，以及从正当渠道获得的财产"。在和约签订后，美国人还调拨了船只，运载这些人到新奥尔良，完成他们去印第安领地漫漫征途的第一程。然而就在印第

---

① 考尔当时也担任佛罗里达地区的总督，因佛罗里达当时尚未建州，是由总统指派总督进行管理。
② 全名Thomas Jesup，有"美军现代军需部队之父"之称，1836年在其仍担任军需部队将军的情况下，他受杰克逊总统委派，担任美军在佛罗里达所有部队的总指挥官，在第二次萨米诺尔战争之后离开。

安人准备装货登船之际,一些白人跑了出来,要求归还曾经当过他们奴隶的某些黑人。看到这场景,黑人们纷纷作鸟兽散,尽管耶索普在坦帕湾还是抓回了大约 90 人。而印第安人,确信和约的条款已经作废了,于是重回沼泽和森林,而战争也重新开始了。到了秋季,奥赛维拉和一队扈从来到耶索普的指挥所,希望谈判来营救两名被俘的印第安首领。尽管会谈期间,停战旗高高飘扬,但耶索普还是命令把印第安人的营地团团包围并抓获了奥赛维拉和其他一些印第安人。这种出尔反尔的行为在北方激起了一阵抗议浪潮,但是耶索普为自己辩解称,奥赛维拉不是那个值得信任会遵守任何和约条款的人。这位萨米诺尔首领被押送到查尔斯顿(南卡罗来纳州首府)郊外的摩尔特里要塞(Fort Moultrie),几个月后,他死于该地。

非常多的人同情奥赛维拉和顽强的萨米诺尔人。听说他的死讯之后,纽约市市长菲利普·霍恩①(Philip Hone),尽管对于自己城市里的爱尔兰人、自由黑人或者裁缝和木匠并没什么包容心,却在日记中写道:"这位高贵的印第安人……被一个背离诚信的人绑架之后,身陷囹圄。这种诚信美德是我们白种文明人坚决要拿来熏陶自己从而能战胜'未开化的异教徒'——这样我们才能满怀骄傲地如此称呼他们。"

在奥赛维拉死后,扎卡里·泰勒②(Zachary Taylor)上校(带着一支 1 100 人的常规军、志愿军以及印第安辅助军的混编部队)攻打了萨米诺尔人盘踞的奥基乔比沼泽地③(Okeechobee Swamp),在惨烈的战斗之后把印第安人赶了出去。美国军队的损失是 26 人阵亡以及超过 100 人负

---

① 霍恩自 1828 年起至 1851 年去世坚持写日记,被誉为美国 19 世纪与其同时代的记录中涉猎最广、内容最翔实的。
② 此君后代表辉格党竞选,成为美国第 12 任总统,1849—1850 年在任。
③ 该地更常称作"奥基乔比湖"Lake Okeechobee。

第九章 印第安人大迁徙

伤,但是泰勒还是被迫撤退了。最终联邦军队放弃了战斗。有一些萨米诺尔人被劝说迁离,但大多数人还是留在大沼泽地①(Everglade)的避难所里,躲避白人的骚扰。

印第安人迁徙政策却在有一群印第安人的心中特别受用。他们这一群原住民,其表现出的和白人的同化程度是最低的,墨守成规地保留他们部落的风俗。这些印第安人中的年轻勇士仍在盗马偷牛,时不时会杀害独行迷路的白人。他们也很容易被生活恣意放浪的白人贸易商人教得道德败坏,而且他们的生活条件常常是极度贫穷潦倒,越来越需要依赖政府的补助金以苟活。对于不喜欢印第安人挡路的白人来说,这些印第安人是一种格外的威胁。印第安人迁徙政策中包括了——不管政策对象愿不愿意——不同同化程度的数千个不同的印第安部落的事实,是其最残酷也是最不公正的一方面。正如杰克逊总统在他第一次国情咨文演说中谈到,持续50年帮助印第安人,使之能在白人文化中生存,使之"开化"的政策,很明显已经破产。但那只是一面之词。许多种族同化确实已经发生。许多"印第安人"他们的生活方式已经和白人别无二致——或者甚至于他们的外表也难以区分。但迁徙政策的规定中完全没有体现这种同化程度上的差异。任何居住在印第安人土地上的人,一旦拥有了某种比例的印第安血统就必须离开。

即便我们今天可以当个事后诸葛亮,却依然难以理解这项政策怎么可能会让南方印第安人的生活更有保障。他们所在州的法院拒绝给予印第安人公平正义——他们被贪婪且不受拘束的白人残忍地利用和盘剥。

---

① 位于今佛罗里达半岛南段,迈阿密附近,今天已经成为美国国家公园。

悲剧遭遇：美国原住民史

即使当时对联邦宪法的解读确实允许联邦政府代表印第安人的利益干涉其中的，但是这种干涉毫无疑问会激化分治问题的讨论，因而无论发生什么事件，联邦政府从中干涉都会变得不切实际。尽管如此，事实还是事实——印第安人在其人数众多的几个州内，被不停地欺骗和盘剥以及抢劫，时而还遭到白人邻居的杀戮。这个问题的部分原因在于白人相信他们有多少权利可以彼此欺诈蒙骗，那就有同样的权利可以欺诈蒙骗印第安人。

印第安人迁徙问题就整体而言变得复杂，是因为迁徙的南方5个开化部落——乔克托人、奇卡索人、克里克人、切诺基人和萨米诺尔人——在很多方面比西部的印第安部落更先进。他们定居在村落之中，而且运用的农业技术也相对更精深。而齐卡普人和肖尼人，更像游牧部落，如果白人来施压，或者要去寻获皮毛和猎物，他们会主动西撤。对于美国白人来说，土地主要是不动产，可以买卖，适合拿来获利。这些人完全无法理解那些已经开化的印第安人竟然是安土重迁的秉性。土地对于所有印第安人有着一种特别的力量和重要性，无论是定居的还是游牧的。土地中充满了有血有肉的灵魂，而且因为祖先的灵魂安息于此而变得神圣。对于定居的印第安人来说，土地还蕴含了他们存在意义的要素。白人们无限忠诚于他们的那几个抽象概念——这个联邦国家，他们所属的各个州，是佐治亚还是弗吉尼亚，是选择上帝还是选择进步。这些抽象概念对印第安人来说毫无意义。他们所崇拜的神明都是寓于实体的，尤其是树和河流，石头以及动物。

詹姆斯·穆恩尼（James Mooney）是一名前卫的民族学家，他亲身经历了印第安人迁徙。他曾写道："切诺基人1838年的迁徙……其承载的悲伤和痛苦超过了美国历史上任何其他长途跋涉。"当然，如果我们把它

第九章　印第安人大迁徙

放在其他南方印第安部落迁徙的大背景中,那就会清晰地呈现,除了南北战争之外,我们所经历的最为悲剧的一页。然而问题来了,谁应该承受骂名?很显然该责怪的是"民主制度",和亚拉巴马、密西西比以及佐治亚的"人民"。这些人的呼声被说成是上帝的旨意。或者说是符合宪法的,宪法允许各州掌控其内部事务,尤其是政治权利。那么州政府的官员又如何呢?当然他们不仅不会给印第安人伸以援手,而且是恰恰相反,因为他们,毕竟只是人民的公仆。那么抢夺印第安人土地的人民又是谁?他们地位高的,贵为富裕的种植园主或贪婪的政客;地位低的,是这个"自由经济体系"中最卑微的参与者,不一而足。美国人但凡可以攫取财富,就宁愿铤而走险,不惜以身试法。但是,人们依然能感觉到即便印第安人的权益得到了谨慎的维护,他们的遭遇或许也无法避免。毕竟,所有对印第安人友好的白人实际上一致判断认为,印第安人迁离是所谓"印第安问题"唯一可行的解决办法。南方各州这种民主政体对印第安人土地的胃口简直是欲壑难填,而且如果没有后来把国家一分为二,毫无疑问很长时间这种观念都不会遭到否定。

美国人总是倾向于相信所有的问题都有解决的办法。如果宇宙间有个更高一级的秩序,如果人类是理性动物的话,那么这个贻害最大的两难处境或许有理性的解决办法。然而,这样的事自然是不会发生的。这些"难题"会分化成一出出程度并没有减轻的悲剧。如果说白人和印第安人的冲突是一出悲剧的话,那么印第安人的大迁徙——也许,就大多数在几乎10年的时间后已经适应这项政策的人而言,是出于善意——是在这出好多幕的悲剧中最骇人听闻的一章。

一些现代历史学家曾把印第安人迁徙与纳粹屠杀犹太人作比较,但是这种对比是肤浅的,也是误导。美国政府对印第安人的官方政策恰恰是纳粹分子对待犹太人的反面。**他们的目的不是消灭印第安人,而是防止他们被消灭。**

如果有一份道德账本,那么会"记入贷方"(即值得赞颂的)的名字有两代盖恩斯、约翰·佩吉、威廉·阿姆斯特朗①(William Armstrong)、亚历山大·塔里,以及许多有名和佚名的士兵、传教士和平民,他们竭尽所能地缓解了印第安人的痛苦,一些人甚至献出自己的生命来改善大多数印第安人所处的悲惨境遇。

细思一下印第安人大迁徙的种种恐怖之处,我们才能理解为什么 D. H. 劳伦斯②和其他一些人会视美国为一片幽灵飘荡之地。白人和印第安人之间的故事就是一个民主和原罪关系的故事。最高法院的出手阻止是正派之举,尽管其禁止令不过是一纸空文。它高举着宪法去对抗民意汹汹,直面民主制度,制衡佐治亚、密西西比河亚拉巴马的人民。尽管美国的建国之父以平等的名义,**邀请所有**美国人参与到(妇女和黑人,当然还有印第安人被排除在外)政治运作中去,仅仅受到一些相当轻微的限制——这种限制因为将基督教教义应用到人们日常行为中而变得必不可少,而美国人却因此释放出难以估计的能量,而且,也不可避免地造成了相当规模的原罪之孽。这当然是稀松平常不过的事了。没什么事是没有料想到的,国父们自己也非常了解这种风险。但是从第一份带着民主信仰的文件开始,以杰斐逊和杰克逊为代表的民主笃信者就坚称,"人民"是"好的",因此我们在进行道德账本的复式记账中不得不总是把"记贷入方"示人,却把"记借入方③(debit)"给藏起来。不仅如此,人们普遍认为

---

① 上文未及,在印第安人迁徙期间被杰克逊总统任命为西部领地的印第安事务总管,实施了切诺基人从南方各州往印第安领地的迁徙计划。
② 英国作家、诗人,代表作《查泰莱夫人的情人》。
③ 此处指道德上应受指责的人或事。

第九章 印第安人大迁徙

上帝是没有罪的。因此,既然美利坚合众国认为自己具备神的属性,那么也应该是没有罪的。

印第安问题是民主体制的一个问题。新英格兰的改革主义者,以及纽约的权贵们,在印第安问题上,大多数方面是无可指摘的。而恰恰是他们的反对者,反对银行制度(anti-bank)的人,安德鲁·杰克逊的支持者,那些坚韧不拔、诚实守信、辛勤劳作的农夫是难辞其咎的一方。"这些前线地区,"一位名叫古斯塔夫·乌诺纽斯(Gustaf Unonius)的瑞典裔移民写道:

> 经常会有这样的一群人来此定居——他们内心怀着与红种人不共戴天的仇恨。令人十分震惊的是,他们已经强化了这种心理,因为他们声称拥有两种道德心,一种是对白人的,一种是对印第安人的。他们的行为举止显示他们和本来的种族有着联系,而他们的亲切友好——的确,他们常常会对宗教戒律的一词一句都会毕恭毕敬地遵守——使得他们敬慕和尊重任何秩序井然的社会群体。然而,这些红种人的权利和特权、财物,乃至生命,在他们的度量中轻如鸿毛,而且任何对印第安人的不正义行为,他们都能把它看成符合正义的,或是可以通融的。印第安人勇敢、老练、进取、虔诚、守信、仁慈还对陌生的白人表现好客,而白人们内心已经完全没有任何亲切友善的感应,他们对于生活在旷野之中的大自然之子毫无怜悯之心……

而美国人对于印第安人的着迷,可谓是桃李不言,下自成蹊。尽管具备短时记录功能的报纸没有刊载印第安战争和印第安人袭击,以及针对

悲剧遭遇:美国原住民史

印第安人或由印第安人而起的暴行。但印第安人却留在库珀的小说①里,留在了加特林②或宾汉姆③的油画里,或者是惠特尔④和朗费罗⑤的诗歌里。

菲利普·霍恩在他的日记中写道:"印第安人的故事目前正是炙手可热。麦肯尼上校的《印第安人肖像》(Indian Portraits)是一部了不得的作品,我听说,出版商会赚到10万美元的利润……华盛顿·欧文的《大草原之旅》⑥(Tour of the Prairies)及随后他另外一本书《阿斯托里亚》⑦(Astoria)也有助于公众视线开始关注红种人的记录。拉特罗伯也写过主题相同的很棒的书,所有这些都被有教养的先生和赶时髦的女士争相观看、听闻和阅读……"麦肯尼上校已经和詹姆斯·霍尔,一位技艺高超的艺术家联手出版了插画精美的《北美印第安部落史》(*Hisotry of the Indian Tribes of North America*)一书。据霍恩说,尽管价格高昂,但一时也分外畅销。

那些把印第安人情感化、浪漫化的美国人,通常深深地也很绝望地感触到美国人生活的许多方面的反人性之处。他们渴望高贵而亲切的精神,而他们在原住民身上找到了。印第安人恢复了柏拉图口中的"不顾一切的奋斗直至达到高贵"。在白人的精神世界中,理性/智力必须主宰一

---

① James Fenimore Cooper,詹姆斯·菲尼摩尔·库珀,最著名的作品是《最后一个莫西干战士》。
② George Catlin,乔治·加特林,是第一个在大平原地区印第安人原生地画其肖像的白人。
③ George Caleb Bingham,乔治·克莱布·宾汉姆,善于描绘密苏里河沿岸的美国前线居民的生活风景。
④ John Greenleaf Whittier,约翰·格林里夫·惠特尔,"炉边"派诗人之一,"炉边"意为代表普通人。
⑤ Henry Wadsworth Longfellow,亨利·沃兹沃斯·朗费罗,也是一名"炉边"派诗人,是美国第一个翻译但丁的《神曲》的翻译家。
⑥ 作者在美国西部考察见闻。
⑦ 作者根据皮毛贸易商人阿斯特发家致富的故事所撰写。

第九章 印第安人大迁徙

切——即"智性"(Nous)——但在野蛮人看来,生活和生命力的核心恰恰是"血气"①(Thymos)——它是勇毅而高尚生活的要件。

与白人社会的分散形态形成永久对照的是印第安人的部落。印第安人无法理解,奇怪而孤立的存在,所谓"个体"为白人百般推崇。印第安人只知道一个人是特拉华人、肖尼人、卡多人或者艾奥瓦人。许多美国人经历过长时间的孤独,有时甚至是身处拥挤城市的中间却感觉寂寞无助。但这在印第安人看来简直闻所未闻,因为他在部落的窠臼中寻求安全。印第安人也不能理解美国人会被问的永恒问题:"我是谁?"(Who am I)他只是一个苏族人,一个基奥瓦人,一个阿拉帕霍人(Arapaho),一个科曼切人。与白人美国那无法理解的变化速度不同,印第安人稳固的部落文化,看着就像大地一样经久不变。

在"性"这个麻烦的领域里,白人男子再次被印第安人的性文化撞个满怀。抽象意义的性,就像抽象思维一样,印第安人对此一无所知。印第安人并没有性幻想,总是很自然地,不由自主地进入性行为。他向白人献出自己的妻子就像伸出手一样随便——这是一种表达友好的姿态或者是一种礼物,而在白人看来是堕落、邪恶的事情。数以千计的白人男子娶了印第安妻子。她们随意不固定对象的性行为会让其在白人丈夫心中的价值比得上她们的白人姐妹吗?

美国白人和印第安人的关系问题因为美国要成为一片世外桃源而变得复杂。既然欧洲代表了陈旧、世俗、腐化、"虚假"的文明,那么美国就代表了纯真和美好,"自然之人"亲近自然,简单而民主。但印第安人又是什么?他们是"超自然"(Supernatural)的吗?已经有很多的美国人将美国

---

① 该词没有确切的翻译,广为接受的翻译为刘小枫先生的"血气",英语中的词义贴近 spirit。

悲剧遭遇：美国原住民史

"文明"与美国原住民"自然的",天然产生的生活进行比较后,流露出失望不满的情绪。

尽管迁离南方的,或者说文明的印第安部落,是印第安人和白人关系史上最惊心动魄,也最悲情的一幕——因为印第安人从中反抗,也因为他们已经在很多方面使自己融入了白人社会,那么同样无情的压力也迫使西北各州的印第安人离开了自己的家园。

第十章　向西推进

早在印第安人大迁徙开始之际,在伊利诺伊领地内就爆发了定居者和萨克和福克斯部落印第安人之间的争斗。这群印第安人的首领名叫"黑鹰"(Black Hawk),是一个波塔瓦托米人,他的父亲是一个有名的战士,曾当上过索克(也称萨克)①(Sauk)人的大首领。年轻的黑鹰在和敖塞吉人和切诺基人的战争中赢得了荣誉。当他的父亲在和切诺基人的战争中被杀后,他继承了大位。1830年,索克人和福克斯人签署和约②,放弃其在密西西比河沿岸大约700英里长的地区内所有的领土主张。

一些索克人和福克斯人在黑鹰的对头,基奥库克(Keokuk)的带领下,渡过了密西西比河来到为他们预留的土地上。黑鹰和一群追随者拒绝加入迁徙队伍,但是他们村庄所在的土地已经被该地区的总督宣告成为美国政府的财产,并划成块卖给了白人定居者。当黑鹰和他的人正在打猎和袭击的远征时,白人土地索取者出现在了印第安人的土地上,他们

---

① 原文中索克和萨克,经常换用。
② 与联邦政府的和约。

摧毁了印第安人的棚屋,用犁翻开印第安人的庄稼地。

黑鹰在春天回到了这些村庄,他命令定居者从他仍宣称是印第安人土地的地方离开。在受到惊吓的白人眼前,黑鹰的战士摧毁了篱笆,推到了房屋,或赶走或屠杀了牛群。接着6支美国军队兴兵前来,他们是由1 500名志愿兵和几支奥内达印第安人武装组成的,目的是追捕黑鹰。

面对这些秩序混乱又不守纪律的民兵,军官们束手无策,不知如何控制。这些人没有行军纪律,建造的营地很是杂乱,他们狂饮家酿的威士忌,连最普通的预防警戒措施也不遵守。当看见一队印第安人,志愿兵们就开始追击他们,他们时而大叫,时而高呼。就这样,他们被带进了埋伏圈,而当印第安人冲上来的时候,他们开始撒足狂奔——或者说是他们的马匹撒蹄狂奔,而吓破胆的骑手则把身子贴紧马鞍,不敢起身。溃散之中,11名白人被杀,一些人负了伤。当战败消息传遍前线地区之后,警觉起来的定居者开始建造了一系列小型要塞,其中大多数小得只不过是将房子用原木或栅栏加固。而印第安人的战术就是避免与白人正面交战,把视线转向任何不设防的农场或村庄。因此,每一天都会有新的被害定居者的亡魂出现。

苏族人和米诺米尼印第安人是索克人和福克斯人的宿敌,加上索克人和福克斯人的盟友——一些温尼贝戈人常被招募为辅助军,这些印第安辅助部队在像黑鹰发起的这种战争中——靠一小队一小队人马攻打孤立的农场——特别有用。在一次战事中,亨利·道奇(Henry Dodge)上校,一位从事铅矿挖掘的早期定居者,还是一位在该地区声望颇高的民兵指挥官,带着一个排的志愿兵追击一支索克人武装,因为这伙人杀了在田里工作的4个人。一共有13个人的印第安人袭击者在一条河边被追上然后被杀死了。听到交火的声音,一伙苏族人拍马及时赶到,割下了这些

第十章　向西推进

索克人的头皮,再把他们给分尸了。

战斗大多是小股的白人和印第安人的遭遇战,激烈交战之后,通常结果各有胜负。在岩河的一场战斗,是由少校约翰·德蒙特(John Dement)率领的一个连队与黑鹰率领的大约200个印第安人之间展开的。印第安人杀死了5个白人和40匹马,而他们为此付出的代价是"两名年轻的首领和7个战士"。整个5月和6月,印第安人经常主动出击,杀死了约30名白人,大多数人都在他们匆忙建造的要塞外面被擒获。结果却是命中注定的。更大规模的白人军队已经迫近了岩河边,被黑鹰用为作战基地的区域,于是印第安人不得不掉头撤退。当黑鹰准备和他的几百名士兵以及随军的妇女儿童,一起渡过威斯康星河的时候,由12个温尼贝戈人侦察兵带路的白人追兵发起了进攻。因为敌众我寡,难以匹敌,黑鹰发现他的战士中有20—30人已经倒下了,而美国人这边的损失仅仅为1人被杀,8人受伤。此时,黑夜拯救了印第安人,在夜色笼罩下他们成功渡过了威斯康星河。而白人之后又再一次发力追赶,并且最终在巴德埃克斯河(Bad Axe River)河口,距离普雷里德欣(Prairie du Chien)据点40英里的地方,赶上了索克人——这些人因为妇孺众多而行军缓慢。一艘运载这6磅加农炮的蒸汽船挡住了黑鹰想要逃过密西西比河的去路。黑鹰的人被围困在河湾边,他想要投降,但是威斯康星和伊利诺伊的志愿兵冲上来杀害印第安人并且无法制止。这位印第安首领始终认为,在他的濒死之日,白人军队有意无视他打出的白旗,而一位美国军官也给了黑鹰的说法提供了一个凭证,他在战后写道:"当我们逼近他们之后,他们举起了一面白旗,竭力想要引诱我们上当,可惜我们活得稍久了一点,所以他们这种把戏根本不适合我们。"印第安人被残忍地砍倒,而少数逃过河的人,包括妇孺,都被苏族人猎杀了。黑鹰想在温尼贝戈人那里流亡,但两名温尼

悲剧遭遇：美国原住民史

贝格勇士抓住了他，把他带到了普雷里德欣，将他献给了印第安事务专员约瑟夫·斯图里特(Joseph Street)。

温菲尔德·斯科特将军，奉命来到岩河一带加入追击黑鹰的战役中，他带了9个连队的常规炮兵部队，却因为姗姗来迟而无缘分享胜利。但是霍乱却在他们返回芝加哥的路上席卷整支部队，超过400人死于这种致命的疾病。美国人在这场稀稀拉拉的"战争"中损失了约50名志愿兵，而且再次有约半数于此的定居者死于印第安人的袭击。索克人和福克斯人估计在战斗中损失了230人，还有几百人死于伤口感染、疾病和饥饿。如果美国人这边要树立一个英雄的话，那就是亨利·道奇了，他向世人证明了他是一个果断又足智多谋的领导者。

黑鹰浑身散发出强烈的自豪感和尊严，让俘获他的人印象深刻。在他被套上锁链带走之前，他发表了一番桀骜不驯的言论：

> 黑鹰是个印第安人。印第安人感到羞耻之事，他什么都没做过。他为自己的同胞，以及他们的妻妾子嗣而战。他迎击白人，因为这些人年复一年地来欺骗印第安人，攫取他们的土地。你们知道我们发动战争的原因。所有白人都很清楚。你们该为此感到羞愧。白人蔑视印第安人，并且把他们赶出自己的家……一个和白人一样坏的印第安人不配在我们的土地上苟活，他会被处死，然后让狼群把他吃个干净。白人是一群坏教员，他们带来了错误的教材，并且教给我们错误的行为……我们越来越像白人，变得虚伪又撒谎，只知苟且之事、好吃懒做、光说不做。我们来到我们的伟大之父（美国总统）面前……他的议会对我们好言安抚，立下重诺，但我们却没有看到一丁点令人欣慰的地方……森林中也没有了鹿的踪迹。负鼠和河狸也逃

第十章 向西推进

之夭夭……我们先祖的灵魂浮现出来,跟我们说,要么为我们受到的不公正复仇,要么就去死……当他带领战士们去战斗时,黑鹰的心在他的胸膛里无比澎湃……他完成了自己的使命……黑鹰想要拯救你们,并为你们遭到的不公待遇而复仇。他喝了几个白人的鲜血。如今,他已成为阶下囚,他的事业也告一段落了。他什么也做不了了……他的太阳已经降落……再见了,黑鹰!

黑鹰在一个年轻的南方人,杰斐逊·戴维斯(Jefferson Davis)中尉的押送下来到杰斐逊兵营(Jefferson Barracks)的军事监狱服刑。这场以他名字命名的"战争"是近四分之一个世纪以来的第一场印第安战争。当时的报章上对于此战进行了极为详细的报道,而黑鹰和他的战士们也赢得了很多同情者——尤其是在波士顿,而那里是向来有同情和捍卫弱者的传统的。无数请愿书被递交给杰克逊总统,抗议对于黑鹰的持续监禁,并敦促总统先生赦免他。当黑鹰来到华盛顿之后,杰克逊总统礼节性地接待了他,并简明扼要地奉劝他,抵抗白人是徒劳无益的,随后立即赦免了他。黑鹰之后被送往东部各个城市,作为某种胜利巡游。当他抵达纽约的时候,蜂拥而去一睹他尊容的人群极为密集,甚至他的随行人员,包括他的妻妾和孩子们,都没有办法登岸。美国白人但凡离印第安人越远,就越会将其浪漫化。对于很多列队马路两边围观黑鹰的人们眼中,这位凶悍的印第安老战士就是一个英雄。艺术家为他作画,记者则来采访他,政客和社会名流希望能与之会晤。无数人对黑鹰的族人所受到的待遇表达了愤慨之情,并且千方百计要与西部同胞的所作所为划清界限。黑鹰口述了他的自传,其中包括了他上面的那份演讲,而此书立即畅销大卖。

作为黑鹰竞争索克人和福克斯人联合部落首领的对手,基奥库克成功地避免了这个联合部落中他所控制的那部分人卷入战争。如今，看到了他战败的对手受人拥戴，分外瞩目，而且最令人恼火的是，他一路还收获了满满的礼物，不禁让基奥库克怒火中烧。基奥库克很快就向印第安事务的主管点明，其他印第安人或许会从黑鹰的这番神奇遭遇中获益良多——从白人那里获得名声和荣誉的不二选择就是首先杀一些白人，然后在战争结束时被打败，然后作一番感人至深且文采飞扬的谴责白人的演讲，摇身一变成为名人，然后巡回访问。基奥库克也想要这样的巡游，而美国政府也求之不得地想要效劳。双方在华盛顿经过磋商缔结了和约，在基奥库克方面割让了125万英亩的土地之后，他带着妻妾、儿女以及一些地位较低的勇士一行人开始"在几个重要城市巡游，接受礼物馈赠和瞻仰，作为参观剧院、集市和发表演讲的福利"。黑鹰也参加的集会，但是表情愠怒、冷漠。

而索克人和福克斯人的宿敌苏族人，曾经协助过屠杀黑鹰的部落中逃跑的残余人等，他们也不想被排除在外。他们当然应当与其敌人一样获得礼物和关注。因此，他们也组建了一支印第安行军队加入到了巡游中去。当菲利普·霍恩和数以千计的纽约人涌上街头一睹印第安人风采时，印第安人正席地而坐，分配那些扎着彩带，送给他们的礼物。霍恩对于黑鹰的儿子印象尤为深刻，"真是一个模样精致的男子……我见过的最高贵的容颜——活脱脱一个忒拉蒙的埃阿斯①（Ajax Telmon）"，印第安人的手很小，而且很"女气"，近乎精致，霍恩写道，而他们的大腿和小腿肌肉却很发达。整个景象中弥漫着荒唐滑稽的悲伤之感，完美呈现了两个种族之间的矛盾关系。

---

① 古希腊神话特洛伊战争中的英雄，以英勇著称，曾与赫克托耳打得难解难分。他是忒拉蒙之子，因为战场中有另外一个埃阿斯，所以他被称为大埃阿斯，或忒拉蒙的埃阿斯。

第十章 向西推进

黑鹰回到了印第安人保护地,在那里他度过了4年的时光,享受作为一位名人的社会地位。这位印第安人的白人朋友和敬慕者不停地来找他,而这对一位老者的折磨堪比当年贪婪的定居者所做下的那些。甚至他死后安葬在靠近今天的得梅因①(Des Moines)的密西西比河畔之后都无法安息。他的尸骨在数年后被人挖出,据说陈列在艾奥瓦州伯灵顿市(Burlington)历史协会的博物馆中。

索克人和福克斯人印第安部落的最后一批族人,因为黑鹰战争而被驱离了伊利诺伊州,随后又被迫在艾奥瓦东部缴械投降。在杰克逊总统任期的最后岁月中,一系列和印第安人签署的和约递交给了国会——几项和约都是和卡多人签署的。他们所居住的地区后来成为内布拉斯加州,而卡多人也是由一系列强大部落所构成的——其中最主要的是帕尼人,然后是科曼切人,这个好战部落的活动范围横跨了大平原地区,最西直达落基山脉,往南到墨西哥边境②;还有奥塔瓦人和齐佩瓦人,他们都与阿尔冈昆族人沾亲带故,世代都定居在五大湖区;也有怀安多特人,也称休伦人,很多代人以前被易洛魁人驱赶到了相当于今天威斯康星州的地盘。当然还有就是波塔瓦托米人,他们是齐佩瓦人的盟友——也是阿尔冈昆族的一支,而他们集中居住的那片印第安领地,后来分离出来成为密歇根州。每一次和约的结果都是让印第安人离开他们的狩猎地。

在刘易斯和克拉克远征之后,西部地区的探索可以说就被搁置了。所谓"西部问题"(Western issue),与之相关的就是奴隶制度,是个极端敏感的话题。一旦没有了杰斐逊那样对于西部近乎痴迷的兴趣,政府方面

---

① 艾奥瓦州首府。
② 当时美国西南诸州皆属于墨西哥。

的原动力也日渐衰微。直到 1818 年,在门罗总统任内①,毫无疑问是由杰斐逊提议,这个问题再次被拿出来讨论。

史蒂芬·哈里曼·朗格(Stephen Harriman Long)是个农夫之子,1784 年出生在新罕布什尔州的霍普金顿(Hopkinton)。他既聪明又有雄心壮志,21 岁进入达特茅斯学院深造,并于 1809 年毕业。和很多相同背景的年轻男子一样,他尝试了教书这个行当,一干就是 5 年。在厌倦了年幼的学生之后,他应征加入了美国军队,成为工程兵团的一名中尉。在西点军校教了两年数学之后,他转岗成为地形学工程师,军衔升为少校。探险最能激发他的兴趣,因此他说服他的主管,任命他来指挥一次人们原先认为是对落基山脉进行军事和探险远征的行动。1 000 名士兵将要沿着密苏里河溯游而上来到黄石河,并在那里搭建要塞,其目的是威慑该地区的印第安人,而且毫无疑问的是,也希望将皮毛贸易拓展到该地区,帮助美国贸易商人与哈德逊湾公司开展竞争。英国人能把印第安人争取到他们的利益范围中已经先后在独立战争和 1812 年战争中让美国前线地区尝尽了苦果。除了主要和英属加拿大的皮毛公司做生意的皮毛贸易部落之外,许多部落每年也都到英国在加拿大的据点来接受馈赠和补给。英国人早就在温哥华要塞②(Fort Vancouver)站稳脚跟了,而约翰·麦克洛夫林博士(Dr. John McLoughlin)是哈德逊湾公司分派在那里的主管,是个不好对付的人。他们希望通过法国裔的加拿大陷阱猎手,能把影响力往东扩展,进而覆盖俄勒冈领地,并远及斯耐克河以及密苏里河的源头。如果美国的皮毛商人和陷阱猎手要想成功地与之竞争的话,那么大平原

---

① 美国第五任总统,1817—1825 年在任。
② 今加拿大温哥华市的雏形。

第十章　向西推进

地区和落基山脉的印第安人就必须要被安抚好,或者要让他们满怀敬畏怯懦之情。尽管这种动机不可明说,但在门罗及其战争部长,卡洪(Calhoun)说服漫不经心的国会议员批准此次远征时,脑海中一定是这么想的。

黄石河远征的军事小组率先出发。在到达康塞尔布拉夫斯之后,会有一支科学分队加入其中,这支队伍由朗格领导,成员包括年轻有为的鸟类学家,托马斯·纳塔尔(Thomas Nuttall);托马斯·塞伊(Thomas Say)一位年轻的昆虫学家、贝类学家和爬虫学家,他已经参与过一些到佐治亚和佛罗里达的远征;提香·拉姆齐·皮尔(Titian Ramsay Peale)——查尔斯·威尔逊·皮尔之子,"拉斐尔"、"鲁本斯"及"伦勃朗"的弟弟①——这位远征随军画家。会师之后,全队在康塞尔布拉夫斯过冬,而在此期间,国会对于这个计划改变了想法。派遣如此庞大的军事力量势必激起国内和国际上的反弹。墨西哥革命的大幕徐徐拉开,会给西部地区的前景带来不确定的因素。因此,军事上的目标就被放弃了。

朗格和科学分队于1820年春天出发了。除了塞伊、纳塔尔、皮尔和朗格之外,这个深入险境的小分队中还有埃德温·詹姆斯(Edwin James)——"植物学家、地质学家和外科医生",同时还有1名记录官——1名炮兵中尉,负责记录远征中的官方日志,1名法语翻译、1名西班牙语翻译、2名猎手和包装工,1个下士和6名陆军列兵。埃德温·詹姆斯列了一份详细的印第安部落想要的贸易商品清单:

做土著短裤或衬裙的裹布、毯子、贝壳串珠、枪支、火药和弹丸、

---

① 兄弟四人名字皆取自欧洲著名画家。

烧水壶、朱砂、铜绿、鹿皮锥子、打火钢条、镜子、小刀、酋长大衣、印花布、有镶饰的铜戒指、银臂带,同为银质的手镯、耳环、小玩意儿、卷发筒、胸针和其他银质头饰,黑色和蓝色的手帕、纽扣、锡杯、盘子和碟子、猩红色的布匹,等等。

而朗格的指示命令他,

> 首先去探索密苏里河及其主要支流,然后依次探索红河、阿肯色河和从密苏里河口往上游方向的密西西比河。远征的目的,是获取有关我国这一地区,尽可能最透彻和最准确的知识,况且人们对该地区日益关注起来,但却了解得很不够。在这种情况下,请你务必不要让任何值得关注的事逃出你的注意范围。你务必要尽可能精确地将重要地点的经纬度标识出。如果可行,请你务必勘定出北纬49度线的位置,这是我方领土和大英帝国领土的分界线。了解我方界限的位置将会防止我们的贸易商人与英方的贸易商人产生冲突……你务必要以善意和礼物安抚好印第安人,并且尽可能地查清不同部落的人数和特性,以及他们各自的领地主张为何……杰斐逊先生在探险队长刘易斯的旅行中所给的指示,会给你许多有价值的建议,其中内容如果可行,你也可以拿来为你所用。

谈到美国—加拿大边境以及那些部落的贸易范围,就不免为了如下论断提供了坚实的支持,这种论断认为这次远征不过是一种准备工作,准备让美国的皮毛贸易拓展到黄石河一带,甚至更远的地方。朗格的指示在结尾处,提到了杰斐逊给梅里韦瑟·刘易斯的指示,明白无误地指出了

第十章 向西推进

刘易斯和克拉克远征到朗格的远征之间存在着一种继承关系,而且杰斐逊直接或间接地影响着这次远征的计划。

冬季岁月就用来访问康塞尔布拉夫斯附近的印第安部落,并广泛观察他们的文化。近在眼皮子底下的堪萨斯人(Kansa),因为他们和白人的接触,失掉了不少本部落的文化,几乎没有什么在他们最西边的近亲同胞身上所表现出的所谓"高贵气质"(nobility)的影子。夏伯农是那位有名的萨卡加维亚的丈夫,他帮了很大的忙,让白人探险者们的寻访之路变得平坦许多。奥图人、密苏里人、艾奥瓦人和帕尼人都一一被仔细调查了。一行人观看了艾奥瓦人跳"乞丐舞"索要礼物——烟草或威士忌——这种舞蹈是专门跳给白人看的。一位部落首领起身开始讲述他的战功:"他从康扎人(Konza)那里偷马偷了7回还是8回,他还打了该族3个在战斗中被杀的人的尸体。他从埃斯坦人(Icetan)那里偷过马,还打了卢普支帕尼人①(Pawnee Loup)的一具尸体。他从奥马哈人那里偷了好几次马,从彭卡人(Punca)那里也偷过一次。还鞭笞过两个苏族人的尸体。"在他之后的是一个叫"小兵"(Little Soldier)的人发言,"他是一个饱经战火的老兵,嗓音吊得高高的,同时他描绘着他所经历的一些血腥场面。他从周围所有红种人部落那里都抢过尸体,敖塞吉人、康扎人、卢普支帕尼人、共和派帕尼人②(Republican)、大帕尼人、彭卡人、奥马哈人、苏族人、帕多卡人(Padouca)、拉普莱人(La Plais)、'光头族'(Bald Heads)、埃坦人(Ietan)、索克人、福克斯人还有艾奥瓦人……"最终,他被另外一个印第安战士给**打断**了,那个战士用手捂住他的嘴巴,把他带回到座位上去了,这是一种表示尊敬的做法,示意演讲者有更多属于他名下的战功,只

---

① 即前文提到的"沃尔夫帕尼人"。
② 帕尼人共有四支,为大帕尼人、共和派帕尼人、卢普支帕尼人和"吵闹的"帕尼人。

是部落的人没有那么多时间去听。

在奥马哈人中间,对于其他部落的袭击通常是由某一个战士发起的,他首先在身上涂抹上白灰,然后跑遍全村,呼唤其他战士与他携手共战。随后只要哪个部落是他们偷马的目标,他就开始细数和那个部落的血海深仇。随后这个战士就大摆筵宴款待要和他同往的人,然后"制造巫术",他伸出自己的巫术袋,和战友们高谈阔论,只有靠战争行为才能获得名望和荣誉。当这群人来到可以攻击敌人的范围时,这些印第安战士就往身上涂抹颜料,把挂在领导者脖子上的巫术袋中的烟草取出,抽了起来。如果能在这样的袭击中抓获俘虏,那就是莫大的成就了。"如果能打击到还在动的敌人,"埃德温·詹姆斯写道,"看着算是第二等的功绩,也算是伟大的军事成就。打死人的尸体,或者已经不能动弹的人的身体,能获得第三等的荣誉。抓了一匹马回来是第四等的。将马匹展示给任何一个人看,算是第五等。射击或者用投射物杀死敌人算是第六等级的战争行为……割下头皮只是留作证据说明你做了什么,而这件事本身不会得到任何荣誉。"

受伤的人会被杀死,然后被胜利者剁成碎片。如果他的妻妾在场,那么尸体会被拖到她们面前肢解。"他们把四肢从尸体上卸下,用线串在一起,然后大声嚷嚷,兴高采烈地拖着这串东西到处走。"死者的生殖器给系到了狗脖子上,而这群狗"被赶到这些人前面跑着,人们又叫又笑,吵吵嚷嚷,还有人说着下流的话"。

因为这些部落之间的语言实在是千差万别,所以印第安人创造了一种共用的符号语言,通过这种语言,他们能够传递大量的信息。史蒂芬·朗格远征队的成员制作了一份印第安符号语的描述式词汇表,其中有104个非常有表现力的"符号"和手势。比如,"恐惧"(Fear),在此表中被

第十章 向西推进

标注为"两手的手指向手心内压,按住较下面的肋骨,然后以剧烈的动作把手抬起来,这样是为了表示人们一般印象中心脏快要跳到喉咙的样子"。

詹姆斯也评论过平原上出现过的视觉幻象——海市蜃楼,远远一看好似湖泊、河流,而且光线也会扭曲物体的形状,因此"一个动物如果是第一次看到的话……通常会显得比原来的样子更大一些"。远看是头乳齿象,近看只是一头麋鹿;俨然一头野牛,实则是只母火鸡。

在访问大帕尼人的时候,朗格一行中的科学家们说服了东道主,给他们打了天花的预防针。朗格自己亮出手臂示范接种疫苗的过程,但是印第安人毫不感冒。这群白人观看了一种"以杆射箍"①(hoop and pole)游戏,不禁叹为观止:"野蛮人在游戏动作中表现的轻巧敏捷远胜于他们业已开化的邻居……这些野蛮人真是身材匀称,体格健美。"

所谓"马上的印第安人"(Horse Indians)这个名称,强调马这种动物的方面一点都不逊色于强调它的主人。埃德温·詹姆斯告诉我们,在这个战士的数量不足1 500人的大帕尼人部落,却豢养着6 000—8 000匹马,而正因为需要给马儿找饲料,因此这些帕尼人总是在搬家。而他们的农业生产饱受拖累,詹姆斯的记录中有在收获季节,大帕尼人却把庄稼烧了跑去新的牧场的描写。到冬天,他们的活动范围只能限制在河边和溪水边,因为那里生长着棉木,所以马驹可以啃咬嫩枝和树皮果腹。如果人或者马要挨饿的话,那最好是人去挨饿而不是马,尽管在极端情况下,确实状况比较糟糕的马通常会被吃掉。

大平原上到处都是一群群的野牛,詹姆斯记录道,牛群通常交配的季节是从7月末开始,一直持续到9月初。随后,母牛就和公牛分开,在4

---

① 在印第安人的不同部落有不同玩法,一般都是两队比赛,用矛或箭等杆状物射击一个箍,以射中的准度比较高低。

月分娩;小牛犊在母亲身边生活至少一年,有时长达3年。无论是肉还是皮,母牛的价值要高于公牛,但公牛会被大批大批地杀掉——主要是为了取乐。詹姆斯是这样写这些庞然大物的,"无论他们往哪个方向去,寄生虫或者靠吃他们为生的动物也会跟来,不会被抛下。大群的野牛身后总少不了一群群又瘦又饥饿的狼,以及一队队可恶又贪婪的鸟"。在这里詹姆斯开始沉浸于对人类体味的沉思。据说白人的气味能让野牛感到恐慌,而且不同的理论已经演进到了理性层面。这在詹姆斯看来实在是简单不过。绝不是什么"白人令牛感到恐惧的气味",而更可能是"白人针对其所及范围之内所有未被驯服动物发起的,不明智的消灭战争……这将会是一件非常好的事情",詹姆斯补充道:

> 如果保护猎物的某些法律可以扩展到这一地区,并严格地执行,在这里野牛仍旧面对着这样的困境:白人猎手肆意荒唐地捕杀这种有价值的动物,这种情况应当被调查和防止。这里的猎人一般都会对一大群野牛下手,他们能杀多少就杀多少,只是因为他们喜欢这种放浪不羁,喜欢这种野蛮的活动,然后留下残骸,让狼群和食肉鸟饕餮一番。每年数以千计的野牛遭到屠戮,而很多只是给割了牛舌。

而印第安人的体味,詹姆斯补充道:"尽管很浓烈也很特别,但绝不是令人不悦的……但印第安人觉得白人的体味很是刺鼻,令人不适。"

朗格一行人也遇到了大群的野马,"他们颜色各异、大小不同……我们的出现,它们嬉闹着,看上去很是兴奋,而不是害怕。我们经常在1英里以外的距离看到他们在一阵尘土中,跳跃、嬉戏,看上去它们像是高兴地站起身"。

第十章　向西推进

从密苏里河的源头,朗格一行人向南绕了一大圈,去了普拉塔河、阿肯色河以及红河,经过了科曼切人和基奥瓦人、阿拉帕霍人、敖塞吉人、夏延人以及西迁的切诺基人和乔克托人的定居点。他们发现史密斯要塞正由一群持来复枪的人戍守,"防止白人定居者潜入这片仍旧由印第安人控制的土地"。在斯金河(Skin Bayou)、六牛河①(Six Bulls)地区,已经出现了非法的白人定居点,但是最近已经被史密斯要塞的指挥官命令撤离了。在他们沿阿肯色河而下的路上,远征探险队来到了一处叫作"洛基河湾"(Rocky Bayou)的切诺基人定居点,在那里他们受到了首领汤姆·格雷夫斯(Tom Graves)的款待。"他的房子,"詹姆斯写道,"和我们之前经过的许多房子一样,是按照白人定居者的房屋式样建造的。而且类似的地方还在于房子周围都是耕地,种着玉米、棉花、甜薯,等等,有牛栏、马棚、一群群的猪和鹅,一个繁荣兴盛的定居点该有的景象,这里都有。"格里夫斯把他的儿子取名为安德鲁·杰克逊·格里夫斯②,尽管他不会说英语,他还是给探险队的领导者准备了丰盛的一餐,并由两名黑人奴隶为之服务。在这片地区还有别的切诺基人定居点,而切诺基人此时正与敖塞吉人处于战争之中,争夺狩猎地的归属。他们在数年之前,和一群白人,侵入了敖塞吉人的土地,并且烧毁了一座村庄和田里的庄稼,或杀或虏了50—60名老人、妇女和儿童。

或许最讽刺的就是,"在切诺基人中间引入适当程度的文明,"詹姆斯写道,"因为这样做所导致的一个普遍后果就是财产分配的不公平,以及由这种不公平产生的许多罪恶"。越是贫困的切诺基人,越是对"独自占有"——私有财产——的概念感到愤愤不平,因为这使得他们无缘触碰他

---

① 即今天的尼奥肖河,Neosho River,两条均为阿肯色河的支流。
② 纪念这位与印第安人打过不少交道,后来成为美国总统的将军。

们更富有的同胞的财产,也会让他们自己成为,用詹姆斯的话来说,"惹是生非的邻居——这不仅仅是对本部落的有钱人而言,对住在他们附近的,哪怕有那么一点财产的白人定居者来说也是如此"。这样的结果就是比较富裕的切诺基人组建了一支骑兵组成的常规部队或者治安队,"他们获得了几乎无限制的权威"来抓捕和惩处小偷。

在整片阿肯色河下游地区,朗格一行遇到了一些孤零零的农场和定居点,有的就在切诺基人的村子旁边。再往河下游,是一处特拉华人和肖尼人的定居点,他们彻底笼罩在人数更多的白人的威胁之下。"看着一个昔日强盛而独立的民族如今落魄潦倒至此,实在是令人痛心,"詹姆斯写道,"他们对压迫者肆意妄为、荒谬无谓的暴行逆来顺受尤其让人不忍卒睹。"詹姆斯怀疑,这些"不幸的遗民"或许很快就要被赶去切诺基人的领地了,而他们"快速而整体的消亡……已是注定"。

史蒂芬·朗格的陈述所言极是。他说:"这些野蛮人的生活环境是一种警备和不安持续不断的状态。他们的敌人和他们获取生计的途径常常让他们感到危险和不确定,前者需要极大的戒备心,防止其违背约定,而后者则是因为生活必需品没有日常的补给。"

在现代的评论家看来,朗格远征探险的后果有时会被形容为"令人失望的",但它的成就也是显著的。它大幅度地扩充了人们对于这片地区的普遍认知。生动鲜活的《从匹兹堡到落基山脉远征纪实》(*Account of an Expedition from Pittsburgh to the Rocky Mountains*)由埃德温·詹姆斯结集成册,出版发行之后,使得此次远征广为认知,而这本分成两卷的书被后来的地理学家、地质学家和地形学家奉为"圣经"。《纪实》一书包含了沿途所遇各色部落,数量庞大的有趣、大致准确的信息。远征探险队的"收藏品,"存放在费城博物馆中,其中有"60张新发现或稀有的动物毛皮……几千种昆虫，其中有700—800种可能是新发现的……400—500种植物，是美国植物群落中首次发现的，而且许多种类还是未经描述的"。皮尔的素描共计122幅，其中只有21幅是画完的，此外还有和皮尔一起随行的艺术家，萨姆埃尔·西摩尔(Samuel Seymour)画的150幅风景画。考虑到远征探险队所遭受的外在物质条件的困难，朗格和他的同伴理应获得极大的肯定。作为一本包罗万象的著作，詹姆斯的作品至今仍非常值得一读。朗格随后开始了他作为工程师和铁路建造者的辉煌生涯。塞伊则以美国昆虫学之父而蜚声于世。

而在那些希望推广在西部修建定居点的赞助者看来，这次远征探险最令人失望的一方面在于，以朗格之见，这片地区实在太过贫瘠和干旱，白人没有足够的条件在此建立定居点。朗格的意见在10年之后得到了约赛亚·格里格(Josiah Gregg)的认可，这位《格里格的草原商业》(Gregg's Commerce of the Prairies)的作者写道，整个大平原地区，从红河一直到密苏里河源头，是"不适合居住的——木头(尽管这里的平原地区，几乎都不长树)、土壤和水的需求问题还不算是主要的。实质问题在于，有些平原地带看上去都是肥沃的土壤，实则大多都是很贫瘠的，而且土质太干不适合耕种。这些干草原看上去只适合野马、野牛、羚羊以及它们迁徙游走的主人，草原印第安人在此出没"。

另外一种西进运动，或者可以称为"向西谋皮运动"(Fur West)，也是在同一时期发生的。从密西西比河河谷向西辐射数百英里的地方就是一望无边、人迹罕至的大平原地区，而再往西，就是属于落基山脉的大盆地地区(Great Basin)。在这片未经测绘和制图，而且很多地方尚不为人所知的地区的另一边，一些哈德逊湾公司以及约翰·雅格布·阿斯特(John Jacob Astor)的死对头——美国皮毛公司(American Fur Company)的皮毛贸易商人,另辟蹊径与不同的控制皮毛贸易的印第安部落进行贸易。自刘易斯和克拉克的远征以来,只有少数美国人涉险来过这里,而且还没有人能穿行到俄勒冈或者加利福尼亚。约翰·柯尔特(John Colter)是刘易斯和克拉克远征探险队的一员,他在回乡途中被两个伊利诺伊来的陷阱猎手,约瑟夫·迪金森和弗雷斯特·汉库克雇来当他们的向导,而报酬是"昏享"(分享)他们的贸易利润。3个人启程去往黄石河谷捕捉河狸,那里是黑足人和克劳人的印第安保护地,他们现在去做的这件事可真是十分危险。黑足人已经开始和哈德逊湾公司做生意了,印第安人负责设置陷阱捕猎,然后把油亮的河狸皮毛带到约定的地点,在那里有皮毛公司派去的专人负责收购,通常是法国人。柯尔特和同伴们在克拉克河口附近盖了一间小木屋,准备在此过冬。但是闲不住的柯尔特造了一支中间挖空的独木舟沿黄石河漂流而下,去设陷阱捕猎了。在普拉塔河流入密苏里河的地方,他碰到了几只龙骨船,船上有另外3位参加过刘易斯和克拉克远征的老伙计,乔治·德劳易拉得,彼得·怀斯和约翰·波茨。在1807年春天,在曼努埃尔·礼萨(Manuel Lisa)的率领下,他们开始往黄石河进发,去做皮毛贸易。礼萨劝服了柯尔特入了伙。在礼萨这一队人马中,还有一位年轻的巴尔的摩律师,休·马利·布雷肯里奇(Hugh Marie Brackenridge),他的父亲是休·亨利·布雷肯里奇,继承了乃父写作天赋的休·马利,将礼萨的龙骨船写得颇为详致。

> 这条船得靠20个身强力壮的桨手奋力划桨才行……我们的人手里大多数是年轻人,即便如此,有几个人已经远征去过密苏里河上游了,他们对那次经历分外自豪(这些人一定是参加刘易斯和克拉克远征探险的老兵)……我们……完全作好了防御准备。此外,在船头

第十章 向西推进

有一个可旋转射击炮，万一遭受攻击，至少有个吓唬人的样子……这些预防措施在与苏族对峙时是非常必需的，这些人最近又闹出了几起杀害和抢劫白人的案例，而且还做出这样的布置让我们别想从他们的土地上穿过去。大部分的商品，其中包括裹布、毯子、铅块、烟草、小刀、枪支、珠子都藏在一个隐蔽的船舱里……这样就尽可能不要露财，防止野蛮人受到诱惑，起心动念。

尽管苏族人确实守在河上阻止任何贸易船只通过，礼萨一行人还是蒙混过关溜过去了。

居住在密苏里河源头以及黄石河谷地的主要部落有黑足人，该地区最大且最好战的部落。克劳人，据说打起仗来势头凶猛，但是一旦局势不利，他们很快就萎靡了。以及，肖松尼人或称斯耐克人印第安部落，他们居住在河边，而且早年间给刘易斯和克拉克也帮了许多忙。

值得一提的是，围绕在黑足人广泛的活动范围的都是与之敌对的部落，而且许多已经装备了白人的火药枪。在这种威胁之下，黑足人反过来却发展出了大平原地区印第安部落中，除了苏族人之外，最有效的作战能力。阿利卡拉人从北边袭扰他们，而夏延人、阿拉帕霍人和科曼切人则从南面而来。当第一批皮毛贸易商人来到他们领地的时候，就被黑足人领袖中特有的纪律性、整洁性、良好的秩序以及不寻常的知识水平而对他们有了深刻的印象。黑足人模糊划定的"领地"，甚至深入到加拿大地区，当他们一开始面临毗邻部落倾轧的危机之时，他们怂恿哈德逊湾公司在本部落控制的地区建立贸易据点，借以挫败他们的敌对部落。他们真正的麻烦始于1822年，美国人开始来抢占贸易份额。加拿大的皮毛贸易商人想要保持他们近乎垄断的市场地位，在这些商人的怂恿下，黑足人不断地袭击美国的陷阱猎手,抢走他们猎获的皮毛,然后卖给加拿大商人。一时之间,这种运作体系在黑足人看来简直好得都有点让人不相信。他们节省了相当多的力气去自己设陷阱捕猎河狸,而且还加上了杀死白人并割走头皮的荣耀。

在展现了非凡的技能和决心之余,人数估计在1万到1.8万的黑足人,让美国的陷阱猎手和皮毛商人望而生畏,至少让他们因为继续坚持狩猎河狸而付出了相当惨重的生命和物质的代价。而黑足人的衰落起于1836年恐怖的天花疫情。这次疫情让有些军营里2/3的人丧生,总体而言,黑足人的人口因此减少了一半以上。而压死骆驼的最后一根稻草,是因为"威士忌商人"打入到了黑足人的部落中。这些不法酒贩发现黑足人,尤其是年轻的勇士,无可救药地痴迷白人的烈酒,对此毫无抵抗能力。在两个不同的黑足人群体中开展了绝望求生的斗争,因为年长一些的首领,看见年轻的战士和勇士们越来越迷恋致命的烈酒,忧心部落的毁灭,试图禁绝人们饮酒。

而斯耐克部落的印第安人是身材魁梧,有高贵相的原住民。他们为了生存,不停地和更好战的黑足人和苏族人作战。在刘易斯和克拉克远征之时,他们每年都要花很多时间在落基山脉靠近太平洋的一侧居住,来躲避苏族人。他们来到大平原地区仅仅是匆匆地进行一下野牛狩猎,随后就赶在苏族人和黑足人来找他们麻烦之前就逃了回去。他们欢迎白人陷阱猎手来到这里,成为他们的盟友来抵抗他们的宿敌。一位年轻的陷阱猎手奥斯博恩·拉塞尔①(Osborne Russell)形容他们"对白人又和蔼又好客,知恩图报又疾恶如仇,但是在大一点的村子里却有些嗜偷成

---

① 后文有他的事迹的详细介绍。

第十章 向西推进

性……我发现,他们有个普遍的特性,就是会把最后一口食物分给一个饥饿的陌生人,再拿他们的财产来获取下一餐的食物……"

克劳部落的印第安人四处活动的区域是他们起初和斯耐克人争来争去的地方,东边和南边挨着布莱克山①(Black Hills),西边是温德河山脉(Wind River Mountains),北面是黄石河。那场实际上已经摧毁曼丹人的天花疫情,也把克劳人的数量从8 000人减少到了2 000人,剩下的人中几乎2/3都是妇女。拉塞尔形容这些人"一旦取得巨大的优势就会显得骄傲、奸诈、贼头贼脑、张狂无礼以及勇猛好斗,但一旦局势掉转过来,他们都个个谦卑地表示顺从,看上去懦弱无能"。

在斯耐克部落的印第安人中,首领"是一个拥有许许多多伟大军事成就的人……他手下每一个地位最显赫的战士……都是根据他们各自名望高低在议会有一席之地的议员。而克劳人有"一支常规的部队……目的是为了维持村庄中的秩序。军事长官是由首领和顾问任命的,他们完全控制了部落内部的治安工作,而且只对任命他们的统治集团发的钱负责"。克劳人,"无论男女",拉塞尔写道,"都是个子很高、身材匀称、外形俊美的,他们都是一身淡淡的铜色肌肤"。

在克劳部落打尖的陌生人,拉塞尔转述道:"当他在村子歇脚的时候,总会给他配一名妻子,但是他离开的时候不能带着一起走。"而在斯耐克部落,孩子们都得到温柔的对待,而且"如果一个父亲或母亲对他们的男孩子施以肉体上的刑罚,将会是一种重罪"。克劳人是出了名的特别喜欢花哨的衣服并且还要展示给别人看。一个叫埃德温·德尼格的皮毛商人叙述了该部落的一次行军:

---

① 位于今南达科他州。

当一个营地在夏季挪动地方时,这个部落表现出一种欢快而活泼的样子,也许比其他任何部落都要兴奋。在这种场合里,男男女女都穿上他们最好的衣服。他们为数众多的马匹也套上了他们亲手制作、经过极度装饰的马鞍和缰绳,红色的颈圈然后在马头和马尾上盖上羽毛。战士们则穿着装饰奢华的衬衣,衬衣的边饰是人的毛发和貂毛,以及同式样的包腿裤,以及各种各样的头饰,千奇百怪,艳丽夺目,而且价值不菲。他们身上披着各种各样颜色鲜艳的毯子,上面缀着珠子,显得几分奇异又有几分优雅……他们的脸上画着雄鹿,样子很是独特新颖。他们头发也是梳编好的……上面缀满了堪称奢侈的贝壳、珠子以及串珠的装饰,垂到耳边,围着整个脖子都是。妇女们穿着红色和蓝色的衣服,也有人披着用大角羊的皮装饰的白色礼服……一串串麋鹿牙齿和海洋贝壳覆盖在胸口和后背……而礼服的流苏……是用豪猪的刚毛和各种颜色的羽毛制成的……年轻男子借此机会来展示他们的完美形象和精湛骑术以取悦女性。许多人就是在旅行的时候求偶的。

克劳人比他们邻近部落人的饮食都要更丰富多样一些,而且对清洁也更为关注。在这群人中间,那些年纪大的已经解甲归田的老战士精神矍铄和气色红润,让拉塞尔印象特别深刻。他们享有极为尊贵的地位,喜欢围坐成一圈抽烟,"谈论着他们祖先的美好时代,也谴责如今的世道"。克劳人有一件很值得一说的事情,就是他们坚决抵制威士忌。他们斥之为"白人的愚人水"。如果有一个克劳人喝醉了,那么他在喝醉的时候就不会被当成克劳人。

早在19世纪初,克劳人就已经遭到过天花病毒之难,其中一个分部落从 2 000 户减少到了 300 户。1832 年，又一个分部落也染上了这种可怕的疾病。用贸易商人拉洛克(LaRocque)的话来说：

> 一瞬间……整个帐篷里的人溃散成几个小队，往不同的方向跑出去。他们分散到山里的各个角落，希望摆脱这种瘟疫。一切秩序都没有了。没有人还可以勉强领导一下众人，或者给大家提出建议。生病的和死去的人都一样被抛弃了，成为狼群的盘中餐。每个家庭都只求自保……据说，死者的家属已经切下了一千多根手指（作为一种表示哀悼的象征）。前一年夏天统计的时候还有 800 户，但现在还剩 360 户，就是剩下的这些人家，每家每户的人也少多了。

正如我们前面所说，天花几乎已经摧毁了一度强盛又好战的曼丹人。1837 年的那次疫情将一个村子从 1 600 人的规模锐减至"13 个年轻人和 19 个老年人"。有一位作家，目睹了天花疫情对阿利卡拉人的影响之后，写道"许多人……过去外形俊美、仪表堂堂，在进行健康恢复的时候自杀了，因为他们看见天花让他们变得惨不忍睹。一些人从山崖上一跃而下，其他人则用刀扎死自己，或者用枪饮弹自尽。整个一片宽阔的草原成为一片无边无际的坟场……妇女和小孩在游牧部落之间游荡，在一堆死尸中啼饥号寒"。

和许多"落基山脉的印第安部落"一样，斯耐克人信仰"一位超凡至尊的神祇，他居住在太阳之上和地狱之中，尽管月亮和别的星星上也有神祇，但是他们服从于居住在太阳上的那位神祇无上权威的控制……"斯耐克人的战士一般都有好几个妻子，而且也有离婚的制度。在妇女中，淫乱的现象很少见。除了照料马匹之外，她们承担了部落所有的体力活，并且，用奥斯博恩·拉塞尔的话来说，妇女"见到丈夫都很高兴，也都含情脉脉。她们也特别喜爱和关爱孩子"。而据拉塞尔说，他们的政府，"是一种凭战功而建立的民主体制，首领因此可以爬到每个人能获得的最高地位，但也会因为他在位时的疏失而被赶下宝座"。斯耐克人有大约6 000人的人口规模，其中半数居住在村落中，而剩下的人则居住在一个个小而分散的分部落中，每一个分部落有2—10个家庭不等。两种居住模式中，采用后者的人也是印第安人的有机组成部分，但某种程度上，却不符合部落的主流价值观。他们缺乏打猎和战斗的技能，维持生计靠的是收集植物根茎、种子和莓类以及捕鱼。他们几乎没有马——作为"印第安人"的象征——而且更喜欢对小队的陷阱猎手实施偷窃，甚至是杀人越货。他们一般都没有火药枪，武器靠的是石英石和黑曜石当箭头的箭枝，而且他们还会把箭头沾上一些从响尾蛇牙齿中取出的毒药。住在大型村庄里的斯耐克人很少会在同一个地点待上超过一两周的时间。在拉塞尔和斯耐克人打交道的八九年间，斯耐克人的大首领去世了，而部落也"树倒猢狲散"分成了一个个小部落，拉塞尔总结原因："因为没有一个首领能把他们控制和维系于一体。"他还说："他们传统的好战精神似乎已经被他们的领导者给湮灭了，而这些人则很快陷入了文明堕落的状态。"

  该地区的其他部落有，班诺克人（Bannock），派岗人（Piegan），"血族"人①（Blood Indians），"平头族"人，内兹珀塞人以及大肚族人②——依附于黑足人的一个部落，并且和阿拉帕霍人血缘很近。除此之外，一些东部的印第安人，主要是易洛魁人和特拉华人，他们是一个人或者聚集成一小

---

① 这是皮毛商人取的名字，可能因为他发现这个部落有把血涂在脸上的风俗。而这一部落自称凯奈人"Kainai"，与派岗人都和黑足人有关。
② 这3个部落可参考本书第八章。

第十章 向西推进

撮人为贸易公司服务，而且这些人，理所当然地认为自己是白人那一边的。

行文至此，也有必要说说人们垂涎不已的带皮毛的哺乳动物了。在美洲大陆上所有的动物中，河狸是命运与美国定居者最为息息相关的一种。在我们可称之为"大平原时代"①（era of the Great Plains）里，野牛是相对占主导地位的物种，但是河狸从那个时代一开始就存在了。当第一个白人定居者来到新英格兰时，他们就发现了河狸，并且把他们的皮毛作为一种有价值的商品进行贸易。河狸皮是他们和美洲原住民进行各种交易的主要兑换中介物。许多印第安人认为他们原先都是河狸，所以河狸对他们来说是神圣的。而白人则用珠子、织品、染料、刀子、镜子以及所有经典的廉价交易品作为回报，诱使他们杀死这种神圣的动物。在白人到来之后，印第安部落之间攻伐的一个核心问题即是这种获利颇丰的河狸皮的贸易控制权。许多部落从一片流域来到另一片流域，一旦把一个河网的河狸捕杀殆尽之后，又跑去另一个河网，时不时还要把生活在那里的弱小部落给赶走。

河狸本身是一种神奇的动物，印第安人会着迷于此，也是情有可原。河狸是天生的工程师，它们有着一种近乎人类的建筑水坝和房屋的才能。河狸会把溪边或河边的树砍断，然后把树干与水流呈斜对角放在水中，并且在这根树干上叠加嫩叶和树枝，直至建成一个坚固的堤坝，把河流围成一个池塘。随后，在这个水坝上，或者在河流过分湍急不适合建水坝的地方，他们就在河边建起住房。同样地，这也是经过完美设计的建筑结构，通过从水下挖的隧道可以进入其中。房子的内部铺陈着洁净的干草，在

---

① 即未被白人发现的时代。

冬季会存放一些绿色的细树干、树枝的储备,因为上面的树皮将是经常要挨冻的河狸的食物。

雌性的河狸每年春天生产2—6只幼河狸,但是她只会留下1只并把其他的都杀掉,为了防止河狸的生活区域内过分拥挤。河狸造的"住所"通常是4—7英尺高,大约建在水面以上4—5英尺。

让河狸招致杀身之祸的是一种刺激性很强的黄色油状物,名叫"河狸油"(Castoreum),这种"胶黏"的物质隐藏着他们上肢的腺体中。无论河狸是往下游还是上游去,它们总会用爪子在河底抓一把烂泥或黏土,放在河岸上,然后涂上这种河狸油。有一个陷阱猎人曾说道:"如果有100只河狸经过一片有这种气味的地方,它们会一个一个挖新的烂泥来盖住老的河狸油,然后在这团烂泥上排泄一些新的河狸油。"印第安人已经学会如何提炼河狸油,并且把它保存在小瓶子或别的容器中。而印第安人的陷阱猎手会把一些刚和河狸油混合的烂泥放在河岸上,并在下面,在水里,安上一个陷阱。就这样,要是一个河狸过来往上面排泄河狸油就会踩到陷阱上,触发机关。而这种陷阱,基本上和我们今天所熟悉的捕鼠器差不多,它是整个捕猎过程的关键。连着陷阱的是一块晒干的木头,大约6英尺长,称之为"浮体",这是为了防止河狸沉入河底才这样设计的。陷阱设置在水面以下5—6英寸的地方,并且用桩子固定好了,因此河狸甭想逃到接触到一点点岸边,不然它就会咬断一条腿,逃之夭夭了。捕猎河狸是一项艰巨的工作。这些陷阱本身就很重——一个陷阱猎人能拿6—8个——而且陷阱猎手必须自己沉到河流或者小溪那冰冷的水中设置陷阱,等捕猎完事以后,还要再浸一次冰水来清理陷阱,并重新设置再用。久而久之,风湿病也就成为陷阱猎手的一种职业病。

眼下,白人陷阱猎手渐渐侵入到印第安人的保留地,自己捕猎起河狸

第十章 向西推进

来,而不再和印第安人进行皮毛贸易。于是,一场痛苦而惨烈的争斗就在他们和铁了心要捍卫其陷阱捕猎独霸地位的印第安部落之间爆发了。

陷阱猎手的标准装备包括了一匹用来骑乘的马以及一匹驮货物的马。乘用马会带着一块"厄丕舍末"(Epishemore)(一种方形的野牛皮,常被当作盖在马鞍上的毯子);一副马鞍和缰绳;一个装着六个河狸陷阱的麻袋;一条毯子;一双备用的莫卡辛鞋;一副牛角火药筒和子弹袋①;一条带子,上面插着一把开膛刀和一个小木箱子,里面盛放着引诱河狸上钩的河狸油;以及一个烟斗和烟草袋,外加点火的工具。陷阱猎手的衣着是法兰绒或者棉制的衬衣(两者均比雄鹿皮衬衣要理想,因为两者都更保暖兼舒适,而且干得更快),一条马裤,披着一条野牛皮的毯子,一副绑腿,一件野牛皮或羊毛毯做的外套,头顶一个羊毛的,或是野牛或水獭皮做的有帽檐或没帽檐的帽子。除了这种制服严格的实用性方面之外,白人陷阱猎手几乎与克劳部落的印第安人一样在着装上极尽色彩艳丽和古怪离奇之能事,甚至,人们常常无法将一个白人陷阱猎手与一个印第安人陷阱猎手区分开来。

因为初次冒险的成功,曼努埃尔·礼萨胆气渐壮,他与让-皮埃尔(Jean-Pierre),以及奥古斯特·肖多(Auguste Chouteau)和威廉·克拉克(William Clark)合伙建立了密苏里河皮毛贸易公司②(Missouri Fur Company)。他们募集了4万美元,招募了150个人,于1809年开始了捕猎之旅,他们在阿利卡拉人、曼丹人、米尼塔利人和克劳人的地盘上建立了几个贸易站。礼萨无视黑足人的存在,在密苏里河的源头,即三河并流

---

① 当时的火药枪要分别填装子弹和火药才能射击。
② 也称圣路易斯密苏里河皮毛贸易公司和曼努埃尔·礼萨贸易公司,几经改组更名,在19世纪早期一度称霸了密苏里河沿岸的皮毛贸易。

处建立起了一个规模巨大的要塞。但黑足人决意要捍卫他们对皮毛贸易的控制权。于是指挥该据点的军官,安德鲁·亨利被赶到了斯耐克河一带,他和手下被迫在那里建起一座木头搭成的要塞,勉强挨过了冬季。此后,这家公司撤回到康塞尔布拉夫斯,在曼丹人村子的脚下建立起了运作的大本营。

礼萨是"第一代"皮毛陷阱猎手和贸易商人中最有企图心,也最成功的一个,在圣路易斯,人们叫他"曼努埃尔大叔",每个夏天他都往那座城市运去大批的皮毛。他入赘到奥马哈部落,并总结了他作为贸易商人成功的原因:

> 我对我所做的事情充满了行动力。当别人在考虑今天还是明天出发的时候,我已经走了很远了。我让自己苦其心志、饿其体肤,一年有10个月扎在森林里不出来,离我的安乐窝远远地。我在印第安人面前表现得像一个施恩者,而不是掠夺狂。我带给他们大丽花的种子。他们所收获的果实,至少我看到的,能重达160磅。除此之外,我带来的还有大个儿的豆子、土豆和芜菁。现在这些蔬菜成为他们每日生计中不必担心的一部分。而今年我已经答应他们要带着犁头去……我把捕河狸的陷阱借给他们……我的公司可以给体弱多病的人以及被家族给抛下的老人提供庇护。

密苏里皮毛公司的主要对手是约翰·雅各布·阿斯特的美国皮毛公司。阿斯特有一个野心勃勃的计划——在刘易斯和克拉克远征的沿线建立贸易据点,一直到太平洋和阿斯托利亚[①](Astoria)受命于阿斯特来运

---

① 今俄勒冈州西北地区,濒临太平洋的城市。城市的雏形来自阿斯特的美国皮毛公司建立的阿斯托利亚要塞。

第十章 向西推进

作这个项目的专员是一个叫威尔逊·普莱斯·亨特（Wilson Price Hunt）的年轻人。他于1811年和礼萨开始了一场你追我赶的比赛，争相往密苏里河上游奔去。他并没有想和礼萨争地盘的短长，反而是想通过自己的努力，找到一条通往近1500英里之外的阿斯托利亚的路。礼萨帮他从阿利卡拉人那里买了马，于是亨特就带着一支64人组成的队伍出发了。经历了千辛万苦，一行人抵达了阿斯托利亚。因为必须放弃携带的贸易补给，他们甚至不得不窘困到只能吃莫卡辛鞋果腹。这次的远征探险，尽管路途坎坷，但为阿斯特来挑战西北公司和哈德逊湾公司奠定了基础。

而哈德逊湾公司这边，他们深信自己牢牢控制着哥伦比亚河谷地。温哥华要塞那位名气很大的代理人，麦克洛夫林据报道曾说过："在未来，我们和我们的后代将持续拥有这片土地，除了霍恩湾①（Cape Horn）水边的人家，没有什么人能来到这里。"而这些扬基佬们，他扬言："最好……先想办法去月球吧。"

在比格霍恩河（Bighorn）河口，礼萨建起了一个贸易据点，其位置大约是黄石河的源头到其汇入密苏里河的中间点。礼萨派出随行人员，与附近的克劳部落印第安人进行联系，而柯尔特受到指令，带印第安来到据点进行贸易。带着这份含混不清的指令，柯尔特开始了约500英里的跋涉来到密苏里河源头地区的克劳部落。到了臭水河一带，柯尔特转往东南方向，进入了今天我们所称之为的杰克逊霍尔小镇②（Jackson Hole），坑洞的边缘是特顿山脉（Teton Range）。从这里，他显然找到了去黄石湖的路，从黄石湖，他循着一条印第安人开辟的小路沿着河，他又折回了臭水河，随后又去了普莱尔河（Pryor Creek），然后返回了黄石河以及礼萨

---
① 为哥伦比亚河的一道河湾。
② 为今黄石国家公园的南方门户，这座小镇在空中看去宛如一个洞穴，因此得名。

的营地。柯尔特的长途旅行,远远超过了礼萨的要求,因此大为增加了刘易斯和克拉克数年前所搜集的信息。克拉克把那些信息小心谨慎地记录在地图上,放在他位于圣路易斯的总部中,这幅地图鼓励着其他勇敢的人们深入到河狸的故乡——黄石河谷地去探索发现。

次年,当柯尔特出发去联络黑足人,并且想把他们拉拢到曼努埃尔·礼萨的贸易计划中时,他加入了一群去打猎的平头族人和克劳人,这两个部落是黑足人世世代代的仇敌。因为他随意加入到了这群人中间,柯尔特使得自己成了黑足人的敌人,于是黑足人就在加拉廷河附近攻击了柯尔特的小型部队。柯尔特的腿部严重受伤,好在躲进了灌木丛,躲过了敌人的攻击。一年之后,柯尔特和一个同伴,约翰·波茨一起陷阱捕猎的时候,在杰斐逊河附近,再次遭遇了黑足人的埋伏。波茨坚信逃跑无望,于是用来复枪射杀了一个印第安人,但他浑身上下马上被雨点般的箭支射成了刺猬。柯尔特趁此间隙,就像被猎犬追击的野兔一样奔逃而走。如果印第安人抓住他,就一定会割他的头皮的。尽管他前一年受的伤还没有完全复原,但他还是几乎甩掉了所有追兵,只是被一个印第安人给抓住了。这个印第安勇士想要用手里的矛戳死柯尔特。这个白人躲了过去,然后死死抓住矛柄并把它给拗断了,而矛头部分则留在了柯尔特的手中。他用这半把矛当武器把这个黑足人给肢解了。随后,在敌人紧追之下,他奔向了麦迪逊河,在那里他藏在一块浮木之下,直至印第安人放弃继续搜寻。接着,仅仅靠蜷缩在一条从追踪者那里抢来的毯子中,柯尔特安全地返回位于黄石河的礼萨要塞,这一路耗费了他一个星期的时间。"抵达的时候,他几乎因为饥饿、疲乏和兴奋而近乎虚脱……他胡子很长,脸上和身体上都因为饥饿而变得瘦削和憔悴。他的四肢都发肿且酸痛。要塞里的公司同仁见到他如此悲惨潦倒的样子,都没认出他来。"一位朋友曾这

第十章　向西推进

样写道。

1812年战争导致了阿斯托利亚贸易事业的分崩离析，因为卷入战争的大多数各方，无论是加拿大人还是英国人，大都觉得捍卫阿斯特的利益让他们无利可图。而战争也实际上终止了密苏里皮毛公司的活动。国外皮毛市场的失去，以及在英属加拿大的皮毛公司专员的挑唆之下，他们与印第安人的关系日趋尖锐对立，使得贸易变得没有利润而且分外危险。

在战后，美国政府通过印第安贸易主管，来规范和控制皮毛贸易的往来。而基于开放皮毛贸易，让产业自由化的决心，托马斯·哈特·本顿[①]（Thomas Hart Benton）和约翰·雅各布·阿斯特结为同盟，力争用私营企业家来取代政府专员或者代表。本顿指责政府代表既没有工作效率，又腐败奸猾，他们给印第安人提供劣质的产品却索要高价。托马斯·麦肯尼，是一位有能力且眼界开阔的印第安贸易主管，他驳斥说是私营贸易商人欺骗和剥削了印第安人。但最终还是私营者胜出了。政府的贸易据点在1822年被撤销了，而这里的贸易扔给了任何精力足够充沛的人去支配和操纵。而随之产生的后果是10年甚至更长时间内惨烈到绝望的竞争，而主要竞争双方是密苏里皮毛公司和阿斯特改组后的美国皮毛公司。

曼努埃尔·礼萨于1820年去世。在皮毛贸易方兴未艾之际，威廉·阿什利[②]（William Ashley），这位密苏里州的副州长、州民兵的首领以及投资在伊利诺伊领地进行铅矿开掘的领头人，与安德鲁·亨利（Andrew Henry）少校一起，复兴了密苏里皮毛公司。1822年3月，亨利在《密苏里共和报》（*Missouri Republican*）上登了一则广告，上面写道："**致有志青**

[①] 为美国西进运动的灵魂人物，担任过代表密苏里州的参议员，民主党人士，认为美国西进扩张是"天命昭昭"。
[②] 作为传奇的皮毛贸易商人，阿什利于1820年担任了密苏里州的第一任副州长，在结束皮毛贸易生涯之后，多次当选国会众议员，但是竞选密苏里州州长时遭到惨败。

年:本广告业主希求一百人同行,溯密苏里河而上,抵其源头,雇佣期为1、2、3年不等。有意请详询安德鲁·亨利少校,此君现住华盛顿县附近铅矿……"几周后,超过100名的陷阱猎手和"露营能手"向亨利报到应征,据当地报纸记载,"许多人是放弃了最尊贵的职位和社交圈子才来的"。

阿什利也招募了一队人马(据其中一位成员所说),都是些从"干掺水勾当的酒坊和其他堆积糟粕垃圾的犄角旮旯里找出来的人",那人还说:"我实在没法描述这群人,但是法斯塔夫爵士①(Falstaff)的部队跟他们比起来,简直可说是彬彬有礼。"当然那些志愿要当陷阱猎手的人,没有亨利的手下描述的那么尊贵,也不是阿什利招募的那些渣滓、混子,一定是介乎其中的。最引人注目的是,这些成为陷阱猎手的年轻人,不仅他们的背景极度迥异——其中有法国人、西班牙人、苏格兰人、英格兰人、德意志人、南方来的、新英格兰来的、混血印第安人,还有一些黑人——而且在于他们相对较高的文化水平以及对冒险的渴望。尽管一些人毫无疑问是想多多赚钱,但大多数人是被荒野之美所吸引。

在沿着密苏里河溯流而上数百英里之后,安德鲁·亨利一行人遭到了一次沉重的挫折:一艘龙骨船倾覆了,价值1万美元的贸易品沉入了河底。在曼丹人村庄的上游一带,一伙阿西尼伯伊尼人(Assiniboine)擒获了正在渡河的陷阱猎手,劫走了他们刚从阿利卡拉人那里买来的50匹马。但是亨利及其手下还是咬牙前进,并且建立起了一座要塞,取名为本顿要塞(Fort Benton)。

服务于密苏里皮毛公司的两名中尉,麦克·伊默和罗伯特·琼斯带着180名手下,于1823年在密苏里河溯流而上,奔赴本顿要塞。他们在

---

① 为莎士比亚戏剧及威尔第歌剧中的虚构人物,为英国的一名骑士,被刻画成好吹牛和贪吃形象,其部队也被认为是军纪混乱的。

要塞附近的地区捕猎河狸,然后带着 27 个人,前往加拉廷河、麦迪逊河以及杰斐逊河的交汇处,即三河并流处,遇到了一伙黑足人。这些印第安人十分懂得表达友谊的礼节,并接受了陷阱猎手馈赠的礼物。但仅仅 12 天后,大约 400 名黑足人伏击了这伙白人,并且在第一波攻势时就杀死了伊默和琼斯。威廉·戈登(William Gordon)是一位牧师,当时走在部队的前面,据他说:"在平原上跑了 7 英里才得逃脱,身后只有仆从紧紧跟随……"另外有 5 名陷阱猎手被害,4 人受伤。幸免于难的陷阱猎手把印第安人甩得远远的,然后搭起来一个排筏,沿着黄石河漂流而下,所有的皮毛、陷阱捕猎器、马匹和装备全都被弃之不顾。黑足人则立即把偷来的马匹卖给了哈德逊湾公司的专员,那些印第安人倒是心里很清楚这批赃物从何而来。

美国皮毛公司和密苏里皮毛公司的专员为了争夺所谓的"褐色黄金"——价格昂贵的河狸皮——打得头破血流。如果说在此约 20 年后在加利福尼亚发现黄金导致了淘金潮的话,那么政府放弃对西部地区皮毛贸易的管制导致了一场"猎河狸潮"(Beaver Rush)。许许多多的陷阱猎手和辅助他们的人——营地看护人、船工和贸易商人——丧生于印第安人之手,主要是好战的黑足人。许多人死于疾病,以及未能及时清理的伤口,坏血病以及营地失火。

阿斯特为了和密苏里皮毛公司竞争,纠集了几家老的皮毛公司,其中有肖多的公司,他是礼萨原先的合伙人以及伯纳德·普拉特公司(Bernard Pratte and Company)。此外,阿斯特也和一些西北皮毛公司的前雇员签约,他们多为苏格兰人,在贸易方面有着相当丰富的经验,而且和阿西尼伯依尼人关系良好。密苏里皮毛公司在派岗要塞(Fort Piegan)建立了一个贸易据点,来控制黑足人的领地。他们还建立了卡斯要塞

(Fort Cass),位置靠近本顿要塞,作为与克劳人贸易的中枢。

眼下和河狸皮贸易相关的"要塞"建造得越来越多(这些要塞实质上是一些贸易据点,只有一些简陋的建筑结构,周围用栅栏围起来而已),它们成为平原地区和落基山脉地区的常见景象。每一个要塞都形成了自己独特的风格,并且积累了虽然简短却异彩纷呈的历史。

埃德温·邓尼格当时负责联盟要塞(Fort Union),他用极为吸引人的语言形容了贸易据点和要塞(在陷阱猎人看来好似避风港)本身的危险之处。联盟要塞几乎时时都在黑足人的围困之下。当没有克劳人在附近,帮着协防要塞时,

> 那些上山砍柴、看守马匹或者打猎觅食的人常能遇到这些无情的印第安战士的致命袭击。自从和本地的克劳人进行商业往来,每一年总有5—15个和贸易据点有关的人被杀死……谁只要去弄些柴火或肉类,就会有很大的生命危险。要塞里的每一个猎手都被杀死了,所以就算我们能看到成群的野牛,要塞内部的人也还是在挨饿。为数不多用来狩猎的马匹也经常被偷走,而看守他们的人也会被射死……

罗伯特·梅尔德鲁姆(Robert Meldrum)原先是名陷阱猎手,并且和克劳部落的印第安人住在一起达3年之久。他是一个很聪明,也受过教育的人。他在阿斯特的美国皮毛公司中已经晋升到了亚历山大要塞(Fort Alexander)主管的职位,这个要塞靠近罗斯巴德河(Rosebud Creek)河口;此后,他又受命来建造萨尔皮要塞①(Fort Sarpy)。梅尔德

---

① 黄石河边,位于今蒙大拿州境内。

第十章 向西推进

鲁姆还讲了一个经典案例——一位派岗人的妻子到河边汲水却被一群黑足人埋伏、杀害，还被割了头皮。而直到印第安人将这一切完成，要塞也没来得及施以援手。在萨尔皮要塞的会晤期间，一些布罗德族（Blood）的印第安人溜进了一间一个阿西尼伯伊尼印第安部落的老人住的房子，"切断了他的喉管，然后拖着他来到要塞堡垒前40码的地方，然后用最恐怖的方法把他的尸体剁成了碎块……"

一位萨尔皮要塞的职员指称要塞已经变成了一座"妓院"，为印第安人和陷阱猎手之流提供女伴。印第安人的妻子常被卖给陷阱猎手当"老婆"，但是价格普遍很高昂。这位萨尔皮要塞的职员得到了一份报价，"一个又脏又让人讨厌的荡妇"要换"一匹马、一把枪、一件酋长外套、一条NW①的毯子……两件衬衣、一对绑腿，6.5码长的被褥料，100发弹药，20串珠子、10大盒烟草以及一些糖、咖啡、面粉……"

阿契巴尔德·帕尔马（Archibald Palmer）曾在联盟要塞，于苏格兰人詹姆斯·麦肯锡手下担任簿记员，他娶了一个布罗德族人首领的女儿；帕尔马被人赞誉为一位英格兰贵族，"总是穿着伦敦最新的时尚款式"而且每天都要洗澡。他"着盛装，还是那种胸前有褶楞的……脖子上套着一根大金链子"，他"精心梳妆、气味宜人，脸上简直油得不能再涂了"。麦肯锡自己住在一个相当雅致的地方，还有一个存货充沛的酒窖。一位拜访他的客人惊讶地发现他"就餐时极为讲究，铺着白色的桌布，有两个人伺候着，其中一个是黑人……"就餐的人不允许不穿外套。

---

① 原文如此，可能是西北公司的缩写。

第十一章 乔治·卡特林

在刘易斯和克拉克的远征归来,以及齐布伦·派克的探险完成后的数年之间,正因为他们平安无恙地完成了使命让人们放了心,故而白人与印第安人之间的接触变得频繁——有一些痛苦的摩擦,但许多都安然无事。正如我们前面所知,贸易商人和陷阱猎手的西进之旅早于定居者,甚至比探险家还早。从 1800 年至南北战争,其中发生的经典遭遇模式就是产生在追逐动物皮毛的陷阱猎人和印第安人之间的;同样也存在于以势不可挡的姿态向西部涌来的移民以及企图阻止他们的印第安人之间。正当移民的马车前轮贴后轮川流不息地穿过大平原和落基山脉来到加利福尼亚的时候,印第安人正伺机掠之而后快。

随着接触的日渐增多,一种新的文学样式和艺术样式也就应运而生了,即利用语言和视觉图像描绘极为引人入胜的细节,用以记录印第安部落的生活。最伟大的图像记录作品出自一位献出自己生命捍卫印第安人利益的人之手。这位乔治·卡特林(George Catlin)1796 年生于宾州的威尔克斯-巴雷(Wilkes-Barre)。他的父亲名叫普南·卡特林,13 岁的年

第十一章 乔治·卡特林

纪就参了军,是康涅狄格第二军团的横笛手①,并且参加过独立战争。乔治的母亲在他只有7岁时,就在怀俄明山谷大屠杀中被印第安人掳走。普南·卡特林是个不成器的律师,最终弃业归田,而且比起"侵权"还有"诉请追回"这些事,他宁愿终日泡在书海中。乔治继承了其父的不切实际、好高骛远的秉性。当他年满21岁之后,他的父亲把他送到位于康涅狄格的利奇菲尔德(Litchfield),泰平·里夫(Tapping Reeve)法学院学习。在里夫法学院毕业之后,他想在宾州西部开始从事律师行业,但是,正如他后来所言:

> 另外一个更强大的热情占据了我的内心,那就是绘画。为了它,我很快就把所有的诉讼工作都放在一边。当我律师工作台的每一寸桌面(甚至开始侵占法官席)都被削笔刀②、画笔和墨水,以及法官、陪审员和被告人的铅笔素描占满之后,我已经决心一步一步地把我的法律藏书室变成堆放颜料桶和油画笔的地方。我将寻求未来在绘画上的发展,因为这显然是更称我心意的事业。

他的父亲向他表示祝福,并送给他一本文艺复兴艺术家的作品目录,命令其子必须把他们烂熟于心。而卡特林在画遍了本地权贵的肖像之后,出发去了费城。因为模样甚是标致,加之对绘画无比热情,卡特林引起了查尔斯·威尔逊·皮尔和他的儿子伦勃朗·皮尔以及托马斯·苏利(Thomas Sully)的关注。他很快就被选入了宾夕法尼亚艺术学院(Pennsylvania Academy of Fine Arts),并且开始被委派做一些肖像画。

---

① 横笛手受命于指挥官,通过演奏来控制部队方阵前进的节奏。
② 削尖鹅毛笔之用。

但是他"仍然在不断追求某个艺术的分支或者领域,能让他奉献终身的热情"……而这种探索最终尘埃落定是"因为一个10—15人的尊贵且面容庄重的印第安人代表团,从荒野之中或者说从'遥远的西部'突然造访了这座城市,他们的队列中表现了那些人的经典之美……这些森林的主人们,默不作声却带着禁欲主义的庄严,在这座城市内信步随行了好几天……"

当这些人离开之后,卡特林开始思索这次戏剧般的天降奇缘,最终他作出了如下的推断和结论:

> 人类,如果能以简单而超然的自然之态展现,没有被艺术伪装所束缚和牵绊,必然是画师眼前最美的模特……况且这些人的历史和风俗,如果能用绘画注解的方式保存下来,将是一个人值得毕生去努力的题材,任何谈不上让我丧命的东西都不能阻止我去访问他们的国度,成为他们的历史撰写人……我将开始这艰难而危险的事业,我决心最终能到访北美大陆上每一个印第安部落,然后带回来这些部落重要人物真实可信的肖像,以及他们性格与历史的完整记录。我也渴望能得到他们的服装,以及完整收集他们的生产工具和武器,并且把它们存放在一个**独立的展厅**里,用来教育我们的后代。

然而,问题在于如何实施这样的计划。这种痴心妄想的念头一定需要不少钱。卡特林继续画着他的小幅肖像画,希望能攒足够的钱来开始他的冒险。在纽约,他画了3幅德威特·克林顿(DeWitt Clinton)州长的小幅肖像,这位州长先生是一位伟大的艺术和科学的赞助人,也是伊利运河的推动者。克林顿州长给卡特林委派了一个任务,让他去创作反映修建运河过程的系列画。通过克林顿州长,卡特林也认识了威廉·利特·斯

第十一章 乔治·卡特林

通（William Leete Stone），这位《纽约商业广告人》（*New York Commercial Advertiser*）的编辑，这个人和卡特林一样对印第安人充满了兴趣。作为一名肖像画家取得了一些成功且为这一行努力付出之后，卡特林于1828年迎娶了一位美貌的交际花，来自新泽西州的女孩，名叫克拉拉·巴特莱特·格里高利。一年后，因为作为小幅肖像画家的职业生涯与渴望开始其认为的毕生之事业之间产生的矛盾，让他不胜其扰，卡特林陷入了一种消沉的状态。当他好些之后，他跑到圣路易斯，在那里找到了威廉·克拉克作为他的金主。克拉克邀请卡特林给前来参加和约谈判的印第安人画像。他显然很满意卡特林的作品以及他与印第安人打交道时的举止，因此决定帮助他将他那雄心勃勃的计划付诸实施。从邻近的艾奥瓦人、密苏里人、奥马哈人、索克人和福克斯人开始，卡特林还画了特拉华人、波塔瓦托米人、齐卡普人以及肖尼人的主要首领的肖像画。和妻子一起在奥尔巴尼过了一个冬天之后，卡特林在春天重返了圣路易斯，准备从普拉特河开始去画帕尼人、奥图人和苏族人。他越来越迫切地想要深入到接触白人最少的印第安部落居住的地盘里。这些部落分散在密苏里河沿岸，直到黄石地区，他们是米尼塔利人、曼丹人、阿利卡拉人、斯耐克人、克劳人、黑足人还有杨克顿苏族人。1832年，卡特林登上了一艘崭新的蒸汽船——"黄石号"，此船是为了给联盟要塞供给而迅速搭建的。在沿河航行的每一次停锚时，卡特林总会绘制一些素描。当"黄石号"搁浅时，卡特林和皮毛贸易商人一起出发。"我让几个人背着或手里拿着我画画所需要的东西……我自己背着我的素描本，手里握着我的来复枪……"

曼丹人是密苏里河上的村中原住民，在与白人的接触仅限于时不时现身的、溯河而上的贸易商人和陷阱猎手，这还是他们遇到的头一个这样的村子。在这个部落中，受文明的影响微乎其微，正中了卡特林的下怀。

村子里的男女老幼,始终饱含着极大的好奇心,他们蜂拥包围在卡特林开始画第一幅首领肖像的帐篷周围。甚至还没画完之前,人们就已经欢呼雀跃了,最终,两幅完成的画作被拿出来,高举在走道里的时候,人们终于有机会一睹并识别其领袖的风采。"这两幅画在如此庞杂的人群中间引起的反响……让人觉得新奇,而且又很忍俊不禁,"卡特林写道,"人们很快发现画作和首领的相像之处。许多啧啧称奇的人们大呼小叫起来。有些开始跺着脚,跳起不和谐的舞蹈——有的人唱起歌来,而另外一些人失声痛哭——还有几百个人则用手捂住嘴巴,不让自己发出声音。还有些人,看上去很生气,他们愤恨地把战矛扎进地里。一些人把染成红色的箭枝射向太阳,然后回到他们的用茅草搭建的家中去了。"

当卡特林从屋子里出来的时候,人群的欣喜之情和他们见到首领画像时别无二致。"妇女们看着我目瞪口呆又目不转睛,印第安战士纷纷过来和我握手……当我的上半身还忙于应付人群和与人握手之时,我的腿却被小孩子们纠缠着(就像我站在深深的河水中,小鱼儿在叮啄我的感觉。这些孩子匍匐在旁观者的腿下,怀着好奇亦或是崇敬之情,用他们的指尖来碰碰我)"。

大开眼界的印第安人们称颂卡特林为世界上最伟大的巫术师,"因为他们说我让**活着的人**——他们说看见画上的首领仿佛能分身两处地活着——那些我创作出来的形象有**一点活动感**——他们能看见画中人的眼睛在动——他们能看见画中人的一颦一笑,如果他们能笑,那么画中人想要说话的话,就一定会开口说话。所以这些画中人一定是有**某种生命**寓于其中的。"但过了一阵子,村子里的已婚妇女就开始高声哀嚎,她们指责卡特林是个"危险分子:他只要看一眼,就能创造一个活人。但是与此同时,他也会用同样的方式,把生命给摧毁掉……厄运会降临到我画的那个

第十一章　乔治·卡特林

人身上——而我也会拿走被我画的人的一部分生命存在,并且把它带回到白人中间,因此当这些被画的人死后,他们也无法在墓地中安睡。"

村子里陷入了恐慌,而卡特林则费尽口舌,还经过了翻译的传递,这才让曼丹人相信,他的"魔术"里并没有暗藏机锋。很快,部落首领们就争相让卡特林画肖像,他们还要花上半天时间来披挂上最耀眼的徽章。"这些人在被答应给他作画之后,那种虚荣自负的样子,"卡特林写道,"实在难以用语言来表达。"印第安人常会躺在自己的肖像画前,从早到晚,欣赏他的美貌容颜,然后虔诚地日日守卫这幅画,防止它遭到意外或者损害……因为他们有一种迷信思想,图画中孕育着某种程度的生命,如果它遭到损害或者暴力对待,那么就会以某种神秘的力量来影响画中人本身的健康,或者别的伤害。

卡特林花了整个夏天来扩充他对于文明地区外部落的图画及文字的目录,但很快他就意识到,那股无法阻挡的白人迁徙浪潮会把这一切都扫除干净。当一群印第安猎人从野牛狩猎后归来后,他们用"1 400条野牛舌头"来交换几加仑的威士忌。卡特林写道:"除了牛舌,一张皮或者一磅肉都没带回来……"在这种浪费的行为中,卡特林嗅到了当时看上去种群数目无数的野牛所面临的灭绝危机。他写道:

> 印第安人和北美野牛是这片土地上共同的原始居住者,而且同样因为文明世界的人到来所受难……在这个华丽而奢侈的年代,我们掠夺印第安人的土地,从他们身上扒走衣服还不够,还要断绝他们的口粮,来为这个时尚世界的奢侈品再增添一件物品……白人能可能几年后变成这样:身上穿着野牛皮袍子,然后在运货雪橇上放满了野牛皮,煞有介事地拖着它们穿过拥挤的人群,好像这是为他们量

身定做的一件精美雅致的东西！……或许说，**权力**才是**权利**的基础，而**贪婪**是一种美德。而这些印第安人民，以及这些高贵的动物，他们似乎理所应当地要遭到这样的厄运，而且这种命运**不会**发生转变。

但很显然，卡特林实在无法接受如上的思想。

他既希望建立起一个博物馆和展览室来陈列印第安人各种各样的值得称道的艺术品以及他所绘制的部落首领以及重要的印第安勇士的画像，也希望能说服国会开辟出一片巨大的区域能让印第安人自由地生活，保存自己的文明不被破坏。"这将会成为一副宏图伟业，"他写道，"通过我们政府强大的保护政策，印第安人能在一个**宏伟的公园**内，保留他们纯真的美和野性。世界各地的人，能在很长的时间里一直在此看到他们。美国人保存了如此美丽的活标本，让未来好几代的文明公民以及世界各地的人有幸目睹。这样一个国家公园，人与野兽完全生活在一派充满野性的原汁原味的自然美之中！除了建立起这一方所在，我不会再要求为我的美好记忆修建什么纪念建筑。"但卡特林一定在内心明白这只是一番注定失败又愚蠢透顶的空想。我们不能对待这样一群人——他们是俊美、有力和野性的存在——像对待动物一样，把他们放在笼子里，无论这个笼子多么大、多么精美。但这种想法是让人心碎的，印第安人的所有一切都会烟消云散，而千辛万苦搜集来的艺术品，精巧制作的肖像画，最终这些东西对于那些想象力乏善可陈的人眼里不过就是纸花之于鲜花。

最终，卡特林完成了40多个部落的画像记录这一浩大的工程。他已经累垮了。就像许多奋不顾身，闯入这片令人恐惧又很吸引人的世界中的人一样，无论是高贵还是恐怖之处，卡特林从未逃出过这片世界的吸引力的控制：

第十一章　乔治·卡特林

> 我热爱这些人,他们总是拿最好的东西来欢迎我……他们真挚善良没有法律约束,他们没有监狱,也没有破败的房子……他们从不随便称呼上帝的名字……他们没有《圣经》却也崇拜上帝,我也相信上帝是爱他们的……他们也没有宗教仇恨……他们从来不会出手攻击我,或者盗窃我的财产,尽管也没有什么法律可以制裁这种行为……差点忘了,啊!我是多么热爱这些不为钱财而活的人啊!

上面卡特林所说的这群人,毫无疑问就是印第安原住民。卡特林一开始就知道印第安人生命中密不可分的令人胆寒的艰难困苦以及残酷无情;了解了持续不断因暴力而造成的死亡以及酷刑;听说了袭击和血腥的战争。在引述的这段话中,乔治·卡特林的字里行间更像是一个背叛其理想、丧失信仰的白种美国人在对印第安文化的单相思,而不怎么像他的老本行——一丝不苟地画美国原住民精确肖像画的画家。理想和现实并不能在同一框架内并存。它们不断地搅扰着卡特林的内心,好像它们随时会把他撕成两半。他曾经见到印第安人因"天性中的天真单纯"放弃了祖宗留下的土地:

> 然后凝望着缓缓下山的落日……而我也常常同时看到喧嚣、忙碌、互相交谈、得意洋洋、兴高采烈的白人纷至沓来。他们扬起犁头,锄了第一下土,就已经侵犯了那些黄土下的亡灵之骨,该受到神谴……我看到了文明声势浩大又不可阻挡的前进浪潮……这尊庞然大物不停向前滚动,眼睁睁看着它所过之境,变成清一色的荒凉。而我和成千上万欢乐的人们交谈过,他们生活的地方远没有受到影响,他们没有被文明世界碾压,也完全没想过它的来临。我曾站在这群

不谙世故的人中间思索着，内心满怀悔意。因为这个势不可挡的制度迟早都会来到这施压，它的前进是不可避免的，而且会变得越来越强盛。抗拒文明来袭的泪水一定渗透到了这片美丽土地上的每一颗土壤里……所有这一切都是确凿无疑的。

当他完成了他的计划，至少是可以完成的那部分之后，卡特林终于在纽约市开出了他的"印第安展览厅"(Indian Gallery)。其中他拉拢到了时尚界和权贵的支持，这展现了他的精明之处。他让丹尼尔·韦伯斯特①(Daniel Webster)，菲利普·霍恩以及纽约其他社会名流获得先睹为快的机会。霍恩写道，这座印第安人展览厅中包含了卡特林"大量的绘画收藏，如印第安首领肖像画、印第安人地区的风景画以及庆祝仪式的画作等，以及一些劳作、捕猎、战争武器、服装等实物，这些是他五六年时间内在大西部地区旅行时搜集的……我真是很少能见到如此有趣的展览。我们嚼着野牛舌和鹿肉当点心，品尝着大喷泉的水，吸着卡尔梅特和平烟斗，头顶是用野牛皮做的印第安帐篷。"

从纽约开始，卡特林还把他的展览厅搬到过波士顿、华盛顿和费城。在每个地方起初都很成功，但是当新鲜劲儿过去之后，入场观看的人数则令人伤心地衰减。卡特林忙于记述他在原住民间的冒险经历，他发现要募集资金在美国出版这样的书很困难，而且国会拒绝拨款让他修建永久的博物馆，这让他大失所望。于是他决定把展览开到英格兰去——"船载货物达8吨之中，其中有600幅肖像画和其他画作……以及数千件印第安服饰、武器，等等"。

---

① 当时政坛的风云人物，曾多次担任众议员、参议员，多次参与总统候选人提名的竞争；也是仅有的两位在三位总统任内担任过两次国务卿的政治人物之一。

第十一章 乔治·卡特林

在英格兰，卡特林在埃及厅①租了三间展览室，而他的展览取得了巨大的成功。维多利亚女王也来进行过一次私人参访，而卡特林也在该国贵族中间找到了赞助人。他计划将他的冒险经历以丰富插图的厚厚的两卷本出版，书名为《有关北美洲印第安人的生活举止、风俗及生活条件的信笺及笔记辑录……数百幅插图的两卷本》(Letters and Notes on the Manners, Customs, and Condition of the North American Indians .... In Two Volumes with Several Hundred Illustrations)。这本书得到了英格兰书评家的大为赞誉，有人称卡特林为"本时代最杰出的人士之一"。

卡特林实在是一个善于出风头的人，商业策划上的一把好手。他雇请英国演员穿着印第安服装表演印第安人的歌曲和战舞。而当门票收入日渐减少，迫使他不得不考虑开始进行环英国以及欧洲大陆城市的巡回展览之时，一个名叫的兰金(Rankin)的有魄力的商业推手邀请他和9名奥吉布瓦部落印第安人一行来到了伦敦。卡特林立即把他们纳入他的展览中去，而这些真实的"展示品"无疑给展览注入了新的生命。然而其中一名印第安人与一个英格兰妇女发生了绯闻，成为一时极为轰动的事件，导致兰金与卡特林分道扬镳，并留下卡特林与奥吉布瓦人独撑场面。不仅如此，情绪低落的奥吉布瓦人，既灰心丧气又思乡心切，实在与卡特林画作中表现的"高贵的野蛮人"相去甚远，甚至还不如之前扮演他们的演员来得传神。查尔斯·狄更斯看过后说道，这些印第安人"就像一群动物，一堆可怜虫……像动物一样蹲着吐痰"，还说"这些人的舞蹈还比不上英格兰的意大利歌剧的合唱队②。"

---
① 19世纪位于英国伦敦皮卡迪利广场的展览用建筑，因建筑风格而得名，1905年拆除。
② 狄更斯在原文中认为"印第安人个子很小，很瘦弱，舞蹈没有什么通过动作来进行真实的戏剧表达力量，甚至就算有了这种力量还会更糟糕"。

悲剧遭遇：美国原住民史

当几个印第安人因为染上了白人的疾病以及不适应英国气候而相继去世后，靠奥吉布瓦人这条路算是走不通了，卡特林准备打起包裹回家，再一次地试图说服国会来为他的艺术品找到一个合适的家。此时在卡特林的一位名叫梅奥罗迪的老相识的组织下，14个艾奥瓦部落的印第安人抵达了伦敦。卡特林得以让他的展览再次旧貌换新颜。这一次，他租了马让艾奥瓦人来骑，然后在马上呼喊大叫。而他们后来才发现，伦敦人已经对这些引进的印第安人变得越来越厌倦了。绝望之中，卡特林只能带着他们进行巡回演出。而演出的开支远远超过了门票收入，再加上几个艾奥瓦人也不幸去世，卡特林决心开辟新的战场，把他的展览厅以及相关人等带到巴黎去。在那里，他和他的"野蛮人"同伴得到了法国国王和王后的极力鼓吹。"告诉这些善良的伙计们，我很高兴见到他们，"法王如是对印第安人的翻译说，"当我还年轻时，我也曾住过很多美洲印第安人住的棚屋，不管是哪里的人都对我很友善……"在巴黎，卡特林复制了在伦敦的成功，但是艾奥瓦人却因为外国人的环境而变得日渐憔悴。一些人得上了肺炎，有几个人不幸去世，而剩下的人则逃回了美国。而就在他们离开的几周之后，卡特林的妻子克拉拉死于肺炎，留下他这个鳏夫，以及4个需要他照料的小孩。

另外一伙奥吉布瓦人，当时正在伦敦表演，听说艾奥瓦人已经离开之后，就赶到巴黎与卡特林汇合。随后他们去了比利时，在那里，3个奥吉布瓦人死于天花，剩下的人则要留院观察。同时，藏品以及绘画在卢浮宫找到了一个临时的存放地。卡特林想以3.5万美元的价格把它们全都卖给了路易·菲利普，不成之后又找到大英博物馆，甚至"任何一位英国贵族或绅士"。但是，他找不到任何接手的人，只能通过收取复制他所展览的印第安人肖像画的佣金来勉强糊口。他的儿子，小乔治也死于肺炎，而他妻子的父母则夺去了另外3个女儿的抚养权。终于，一位国会议员提议建立史密森学会①（Smithsonian Institution）作为一个国立美术馆，并提议为了这个美术馆来购买卡特林的藏品。但是美墨战争的爆发让这个计划无疾而终。而在1848年的革命浪潮之中，巴黎的暴徒冲进了卡特林的工作室，毁坏了他的几件画作，而他则狼狈地带着藏品逃到了伦敦。因为债主们的紧追不舍，等1853年法国恢复君主制②之后，他又从伦敦逃回了巴黎。

在1852—1853年的国会③讨论中，购买卡特林藏品的议案得以复生。在其参议员生涯最后几天的韦伯斯特赞扬了卡特林的贡献。而肯塔基州的参议员，杰斐逊·戴维斯——他曾在黑鹰战争之后把黑鹰带到华盛顿——也表示赞同。但戴维斯在演讲最后表示说，因为他所在的州敌视印第安人的情绪非常强烈，所以他被迫对该议案投反对票。而这项议案恰恰以一票之差宣告被驳回。

穷困潦倒又失聪的卡特林，在56岁之际出发去巴西丛林画南美的土著民。陪伴他的是个高大的黑人，一个逃跑的奴隶名叫恺撒·保拉（Caesar Bolla）。保拉扛着这位艺术家的颜料和帆布。卡特林一行周转了三程，先是到巴西的腹地，随后翻过安迪斯山脉到秘鲁，然后横穿阿根廷的潘帕斯草原。那是19世纪最不寻常的远征探险之一，上了岁数的艺术家，通过其作为"伟大巫术师"的"魔力"，再次回到了那个最合他胃口的世界——那个有原始人，持久的艰难困苦，以及危机四伏的世界，足以让圣人为之色变。这个世界是由一群好战又多疑的部落守护的，许多部落

---

① 1846年建立，目前是美国国立的博物馆和研究中心的联合体。
② 即路易·波拿巴的法兰西第二帝国。
③ 美国国会每两年就有1/3的改选，故为两年一届。

的人从没见过一个白人。卡特林后来又回到了布鲁塞尔,在"靠近安特卫普火车站的一条不知名的马路上"开设了一家画室。一位前来寻找他的美国领事发现这位失聪的老人靠每天几个法郎度日。"他时常跟我谈他的绘画和素描,"这位领事写道,"然后表达了他所有的作品能被打包收购,并且由美国政府所有的希望……比起订单能否达成,他显然对他毕生为之奋斗的事业更显焦虑……他总是骄傲地称自己为'印第安人的朋友'……他在布鲁塞尔过得简直像一个隐士……"

在布鲁塞尔的岁月中,卡特林又写了两本书,分别是《生活在印第安人中》(Life among the Indians),以及《在印第安人间的最后漫游》(Last Rambles Among the Indians)。在1870年,已74岁高龄,海外飘荡了31年的卡特林回家了,他来到了纽约市。卡特林在一家位于第五大道和第14街的画廊开办了他的作品展。多年前的好友,约瑟夫·亨利如今成为史密森学会的主管,他邀请卡特林来此举办他的作品展。史密森学会内腾出了一间屋子作为他用来过渡的画室,而且人们又重新努力说服国会去购买他的藏品和绘画——如今总数已经超过了1 200件。而因为身体太过虚弱又缠绵病榻,卡特林无法继续作画。他搬到了泽西城以便离女儿们更近一些。乔治·卡特林于1872年12月23日逝世,享年77岁,而他的遗言,据说是这样的:"我那些展览品会是怎样的命运啊?"

乔治·卡特林的一生充满了悲剧和动荡,而这在某些方面也呼应了那些他所歌颂的那些原住民的生命。而这其中最为荒诞讽刺的是他必须把深爱的印第安人转化为一种市场化的产品。他必须要去"兜售"他们,靠他们赚钱糊口。在伦敦和巴黎,他剥削了不幸的奥吉布瓦人和艾奥瓦人。他的想象力已经大大超过了他的财富所能承担的范围,而他挥金如土的样子就像他挥霍自己的天赋一样。他成年以后,大部分时间是在美国以外的;他就和文学以及艺术中的那些形象一样,看起来无法忍受故土或者彻底想弃国而走。他做了大量粗制滥造的工作,却仅仅是为了生存,油画原作的复制品以及潦草敷衍画就的静物画不计其数,但水平远远不及他的杰作。卡特林是一个浪漫主义者、空想家,一个容易痴迷的人、一个善于出风头的人,他身上甚至有些骗子的意味,像是个欺骗印第安人的家伙。但是抛开这些精心画就的不朽形象中所折射出的磨难和混乱,这些图像总是会告诉我们北美印第安人的生命中最引人入胜的部分,即他们的风俗习惯和生活举止。在乔治·卡特林心中,他并没有首先把自己当作艺术家,而是当作一个记录那些正在消失中的种族以及其生活方式的记录员。尽管在他对眼前的人和艺术的存在有着直接而密集的观察,他对色彩的出色感觉以及他对人体及其比例有着强大且令人信服的处理能力足以让他跻身艺术家之列。他是一个手法娴熟的绘师,只要匆匆几笔,就能捕捉到观察对象的神韵。当哈德逊河派画家①(Hudson River school)每年夏天都钻进已经没什么自然野性的像卡兹奇山(Catskills)一样的风景区作画时,乔治·卡特林已经跨越大洋,走遍了这片广袤的大陆。

---

① 美国19世纪绘画流派,该流派早期的画家作品均为哈德逊河谷的两岸景色,因而得名。

第十二章　美国西南地区的印第安人

1821年,就在"淘褐金浪潮①"开始之前,一些贸易商人的旅行商队从阿肯色河上的史密斯要塞出发,满载着货物,前往圣塔菲进行交易去。墨西哥在6个月前从西班牙那里获得了独立地位,在胜利的喜悦之中,与美国人的贸易得到了革命分子以及墨西哥政府的鼓励。

最早来占这个新机遇先机的贸易商人是雅各布·福勒(Jacob Fowler)少校,他带的人一行共20人,其中有5个法国人和福勒的一个黑奴。他们于1821年9月6日启程前往圣塔菲。这些人,名义上听命于休·格兰(Hugh Glenn)上校的指挥,带着"30匹马以及17匹骡子,靠这些牲口驮着陷阱捕猎器和与印第安人进行贸易的商品……"。他们沿着阿肯色河穿行,穿过了敖塞吉人的地盘,旅行记录官写道,福勒从敖塞吉人那里"得到了一些肉干、玉米、豆子和南瓜干……"而与敖塞吉人的再次相逢就没有那么顺心了。"这些最后的印第安人,"福勒写道,"看上去很不友好,言语粗鲁而且对我们很坏,但这也是意料之中的事,因为他

---

① 即猎河狸皮浪潮,具体见第十章。

们……这个村子据说是其他村子里的小流氓组成的。"

福勒一行人沿着阿肯色河来到了今天的科罗拉多州境内,但是他们发现实在是步履艰难。因为野牛在这里很稀少,而牲口要找吃的草也很难。很快他们就进入帕尼人的地区,在这里他们意识到必须时刻神经紧绷以免马匹被盗或者营地遭到袭击。"我们已经丢失了13匹马和2头骡子了,"福勒在11月6日那天写道,"而剩下的几乎不够用了……在沿河的沙滩上,我们发现了11对印第安人赤脚留下的脚印。"在珀加图瓦尔河(Purgatorie River)上,刘易斯·道森离开大部队去采葡萄,他被一只"白熊"其实是灰熊挡住了去路,而灰熊抓住他并摇晃他的样子就像猎犬对付一只老鼠。而福勒以及其他人都听到这个受害者"凄厉的惨叫"而得到警报,最终灰熊被赶走并杀死。道森的脑袋被撕开了一道大口子,十分恐怖,但伤口"被我们团里的人尽可能地缝合起来,但我们中间没有外科医生,也没有外科手术的工具……"。道森意识清醒但已经确信自己时日无多,他回忆起经过时称:"我被杀死了……我听到我的脑颅被打破的声音。"3天后,他真的死了。

在北普拉塔河和尼奥布拉拉河(Niobrara)交汇的地方,福勒一行人遇到了一队基奥瓦人,他们是科曼切人的盟友,"他们全速跑来,手里荷枪实弹……动作很是唬人,好像他们在向一群敌人进军一样。但到了我们面前,他们的动作还有手势,看上去简直是最友好的"。这是一种典型的和印第安人的戏剧性遭遇。当基奥瓦人发现这些人是长途跋涉去做贸易的,马上就表示要共同保护这支商队。他们说得很明白——尽管是打手势和做动作的,他们愿意当商队的监护者和支持者,当然商队也要塞给他们一些礼物来报答他们的付出。比较有远见的部落通常会很急迫地要和白人贸易商人建立紧密且有利可图的关系。如果他们的方案行不通,那么他们下一步通常就会想以不冒大风险的方式偷所有能偷的东西。而一旦达到最糟糕的情况,如果有机会,他们会抢劫并杀害那些白人。

基奥瓦人的首领表示他的部落愿意进行交易。他劝服了心怀焦虑的贸易商人,让他们中断了旅程。随后,"他拿走了我们的财产,并且索要我们所有的马匹",福勒写道。同时商队的人集合起来,把他们的货物放到首领的帐篷里,寻求他的"保护"。而那一天接下去的时间里,基奥瓦人不断到来,然后搭起他们的帐篷,所以到了入夜时分,用福勒的话来说,拔地而起"建成了一座大型城镇,由200幢'房子'组成的大小街区,里面住满了男人、女人和孩子——有很多的狗和马,可以说方圆好几百里的区域里的人都聚集于此了……"

11月22日,福勒在日记中写道,"我们整天待在营地,接待协商的人在此吃饭和抽烟,然后和印第安人进行一些交换……"下雪了,变得刺骨寒冷,但福勒吃惊地发现数百名赤身裸体的印第安小孩"在冰雪上奔跑耍弄——一点都看不出受冻的迹象"。

当越来越多的印第安人聚集而来,包括了和基奥瓦部落的友好部落的几个部落分支也来到之后,可想而知,贸易商人们会变得多么惶恐。第二天,压死骆驼的最后一根稻草终于来到。一位科曼切部落的首领,宣称印第安人准备接受一份"他们的父亲即美国总统赠予他们的"礼物,而礼物就在贸易商人的财物之中。格兰上校回应说根本没有这份礼物。他们是赶路去圣塔菲的私人贸易商。闻听此言,这位首领开始"慷慨陈词",他说上校是个骗子,也是个小偷,偷走了这份来自总统先生的礼物。而他,作为首领要控制所有的货物并保护它们,而且"他会杀了上校和他的手下人",而听到这个上校和他的翻译就逃走了,留下印第安人来讨论这些贸易商人的命运。这个问题已经演化为基奥瓦人与科曼切人之间的冲突,

第十二章　美国西南地区的印第安人

基奥瓦人想维护贸易商人的利益,而科曼切人则指责这些商人。已经有很多科曼切人沿河建起了帐篷,所以他们在人数上超过了基奥瓦人。而结果福勒只是轻描淡写,一笔带过,"我们的处境并不是最好"。在日落时分,一个个子高大、模样俊俏的印第安人跑进白人的营地,和所有人握了握手后说:"我,阿拉帕霍。"阿拉帕霍部落,这次印第安人集结中出现的第三个部落,他们为这些贸易商人发了声。这个印第安人向格兰上校保证白人不必再继续害怕科曼切人。甚至他很快就带了科曼切的首领前来,那个首领之前还顽固地要拿走所有的贸易品。在其他首领的压制之下,这个顽固的首领变得迷人、温顺起来,"并提供给格兰上校和罗伊先生一人一名他的妻妾——这是印第安人能给出的最高级的友谊信物了"。

福勒估计当时有 5 000—7 000 名印第安人安营扎寨于那片一直延展到河边的平原地带上,其中有夏延人、帕杜卡人(科曼切的一支)以及一些福勒称之为斯耐克人的印第安人。但他们几乎不可能是肖松尼部落的——斯耐克人更常用的名字。白人贸易商同时也接待了来自新墨西哥陶斯(Taos)的"西班牙印第安人"的来访,而由此他们确信此行尚在正途之上,只消 6 天就能抵达那个墨西哥据点了。商队准备继续出发,这些白人贸易商人在沿河往下数英里的地方安营歇息。就在此处,他们得到友好的阿拉帕霍人的消息说反复无常的科曼切首领正准备攻打他们。当商人们刚刚竖起简易的木栅栏之后,一队阿拉帕霍人就开始在他们周围安营扎寨,假装是他们在保护这些商人免受科曼切人的袭击。但很快,谣传中的科曼切人的攻击就看上去有点像是一个计策,好像给阿拉帕霍人一个机会在保护的伪装下控制远征商队。

在种种包围圈即将散开的迹象之后,商人最终可以自由地前往圣塔菲了,而福勒则经历了些许印第安人常有的"大玩笑"。福勒的眼镜有一块镜片丢了,一个印第安人顺走了他的眼镜然后逃走了,他真是大吃了一惊。"就在一瞬间,"他写道,"我听到他们大呼小叫,又哈哈大笑。"那个带着眼镜逃走的印第安人又回来了,他带着另外一个戴着这副眼镜的印第安人回来了。当那个偷眼镜的印第安人来到福勒身边,福勒才看清这个印第安人只有一个眼睛——印第安人一个眼睛,而白人只有一个眼镜片。印第安人因为这个笑话而高兴起来。眼镜还给了福勒,每个人都很欢欣。但是当他们想要脱身之前,这些贸易商人必须要先买一些马,此外还要准备和印第安人再来打一次如履薄冰的交道。现在阿拉帕霍人和基奥瓦人都宣称是这支商队的支持者。两方面都坚持要求白人必须和他们待在一起,甚至这一分歧一度看上去好像会导致"和他们发生战争,然后把我们给毁掉"。商队决定一分为二,各归两个部落,这才暂时缓解了危机;但印第安人却急于想拖延他们出发的时间,迟迟不肯把必要的马匹卖给他们。最终,他们还是换到了足够的马匹,从而能让商队继续前行,尽管无论是基奥瓦人还是阿拉帕霍人的举手投足间都表达了想跟他们一起走的意思。当格兰上校向阿拉帕霍人首领道别,并向他奉上一些小礼物时,这位不苟言笑的首领"满怀热泪,瘫倒在他的床上"。而且当晚,就在商队的营地里,这位首领好像和白人首领再次度过了一个良宵。

12月6日,福勒和他的同伴拔营出发。他们在这里住的1个月是如此的小心翼翼,周围都是一群不知道会干出什么来的原住民。这样的经历或许收益良多,但却是对神经的摧残,而他们也非常高兴又能继续前进了。"说白了就是正义必胜,"福勒写道,"我这么说是因为,我们发现基奥瓦人是最好的印第安人,他们比阿拉帕霍人更坚定,更有男子气概,却少有乐坦人(科曼切人)那么自以为是,那种带着仇恨的傲慢……"必须指出,白人无一例外地发现,与之友好的部落比起与之对立冲突的部落,具

第十二章　美国西南地区的印第安人

备更多的美德。

一周之后，福勒的商队，仍然有一些阿拉帕霍的战士相伴左右，此时，他们又遇到了一伙科曼切罗人①(Comanchero)——他们是一群西班牙人或墨西哥人，是西班牙和印第安的混血。当两队人马遭遇的时候，美国人这一边有一瞬间变得茫然无措。因为多年以来，西班牙人就对美国来的探险家和贸易商人很敌视且怀疑。齐布伦·派克就因为深入西班牙人的领地进行远征探险而被逮捕并羁押了好几个月。但是之后墨西哥革命爆发了。墨西哥人就像美国人一样宣布独立。往昔的敌手如今成了友邻，彼此都是自由事业中的斗士。但是这种新的友好气氛有没有到达新宣布成立的墨西哥共和国前线的外围据点呢？很快，人们发现确实这种友好气氛已经传播到这儿了。这些科曼切罗人，是一群看上去很寒碜又邋遢的人，身上涂着跟印第安人一样的油彩，"他们翻身下马，满怀感情和友好的姿态与我们拥抱"，格兰上校写道，他还发现，"他们都是克里奥尔人（混血人）……和我们随行的印第安人比起来，尽管看上去有文化得多——但却远没有他们有头脑，他们看到我们时高兴的样子，那种欢欣鼓舞的程度远远超出我们刚开始的想象……"格兰还意外地发现这些阿拉帕霍人对待那些墨西哥人"活脱脱就像我们对待黑奴那样"。有一个阿拉帕霍人命令科曼切罗人跪下祈祷"这样我们就能看看他们的风俗，这些人很快照办了，开始进行天主教的祈祷，随后又十分狂热地为我们祈祷……"

格兰和这些科曼切罗人一起去圣塔菲了，留下福勒"扫②"（少）校来

---

① 科曼切罗的名字来源于科曼切人，这些科曼切罗人是在新墨西哥中北部与印第安部落进行贸易的墨西哥商贩，据说科曼切人是他们的大主顾，因此得名。
② 原文为保持真实感，故意保留了引文中的错误拼写，译文中予以保留，下同。

指挥这支运输队,他留给福勒的指令是,建立营地,时刻警惕印第安人。福勒派了三队人出去打野牛,但他们落到了一群克劳人的手中。那些克劳人正牵着从阿拉帕霍人那里偷来的200匹马。克劳人把这些猎人抓了起来,拿走了他们的枪械和毯子又放他们走了,"送给他们9匹好马作为付款……"正当谈判还在进行时,一伙想要夺回马匹的阿拉帕霍人又来找克劳人的麻烦。等两方打起来之后,这些猎人们就趁机溜走了,完全把马匹、毯子以及枪械丢在了脑后。

第二天,福勒被迫应对了一场"冰"(兵)变。他命令猎人们起床,然后去搜寻鹿和野牛,但是他们拒绝执行。福勒的应对之策是拽着起事者的头发,把他拖下床。这最终演化为"流"(扭)打,以福勒获胜而告终。福勒这才发现,这些人已经确信格兰会被墨西哥官员逮捕,如果发生这种情况他们会把贸易品按人头分,以抵充他们参加远征的报酬。福勒告诉他们,如果他们坚持这个计划,那么他会去找阿拉帕霍人的首领,那位仁兄很是乐意帮他保护这些货物。这种威胁让队员们缴械认输。大家言归于好,而福勒保证,如果格兰不能回来的话,这些猎人也会得到公平妥善地对待。

当他们安定下来等待格兰上校的消息之后,日子一天天过去,而整个商队也变得越来越焦躁不安了。大约有30个克劳人,在去和阿拉帕霍人打仗的路上,进入了营地"认出来有3个人曾被他们关'鸭'(押)过……看到他们是很是'德'(得)意"。当他们"'次'(吃)饱喝足,抽够了烟,又唱了好一会儿的歌,就一个个躺倒在地,一'支'(直)睡到了天明"。但他们临走前,他们能拿的东西全都偷走了。一个印第安人来到福勒的帐篷,"脱了他的旧'刨(袍)'子扔在地上,又顺走了一件新的"。他还拿起了福勒的马鞍袋。经过一番厮打,福勒夺回了他的东西并且把这个印第安人赶出

第十二章 美国西南地区的印第安人

了帐子。相同的情形在营地的不同角落都有发生。商队向克劳人首领告状,而首领命令这些战士把他们掠夺的一切物品尽数归还并且"在他面前转交给我们"。但是当印第安人离开之后,他们罗列了一份清单显示,这群白人还是丢了1卷铜线、2条毯子、5把小刀以及1把铸铁的长勺。今天之后,攻击无果的克劳人再次光临。这一回,他们想把贸易商人的马给顺走,但宣告失败之后,他们厚着脸皮地"像朋友一样地上门拜访来了"。福勒给了他们一些烟草和小玩意儿,但他和手下依然很警惕。克劳人首领声称,白人的谨慎防备实在做得太明显,让他感觉受伤。他向白人打包票,他依然是他们的朋友。他唯一想做的就是保护他们防止敌对的印第安人来袭。他大言不惭地说起"他手下的一个头目偷了一捆马缰绳,并且把它放到了他的胸口",而福勒目睹了偷窃行为并拿回了缰绳。此时,又出现了一幕令人紧张的时刻,克劳人看见贸易商人正在给枪支装填弹药,于是他们也后撤几步,似乎要准备进行战斗了,但是那一瞬间很快过去而这位部落大首领也为他战士的行为表示歉意。这起事件可以一斑而窥其全豹。印第安人基本上不会想到互相偷东西,尽管有时候是有人会这么干——但是小偷的下场通常很悲惨。但有一些印第安人,特别是白人,他们看上去有很多东西,分一些出来也没有问题,偷窃这些人是没有什么可被指责的。偷马被视作一直以来持续不衰的一种"游戏",需要极大的偷袭能力,手法技巧及胆识勇气。而偷那些无生命的物件,并不会受到谴责,只是看着没那么有气魄。而这事实上,对于白人来说是一种文化差异,是被当作印第安人堕落而邪恶的又一例证。在这个例子中,我们很容易就同情了白人,因为他一边听印第安人诉说其为彼此友情付出几何,一边这个印第安人又把他最需要的物品给偷走了。

到了1822年1月底,格兰上校传话来说,墨西哥政府急于促进和美国的贸易,而且他已经办妥了在"原西班牙领地诸省"(Spanish provinces)进行陷阱捕猎和皮毛贸易的许可。福勒和手下立刻动身前去投奔格兰。格兰上校是在圣克里斯托巴尔(San Cristobal)村附近和他们会师的,并且陪着他们一起去了陶斯。在陶斯,他们受到了热情款待,并且加入了跳方丹戈舞①的人群中一起翩翩起舞。作家约赛亚·格里格日后形容这次集会为"人们开始跳舞和嬉戏的地方……没有什么东西像舞蹈一样在这个国家各个地方的人,各个阶级的人中间那么流行。从最庄严的牧师到小丑,从最有钱的富豪到乞丐,从总督到牧场工人,从持重的老妇人到水性杨花的美人,人人有份参与这项令人欢愉的活动"。小提琴、吉他以及"汤贝②"(tombe)或印第安鼓是常规的乐器,总是有人在那儿演奏,无论大家跳不跳方丹戈舞,"而这,"格里格写道,"会让人恍然以为这里到处在上演铺天盖地,永不停歇的狂欢节。"

在陶斯,福勒的黑奴保尔大受欢迎。镇上有一个老妇人对他尤为喜爱,她"一把抓住保尔,带他到床边,让他坐下来,她的胳膊套在保尔的肩膀上,然后吻了他一下……随后她的手又滑落到他的土裤里……要完成这些动作可得有比我更灵巧的手啊,"福勒还补充道,"说起保尔那时候的感受,他很自然地因为宗教原因而有些羞怯和忸怩。"

在陶斯和圣塔菲,交易货物换成了保值的西班牙银元。随后4个月的时间里,商队开始在西科罗拉多和东西墨西哥的山里和河道边捕猎河狸。他们时常会和不同印第安部落的"狭路相逢",他们一直保持中立这才躲过了一次次危机,他们的印第安朋友时常会带来和敌人所带来的一样的危险。尤特人(Ute)的活动范围包括了盐湖地区以及犹他山谷以及

---

① 一种西班牙舞蹈。
② 一种单面鼓。

第十二章 美国西南地区的印第安人

今天部分的科罗拉多州地区,而帕尼人活动的范围位于普拉塔河的南岸和西岸。这两个部落都被添加到他们的部落清单上去了。到了6月,满载着河狸和银元,他们启程返回阿肯色河地区。在密苏里河上的敖塞吉要塞,格兰上校购买了两只独木舟,这支精疲力竭的商队乘舟漂游到圣路易斯。他们沿途在河边的定居点传话说,墨西哥独立啦,他们和合众国的贸易开放啦。

另外一些远征探险活动也已经上路了,但很快这个数字就飞速增长了起来。尽管风险很大也很艰苦,但是同样人们有机会收获很高的利润。如果投资2万美元在交易品种,就能获得20万美元左右的回报,这实在是不多见的好生意。在之后的十五六年间,是格里格所称的"大草原商业"(the Commerce of Prairies)繁荣的时代,它也成为在黄石河地区参与"捕猎河狸潮"之外的一个替代选择。格里格于1831年沿着福勒他们走的同一线路,留下了对于圣塔菲贸易活动的经典叙述,之后因为和墨西哥的关系麻烦越来越多,最终导致了这条贸易线的终结。格里格也是一个生于美国,多半靠自学成才的人。他接受过学校教育,学过医药和法律,后来成了圣塔菲这条贸易线上的商人。他出生于田纳西,父亲是个农夫,但当他3岁时,父亲就搬到了圣路易斯一带。很快,他又从那里搬到了密苏里领地,定居在前线地区的库珀要塞(Fort Cooper)。最终,他们来到了独立市(Independence),这里是每一件物品和每一个人往西进发的出发点。饱览群书的格里格自学了法语和意大利语,学会了测绘,成为一名技术高超的制图师。但我们现在很清楚一点就是他是个性格很古怪的人,饱受"身份危机"的困扰,严重到能让他身体抱恙,或者用他自己的话来说,就是"变得消沉而虚弱。"他的医生找不出来他的病因,给他开了一个当时就很流行的方子——西行之旅。于是半死不活的格里格,签约成了一支贸易旅行队的押运员,出发前往圣塔菲去了。

在雅各布·福勒在1821年的那次贸易之旅后,马车已经很大程度上代替了驮货物的马匹来作为商业交通工具,到了格里格出发的那一年,有130辆马车载着价值25万美元的交易品从密苏里的独立市出发,沿着交通频繁的马车路前行。

在独立市,旅行商队的头儿招募了车夫、猎人、陷阱捕猎手、厨师和一些打杂的。他们的货厢基本都是在匹兹堡打造的,然后沿着俄亥俄河运到下游,他们买下之后,再用骡子去拉。用来屠宰的牛群是行军中的大部队,因为在这些往来繁忙的路上,野牛和鹿都变得稀少。队伍中也有马匹,是给那些不想走路的人坐的,也可以用来骑马办急事。传统的货厢一般能承载5 000磅的商品,要10—12头骡子来拉。人们计算过,每个人在这6周长的路途中要消耗50磅面粉、100磅培根,"10磅咖啡、20磅糖,以及一点儿盐"。而骡子,如果买下来,就要训练它们学会串联起来拉货厢,学会如何对指令以及车夫的皮鞭作出反应。而货厢内要用十分专业的方法来堆放货物,从而避免在又长又颠簸的路途中磕碰。据格里格描述,旅行开始之前,大家普遍都沉浸在欣喜愉悦之情中:"到处都是和谐的气氛,人们心情都很好。欢快的歌声、俏皮话以及妙语金句快速地交替着。"

格里格的旅行商队刚刚过了康塞尔格罗夫①(Council Grove),他的健康就奇迹般地恢复了。他反思了一下为何自己能复原得如此惊人(他应该早几天被抬上他的骡车),值得一说的是,"这片大草原已经变得,"他写道,"因治疗作用而为人所欢迎……许多慢性病,尤其是肝病、消化不良以及其他的病痛,都能得到彻底的治愈。毫无疑问,这是归结于这里饮食

---

① 位于今堪萨斯州。

的特性,在大草原上生活的日常体力活动还有就是这片海拔较高的宁静土地上纯净的空气。"很快,格里格就把带在身边的大批药片药剂都扔得远远地,然后开始大快朵颐起牛肉来。

即便格里格所阐释的草原生活对治疗结果的影响有一点最朴素的医学根据,但人们也可以有理由怀疑,何以在 **3 天之内**就好了呢?更有说服力的解释是,格里格以及先于他和在他之后的那一大群怀疑自己得病的人发现,最有效的疗法是他们从美国生活的限制和压力中解脱出来,离开了那个相当不明确地被称为"文明"的世界。从而以此战胜那些让他们抱恙的坏因素——神经衰弱或者说"精神崩溃"(bad nerves)。而典型的表现就是"坏肚子"(bad stomach),而其更常见的说法正是"消化不良"。

在康塞尔格罗夫,各色贸易商人带着他们的货厢马车和商品等待一个旅行商队结伴而行。他们的目的是互相有个照应,来防范印第安人,也能在一名队长的领导下,正式地安排这支商队的顺序。而这名队长则是由一个商人组成的"大议会"民主推举产生的。"即使是在我们的小社群中,"格里格写道,"我们也有一些'想当官的人'以及他们的'政治附庸',就像在文明世界中的任何现代风格的整个那样的热忱和献身。"一个商队被分成 4 个分队,每一个分队由一名副官指挥。这几名副官有权选择或说"安排"每日宿营的地点和方式,指派人在晚上站岗放哨,以及在商队所有四肢健全的人中分配主要的劳动(每个旅行商队里好像总有那么几个病怏怏的人,还有"游客"以及"有教养的闲汉"也被免去了干脏活累活的职责)。格里格所在的旅行商队,经过点名,约有 200 人。1831 年 5 月 27 日,随着队长大喊一声:"赶路!"他的指令传遍了整个营地,然后有人答复说:"全部准备完毕!"当骡子套好缰绳,货厢、马车准备出发时,他们才知道队长的命令原来是"放松歇息!"随后随着"车夫们的'吁……吁!'声,还有清脆的马鞭声,粗重的脚步声,偶尔还有轮子的吱吱呀呀的声音——那是货厢马车在辘辘前行……"

队长的工作实在是吃力不讨好。他的发号施令常会遭到抵制甚至是争吵,而他并没有真正的权威。如果有一个人不服从他,他只能把这个刺头挨个儿带到一个非正式的法庭或者委员会面前,如果他们赞同队长的意见,也只不过进行道德层面上的说服教育,除非这个"被告"是个恶棍,干了偷东西或杀人的勾当。在这些案例中,普遍结果都是正义的,也有一些例外。队长或副队长如果过分殷勤,或者过于严苛都会被免职。一个理想的队长需要有相当的实用知识和经验,此外在面对一个通晓多种语言又很独立的队员时,要有高超的手段和坚定的态度。

无论是前往圣塔菲的贸易销售商人,还是去黄石河地区的皮毛贸易商人,亦或是去俄勒冈领地的移民,这些人所在的旅行商队里,有三个因素最为紧要:生营火的木材,用来烹饪和养活牲口的水——这些牲口包括骡子、马匹和车队随行的牛群,还有就是给这些动物当食物的草。没有这三件必需品,任何一支马车队或者旅行商队,最多只能拖过2—3天。而且他们还将经历无比的艰辛,承受巨大的痛苦。而这一事实就决定了西进可行的道路也就那么几条。他们都必须沿着一条向东流,且从落基山脉东侧——大陆分水岭东侧——发源,且流入密西西比河或密苏里河的河流行进,这些河流是:密苏里河、阿肯色河、红河以及普拉塔河。一旦旅行商队的路线偏离了主要流域,那他们就必须走那些小河、小溪或者池塘勾勒出的高地。

地形的自然走势以及河道的流向,使得渡河成为商队必须要面对的事。而这件事一般而言是旅途中最危险的了。那些大河,尤其是在涨水时期——大约在早春或者是暴雨之后,通常水很深也很湍急。这些河上

第十二章 美国西南地区的印第安人

一阵急流可能就会把马匹、骑手、马车和骡子给冲走。因此首先要在河流往上游和往下游方向都搜寻一下,找到渡河的位置,以期货厢马车能顺利涉水而过。如果找不到这样一个渡河点,那么车队里面那些坚持不懈且独出心裁的人就会进行尽可能的尝试。有时候,人们会建造一种简陋的排筏,把马车拉到排筏上,再用长绳索配合绞盘把排筏拉过河去。这是一个相当费力也很危险的过程。绳索可能会断,而排筏可能在河当中倾覆,然后一切尽失。普拉塔河和阿肯色河都很宽很浅,许多地方适合渡河。但像红河、密苏里河和黄石河这样的河流都是难以逾越的天堑。

从独立市一路往西,格里格的车队向西沿着阿肯色河行进,奔往希玛龙沙漠(Cimarron Desert),途中穿越了大平原地区——一片草原覆盖的地区,常被称为"大草原海洋"(the grand prairie ocean)。这块平原地区平得俨然像一块大松饼,而且似乎看上去幅员辽阔、无边无垠。每当一天结束,副队长和队长开始安排露营住宿时,所有的马车都会被拉到一起,排成方阵或者围成一个圈。多亏了那一千多部片,这一点已广为人知了。为了应付一旦出现的险情,如印第安人突袭,所有负责运输的骡子、牛、马和肉用牛都被赶在营地正中央,而马车也用粗重的绳索或链子连在一起。这就意味着要给牲口打草,对于已经旅途劳顿、急于准备晚餐的人来说实在是太过繁冗了。当然了,人们总是希望让牲口自由自在地在草地上咀嚼青草,或者在河畔啃食灌木叶。

车队里大多数人的衣着都很简朴而单一。在格里格看来,最常见的是"城市长大的商人们身上常见的棉麻制罩袍",上面饰有许多口袋,而且还能往上"再缝一些额外的口袋"。除此之外……就是农夫穿的蓝色牛仔外套,以及马车夫穿的法兰绒袖子的卫衣了。当然,还有猎人穿的狩猎服和皮制绑腿。猎人不可离手的武器是他的来复枪,但商队中的其他人通常更喜欢散弹猎枪或霰弹枪。那是一种双管的猎鸟武器。在格里格旅行的时候,即 1831 年,连击步枪已经问世了,据格里格说:"这种枪实在是令人生畏的武器,特别是用来对抗一个无知的野蛮人对手。"除了这些,大多数旅行中人"装配着……大量的、各色各样的手枪和刀子,因此我们一行人加起来,足可以进行枪支和刀具品牌展示了"。

货厢马车上的"厨房和用餐器具",通常有一个长柄煎锅、一个煎盘、一个铁皮营地烧水壶,一个咖啡壶。每一个人都配有一个锡杯和一把砍肉刀。不同的马车,在其外面两侧蒙着不同的毯子或野牛皮。他们很少用帐篷。如果雨势逼人,人们就会睡到马车下面,或者如果空间够大的话,就会躲到帆布底下。在格里格看来,咖啡的饮用量实在"太过惊人"。他还说:"这是一种可靠且让人离不开的饮料,每一餐饭都有供应——即便是赤日炎炎的午间阳光之下。马车夫总会在喝完一大锡杯之后,再斟上满满一杯。"

初见此地的野牛,尤其是从未见过这种著名动物的人,看到它们总是心潮澎湃的。格里格是这样描述的:

> 每一个骑手都翻身下马,激动地跑过去。而一些马车夫也抓起了枪,自顾自地离队,加入这徒步前进的队列之中。这边来了一个拿着来复枪或狙击枪的——这边又来了个拿着双管猎枪的——第三个人拿着装在皮套里的手枪——一个墨西哥人好像拿着一把剑——还有一个似乎带着弓箭——还有许多没带任何武器,纯粹是为了"追逐的快乐"——就像一场约翰·吉尔平式的赛马[①](John Gilpin race),

---

① 约翰·吉尔平是 18 世纪作家 William Cowper 笔下因马匹失去控制而狂奔不止的人物。

第十二章 美国西南地区的印第安人

真真是"不得第一就是输"(neck or naught)。跑得最快的追猎者,很快就进入到猎物的中间。而野牛四散奔逃,就像老鹰突然降临时逃命而去的鸟群。

格里格看到,随着"旅行者和猎人持续不断的滥捕滥杀",野牛的数量快速地减少,"而且印第安人还给它们带来更大的劫难——他们不仅仅食其肉,更常常是单单为了牛皮和牛舌(印第安人已经在贸易商人中间找到了一个成熟的市场),造成野牛数目的快速下降。而这一定最终会导致它们从这片大陆上彻底地消亡"。格里格还补充了一个细节,每年从大草原地区出产的"野牛毯"(也称为野牛皮袍)达到了10万件之多,而且有更多的野牛是因为要吃它的肉才被杀的。

就像和野牛的初次相遇,与大平原地区的印第安人的邂逅也是充满冲击和激荡的时刻。对于印第安人来说,驮着这群人穿越大平原到大盆地地区的牲口以及马车队——无论他们是向南去往圣塔菲和陶斯或者向北走向黄石河,然后再折向北奔赴俄勒冈地区;无论他们是皮毛贸易商、一般商贩,抑或是后来去往沿太平洋山坡带的移民——统统都像一群群野牛,也是他们的一种猎物。旅行经过的人读过很多引人入胜的文章,说印第安人所觊觎的东西,但凡要说最重要的话,在食物则必是牛群,在财富则必是马匹。不同印第安部落的共同想法是,以他们最小的牺牲,换来尽可能多地从白人那里攫取财富,其中最理想的就包括白人的头皮。而实现这一目标的策略是,无论这个部落因为其与一切白人为敌而变得如何臭名昭著,都会竭力展现出和平的愿望和善意的姿态来接近车队。这种伎俩的基本运用方法,在雅各布·福勒早前旅行的记录中就有所描述——印第安人为了取得最出其不意的效果,会在马车队行进途中突然骑马杀到。而他们更喜欢挑的时间是旅行者准备驻扎过夜的时候,他们全身战斗打扮,挥舞着武器,让人看着像是要发起全面进攻了。正当白人发出"印第安人"的警报,冲去拿武器来包围他们的牲口辎重时,印第安人则会走到一个安全的距离,几位部落首领上前宣称其和平友好的目的以及表达进行贸易的渴望。马车队的队长和副队长会同这些首领进行商谈。随后举行聚会,还有抽和平烟斗的仪式。这些首领痛说自己部落苦难故事也不算稀奇——他们的猎物很是稀少、他们敬慕白人、他们需要烟草和珠宝,等等。而苏族人,自从刘易斯和克拉克远征探险的年代开始,就成为不知羞耻的乞讨者。在乞讨背后往往是含而不发的威胁。仪式的一部分内容是给部落首领发放礼物,最好的礼物总是留给最尊贵的首领,而剩下的则按照尊卑贵贱依次往下。车队的成员会同印第安战士以物换物,来换取印第安服饰、弓箭、一件小装饰品,甚至是一块人头皮。而印第安人则会用尽权谋来渗透进营地,就像我们上文曾经读到过的:当贸易正在进行中时,把每一件没有做好防盗措施或者没有被物主看好的东西尽数纳入囊中。

　　对于印第安人而言,从白人的马车队那里盗马和其他动物是他们损失最小化、利益最大化的良机,他们实在难以抵挡这样的诱惑。比起其他印第安部落,从白人旅行者那里偷马可谓容易得多,而危险也小得多。首先,这些马车队或者旅行商队里总是有很大比例没有在前线地区旅行经历的人,而且这种比例一年比一年高,因为越来越多的移民——而不是猎人和陷阱猎手——向西旅行。更为重要的是,如果从一支仓促建立且牲畜栏又监护得不到位的马车队里偷出 50 匹马或者骡子的话,那么车队的头儿,尽管会派出一队人马想要追上印第安人并且夺回那些牲口,也必须在几个小时内解决问题。在他们疲于奔命之上,时间是这些白人最大的

第十二章 美国西南地区的印第安人

敌人。如果他们随意耽搁行程,那么就会在路上遇到过冬的问题。因此,印第安人只要让追击时间变得漫长,就有胜算脱身。

如果牲口给看得太紧,无法获得,或者它们被马车围在里面的话,印第安人就会换一种偷盗的方法。在这种情况下,印第安人通常只是往那一团漆黑中胡乱射箭,希望能杀死几头牛或者马。从而当这些死牛死马被车队丢弃之后就能成为印第安人吃也吃不完的盘中餐。

在这些主要的行进道路上,每一个印第安部落的活动范围和领地都有涉及。每一个部落通常只是在自己的领地范围内对马车队进行打劫。因此去黄石河的马车队会先后经过曼丹人、阿利卡拉人、苏族人、黑足人以及克劳人和其他小部落或附庸部落的领地,而每一个部落都可能来分一杯羹。然而许多西部片中煞有介事地描写的,所谓全面且大规模地对车队袭击的事件,相对比较少一些。大多数情况下,只会在某一个部落和白人之间正在开战时才会发生——也就是说,只有在这些印第安人处于"战争状态"的时候。因此我们也许可以说,打劫白人的马车队而不是打野牛,才是印第安人和平时期的主要活动。几乎没什么旅行者在穿越印第安地区之时死于武装冲突。倒是三三两两出去为车队打猎觅食,或者因为各种原因脱离大部队的人更容易遭到杀害。据格里格说,去圣塔菲的路上,遭印第安人毒手和死于疾病的人加起来可能最多就十来个。

通常,部落的首领真心会对那些孤立无援的白人被害感到痛心——甚至有时还会对他们自己发动的袭击感到内疚——并且常常想要加以阻止,但是他们的军令出不了村子的边界。即使就在村子里,他们的命令也只能依靠道德力量而非法律制裁才可执行。年轻的勇士(brave)渴望早日跻身战士(warrior)行列,而战士们则觊觎首领(chief)的位阶,想尽办法来证明自己,他们搞"政变",割头皮,只有这样,一个印第安人的地位才能最终获得。去偷马驹,这样他们才能逢人就讲他们英武有为的传奇故事。他们动作迅捷又手巧,就像变戏法的手艺人——他们的手常常比白人的眼睛还快。

当礼物发放完毕,而贸易的可能性消耗殆尽之后,这些印第安人会收回他们对友谊的额外担保,假意离开去敌对的部落盗马。而实际上,他们通常会尾随这些马车和驮物牲口好几天,每天夜里伺机潜入,试图顺走一些马匹、骡子或者牛。如果以马驹的数量来算,一个部落如果能在一次类似袭击中得手,那么他们累积的财富就会增加一倍。而反过来,他们也会因为遭到这样的袭击而变得一贫如洗。约赛亚·格里格曾说道,他的旅行商队突然被几千个黑足人和大肚族人几乎团团包围。那是在沙漠东缘的希玛龙河河谷,这些人在马车队的营地周围突然建起了一座帐篷之城,在此起居玩乐。尽管旅行商队的人使出浑身解数把这些人挡在了武器射程之外,他们的人还是涌进了营地。到了入夜时分,格里格写道:"我们要应付这1 000个难缠的主儿,有男有女,各种年纪、各种类型的人都有,而我们……为了赶他们走,除了还没有使出绝对的武力措施之外,什么办法都用尽了,但无一获得全面成功。"很快,大伙儿发现这些人带着一块几乎重达百磅、用来造子弹的"铅矿石"(pig of lead),以及其他一些小东西逃之夭夭了。第二天,再也看不到印第安人的踪影了,后来大家才知道,那些人遇上了苏族人,在一场惨败之后,折损过半。

美国西南前线地区最俊美的人物之一就是墨西哥来的"野牛猎手①"(Cibolero)。通常这些打野牛的猎人,穿着"皮衣皮裤,带着平顶草帽,他在任一一个肩头上背着'carcaj',也就是弓箭筒"。战矛的长柄插在一个

---

① 特指新墨西哥的野牛猎手。本章之后的斜体字的原文均为西班牙文,或译自西班牙文以示区别。

第十二章　美国西南地区的印第安人

盒子里,长矛悬在侧边,系在从马鞍桥边的一根绳索上,让矛头高高地在头顶上方晃动,而矛鞘的尖上荡着一束有三种颜色的流苏。甚至在猎手的火药枪的枪管上都有一个"用异常精美的流苏装饰的"枪栓。

离圣塔菲还有几天的路,一些海关官员前来和格里格的旅行商队见面,表面上说是要陪他们一起去圣塔菲。约赛亚·格里格乍一眺望那座小镇,发现它看上去就像一簇簇涂成白色的砖窑。而走近一看,他发现这些原来是镇子上的泥土块房子,而旅行者们也能听到人们的呼喊,"看啊,美国人!"——"看啊,是马车!"——"旅行商队来啦!"

在新墨西哥,据约赛亚·格里格所说,村庄里必然会建起牧场棚屋和西班牙式的庄园"以防止附近荒郊野岭的野蛮人前来抢东西"。这里的土地以山地为主,干旱且贫瘠,高坡上长着草,是一大群牛放牧吃草的最佳之所。但是此地的空气和气候,才真正最让像格里格这样的来访者印象最为深刻的。他激动地把这种印象写成诗歌:"再也没有别的所在能比上此地/即便是在人们吹捧已极的晴空西西里/也找不到比这里更纯净甜美的气息。"在这片属于大盆地地区南部的土地上散发着一种奇异的魅力。大盆地是世界上独一无二的地质区域,其形成的时间,以地球的年龄跨度来说宛如昨日,是由一系列密集喷发到无法想象的火山而形成的。岩石和土壤被推举到海平面以上数千英尺,形成一个像倾斜的大盘子一样的地形。随后,河流就像一位鬼斧神工的石匠,挖凿和切割着土地,形成了像城垛、高塔一样的地貌,红色、黄色乃至紫色的峭壁和尖峰,幅员敌国的高原以及深不见底的峡谷——真是一个令人生畏又美丽绝伦的世界。无论是旅行者、猎手、商人都很难摆脱这种感觉:好像他们一头掉进了一片冰封的创世全景。在那个时候,大盆地是大地上不可逾越的天堑,把加利福尼亚的金色海滩、西北地区的雨林地带与北美大陆上的其他地区划分开来。大概再也找不到一个更好的范例，来阐释地理的压倒性力量——这奇绝的地貌是如何源源不断地影响人们的思想的。

初次看见这方世界的人，定会在这片此生以来从未想象过有的浩然景色面前，惊讶得说不出话来。我们不知道这是因为景色美丽抑或是仅仅被吓呆了。但是这里的景色无法以任何现存的美学标准对其加以欣赏理解。这似乎是在要求我们认知的扩展，用一种新的方式来看待世界和人类自身。因此，最早来到这里的人之所以对于这里的地貌言之甚少，有可能是因为他们几乎不知道该说些什么，他们意识到在他们眼前所看见的一切，与他们内心将视觉感受转化成语言的能力之间有着一条跨不过去的鸿沟。当然，那种语塞并不会长久下去，尽管能说的话仍然很有限，但很快就会有充分的表达空间足以让美国人心有不甘地承认，即人类经历的某些方面，某些自然现象，某些人造工艺，是如此的精巧神奇，但却不能被语言去概括，去唤起记忆和去给予定义。因此，我们需要新的尺度、新的维度以及新的理念。印第安人神秘、多变，要解释他们已经极为困难，更难以去勾勒他们固定的形象。如今，自然世界——自然风景和印第安人的结合——蕴含着令人无法理解的能量和推动力，又以一种雪上加霜且令人无法逃避的姿态展示在美国人面前。

在一个"说走就走的时代"（go-ahead age），人类的认知以几乎让人目不暇接的速度改变着，而这就让一切事物都变得更为复杂。人们所经受的一切就像一大口一大口极难消化的食物。或许那并不是美国人的"消化器官"有什么问题——只是因为他们咽下太多难以消化的经历，所以给了他们造成一种积劳成疾的"胃病"。这片令人害怕又令人叹为观止的以及——人们无法称之为"美丽"。"美丽"有很多不同的标准——令人叹为观止的天然屏障**横亘**在熙熙攘攘的东海岸和太平洋地区的潺潺流水之

第十二章　美国西南地区的印第安人

间,这种意义深远的存在,就像我们说起美国人性格、脾性和对自我与宇宙关系认识的构成,以及无论我们如何展开,当我们试图阐释美国的过去和现在的风貌时那样的深刻。

西部精神以另外的一种方式进入了美国人的意识之中。大盆地地区的地形地势的高低曲折起伏,极为夸张地展现了地质学家远不止暗示、几欲说出口的事实——即地球远比《圣经》上说的要古老得多。比如,科罗拉多河显然要花数十万年的时间才能蚀刻出今天的大峡谷,包括其地貌的所有显著特征。对于那些宗教上的正统派,地质上的发现对他们的信仰又提出了一个难题。即便如西德尼·乔治·费舍尔[①](Sydney George Fisher)那样相对温和地对宗教神学怀疑者,也对"地质学所揭露出来的真相"而倍感困扰。"……《创世记》中教导我们的上帝创世故事让我们这种动物变得高贵,"他写道,"'我们是以上帝自身形象而创造出来的特殊物种'是一种让人更有尊严的想法,总比'我们是演进发展序列的一环'来得好。这个序列从植物到蠕虫、到鱼类、到鸟类、到野兽直至起源于猴子,后来产生诗人和哲人的那个物种,而这个物种也受到因地壳和温度逐渐变化的影响,受制于运转永恒且唯一的自然法则、受制于化学上的规律和动物生命的规律。"虽然他一面在哀叹狼群和野牛的消逝,但费舍尔仍然为高等生命仍然在进化感到心安。"这些印第安人……不久之后就会完全地属于过去了,就像西印度群岛[②]的原住民一样",他是这样认为的。"就像人类把动物毁灭,强大的种族摧毁了弱小的种族。这种弱肉强食的过程一直在发生,同时优势种族在知识水平和权力上都处于高等地位。"

---
① 费舍尔一生主要从事律师、政论写作,是一位同情废奴思想但不赞成废奴的种植园主;也反对平民主义。
② 加勒比海地区海岛,较早为欧洲殖民者发现并殖民。

悲剧遭遇：美国原住民史

在费舍尔看来，

> 在"时间的无垠空间里"，气候和地理条件可能会产生沧桑巨变，就像地质变化所教导我们的过了100万年之后，那时统治世界的民族对于今日的统治民族之高下差异，也就像后者之于印第安人。无论我们回顾过去还是展望未来，这种理念都非常宏大，而且是压倒性的，但是这却让我们对人类的发展之路有了一种凄凉的认知：我们所拥有的只是当下，而未来对于我们来说就像黑沉沉的过去；我们只是时间长河的奔流中的一个个小泡沫，这条河流从我们不知道的地方而来，往我们不知道的地方而去，但却不会载着我们一起走。不！人类自己也会像猛犸象，像野牛一样消失，无论是地球还是别的什么地方再没有他的线索，再也没有他的栖息之地了。

约赛亚·格里格估计，在1831年，新墨西哥大地上仅仅居住着7万名"各色人等"，而其中只有数千人是他所称的"白种克里奥尔人"，即在墨西哥出生纯西班牙血统的人。"梅兹提索人"（Mestizo），或称"混血克里奥尔人"，经他计算，人数大约是5.9万人，而村庄里的印第安人，他估计在1万人左右。有20个美国公民生活在该省而且"人数约为其他外国居民的两倍不到……而在农业方面"，他写道，"就和新墨西哥的其他方面一样，处于一种非常原始和落后的状态"。许多佃农只有一把锄头可以使唤，但格里格有心记下了一件事，而这件事，或许在某一天会决定整个大盆地地区的经济命运。因为当地几乎没有降雨，所有种植蔬菜的土地必须进行人工灌溉，也就是通过粗粗挖就的水道系统，从河流和溪水引流灌溉，从而可以耕种多年而不必在意降雨量。正如格里格所说，这些墨西哥农民，无论工具还是耕作方式都很原始,但他们"对庄稼收获的信心是远比在更适合耕种的地区面对天气变化多端时的更足"。

该地主要的农产品是印第安玉米和小麦。玉米通常是拿来做玉米饼、薄饼或者可丽饼,里面裹上肉,或者蔬菜、奶酪,甚至只要放奶油或盐也可以。尤其是无处不在的玉米饼,无论是做卷饼,还是烘热了单吃皆可,吃的时候通常叉子和勺子并用。矮松树或称皮尼翁树(piñon)的果实是另一种珍贵的美馔。"墨西哥人的咖啡"(El cafe de los Mexicanos)是一种比美式咖啡更有影响力的咖啡泡制方式,并且在"低等阶层的墨西哥人"中间更受欢迎。菜豆(frijole)、辣椒(chile)、咖啡和玉米浆(atole)成为他们的主要食物来源。红甜椒几乎每一顿饭、每一道菜里都有。绿甜椒、绿辣椒(chile verde)都可以当作辅料或者拌在色拉中。

在新墨西哥,货物运输是通过骡子完成的。约赛亚·格里格则对"arrieros"——赶骡人,把商品装到牲口上的技艺印象深刻。只消五分钟,他们就能以专业手法把货物紧紧地装载到骡子身上,即使走再崎岖的乡间也不成问题。像这些赶骡人一样,"vanqueros"也就是牛仔,也是出色的骑手,他们骑上骏马,能表演"许多意想不到的技巧,足以使任何一地的马术表演增辉。例如,他们能在马全速奔跑经过的时候从地上拾起一块钱"。他们更吸引人的是用套索(lazo)表演戏法,这种套索是用马鬃毛或海草绞绳,"在绳索的一段有一个方便绳套"。一旦绳套扔出去箍在了奔跑中的马匹脖子上,"这个拉套索的人(lazador)就会把绳索拉到自己的马鞍边,然后用一套快速的手法,即使是再狂野的马也会被拉得停下来"。对付奔跑的奶牛和小公牛也是用同样的技法,但是成年的公牛发起野来,需要两个拉绳索的人合力才能平息。可以说赶骡人和牛仔是最擅长玩套索的,几乎都精于此道。正如格里格所言:"他们从婴儿时代就会这种技术了,因为这是小孩子们玩的乡间游戏中比较主要的一种。你能看到这些孩子每天拿着小套索(*lazitos*),在院子里到处套狗或者套鸡玩儿。"而这种套索也能被用作武器。在和印第安人的交火中,牛仔常会"把他的夺魂索套在印第安人的脖子或身体上",把他拖下马来,并在地上一路拖拽着这个印第安人,直至他失去知觉或者死掉。

墨西哥人会给他的马匹和骡子用"硕大的象形花纹烙铁"打上记号,他们称之为"*fierro*"也就是"铁"的意思。而牲口出售之后,又会做上"*venta*"的标记,也就是售出的烙印。格里格发现,一些一直被卖来卖去的牲口,身上会布满各种各样的烙印,如果不是专家还真的很难看懂。

墨西哥妇女尤为入美国贸易商人的法眼。格里格形容墨西哥妇女说她们常常有着"惊人的美丽气质",而且"尤其以小脚和俊美的外表而称道"。她们使用一种自制的防晒乳液来保护肌肤,头顶着大大的圆草帽,用妩媚的眼神凝望着你。新墨西哥的人,在格里格看来,总体上"继承了许多祖先的残忍和不包容的特性,而盲从和狂热方面也不在少数"。他们"有一种极富有幻想的气质(这绝非是一种赞扬)",而且"在道德标准上尺度很大——狡猾、多嘴、善于察言观色以及喜欢阿谀奉承"。另一方面,格里格发现他们对有需要的人特别慷慨而且对来访者无一例外地态度谦和。"他们打招呼的时候,"他补充道,"紧密拥抱的传统礼仪,不仅在于同性之间,异性之间也有,哪里都是这样。好久没见过美丽的年轻姑娘了,突然遇到一位,实在是种享受。"

"打家劫舍的野蛮人"是新墨西哥人中非常重要的组成部分。阿帕契人(Apache)以骑术而著称,也因为他们敢于发动袭击及其残暴而为人熟知。大多数时候,他们靠从牧场棚屋和庄园里偷牛窃羊来过活。他们最爱吃的是骡子肉,而格里格也曾描述过首领们在解决战士们关于骡子肉

第十二章 美国西南地区的印第安人

分配的争议时,把所有存有异议的战士都给杀了。对于最开始的西班牙人,以及随后的墨西哥政府,阿帕契人是永远难缠的敌人。用格里格的话来说:"真没想到那些野蛮人的鲁莽到了什么程度,一队三四个人的印第安战士,据悉在光天化日之下,来到距离奇瓦瓦(Chihuahua)城不足一英里的地方,杀死了工人,顺走了整圈的骡子和马,都没有遭到些微的反抗。"到了1837年,他们的袭击变得越来越大胆,破坏性也越来越严重,导致墨西哥对于新墨西哥全境都失去了控制。而政府的应对之策是设立赏金,要阿帕契人的头皮,同时派遣政府军试图剿灭该部落。这些措施只不过让阿帕契人变得更为心怀仇恨和血腥残暴而已。直到南北战争以后,这一地区划入到美国境内,政府才对他们的破坏性袭击进行了有力的制裁——在旷日持久的惨烈斗争之后,方才采取这等遏制措施。

好战的科曼切人把袭击中俘虏的年轻墨西哥人收容到他们的部落社会阶层中。"这看上去很是奇怪,"约赛亚·格里格写道:"这些俘虏常常就跟着他们的主人,过着野蛮人的生活,而几年后当他们离开又会引发许多问题。事实上这些俘虏,据说时间久了就会成为最难对付的野蛮人。他们兼具了墨西哥人的机敏狡猾和印第安人的野蛮,他们有时候会领着印第安人去他们土生土长的前线地区,造成令人恐怖的暴行。"除了这些周期性的入侵,科曼切人普遍与新墨西哥人保持着良好的关系。而他们骑术高超这一点,约赛亚·格里格认为只有墨西哥的牛仔和阿拉伯人才能与之匹敌。当他们袭击得手,凯旋之时,这些印第安战士以及他们的首领会在离本村一些距离的地方停下,让得胜的消息先传回去。之后,部落中一位"最受尊敬且年纪最大的已婚老妇人"会高高地举着一把手柄特别长的战矛上前,而战士们则会把他们获得的人头皮系在这把战矛上。这位妇人把"装饰着人头皮的战矛高举在空中",来到村中的棚屋前"……吟唱起一段人们喜闻乐见的战争传奇"。很快别的印第安妇人以及一些印第安少女也加入其中,她们围在老妇人周围跳舞。她们载歌载舞地穿过村庄的每一条道路,"以此来宣告庆功会将会连着举办好几天"。

新墨西哥地区皈依基督宗教的印第安人也被称为"普韦布洛人"①(Pueblo)。而在"野外部落"中,纳瓦胡人(Navajo)人数最多,也最为"开化"。尤托人(Eutaw)活动的范围向北一直要到黄石河流域。奥斯博恩·拉塞尔对于印第安生活的浪漫思考,正是受了一位尤托人首领的启发。

约赛亚·格里格估计纳瓦胡部落的人数在 1831 年应该在 1 万人左右。他们主要集中在圣塔菲以西 150 英里左右的山脉地区。他们擅长"原创制作"银质的首饰以及"一种独一无二的毯子,名叫纳瓦胡披毯(Sarape Navajo);这种毯子织得很紧又很密,它常常几乎能像橡胶弹力布一样防止渗水。因此,这种防雨功能也使得这种毯子非常有价值"。纳瓦胡人几乎种植新墨西哥原生的所有谷物和蔬菜,蓄养着一大群一大群的绵羊和山羊,给他们提供纺织用的羊毛。他们养的马匹和牛群"比起墨西哥人养的那些更受重视,价值更大。而究其原因,毫无疑问是纳瓦胡人更关注自家牲畜的增多"。

当约赛亚·格里格于 16 天后准备从圣塔菲返回独立市时,他的商队里有 23 个美国人、12 个墨西哥人、7 辆货厢马车以及 2 门野战炮。"那些生意做得比较大的人,"格里格写道,"他们能带回来价值 15 万美元的银币金条,多半是此前一年冒险之旅的所得。"

1840 年,约赛亚·格里格最后一次去圣塔菲做生意。次年,他在德

---

① 意为印第安村庄。

第十二章 美国西南地区的印第安人

克萨斯进行骡子贸易,随后就去费城开始写他的书。在那儿,他被文明的大病小恙和癣疥之痒给吞没了。他饱受头痛之苦,掉光了头发。而他去纽约那么匆匆一游反而加重了他的病情,因此他不得不去大草原"小小地游览一下",从而增强胃部的"活力"。在路易维尔大学①,他学习医药,并获得了一个荣誉学位。

在《草原商业》一书的结尾,格里格好像在给自己写墓志铭那样说道:"我曾努力让自己适应美国平静的文明社会生活而不得。那些使我和草原生活紧密联系的令人极为兴奋东西,我也一直想从文明社会生活的娱乐调剂和社会关系中寻找能找到什么替代它们。"然而不到一天的时间之后,他并没有为"此刻没有肆意在西部平原上穿行,而感到极为沉痛的悔意。"当新墨西哥被美国吞并之后,格里格马上回到了他心心念念的圣塔菲。这一次,他大多数时间都在进行植物研究,收集了 700 多种西南地区的植物标本。最终,加利福尼亚金矿的消息吸引了他,他动身前往旧金山。在旧金山期间,在执行任务——探索从特里尼蒂河(Trinity River)到旧金山的道路——途中,这位"老绅士",不慎从马上坠下,伤重不治②,享年 43 岁。

---

① 位于肯塔基州。
② 格里格死于 1850 年。他的死是由其同伴转述,具体死因和时间多有疑问。

第十三章 杰迪戴亚·史密斯

1823 年之春，阿什利将军从圣路易斯溯密苏里河而上，而年轻的杰迪戴亚·斯特朗·史密斯正是随行的一员。史密斯的父亲是土生土长的新罕布什尔人，在美国革命之后移民到了纽约州的前线地区。随后，在小史密斯出生之后，他又搬到了宾夕法尼亚的伊利镇，随后是俄亥俄州的阿什塔布拉镇（Ashtabula），期间他繁衍了 12 个后代。阿什塔布拉镇上有一个医生，他觉得杰迪戴亚这孩子很有意思，就对他"进行一些基础的英语教育和教一些粗浅的拉丁文"。在 13 岁那年，他在五大湖上的一艘货轮上找到了一份职员工作。在那个糙汉和渎神者充斥的世界中，他的勤奋、节俭，以及最重要的一点——虔诚，让他脱颖而出。在他 23 岁这一年，在岁月的历练之下，这个更自信也更有经验的青年出发前往圣路易斯，与其说是去试试运气倒不如说只是为了深入这片大陆的腹地看看。在圣路易斯，他应征进入了阿什利[①]的队伍，出发去黄石河远征探险。

---

① 即第十章中所及威廉·阿什利的百人团探险之旅。

第十三章　杰迪戴亚·史密斯

当阿什利他们一行人来到扼守密苏里河的阿利卡拉人的村子时,他们发现阿利卡拉人或称"利人"(Ree),似乎处于一种随时要战斗的情绪中,他们显然是要阻挡住白人溯流而上的路。屋漏偏逢连夜雨,因为水位下落,所以龙骨船的行进速度变得非常之慢,因此继续旅行的唯一现实之路就是骑马。这也就意味着要从敌对的利人那里买马。此时,阿什利得到本顿要塞传来的消息,安德鲁·亨利已经被迫放弃了三河并流地区①,而且他迫切地需要马匹和更多的贸易品。利人的镇子中有141座坚固的泥土或木头搭成的房子,每一所房子里住着5—10名印第安人。站在龙骨船上的人可以看到,他们在河上这一出现,把这些村庄都给震动了,人们都喧闹起来了。阿什利上岸和两个利人的酋长谈判,而陪同他们的是一个混血的印第安人名叫爱德华·罗斯(Edward Rose),他原先是路易斯安那的一个海盗,后来和克劳人一起生活了多年,如今是利人的一个小头目。

随后就是经典式的漫长而又错综复杂的交锋。阿什利这边,人多势众、武器充足,但他也带了不少礼物。他希望能和利人保持和平,同时也希望能从他们手里买马,从而能继续前行。一切看上去按部就班地在进行。马匹买了过来,在河边装备完毕,并且预先把马脚困住,防止其走失,准备第二天出发前行。那一晚有一场极为剧烈的风暴,在风暴的掩护下,利人发动了对阿什利一行人的攻击。阿什利的人一些在岸上守卫马匹,一些在船上或岸上睡觉。利人把火力集中在马匹上,大概他们估计如果牲口死了或者跑散了的话,这些白人就会像手脚被困住,插翅难飞了。杰迪戴亚·史密斯是马匹的看守之一,他拼命砍断捆马脚的绳子,并把它们

---

① 即密苏里河源头。

赶到河里；但是岸上的人被印第安人的火力射杀或射伤的实在太多，因此这种努力没有成功。有一个叫提里斯(Thilles)的黑人，双脚都被子弹打出了窟窿眼，但他一直保持坐姿，不断地装填弹药和射击。他在夜色中高喊，"他们还没杀死我这个黑鬼哩"。在龙骨船上的人，人数在不断减少。他们也拒绝帮着岸上的袍泽弟兄一起打，而岸上有些人还想去攻打印第安人的栅栏。后来，阿什利派人驾着小艇上岸把伤员和幸存的人救回来，岸上的人拒绝登船，表示他们决心留下来，要打出一个究竟。可当龙骨船开始顺利而下远离战场之后，岸上的人却在船后游泳紧追，并被救上了甲板。这一支40人组成的人马，有11个人不是当场被打死，就是在追赶龙骨船的时候淹死，或者因受伤而死。阿什利宣布他决计再次尝试从利人的镇子经过，而他的手下，令他"感到惊讶和蒙羞地"拒绝从命。而阿什利的下一步是去和二百多英里外在本顿要塞的亨利取得联系。他开始招募义兵骑马穿过险境重重的印第安人地区去往黄石河河口，但只有杰迪戴亚·史密斯愿意领这军令状。此外，一个叫巴普蒂斯特的法裔加拿大陷阱猎手，也被说服和史密斯一同前往。他们搞来了两匹马，两人就出发了。他们大多晓宿夜行，几次遭遇险境，但也没有落入四处活动的印第安人各分部落的手中。有一次夜行时，他们的马匹精疲力竭，而身后印第安人紧追不舍。他们遇见三个利人战士在篝火边睡觉，而他们的马匹也在附近拴在一起。两人趁印第安人睡着把他们杀了，并骑走了他们最好的两匹马；而史密斯看见巴普蒂斯特还要割他们的头皮不禁颇为错愕。史密斯和他的伙伴最终找到了亨利，并带给了他一条坏消息：不仅马匹和补给是肯定不能给到要塞了，而且阿什利自己也是泥菩萨过江，自身难保了。

亨利已然没有出路，只能尽力而为了。他打算整个夏天都用来设陷

第十三章 杰迪戴亚·史密斯

阱捕猎。他的手下多了一位大名鼎鼎的前线地区名士,名唤休·格拉斯①(Hugh Glass)。亨利的一位手下写道:"休·格拉斯先生……根本不听指挥,不守纪律。一天下午,他离开了既定的行军线路,遭遇了一只硕大的灰熊;他开枪射击,把熊击伤了;灰熊很自然就盯上了格拉斯;于是他爬上了树,但灰熊抓住了他,并把他拖到地上,格拉斯身上被灰熊撕烂的地方多到令人恐怖。"格拉斯的同伴杀死了灰熊,但格拉斯被打得太惨了,看上去似乎没希望康复了。然而亨利却着急赶路,不想让部队在印第安人的地盘耽搁,只是劝说了格拉斯的两个朋友陪格拉斯直到其咽气为止——一个叫菲茨杰拉德的陷阱猎手和一个叫吉姆·布里基尔(Jim Bridger)的年轻人留下来照顾格拉斯。五天之后,大多数时间处于昏迷的格拉斯依然留着一口气,而看护他的两个人心里很清楚大部队已经日复一日地离他们远去了,而他们也非常忧心自己的安全问题,于是他们决定把这个"老家伙"(格拉斯年纪在40多岁)丢下,任其自生自灭。他们拿上了格拉斯的行囊、来复枪和马鞍,急急追赶亨利去了。跑到要塞的时候,他们报称格拉斯已经死了。可事实上,格拉斯奇迹般地恢复了。他在附近的泉眼里喝到了水,又找到一些野果充饥。过了10天左右,他有所好转,于是他开始向100英里外,位于怀特河(White River)河口的基奥瓦要塞(Fort Kiowa)进发。许多路他是靠爬行前行,因为他太虚弱又受了重伤无法走路。他到达了基奥瓦要塞,从那里的贸易商人那里获得了食物和必要的补给,随后出发前往本顿要塞,准备和抛弃他的那些人算账。他在新年前夜抵达了本顿要塞,此时节日庆祝正盛,整个要塞空空荡荡,显得他像个孤魂野鬼。他可以原谅布里基尔,因为他少不更事,而这

---

① 2015年的电影《荒野猎人》正是根据格拉斯的故事改写,该片荣获了次年奥斯卡最佳导演和最佳男主角等殊荣。

次原谅正是美国西部研究的一件幸事,因为布里基尔日后会比格拉斯更为有名。菲茨杰拉德则已经明智地往下游地区而去了,据说是去了康塞尔布拉夫斯附近的阿特金森要塞。格拉斯和四个同伴出发去追踪那个倒霉鬼。但是他们中了利人的路边埋伏,他们杀死了格拉斯的朋友,并夺走了他所有的东西,据他说只剩下"我的小刀和子弹袋的钢丸"。在阿特金森要塞,格拉斯找到了菲茨杰拉德,此君已经应征入伍了。菲茨杰拉德被迫归还了他偷拿的来复枪,而格拉斯也听了别人的劝解,留了他一条命。对于格拉斯来说,拿回枪比杀死菲茨杰拉德更重要,因为他的这把枪是美国西部历史上到那时候最具传奇色彩的一把。因为在他的枪口下,无数印第安人倒地殒命,而对于格拉斯个人来说,这把枪如同一位朋友。

格拉斯之后渡过了此生最后 9 年分外活跃的时光。1833 年冬天,他和两位朋友,爱德华·罗斯(Edward Rose)和当过海盗的资深陷阱猎手,皮埃尔·米纳尔德(Pierre Menard)待在了克劳人地区的卡斯要塞。克劳人和陷阱猎手此时正处于和平状态,故而格拉斯和他的伙伴们冒险沿着封冻的黄石河往下游捕猎河狸,内心是觉得非常安全的。然而这一回他们遭遇了一伙阿利卡拉人的伏击,三位陷阱猎手被"枪杀、割头皮并且洗劫一空"。格拉斯的好运,最终还是耗尽了,但他已经成为一个传奇,他以及另外十几个"山地人"(mountain man)的名字永远地和落基山脉的皮毛贸易紧密联系在一起。而无数"西部"的作家和旅行家纷至沓来、多加颂扬之后,格拉斯立即就被神化了,通常都是把他英雄般的冒险经历进行一番添油加醋。很快就有人说格拉斯和他的同伴被利人紧紧包围,眼见逃生无望,就点燃了火药桶,然后把他们自己炸得直接去投胎——尽管为什么他们去捕猎河狸的时候还要带火药桶这件事,没法解释得通。

吉姆·贝克伍尔斯(Jim Beckwourth),一位混血的陷阱猎手说了一则有关陷阱猎手和印第安人之间关系的故事。威廉·阿什利将军和他手下从格林河进发，突然几百个克劳人战士像一阵旋风一样冲向他们的营地，挥舞着武器，嘴里嚷嚷大叫着。因为弄不清是克劳人还是敌对的黑足人，这群白人准备自卫，不过将军下令手下不要开火，等到他自己动手再开火。而当印第安人已经席卷而来，进入营地周围手枪射程范围之内时，阿什利扣动了他来复枪的扳机但是枪卡壳了，而接着印第安人已经冲进了营地。他们这才看清，来者是克劳人。讲述这个故事的吉姆·贝克伍尔斯相信，如果阿什利的子弹出膛的话，而且随后他的手下也开始射击，还打死和打伤一些印第安人的话，那么所有的陷阱猎手都将绝迹于此地。

阿什利在克劳人的马群里认出了几匹他们被偷的马，于是他跟克劳人的首领，"雀鹰"（Sparrow-Hawk）说："我很肯定，在你的马群里能看到几匹我的马。"

"没错。那些马就是我们从你们那里偷过来的。"

"为什么你们要偷我们的马？"

"我厌烦走路了。我当时刚和黑足人打完仗回来，本想来你的营地打个招呼。你也许会送给我们一些烟草，但是烟草又驮不动我们。我们偷的那几匹马，原先都很瘦弱。现在肥肥壮壮的。我们反正有很多马。属于你们的马就尽管拿去。"

1824年的冬天和随后的春天，阿什利和亨利所采用的贸易方式发生了巨大的转变。他们打算放弃沿着密苏里河及其支流迂回跳跃的行进方式，取而代之的是，他们要依靠一队队装载了交易品的骡子和马匹的驮运队。这支旅行商队与收集河狸皮的陷阱猎手在预先约定好的地方会合。河狸皮可以拿来换取陷阱猎手所需的货物，之后还将和友好的印第安部落开展进一步的交易。从而避免了在印第安地区设立贸易据点所需花费以及所要承担的风险,同时在密苏里上划着龙骨船前进的风险和不确定性也被规避了。另外还有一个进一步的改进是,把绝大部分的皮毛用牛皮小船沿着黄石河和密苏里河往下游漂送到圣路易斯。这种新做法的后果之一是,陷阱猎手越来越喜欢单干了。而这样做的风险是一旦有什么风吹草动只会比过去更大,因为他们现在分得比以前要开得多。一队陷阱猎手15—20个人可能会一起去到一条主要河道的谷地——比如温德河、格林河或者加拉廷河——随后就会分成三三两两的小组去往小溪和支流那边开始捕猎了。这样他们彼此失去联系,就会持续不断地遭受来自敌对印第安部落的威胁,尤其是阿利卡拉人、黑足人和帕尼人。当秋季的陷阱捕猎季节因为小溪大河的封冻而终结之时,这些陷阱猎手会重新聚集在一起,修造一座坚固的营地,挖地窖准备过冬。春天万物冰消之际,标志着新一轮的陷阱捕猎贸易的开始。猎手们开始准备到约好的地方进行交易。而放弃对"要塞"的依赖的另外一个后果是猎手们会比从前活动的范围更广,在黄石河地区之外开创出一片片广阔的新天地。

在这一轮发展中,杰迪戴亚·史密斯站在了时代的前头。早在阿利卡拉人袭击阿什利一行人的时候,史密斯的领导才能已经表现得越来越明显了。

他1823年在比格霍恩河(Bighorn)陷阱捕猎时,史密斯就像之前的格拉斯一样,被灰熊严重击伤。而当他康复之后,两位一起进行陷阱捕猎,在他受伤期间照顾他的同伴被一群正在打劫的印第安人突袭并被杀害。而史密斯因为躲在灌木丛里,才勉强躲过了印第安人的搜查。印第安人带着目力所及范围内所有东西逃跑了——其中有马匹、捕猎器、马鞍和毯子,甚至还有烹调用的铁盘和铁壶。剩下的全部东西就是史密斯的来复枪、小刀、打火石以及一本他永远带在身边的《圣经》。他打开圣经开

第十三章 杰迪戴亚·史密斯

始朗读道:"人在床上被惩治、骨头中不住的疼痛①……他的灵魂邻近深坑、他的生命近于灭命的。他的肉要比孩童的肉更嫩,他就返老还童。他祷告神、神就喜悦他、使他欢呼朝见神的面,神又看他为义。……"第二天早上,史密斯没有办法走路,浑身痛得要命,但他却竭尽全力地从一个陷阱爬到另一个陷阱,直到发现了其中一只里面有河狸。他费尽力气地把那只河狸掏了出来,生起了一个小火堆,开始烹制河狸肉。在之后的两天里,他继续前行却没有食物,只能靠他手里的《圣经》聊以慰藉。第三天,史密斯打到了一头正在河边饮水的肥美雄鹿,直到剩下的肉变质得没法吃之前,他都足以果腹。但现在他再次陷入没东西吃的窘境,也没有东西可以清理伤口。他再一次写道:"尽管我身处死亡笼罩之下的山谷,我却无惧邪恶上身。因为神,你永远照耀我。"又过了3天,当史密斯濒临死亡的时候,一队陷阱猎人赶到了,为首的是史密斯的朋友,他在史密斯遭遇灰熊的时候,跑出去找援手去了。

一行人搭起了一副简易的担架,而史密斯吃饱了肚子,伤口也清理好了。于是大家开始沿比格霍恩河而下,来到黄石河与亨利的队伍会合。他们在路上遇到了托马斯·菲兹帕特里克,他是亨利的一个搭档,他告诉史密斯说克劳部落的印第安人已经给他指了条路,是一条沿着甜水河的小路,沿着走可以来到温德河山脉的一个豁口,翻过那个豁口就能去往格林河了。菲兹帕特里克听说,那块地方的河狸非常多。

在比格霍恩河河口,亨利的手下已经建起了冬天住的房子。克劳部落的印第安人也在附近搭起了帐篷,而陷阱猎手在此渡过了一个平常的冬天,等天气渐暖、冰雪消融之后出外捕猎,而河水封冻之后又去寻找别

---

① 本段译文采用中文简体《圣经》(和合本)。

的方向去了。当春天冰雪开化来临之际,史密斯和菲兹帕特里克得到亨利的允许,成为"自由陷阱猎手"——意思是,他们可以按自己的意愿去搜寻河狸,也会得到亨利的补给支援,最后只要以河狸皮的形式偿付给他就行。另外还有18名陷阱猎手和营地看守与史密斯和菲兹帕特里克签了约一同去捕猎,随后,一行人就出发前往温德河河谷了。到了目的地,大伙儿决定史密斯仍然留在温德河和珀珀瓦吉河(Popo Agie)交汇处和6个人一起进行陷阱捕猎,而菲兹帕特里克和队里剩余的人则按照他的克劳人朋友告诉他的路线走,去往格林河河谷(Green River Valley)。穿过了一片干旱的红色岩石构成的山峰和峭壁,菲兹帕特里克一行来到了甜水河(Sweetwater),这条河沿着温德河山脉的山脚流淌,随后又折向西南。

起先,这段路程让人误以为很容易。但当他们不断前行之后,积雪变得越来越厚,天气变得越凛冽而寒冷。最终他们来到甜水河河谷的尽头,那里是一片高低起伏剧烈的平原。这里的气候暖和多了而积雪也在消融之中。他们很快意识到这里就是人们说的"小桑迪河",这条河会流入科罗拉多河,而科罗拉多河则会最终注入加利福尼亚湾。他们跋涉穿过了南山口(South Pass),或许他们是第一批穿过南山口的白人。而这个山口后来成为去俄勒冈和加利福尼亚的数十万陆路移民的必经之路。

格林河河谷的情形和克劳人首领许诺的完全一样,而菲兹帕特里克和手下也利用了此地河狸拦河形成的水道和池塘,未被破坏的优势,收集了相当多的皮毛。但是还没等他们启程返回,一群斯耐克人就偷走了他们所有的马匹,总数大约有20匹,从而使得这群人没有办法把成捆成捆的河狸皮运到他们准备过冬的地方。在马匹全失的情况下,最保险的做法是把这些河狸皮藏起来然后返回珀珀瓦吉河,在那个地方,他们能从杰

第十三章 杰迪戴亚·史密斯

迪戴亚·史密斯一队人那里拿到马从而可以回到这里,拿回他们夏天劳作的成果。但菲兹帕特里克还想着要干一票刺激的,去追踪斯耐克人,并夺回他们的马匹。就这样,他们把河狸皮藏好了,开始步行追击——他们一共14人,要去对抗人数是他们好多倍的斯耐克人。他们沿着马队留下的蹄印,一共走了8天。长途跋涉的最后一段,他们夜里走路,而白天则在隐蔽的地方睡觉。最终他们来到了斯耐克人的村子,里面大约有20座印第安人的帐篷。附近,有一百多匹马非常松散地圈养着。陷阱猎手的战术是发出一个大家都清楚的信号,然后一人抓一匹马,跳上马背,并把剩下的马匹赶着冲过村庄,一路回奔他们自己在大桑迪河的营地。他们经常替换身下的坐骑,仅仅偶尔因为休息和吃饭而稍事休息。3天之内,他们就回到了藏河狸皮的地方。他们原先被偷了20匹马,如今却有了40匹,而更重要的是,他们经历了如此精彩的冒险,足够他们在冬季营地里大吹特吹了。

当菲兹帕特里克和手下与杰迪戴亚一行人在珀珀瓦吉河会合,说了他们在西斯卡迪人(Siskadee)的地区收获颇丰的捕猎河狸之旅后,史密斯和威廉·萨布莱特(William Sublette)——另外一名"队长",一名得到阿什利支持庇佑下的自由捕猎手——决定亲手去试试。于是,菲兹帕特里克带着两边合在一起的河狸皮乘牛皮小船沿甜水河而下到普拉塔河,那是他们秋季约定交割的地点,而另外一方面,史密斯和萨布莱特穿过了南山口,在格林河的支流附近试试运气。

同时,阿什利将军也从圣路易斯回来了。他决定翻过南山口,按照菲兹帕特里克的路线进行远征探险。他招募了25个人,其中就有菲兹帕特里克本人,吉姆·贝克伍尔斯以及摩西,也称为"黑色"哈里斯。一开始,阿什利进展得很不顺利。当时天气刺骨寒冷,而路上也少有草可以给他的马或者手下人去找食物吃。当他们到属于卢普分支的帕尼人村庄时，他们半数的马匹因为饥饿和疲惫而死掉了，而这些马又瘦又粗糙的肉给队员们吃掉。帕尼人卖给他们一些马匹以及大量的玉米、肉干、南瓜干和豆子。

离开帕尼人的村子之后，阿什利和手下遭遇了一场恐怖的暴风雪，一些他们刚买来的马匹在暴风雪里死掉了。有3周时间，全队停留在南普拉塔河边的营地里，而一小队陷阱猎手被派出去探索一条通向格林河河谷的通道。在2月末，阿什利和手下在雪地中艰难穿行，并于3天之后深入到北普拉塔河的流域。眼前这块地方到处都是鹿和野牛，而阿什利在日后写道："我无比欣喜地看到许多小溪流从山中潺潺流出，溪边垂着一片稀疏的柳树枝条，在此栖息的河狸是那样的多。"在捕猎河狸之后，阿什利和手下从河水边向西行进，过了河，并于3月26日这一条抵达了大陆分水岭，而他们到达的那个位置后来被命名为"布里基尔山口"。次日夜里，一伙克劳部落的印第安人偷了一些他们的马匹和骡子共计17匹。最终他们到了大桑迪河边，并沿着河流而下，向西走了6天之后，才到达目的地格林河。他们一路共走了166天，而且所过之处都是白人之前从未涉足的区域，又是在死一般的冬日季节里。这是在那个充斥着非凡旅行的时代中最伟大的旅行之一，而且它值得铭记的意义在于一方面如果没有帕尼人的援助，这次旅行也许不能完成，但是这次旅行差点就因为克劳人的袭击而告吹。阿什利的这番旅途，经过了如今怀俄明州南部的很大一块地区，深入到了北科罗拉多地区，而且还踏足于大陆分水岭盆地①（Great Divide Basin）。在4月底，他开始了乘牛皮小船沿格林河而下的

---

① 位于怀俄明州红色沙漠中。

第十三章　杰迪戴亚·史密斯

危险之旅，来到了格林河与尤因塔河（Uinta）交汇处以南50英里的地方。

翻过了尤因塔山脉，阿什利一行人来到了一条日后命名为韦伯河（Weber River）的河流边。沿着河岸边，他们遇到了几个陷阱猎手，他们前一年夏天和史密斯以及萨布莱塔一起去追寻菲兹帕特里克的线路，从南山口进入格林河河谷。和史密斯及萨布莱塔手下这一行人在一起的还有29个从哈德逊湾公司叛逃出来的猎手，他们已经听了史密斯的劝说把他们猎获的皮毛带到位于温德河约定交易的地点。

1825年6月1日，有120名陷阱猎手聚集于格林河的支流亨利斯河（Henry's Fork）上。一支来自圣路易的马车队载着物资补给的货物也加入其中——如吉姆·贝克伍尔斯记录，物资品中有"面粉、糖、咖啡、毯子、烟草、威士忌以及其他所有该地的必需品"。这些自由陷阱猎手组成了一种山地中的贵族式统治。本身也是一位自由陷阱猎手的约瑟夫·米克是这样说的：

> 对于他们的坚韧不拔以及超凡勇气，甚至连鲁莽和放荡，他们都很是自以为傲。每一个人都自称拥有一匹最好的马，有最离奇的冒险经历，杀死的熊和印第安人的数目最多，最受印第安美女的钟情、酒量最大、口袋里可以花销的钱最多——也就是说，在一行人的账簿上，属于他们的钱是最多的。如果他的听众不相信他所说的，那么他就打算与之进行赛马较量，或者比赛"滑雪橇"（cold sledge）打败之，或者如果对方更想打一架的话，就去动手打——他时刻准备以任何同伴满意的方式来证明他所言不虚。

当然需要在此插一句的是，在捕猎河狸的黄金时代过去之后，许多很有企图心的记者以及捉刀客撰写了大量相对知名的山地人的所谓"自传"。有些人,譬如说贝克伍尔斯,喜欢把事实严重夸大,因此他实际上变成了一个专业说书人。当然我们也没有凭据去怀疑他们叙述中的日常生活中遇到的点点滴滴,但他们相当正式、辞藻过于华丽的措辞常常是他们抄写而来非他们自己所写。

当阿什利及其手下正在一条不寻常的旅行线路上,从阿特金森要塞去往格林河途中。史密斯和萨布莱特已经沿着格林河到了霍斯河(Horse River)并从那里转往霍巴克河(Hoback River),而霍巴克河流入的正是斯耐克河。萨巴莱特在离黄石河源头不远处扎营,而史密斯则沿着斯耐克河而下数百英里,在其支流上进行陷阱捕猎。随后,他又向北去,希望能达到克拉克当年修造的哥伦比亚河的要塞。现在,他已经进入哈德逊湾公司声称拥有的领地,而在这里他也遇到了被哈德逊湾公司雇来当陷阱猎手的一群易洛魁人。他们饿着肚子而且身无分文,乞求史密斯帮帮他们。他们的捕猎活动隶属于斯波坎商行(Spokane House),这个商贸据点是根据所在的河流而命名的,而且他们在密苏里河的源头、三河并流区,甚至向东远到黄石河流域都猎获了大量的皮毛。但是,斯耐克部落的印第安人偷走了他们的枪支、马匹以及大部分的皮毛。现在他们还有900张皮毛,价值约5 000美元。史密斯答应帮助他们回到活动基地,但条件是要把剩下的皮毛留给他。史密斯也抓住这次天赐良机,趁机去侦查一下哈德逊湾公司后院的地形。

史密斯及其手下在克拉克所建的哥伦比亚河的要塞上游的平头族贸易商行(Flathead Trading House)停留了近一个月时间,随后他们就和亚历山大·罗斯领导下的一队哈德逊湾公司的陷阱猎手会合。在斯耐克河和罗斯分道扬镳之后,史密斯河在去往格林河的路上来到了

第十三章　杰迪戴亚·史密斯

大盐湖①(Great Salt Lake)边。在贝尔河(Bear River)上的卡奇谷(Cache Valley),史密斯和萨布莱特再度会合,后者在这里建立了过冬的营地。在冬季,吉姆·布里基尔负责沿着贝尔河探路直到河口。当他来到大盐湖的时候,他还以为自己发现了太平洋的一个入口。

在1825年的贸易集会上,阿什利手下的陷阱猎手以及和他签约的自由陷阱猎手一共带来了130捆河狸皮,总价值接近20万美元——这已经足够阿什利告老还乡、颐养天年了。他带着12名猎手沿密苏里河而下到圣路易斯,举办他的告别狂欢会。当阿什利解甲归田之后,他把这门生意转卖给史密斯和萨布莱特。这两个人因此社会地位得到跃升,用法语说那该是"布尔乔亚"②(bourgeois),而在美国人嘴里则变成了"破小样儿"(Booshways)。

很快人们就明白原来杰迪戴亚·史密斯对于收获大量的河狸皮的兴趣远不及他想要探索一条从落基山脉到太平洋的通道来得大。他于1826年8月从大盐湖出发,带着18名手下和50匹马离开,留下萨布莱特继续在格林河河谷进行陷阱捕猎活动。两队人马分开之后,约好次年夏天在贝尔湖(Bear Lake)重聚。跟随史密斯的人里面,有一个头脑发热的铁匠名叫詹姆斯·里德;一个叫哈里森·罗杰斯的虔诚的年轻人,他和史密斯脾性相近,有一份记录周详的日记记录了全队的一举一动;彼得·拉尼,一个自由黑人;一个尼匹桑部落(Nipisang)的混血印第安人,人们一般都叫他"尼匹桑";一个来自太平洋沿岸,恩布瓜部落(Umpqua)的印第安奴隶,名叫马里昂;曼努埃尔,一个"土生墨西哥人";两个肯塔基人;两个苏格兰人;一个叫约翰的黑奴;一个爱尔兰人;一个德国犹太人,名叫艾

---

① 犹他州首府盐湖城因此得名。
② 即资产阶级。

曼努尔·拉扎鲁斯；还有三个人分别来自印第安纳州、俄亥俄州和纽约州。

史密斯在他的日记序言中是这样写的：

> 本人意图造访此未被探索之境地、发现其蕴藏的财富之源，并向世人展示那我始终设想此浩瀚大地必有的诸般奇迹，凡此强烈愿望之驱使，才得我开此番西行之举。我必须承认在出征时分，这种野心（或可说是愚蠢之野心）皆因我而起，但这或多或少在我们已知世界中属于常见之事。我渴望第一个看到这片任何一个白人都未曾驻足观赏的土地，并且顺着一条流经这片新天地的河流一路走去。

史密斯沿着大盐湖东南湖岸的波特纽福河（Portneuf River）去往犹他湖，在那里稍作停留，补充了一些野牛肉干。在犹他湖一带，史密斯遇到了乌特部落的印第安人，并和他们磋商签订了"和约"，即"通过该和约，美国人可以在他们的领地上狩猎或者陷阱捕猎，不会遭到骚扰"。史密斯发现乌特人"说话干净利落，没废话，还注重行动"。在他看来，这些人"比起我们在内陆地区见过的任何印第安部落的人……都要更接近文明社会的生活状态"。乌特人抓了两个斯耐克部落的小姑娘，并迫使她们成为乌特部落主人的奴婢，当时她们正要被转交给部落中的妇女准备把她们残酷折磨致死。史密斯把她们带离了乌特部落，同行了一段时间。而后，人们发现两个女孩已经与曼努埃尔，那个墨西哥人成为伙伴。曼努埃尔在一周左右之后就不再和史密斯一行人一同远征探险了，而两个小女孩也跟着他走了，一同脱队的还有那个混血印第安人"尼匹桑"。

史密斯随后翻过了瓦萨琪山（Wasatch Range）来到了普莱斯河，然后

第十三章 杰迪戴亚·史密斯

向西取塞维尔河(Sevier River)(而他命名这条河为阿什利河),循河南下,穿过埃斯科兰特沙漠(Escalante desert),又在今犹他州西南地区找到了维珍河(Virgin River)。在沿途,他遇到了派乌特人(Paiute),他们是北部的乌特人中已经衰落的一支,他们的食物主要是植物根茎以及一种用草蜢和莓果做出来的蛋糕。害羞的派乌特人靠用干草或灌木枝生起小火堆来传递白人到来的警报,所以史密斯一行只能偶尔瞥见他们一眼。这个部落的人没有马匹,一般都赤身裸体,而且极为有忍耐力,出行都靠双脚走路。几天以后,远征探险队的人吃光了带来的野牛肉干,也找不到可以果腹的猎物,所幸他们遇到了一个南部的派乌特部落,他们愿意拿受队员们欢迎的玉米、南瓜等食物补给与他们作交易。几番饱餐和饥饿交替之后,当全队再次无粮可吃时,他们遇到了些印第安人(很显然是莫哈维人①)给他们提供了一些小南瓜和大南瓜作为食物补给。这里的印第安人有马,而且显示出文明更先进的迹象。史密斯的马却在这里因为旅途艰辛加上没吃上什么草而垮掉了。有两个莫哈维人一度还担任向导,但是看到史密斯及其手下沿科罗拉多河而下时,他们就丢下这些人不管了。

这里的道路之崎岖险峻简直难比登天,全队常常在远远高于河面的狭窄山道上行走,一旦稍有行差踏错就是万劫不复。最终,史密斯及其手下走出险境,来到了棉木河河谷(Cottonwood Valley),这里有很多青草可以喂饱马儿。史密斯在这里杀了一头山绵羊。他们也在这里遇到了第一处莫哈维人的定居点,这些人显然已经和西班牙人有所接触了。这些印第安人热情好客地跟史密斯打招呼。"陈列的甜瓜和烤南瓜,"他写道,"数量极其之多。"莫哈维人个子很高、体型健美,肤色很浅。莫哈维部落

---

① 莫哈维人:Mohave。

的男子一般都赤身裸体，或者从左肩膀往下披着一种"西班牙毯子"。他们身上"没有头饰，没有莫卡辛鞋也没有绑腿。而妇女的着装，"史密斯写道，"是一种类似亚麻的纤维织成的衬裙……这里的男人似乎在田里和妇女干一样多的活，这在印第安人中间是不多见的现象。"他们会采角豆树上的豆荚，并且种植小麦、小南瓜、玉米、豆子和甜瓜。莫哈维人告诉史密斯说，他要是去加利福尼亚的西班牙人定居点要走10天左右的路。史密斯原先没有向手下透露半点想要前往加利福尼亚的意思，并且随后面对疑心的西班牙官员坚持说他脑子里从未有过这种想法。现在他告诉手下人说他们必须继续西进去一个简直荒唐的地方，而他们所过之地是如此贫瘠，甚至让人都无法想象还能回得来，更勿论所谓回程中的危险问题了。

他们走了一天之后都没看见水，史密斯开始怀疑这些印第安人故意给他指了一条歪路，让他走进沙漠地区，从而他和他的手下一定会因为缺水缺食物而死掉。那么印第安人就能趁此理所当然地把他们的随身物品拿走。当他折返几步之后，他的疑心病又加重了，因为他发现那些印第安人就跟在他身后。但在两边确定不会互相伤害之后，史密斯劝说了这两个印第安人——他们是从圣盖博（San Gabriel）的教会逃出来的——成为同行，当他的导游穿越莫哈维沙漠（Mojave Desert）。

闯过这片沙漠的路上尽是一处又一处小的苦水溪或者苦水泉，直到全队到达苏打泉（Soda Springs）之外数英里的莫哈维河才喝上水。次日，他们遭遇瓦纽梅（Vanyume）部落的印第安人，他们是赛拉诺人（Serrano）较为穷困的近亲部落。他们分给旅行者一些橡果和松子做的小蛋糕以及他们用一种长网捕来的兔子肉。两天之后，他们看到了一些牛群和马匹的迹象，关于当时的情境，史密斯写道："这让我脑海中的很多情绪唤醒了,而且其中一些并不是让人心情愉悦的……我正在接近一个西班牙裔的人定居的地区,他们这种人的宗教和我们不一样,而且他们极其的顽固,无视我们新教徒的权利,因为我们有时会玷污罗马天主教……他们也许会当我是个间谍,因为宗教的关系而关押我或给我判刑,或者只是把我羁押起来,让我的生意毁掉。"

很快,他们就穿过了圣贝纳迪诺山①(San Bernardino Mountains),进入了圣盖博谷②(San Gabriel valley)——这里被强大的教会所控制。在田里劳作的印第安人,眼睛瞪得大大地看着陌生且衣衫褴褛的一行人,甚是惊奇。在一片农场还是庄园的地方,一位年长的印第安人用西班牙语和他们打招呼,询问这些饿坏了的来客,是不是想要宰一头小阉牛来充饥。大快朵颐一番之后,史密斯给圣盖博教会的主事,隶属于圣方济各会的何塞·博纳多·桑切斯③(José Bernardo Sánchez)主教去信一封。这封信很快就被送给了那位尊贵的神父,而主教也以拉丁文致以回信。他希望史密斯能前来与他会面,而这位陷阱猎手带着翻译就前去拜访了。他们来到"一幢外表古老,颇似城堡的建筑……我见到他时感觉分外的尴尬,"史密斯写道,"甚至差点不知道如何介绍自己。"主教拉起史密斯的手,"好像与我很熟悉一般邀请我走进这房子……很快面包和奶酪都拿出来放到我面前,还有一些朗姆酒"。而秉持禁酒主义的史密斯只是出于礼貌而抿了几口。

尽管有翻译,双方想要彼此理解的努力最终还是付诸东流了。桑切斯主教派人去找一个年轻的美国人来谈判,他叫约瑟夫·查普曼(Joseph

---

① 位于今大洛杉矶地区的东部,将都市区与沙漠区隔开。
② 南加州的主要峡谷之一,位于大洛杉矶地区以东,圣贝纳迪诺山以南。
③ 桑切斯神父出生于西班牙,长期在墨西哥以及今天的加利福尼亚州的教会工作。

Chapman),他是第一个在洛杉矶定居的美国公民①(他因为参加一次在蒙特雷的袭击活动,而被当作犯人押解至此)。查普曼也是一位"美国传奇人物"(American original)。他自称曾被诱骗上船到三明治群岛(Sandwich Islands),也就是后来大家所称的夏威夷群岛。他全套的动手技能使得洛杉矶教会的教士们一刻也离不开他。他能造谷物磨坊、帆船,会接断骨、拔牙、会把农场的设施修饰一新,除此之外还会干一百多种考验手艺的活儿。

在等待查普曼到来的时候,史密斯与主教坐在一起用餐。"我们一落座,"史密斯写道,"桑切斯主教就开始朗诵饭前祈祷词,而且每一位神父都以最快的速度祈求天堂的祈福——而且最后几个词还没有说完之前,神父们就已经开始拿不同碟子里的菜了。"史密斯花了些笔墨来描述那一餐饭,总之食物相当精美,还配有美酒和雪茄,除此之外他还写道:"我竟然身处这样奢华的就餐环境之中,但是我已经有很长时间没有得到在桌边吃饭的享受了,而且我从来没有和这样的人一起吃饭,或许我能因此得到额外的宽恕吧。"

当约瑟夫·查普曼带着他自己的翻译出现时,史密斯才了解到,自己和手下,实际上已经被拘留了,要等驻地在圣迭戈的加利福尼亚总督的指示。而这据估计需要花很多时间才能得到信儿,因为总督先生是出了名的优柔寡断。

当史密斯在等待总督的消息时,他和哈里森·罗杰斯记录下了教会的生活。每一个教会附属的印第安人数目从400—2 000人不等,加上"靠他们过日子的家人",大约占到加利福尼亚人口的3/4。史密斯及手

---

① 当时洛杉矶属于墨西哥的加利福尼亚省。

第十三章 杰迪戴亚·史密斯

下所在的圣盖博教会,有大约2 000英亩的耕地,种植着小麦、大豆、豌豆和玉米,还有一些种植着苹果树、桃树、梨树、橄榄树的果园,"以及一片有300棵橙子树的小果林"。在教会的大院墙内,除了教士们住的区域外,还有给来访者居住的公寓以及派来保卫教会、维持印第安人秩序的士兵们所住的守卫室。此外,还有储藏室、粮仓、"肥皂作坊"、蒸馏房、铁匠房、木匠铺和制桶作坊,以及留给织工的房间。罗杰斯在教堂的一件偏房发现了"熔铸而成的圣像,他们把我们的救世主放在十字架上①,圣母和雅各的母亲玛利亚,以及4位使徒,每一个形象都和真人一样高"。他大概会稍感欣慰地发现这间偏房正被用来当作"制糖作坊"。

教士们进餐前会饮一杯杜松子酒,吃一些面包和奶酪,而且据史密斯的记载,"美酒之丰盛让我们的神父看上去甚是喜悦"。史密斯的两位印第安向导因为逃跑出来而被逮捕,并被投入教会的监狱以示惩戒。关于这件事,史密斯懊悔地写道:"我认为他们是十分诚实且心怀善意的孩子。"

教会是一种独裁专制和温良仁和的奇怪混合体。大多数印第安人被迫加入任何一个教会,而且无论他们有任何实际的目的,都被限制在该教会内,并且如果他们偷窃、打架、消极怠工或者想要逃跑都会遭到鞭刑的惩处。罗杰斯形容这些印第安人"无论你怎么理解奴隶这个词,他们就是彻头彻尾的奴隶"。他看见5位"老人,看上去50—60岁的样子",因为让他们上工的时候没去工作而遭到鞭笞。此外,有一位牧师要求旅行队里的铁匠,吉姆·里德"给他打造一个大型的捕猎器,放在他的橙子园里,到晚上印第安人来抢他的果园时,能将其一举擒获"。罗杰斯还写道,教会

---

① 天主教的十字架上有耶稣,而新教则没有,教堂中也没有圣像画之类与新教支持的反对偶像崇拜相悖的物件存在。

的士兵"现身的时候,是有些人发出警报说这些印第安佬——要起义,要捣毁教会"。罗杰斯的记载中还有:"尽管我们和西班牙人之间友好相待、和平共处的气氛很盛,而我们自己人之间持续不断地争吵,甚至从远征探险开始之时就是这个样子的了。"罗杰斯也觉得印第安妇女"不守妇道"。有一个印第安妇女跑到他的房间,他写道:"这个女人要求我给她造个'白印第安娃'(Blanco Pickaninia),翻译过来就是让她生个'白皮肤的孩子'——而我也必须在此生第一次说出我为你感到害臊,没有满足她的要求。"

罗杰斯写道,这个教会"每年运往欧洲的动物皮和油脂大约价值2万—2.5万美元,还输送了价值2万美元的肥皂"。"这些教会,"杰迪戴亚·史密斯写道,"如果不看他们的宗教本业,实际上是一些大农场、大牧场。它们是在教会主教的意愿下运作的。而这位主教从某种程度上是对他所在教派的首脑负责的。"这当然是一种剥削体制,尽管他的残暴性因为许多教士的仁慈而软化了,但是他们要求印第安人干的活,在史密斯看来是"难以置信的艰难"。在墨西哥独立之后,印第安人当然获得了正式的解放,但是在大多数教会中,神父们仍然在利用他的权威和他们劝说人的能力而让他们的命令仍然能对他们手下的印第安劳工奏效。许多印第安劳工,确实是无处可去,如果离开教会就只能等着挨饿。

哈里森·罗杰斯直率地告诉桑切斯主教,说他是个加尔文教派的信徒,他"不认为人有权宽恕罪孽,只有上帝才有这种权力",但他并没有被这位彬彬有礼、态度宽容的主教"区别对待"。1827年1月,在杰迪戴亚·史密斯去往圣迭戈缺席的情况下,桑切斯主教让罗杰斯来发表"新年致辞"而罗杰斯也欣然允命,在致辞中回顾了基督的一生和他的教诲。"主教神父,请您记着,"罗杰斯劝告他,"全世界都是传教士的阵地。在耶稣基督我们的救世主降临之日以前,我们从未听闻有哪一位传教士向不

第十三章　杰迪戴亚·史密斯

信上帝的野蛮人(the Heathen)传教,"除了约拿①。而除了保罗之外——他提醒主教道,早期基督教会的传教士,"并不是学习艺术和科学出身,对书本和人的知识也无甚了解,然而,他们在没有人支持的情况下奋勇向前——他们没有朋友——他们受到的压迫来自人们的偏见、法律、学识、哲学逻辑、极端情绪以及迫害……总之,"他总结道,"根据历史上和传统遗留下来的证言,我们没有理由去质疑,基督最后的遗愿获得了充分的执行,因为在使徒时代(Apostolic age),福音传遍了地球每一处当时已知的角落"。他如此精彩的阐述如何经过翻译依然能够存留下来,我们不得而知,而这位桑切斯主教,原先非常为这位年轻的美国皮毛猎人所吸引,但听罢也很难不感到惊讶。这位和他的同伴从荒野上来,看上去和印第安人一样野蛮的年轻人,在一个彻底陌生的社会里,似乎全然是反客为主,而他的布道完全不逊于任何一位有学养又有知识的牧师或者布道人。

早在12月初,史密斯被传召到圣迭戈,接受何塞·马里亚·德·埃切安迪亚(José María de Echeandía)总督的审问。在去圣迭戈的路上,他拜访了一位大地主唐·约尔巴,据一年之后的另外一位访客描述,约尔巴是个"又高又瘦的人,穿着该地区最奢华的服装……在头上他别了一块很大的丝绸手巾,四个角都垂到脖子后面。他的衬衫是刺绣的,白色薄棉布的男士围巾扎得很有品位,蓝色锦缎的马甲,深红色的丝绒短衣以及亮绿色布的外套,上面缀着银质的纽扣,脚上穿着的鞋是绣花的鹿皮做的"。

当时的圣迭戈是一座完全不引人注目的西班牙式要塞,也许这也佐证了总督是个什么样的人。一切都是因陋就简,而且年久失修。这位总督大人连着好几天都举棋不定,显然是因为不速之客而深受困扰。总督

---

① 亚伯拉罕诸教的先知之一,其事迹载于《圣经》以及《古兰经》中。

坚称他必须得到墨西哥方面的命令，不然就要一直等着。如果这样，史密斯必须亲自跑去墨西哥首都一趟。最终，在两个多星期的扯皮之后，埃切安迪亚总督最终提出了一个解决方案。如果在圣迭戈港停靠的几艘美国船只的船长愿意书面保证，他们相信史密斯光临加利福尼亚确实是由于他所声明的情况，那么史密斯才能获得允许进行必要的日用品交易，然后离境。但是他必须照原路返回，这对史密斯而言是非常严苛的限制，先不说路途的艰险，而且他已经想好要找到一条更便捷的路与萨布莱特在贝尔湖会合。

罗杰斯最不愿意离开他的朋友桑切斯主教（他在日记中把他的名字还写成为桑库斯、桑尼斯或桑丘斯，等等）。"亲爱的老桑切斯主教是我所有的旅行中，遇到过的最伟大的朋友了。"他在日记中写道，"他配得上基督徒的称号，因为他有着最高境界的宽容仁爱——而且是一个穷人和受苦的人的朋友。我将永远视他为上帝的仆人……并祈求我主降福与他及他这样的人。"

在满足了总督的要求后，全队开始出发回贝尔湖。现在又有两个人开小差了，尽管人们也非常不清楚墨西哥当局会不会允许他们一直落在队伍后面。史密斯信守承诺地向莫哈维沙漠方向走去，作出一副将要原路走回去的样子，可一旦离开了墨西哥长官的视野，他立刻拨转马头北上，沿着特哈查比斯河（Tehachapis）来到科恩湖（Kern Lake），也就是今天圣华金谷（San Joaquin Valley）的南端。又走到图拉雷湖（Tulare Lake），他们又遇到一队尤克特部落的印第安人，他们住在湖上的一座小岛上，他们渡水的排筏是用河边生长的图里苇①（tule）用草绳捆制而成。

---

① 一种加利福尼亚土生植物。

第十三章 杰迪戴亚·史密斯

在此地,史密斯开除了一个名叫约翰·威尔逊的队员,原因是他"企图哗变"。完事之后他又继续向北挺进了。他经过了在棉木河上的一座较大的印第安村子,这些人属于武可查穆尼(Wukchaumni)部落的印第安人。史密斯沿路继续捕猎河狸。而维密尔奇部落(Wimilchi)的印第安人的营地则在佩迪克特里河,后来改名为圣华金河的河岸边一座美丽的橡树林里。

圣华金河流经了与其同名的山谷,最后汇入圣弗朗西斯科湾①(San Franciso Bay)。而汇入圣华金河的支流有默塞德河(Merced)、图奥勒米河(Tuolumne)和斯坦尼斯劳斯河(Stanislaus)。史密斯一行人沿着圣华金河的走势前行,一边捕猎河狸,一边射杀麋鹿和羚羊,充作食物。这里的野马到处都是且数量众多,除此之外,还有天鹅、黑雁、苍鹭、鸬鹚以及各种野鸭。史密斯看见了一只加利福尼亚秃鹫——堪称世上最有气势的鸟类之一。这里有一些分散的印第安群落——印第安向导告诉史密斯,这些人是被教会吸收的部落中留在原地的残余分子。

史密斯现在所处的是加利福尼亚中部说佩纽蒂语(Penutian)的印第安部落的地区,据估计有大约2 000—3 000个部落或群落,主要几股势力为米沃克人(Miwok)、科斯塔诺安人(Costanoan)、尤克特人、麦都人(Maidu)和文吞人(Wintun)。他们的主食是内华达山脉丘陵上一排排高大橡树上落下的橡果。这些橡果收集起来之后,储存在容器中,等它们干燥以后,把它们捣碎成精细的黄色谷物粉,放在砂制容器中,然后把水倒进容器,以去除其中有毒的单宁酸。当这些谷物粉通过这种方式充分浸出有害物质之后,就能晒干,并用它来制作面包。这些印第安人也从事打

---

① 即今天旧金山附近的海湾。

猎，猎物有鹿、兔子和松鼠，而且他们很有远见，会把食物储存一部分准备过冬。他们的武器很简单，而且因为气候温和，他们很少穿任何一种的衣物。他们的艺术水准相对比较逊色，而且与比较戏剧性和"高贵"的东部森林和大平原上的印第安人比起来，他们相对温和，也不爱诉诸武力。他们的文化形成于食物搜集而不是通过打斗获得。因此，他们似乎经典呈现了阿诺德·汤因比（Arnold Toynbee）提出的"挑战与应战"概念。在宜人的气候环境中，有充足的时候，同时又有内华达山作为屏障，免受更好战的东部邻居的侵扰，他们无忧无虑地生活着，从来没有真正遭受过挑战，所以也不会发展和壮大他们较为原始的文化。因此，他们也就相对容易地融入了对他们威逼利诱的教会。他们与西班牙人打交道的经历，可想而知也会让还没有加入教会的人对白人有所警惕，杰迪戴亚·史密斯的经历足可以证明。而且他们变得越来越好战，他们从教会和牧场偷窃马匹和牛群，而且只要逮到机会，还会杀害迷路的白人。

史密斯开始考虑春天和萨布莱特和杰克逊在贝尔湖附近会面的事了。他沿途已经搜集了大约 200 张熊皮，而他的手下急于回到他们回家必经之地——贝尔湖，然后去往阿特金森要塞进行秋季贸易聚会。而眼前的内华达山脉，俨然是个跨不过去的障碍。但史密斯不管不顾向东前进，寻找一处山口。循着内华达山的丘陵，他穿过了默克勒米河（Mokelumne River），经过了一个有几百座泥土房子的印第安村子，里面住着默克勒米部落的印第安人，他们是北部米沃克人的一支。在这里，史密斯找到了一个说西班牙语的印第安人，他是从一个教会来的难民。他走了好长一段不明就里的路，期间他的印第安向导卷走了他的两匹马，而他也不慎把 12 副陷阱捕猎器丢在了默克勒米河中，而史密斯仍然不觉得前路迷茫。这里的印第安人越来越多，胆子也越来越大了，而史密斯他们

第十三章 杰迪戴亚·史密斯

每次都差点无法脱身。在亚美利加河上（American River），史密斯跟在一个印第安女孩身后追，想给她礼物，并通过她想让难以捉摸的麦都部落的印第安人安心下来，但女孩因为惊吓过度而死，印第安人很快就围拢到队员们周围，场面十分危急。史密斯试图劝说他们自己是抱着友好的姿态，但并不奏效。既然印第安人不断地威胁他们，史密斯下令让两个枪法最好的人向两个距离最远的印第安人开枪。当来复枪枪声响起，两个印第安人中弹倒下。"在一瞬间，"史密斯写道，"印第安人呆若木鸡地站着，默不作声，就好像一道闪电劈到他们中间。随后，大家开始口耳相传，从一群人传到另一群人。接着在一刹那，大家像鹿一样四散奔逃。"在这种试验重复了一次之后，麦都人从此躲得远远的了。

史密斯走在大部队前面，想要发现一条翻过群山的道路；他反思人类因自负而产生的虚荣心，不禁为之感慨。"我想起了家，"他写道，"想起了那所有被忽视的美好，我父亲房子里烧得正旺的火炉，我家乡土地上富饶的收成……又绿又宽广的大草原，愉快的喧嚣以及忙碌的生活，这些都深深扎在我的脑海中，让我对眼下的处境中令人感到苦楚的荒凉之景感触尤深。而且人们可能会去想我们是被上帝选择的，所以我们只不过是跟随命运的脚步，才走过那些道路。但是，如果永远保持足够的勤勉，我们就能得到所有能得到的东西，而命运也并不能多起到什么作用。"

面对眼前白雪覆盖、高不可攀的山脉的阻隔，史密斯决定折返，并再次沿着斯坦尼斯劳斯河行进。他计划让大多数人待在河上的一座安全营地里，然后带着两位他手下最剽悍和可靠的陷阱猎手去找翻过山脉的道路。一旦他到达了贝尔湖，他会派人去找留下的大部队，并与之取得联系。在渡过湍急的可桑尼茨河（Cosumnes River）时，载着全队弹药的马匹被河水卷走了。"这真是可怕的一击，"史密斯写道，"如果我们的弹药丢失的话,也就意味着我们赖以为生的工具也没有了,我们走过敌对的印第安部落时让他们望风而逃、心生敬畏的东西也一下子被夺走了。但我的想法只能放在心里,因为我知道一旦我说什么出来会让我的手下泄气。"淹死的马匹和它驮的东西十分幸运地被找回来了,大家也继续前往斯坦尼斯劳斯河而去了。他们和当地的一个默克勒米部落的村子建立起了友好关系,因为他们向当地的老酋长、"时代"(Time)慷慨地赠予了礼物。队员们把肉晒成干,打上新的马掌,收集了喂牲口的干草。哈里森·罗杰斯留了下来,负责指挥在斯坦尼斯劳斯河上的营地。如果他在9月20日之前还未得到史密斯的口信,就按照史密斯的指示,去位于博迪加湾①(Bodega Bay)俄国人的贸易据点,购买所需的补给并设法自己前往贝尔湖。或者他和同伴们可以签约当水手先去夏威夷群岛,再从那里设法搞一条船回到美国。

5月20日,在西拉斯·戈贝尔(Silas Gobel)和罗伯特·埃文斯(Robert Evans)的陪同下,史密斯撇下了这一支相当闷闷不乐的小队人马——这些人几乎不知道该走还是该留,史密斯出发溯河而上,随行带着六匹马和两头骡子,6磅干肉和一些干草。大约向内华达山顶峰走了100英里左右,他们遇到了一场剧烈的雨夹着雪的风暴。风暴持续了两天,而在风暴肆虐中,他们只能眼睁睁地看着两匹马和一头骡子在他们眼前死掉了。"这看上去,"史密斯写道,"好像我们注定要毁灭了,第二天的阳光也许再也无法照耀我们了。但主宰风暴的主并没有让这样的悲剧发生……"

第二天,3人穿过了后来为人所知的埃贝茨山口(Ebbets Pass),随后从内华达山东侧急速下降的山坡走下。另一次让他们神经崩溃的遭遇是

---

① 位于北加州圣弗朗西斯科湾以北的狭长海湾。

第十三章　杰迪戴亚·史密斯

一群南部派乌特部落的人。一天夜里这些人包围了他们三人的营地,手里张弓搭箭,随后就是不停地发出"高声且粗粝"的声音,很显然是在争执要不要杀掉这些白人。"大约两个小时之后,"史密斯写道,"他们安静了下来,生起了火。我于是就给了他们一些烟草,他们收了下来,开始抽烟,在那里待了一个晚上……我不知道如何描述单个印第安人的行为。他们看上去似乎并没有达成一致意见要来杀掉我们,而且也似乎看出来我们决心死战,要想割我们的头皮就得付出沉重的代价。"

旅程的最后一段,目的地是史密斯所称的"货栈仓库"(Depo),是一场忍耐力的考验。没过几天就有一匹马坚持不住倒下了,它骨头上残存不多的肉被旅行者分而餐之。他们就是在烈日底下从一条河走到一个池塘这样前行的,穿过了今天的内华达州。史密斯形容这片土地为"极度的贫瘠"以及"荒凉废土"。每个人每天吃的干肉以及减少到4盎司。一场罕见的雨可以让他们趁机收集足够多宝贵的水,这些水不仅要给马喝,还要灌满他们自己的水壶。史密斯杀死了一只野兔,并且看到了一头羚羊和一头黑尾鹿,"他们孤独,且野得像风一样"。

穿过了格兰特岭(Grant Range)和霍斯岭(Horse Range),穿过了干涸的峡谷和寸草不生的山脉,他们最终来到了怀特河流域,这一路他们走得又慢又痛苦。连续12天,他们没有吃过新鲜的肉。6月16日,他们咽下了手里最后一份口粮。剩下的马匹脚掌已经磨得快见肉了。他们把损耗最严重的那匹马给杀了,然后吃掉了。随后的一天,他们滴水未进,行进了30英里。又过了一天,埃文斯倒下了,落在队伍的后面,此时史密斯和戈贝尔则被一群大约有14人的派乌特人给包围了。这群印第安人帮他们找到一眼小泉水,并且帮他们把水带回到埃文斯那里,他喝了水恢复得差不多能和同伴一起前行了。派乌特人又给白人送上两只地松鼠,3

人狼吞虎咽地吃完了。派乌特人又告诉他们一种印第安人吃的含水植物,而这些挨饿的白人"觉得……很高兴"。

之后一天,他们找到了野洋葱,帮助他们咽下剩下的一些马肉。而且他们又遇到了印第安人,这些人一旦消除恐惧之后,就会变得没完没了的好奇。"我离开湖区(贝尔湖)之后遇到的所有印第安人,"史密斯写道,"几乎都是没知识的人,他们几乎都是赤裸,最多就披一件袍子。这种袍子是用这片平原上独有的野兔做成的,野兔皮裁成长条,随后用一种细绳缝合起来……他们就像动物和智慧人之间的一种连接纽带,并且相当的安土重迁。"如果说加利福尼亚的印第安部落是典型的因缺少挑战而没有动力创造新的发展机会,那么沙漠地带的印第安部落则是另外一种情况的清晰范例,即一个人类社会群体生活在环境如此苛刻的地方,仅仅是生存问题一项,就使得其发展出更高层次文化且因缺少发展空间而停滞。

在今天犹他州格兰迪①(Grandy)附近的盐沼湖(Salt Marsh Lake),史密斯和他的同伴遇到了哥舒特部落(Goshute)的印第安人。在归属于肖松尼族印第安人大家庭的部落中,他们也许是和人们的印象出入最大的,因为他们生活在最不适合人类生活的区域之中。一位后来的旅行者描述说:"这些人什么样的衣服也不穿——也不修建栖息之所。他们的食物是植物根茎、蜥蜴和蜗牛……如果蜥蜴、蜗牛还有野生植物的根茎在冬天的大雪覆盖之下,他们会……挖个洞……睡一觉且不吃东西直到气候转好,他们可以再次出外觅食为止……这些可怜的家伙会在每年春天体力不支,孤立无援的时候被人抓了去……一旦他们被擒,就会被养得壮壮的,然后被带到圣塔菲卖作奴隶。"

---

① 为犹他州西部米拉尔德县的一个独立社区。

第十三章　杰迪戴亚·史密斯

6月24日,史密斯和他的同伴已经没有食物和水了,而他们仅剩不多的马匹也非常消瘦且弱不禁风,几乎无法前行。这些人只能翻身下马,拉着体力耗尽的牲口继续走。脚下的软沙地简直难走极了。"我们简直累垮了,焦渴似火烧",他们只能在沙地里挖洞,然后"躺进去,为了让发烧的身体凉快一下"。起身后,他们缓步行走一直到夜里10点,为的是要找到水,随后他们躺下来睡觉,梦到了"我们身边没有的东西,而因为我们对这些东西的渴望,似乎……我们有可能会在这片无人知晓、无人关心的沙漠中死去。在那些瞬间,"史密斯补充道,"那些好像能左右这个忙碌而繁荣的世界里的所有东西都变得那样微不足道。"他们几个小时断断续续的睡眠之后,3人趁着夜里的寒凉又出发了。他们意识到手头的资源已几近枯竭,如果他们还没找到水,就很快会因干渴和体力耗竭而死。到了第二天早上10点,埃文斯再也走不动了。史密斯和戈贝尔让他尽可能舒服地休息着,随后匆忙去找水来救同伴的命。他们走了3英里,令他们"欣喜得无以言表"的是,他们在小花岗岩山(Little Granite Mountain)的山脚下找到了一眼泉水。戈贝尔"立即纵身跳了进去"而史密斯则舀起水往头上浇去,然后大口大口地喝水。史密斯随后灌了一小壶水,拿着一些肉,回头去找奄奄一息的埃文斯。而这位老兄"已经真的快不行了,连说话的力气都快没了"。当史密斯把他救活的时候,埃文斯足足喝了4夸脱的水①而且嚷着还想喝。"在不同的时间,"史密斯写道,"我都遭遇过各种极端的饥饿和干渴。连续几天的忍受饥饿之苦确实不好受,但是比起渴得像烧起来那样的痛苦还是要轻微许多。人能忍受饥饿的时间两倍于他能忍受干渴的时间。"

---

① 1个夸脱约等于0.95升。

这3人连续几天休息,希望能恢复到足够的经历,继续前行。他们现在在大盐湖的附近,来到了一所属于哥舒特部落印第安人孤零零的房子,那里的人"兴高采烈地分给我们一些羚羊肉"。好多年之后,哥舒特人中间都流传着这样一个故事,他们遇到的第一批白人是衣衫褴褛、饥肠辘辘,从大盐湖沙漠①(Salt Desert)上来的。

6月27日这一天,史密斯透过望远镜,这一路第一次看到了大盐湖。"这可能吗?"他自忖,"我们的麻烦要到头了。就我自己而言,我不敢相信我眼前的真的就是大盐湖。"他们几乎要"到家了"。第二天,他们吃了最后一点马肉。眼下,他们只剩下一匹马和一头骡子,骡子驮着一捆河狸皮而马则驮着大家余下的装备。3人"稍微聊了一下受苦受难很可能快要结束了。我是说,我们就稍微聊了一下"。史密斯写道:"因为挨饿的人从来不会说很多话,而会把他们的难受掩藏进情绪化的沉默之中,比起不会有结果的抱怨,他们宁可就这样不说话。"

第二天,史密斯打到了一头肥美的雄鹿,他在日记中写道:"我们让自己度过了两个小时非常美好的时光,那个时候我们都忘了自己根本不是世界上最幸福的人。通过和我们目前的处境进行对比,我们好好地探究了一下我们心中对于幸福的看法:我们是如此的愉悦,对于在大盐湖畔获得肥美鹿肉是如此的心满意足,其幸福程度就像如果我们能拥有文明社会的一切奢华与享受一样。"

史密斯从一个关系友好的斯耐克部落印第安人的村子得到消息说,他的搭档及其手下的陷阱猎人只在25英里之外的地方。在两天之后,史密斯和同伴来到了原先约定的地点,而那些人早就放弃他们了,一位走

---

① 全称为 Great Salt Lake Desert,位于大盐湖南岸。

第十三章 杰迪戴亚·史密斯

丢了。

史密斯伟大的旅行,虽然很艰苦,但就像刘易斯和克拉克的远征那样,如果没有沿途遭遇的无数印第安部路的鼎力相助是无法完成的。因此,就像西部地区的很多次白人冒险之旅一样——有陷阱猎手、猎人、探险家和贸易商人——是一种协作式的冒险,尽管是不自觉的。当然,史密斯和他同伴的性命时常遭到敌对的和怀有疑心的印第安人的威胁,但没有印第安向导,没有印第安人常常从本已不多的食物中分出一点儿来,或者印第安人提供一些地形的信息——有的时候可能不太可靠,史密斯他们也许到不了加利福尼亚,更别说回到贝尔湖边的"货栈仓库"了。

史密斯没什么时间来体味"家"的温馨。罗杰斯和其他留在斯塔尼斯劳斯河上的人让他颇为牵挂。他有点害怕这些人会跟着他的足迹走,他知道如果那么做的话这些人可能会送命。夏天开始了,而9月20日是他给罗杰斯下的最后期限。他只有8周时间整装一支队伍,再次出发前往加利福尼亚。可想而知,埃文斯已经经受得太多,但西拉斯·戈贝尔已经准备好再度承受已经领教过的旅途危难。史密斯招募了18名陷阱猎手,还让2名印第安妇女同行,随后他跟着原先的路线,沿塞维尔河而下,来到维金河,从那里到了科罗拉多河,再向西穿过莫哈维沙漠。吸取了第一次远征探险的教训,一行人进展非常顺利,受的苦相对也较少,直至他们遭遇了莫哈维部落的印第安人。在上一次的旅行中,史密斯曾与他们相安无事地共处了15天时间,此次旅行他希望能在莫哈维人的村子里把队伍的食物储备充足。但在他离开的几个月时间里,埃切安迪亚总督已经向自由的印第安人发出命令,要求印第安人阻止任何从他们领土上经过的美国人。这一次,史密斯和莫哈维人进行了3天的贸易,表面上都是友好的气氛,但是就当史密斯和手下准备渡过科罗拉多河之时,印第安人发起了突袭,杀死了队中还没有渡过河的10个人。史密斯和其他幸存者只能心怀恐惧地看着同伴——其中包括西拉斯·戈贝尔,被活活杀死并割了头皮。8个幸存者飞快地奔往圣盖博教会这个避难所。此时,史密斯深深地认识到如果稍有耽搁,就无法赶到罗杰斯在斯坦尼斯劳斯河上的营地了。他匆匆给埃切安迪亚总督去信一封,就沿着圣华金谷北上。他发现留下来的人个个都是饿着肚子、士气低落。罗杰斯能力再强,他也不是一个天然的领导者,而他的手下人不仅饱受健康问题的困扰,而且更紧要的,士气也很成问题。史密斯的队伍也好不了多少,于是他决定向教会寻求帮助,而这一次是圣何塞教会(Mission of San Jose),需要走3天的路。眼下埃切安迪亚总督已经把治所搬到了蒙特雷,这个地方远比圣迭戈合适得多。他一定觉得噩梦重现了,那个专横莽撞的美国人在过去那一年给他带来了不少烦恼,如今他又一次不告而来了。很显然,史密斯并没有遵守总督让他照原路返回的命令——折返回莫哈维沙漠——而是向北去。在总督看来,他是把麻烦和动荡不安扩散到了未加入教会的印第安人中间。埃切安迪亚总督再次变得犹豫不决不知该不该放行,直至四艘停泊在蒙特雷港的美国船只的船长把他从左右为难的尴尬中解救了出来。他们说服总督先生接受3万美元的保证金,担保史密斯一行人一旦装备充足就会立即离开加利福尼亚。史密斯的手下被送到圣弗朗西斯科村①来等候他们的首领与埃切安迪亚谈判的结果。史密斯在蒙特雷递交了保证金,买了马匹、枪支和弹药,随后去那里和他们会合。从圣弗兰西斯科出发,史密斯一行人向北沿着萨克拉门托河前进,在其支流搜寻河狸的踪迹。史密斯还去内华达山的山脚下去探索一番,看看有没有比去年

---

① 即今旧金山。

第十三章 杰迪戴亚·史密斯

冬天走的那条路更往北的通道。几个月过去了,他决定向北推进到哥伦比亚河,沿着哈德逊湾公司的陷阱猎手已经打探好的每年秋季都会走的路线,回到格林河一带。事实证明,从萨克拉门托河到海岸边是一条无比艰难、危险重重的道路。有一匹马摔死了,还有几匹也受了伤。哈里森·罗杰斯记录下了一行人必须要克服的重重阻碍。罗杰斯和托马斯·维金——他在几个月前被莫哈维人攻击受伤刚才复原,前去侦测一条通往太平洋的路,但是沿途印第安人伏击了他们,向维金射了很多支箭,但维金杀死了其中一个并把剩下的人赶跑了。已经忍耐了太多,也忠实记录一切的罗杰斯,此刻感觉意志消沉下来,因为他确信史密斯把他们带进了一条令人绝望的死路,他们会在这里沦为敌对印第安人的刀下鬼。"哦,主啊,请您宽恕,"他在日记中写道,"恳请您的圣意指引并保护我们走过这片充满疑虑和恐惧的荒野,正如您从前曾为我们做过的那样,并请您在我们危急和困难的时分与我们同在……"疲倦且士气低落的一行人花了两个星期的时间想要找到一条去海边的路。最终,他们没有成功,被迫转而南下,此时他们"除了几磅面粉和米之外,已经完全没有口粮了"。

6月8日,他们终于来到了克拉玛斯河①的河口,并在海滩上建起了营地。从这条河往北,他们一路沿着海滩骑行,遇到交叉的河流就做排筏渡过去。沿途有莓果和蛤蜊,偶尔可以从愠怒和不太友好的印第安人那里买鱼。现在他们所处的是俄勒冈河下游的克拉玛斯和莫多可部落。在恩布瓜河(Umpqua River),他们又遇到了把河道名当作部落名的印第安人。

恩布瓜人是庞大且分布极广的阿萨帕斯坎语支②(Athapaskan)的一

---
① 为今俄勒冈州的一条河,汇入太平洋。
② 语言学上属于纳-德内语系,该语系主要分布在北美洲的西部。

支,该语族的部落分布于今加拿大西部、阿拉斯加以及美国西北部邻近太平洋的地区①(Pacific Northwest)。他们也是切斯塔克斯塔人②(Chastacosta)的分支,靠打鱼以及收集野果野莓为生。他们在一些方面要比加利福尼亚的部落先进得多,但是比起大平原和大盆地地区的克劳人、苏族人、斯耐克人以及黑足人,在行为举止和外观服饰上实在是落后太多。也许是他们的落后误导了史密斯与他们相处的方式。一些恩布瓜人加入了史密斯的队伍跟他一起去做生意,其中一个人偷了一把斧子。为了迫使那个人归还斧子,史密斯把这个人的手脚给捆了起来,在他的脖子上套上绳索,威胁要勒死他。其他的印第安人静静地看着这一出戏。斧子要回来了,水獭和河狸的皮毛贸易也得以恢复。次日,恩布瓜人拿来了野生覆盆子和黑莓,所有的贸易活动都恢复了。印第安人给探险队员们带来了一条好消息,那条有名的穆特诺玛河(Multnomah)(也称威拉米特河,Willamette)就在不到几英里的不远处。

  受到这一消息的鼓舞,史密斯和另外一个人在第二天早上先于大部队出发,去寻找一条较为简便的向北路线。史密斯留下命令说,尽管这些印第安人看上去很友好,但是他不在场的时候,一个印第安人也不许被放入营地来。但这个命令却被忽视了。这群印第安人收到首领发出的信号涌了进来,而这个首领正是那个因为偷斧子被史密斯责打过的印第安人。他们向陷阱猎手们发起攻击,在他们拿到枪之前杀了15个人。厨子透纳,从火堆里抓了一根点着的木头,驱散了攻击者,并且跟着史密斯之前走的路线跑走了。另外一个叫布莱克的白人,手里拿着枪,向着一群印第安人射击,随后他趁着印第安人因为他的射击一片陷入茫然混乱之中而

---

① 为今美国华盛顿州和俄勒冈州,有时也包括加拿大的英属哥伦比亚省。
② 也称 Shasta Costa 人,是图图尼人 Tututni 的一支。

第十三章 杰迪戴亚·史密斯

溜之大吉。透纳在史密斯和他的同伴回营的路上和他相遇,3个人出发想要去找哈德逊湾公司在威尔米特河上的据点。正当他们咬着牙去往温哥华要塞时,布莱克循着海岸线向前一直走到不能走为止,随后"他因为饥饿加上情绪低落而垮了下来",他落入了仁慈的基利莫尔部落(Killimour)的印第安人手中,这些人"以极大的善意对待了他",并且把他带到了在温哥华的要塞。约翰·麦克洛夫林是要塞的代理人,他非常自信地向他们宣称他们去月球的机会有多大,那么这些美国人从一条西北地区的道路去俄勒冈领地的机会也就有多大,而他自己是这样叙述这件事的,"1828年8月的一天夜里……我被印第安人吓了一跳,他们在要塞门口大声嚷嚷说带来了一个美国人。要塞的门打开了,这个人(布莱克)进来了,但是他好像受了什么大的刺激不能说话。他坐下来大概过了几分钟缓了过来,他告诉我们说他是杰迪戴亚·史密斯麾下的18人中唯一的幸存者。而剩下的人,他认为都被屠杀了。"

麦克洛夫林从一个印第安人的口中得知,其他白人也有逃出来的,就立即"派出了印第安人送信员,带着烟草去找威拉米特部落的首领们,并告诉他们派人去找史密斯和他两名属下,而且如果找到他们的话,就把他们带到要塞来,我会付钱给他们,而且我会告诉他们如果任何印第安人敢动他们一根毫毛,我就不客气了"。在一支40人的搜查队刚准备好要出发时,史密斯和他手下的两个人抵达了要塞。麦克洛夫林随后从要塞里拨了一队人马,准备尽力地从恩布瓜人那里拿回史密斯的财产。"这个计划,"麦克洛夫林写道,"(指挥这支队伍的)长官像往常一样,请印第安人拿他们猎获的皮毛来贸易,就像什么也没发生过一样。我们这边数着皮毛的数量,但是美国陷阱猎手则把属于他们的都标记好,放在一边,并交给史密斯先生,而且我们也不会付这些皮毛的钱,会告诉印第安人这些属于史密斯先生,他们是靠杀了史密斯手下的人才拿到这些皮毛的。"

一切都如计划般进行。皮毛也找回来了,一起找回来的还有几匹史密斯的马和一些个人物品,其中就有哈里森·罗杰斯的日记。麦克洛夫林买下这些皮毛,付给史密斯2万美元,支付的形式是一家伦敦银行的汇票,而史密斯也从麦克洛夫林那里想办法获得了马匹、补给和弹药。

既然史密斯和萨布莱特的公司曾是哈德逊湾公司一个难缠的对手,甚至他们还曾劝说一些陷阱猎手离开哈德逊湾公司,但麦克洛夫林此时的善意正表明他对史密斯的极大敬意。这位温哥华要塞的代理人有位朋友曾经这样描述过他:"此人身高超过6英尺,体格强壮,宽厚的肩膀上是一颗巨大的脑袋,脑袋上覆盖着既长又雪白的头发……实在是一位英俊的男子。"当地印第安人叫他"白鹰"(White Eagle)而且他对那些印第安人也产生相当巨大的影响。"他改信了天主教,但是他却一点也没成为一个心胸狭隘的人或者缺少了基督徒的慈悲……他引导印第安人走向和平道路的政策是长久有效的……他大气的行为以及优雅的举止是权力和正义的体现……他甚至还被称呼为'西部的沙皇'(Tzar of the West)。他统治的影响力可以覆盖方圆1 000英里,而他的金口玉言就是法律。"麦克洛夫林笃信在荒野中也能过上舒适的生活。他的房子带着一种苏格兰城堡的气息,装饰着优美的油画,有一间宽敞的读书室,存放着美酒,使用银器和瓷器,有一支风笛乐队,还有两个三明治群岛来的人当仆人。有一个略显讽刺的事实是,狂热的新教徒杰迪戴亚·史密斯的两位主要的恩公,分别在太平洋海岸的北侧和南侧,却都是罗马天主教徒。

史密斯和他的3个同伴,作为麦克洛夫林的客人,在温哥华要塞过了冬。到了春天,4个人出发溯哥伦比亚河而上,来到克拉克福克河(Clark's Fork)上的贸易据点,随后向南去斯耐克河。就在霍巴克河和斯

第十三章 杰迪戴亚·史密斯

耐克河交汇处附近的皮埃尔洞（Pierre's Hole）（后来称为杰克逊洞 Jackson Hole），萨布莱特的人发现史密斯和他的同伴正在山谷的溪水边设陷阱捕猎。和搭档合兵一处之后，史密斯和陷阱猎手们在该地区进行捕猎作业，随后又去密苏里河和黄石河之间的地区进行秋季捕猎。合并后的队伍在温德河上过冬，而萨布莱特则带着成捆成捆的皮毛返回圣路易斯。

在冬季营地里，杰迪戴亚·史密斯写了一封展露心迹的信给他的兄弟拉尔夫，

> 正因为我也许能帮助那些急于获得帮助的人，我才去面对每一次危险。也正因为如此在夏日炎炎之中，我穿过了沙漠平原，渴求找到水源让我烧得过热的身体凉快一下。也正因为如此，我连续几天走着，不吃任何东西，而且如果能找到一些植物根茎、一些蜗牛我就能很满足了，如果我们还能吃上一片马肉，或者一只烤得喷香的狗我就更满足了。更重要的是，正为了这个，我抛弃了自己在社会中的特权，以及与朋友交谈的乐趣。

史密斯这封写给兄弟的信，是从皮毛贸易年代保存至今的数量有限的档案文件中，影响最大，也最具启示意义的一份。这已经清楚无误地表现了新教徒对于个人品德操行的狂热已经侵入像皮毛贸易这样不太可能进入的领域了。这不禁让我们想起梅里韦瑟·刘易斯在其30岁生日的时候，那个时候他正在横穿北美大陆的旅行的途中。史密斯写这封信的时候是31岁，和刘易斯的年纪相差不大："我回想了一下自己所做的一切，很少，真的很少，但确确实实让人类的福祉得到增益的，或者扩大我们

下一代人的见闻的……我决定好了……我此前的人生是为了**我自己**而活,但我将来要为了**人类**而活!"

至于杰迪戴亚·史密斯具体如何看待他了不起的旅行而造成的牺牲,是如何"帮助那些急于获得帮助的人",我们完全不清楚。他是不是从皮毛贸易里攒钱,然后把它用在未来的慈善投资之中?但可以肯定的是,跟随他披荆斩棘开辟的道路去往加利福尼亚的人们也不是穷苦的和被蹂躏践踏的人,或者说那些"需要帮助的人"。也许"渴"是一条线索。在他的日记里,他把"渴"写得极为传神。干渴要比饥饿糟糕得多。如果在希玛龙沙漠,他不去有意识地寻找"渴"的滋味,那么他有没有可能因为没有经验,从而无法按照经验去做一些应该做的审慎之举,最终下意识地让干渴的麻烦找上门来?对于狂热的基督徒而言,"渴"一定会和耶稣基督在十字架上被钉死的场景,以及他作为人类最令人心酸的那声呼喊"我渴(I thirst)"相联系。或许,这样的推断仅说出一半就已经太过大胆了,但如果 19 世纪美国的一位虔诚的新教徒提到"渴"只是为了提醒我们所谓的牺牲精神的力量的话,那么就足够能达到他的目的了。杰迪戴亚·史密斯是否把他自己恐怖的干渴经历——第一次在大盐湖沙漠,第二次是在希玛龙沙漠——和他的救世主在十字架上的干渴经历联系起来,我们永远也无法得知。但我们毫无疑问地了解到,他感觉到把自己不安分的探索和探险热情合理化的必要性,这种热情已经导致了 25 名同伴的丧生,所以他坚持要说这所做的一切都是"为了帮助那些需要帮助的人"。

第二年夏天,就有第一辆货厢马车沿着越来越明确的道路,从圣路易斯来到了密苏里河源头一带。而史密斯和威廉·萨布莱特也已经准备好进行新的冒险了。他们听说独立市和圣塔菲之间的贸易如火如荼,决定也要去分一杯羹。于是史密斯和萨布莱特建立的皮毛贸易公司把资产卖

第十三章　杰迪戴亚·史密斯

给了落基山脉皮毛公司(Rocky Mountain Fur Company)，这家公司的领导者是萨布莱特的兄弟弥尔顿·萨布莱特，杰迪戴亚·史密斯的老朋友——托马斯·菲兹帕特里克，让-巴普蒂斯特·热瓦依(Jean-Baptiste Gervais)以及吉姆·布里基尔，并且还留给他们一个吃力不讨好的工作，即和约翰·雅各布·阿斯特缠斗，争夺皮毛贸易的控制权。

史密斯和萨布莱特沿着密苏里河一路往下来到圣路易斯，他们带着190捆河狸皮，价值大约是8万美元，而且他们开始制订进入圣塔菲进行贸易的计划。史密斯的兄弟彼得和奥斯丁于1831年4月10日与他们会合，随即一队85人组成的有22辆装着沉甸甸货物的货厢马车溯密苏里河而上来到独立市。从那里，他们转向西南方，沿着极为不确定的道路去往圣塔菲。

3周之后，车队来到了阿肯色河的渡口，这里距离独立市已经有392英里了。有一个人，离开车队四处游走，被帕尼人抓住并杀害了，可是这一行人不仅物质条件差，连精神状态都不好。进入希玛龙沙漠之前，他们忘了要储备足够量的水。那年夏天恰巧属于干旱，而且他们本来指望的汲水孔也都已经干涸了。一些骡子开始因为缺水而死，而整个车队一下子就陷入了灾难。后面的事情是约赛亚·格里格听一个墨西哥野牛猎手所说。史密斯因为渴望找到水，却犯了一条在印第安人地区旅行中最要命的禁忌：独自骑行来寻找小河和泉水。在骑了几英里之后，他最终看见了一条水流，那实际上是希玛龙河。但当他来到河床边，发现河水已经枯竭，但是他拿着小木棍，往下挖了几英尺深之后，水慢慢涌满了洞眼。因为一心想着要平息嘴里的干渴，史密斯没有留意到一队科曼切人已经来到他身后。当弓箭射中他的时候，他才如梦初醒。据科曼切人自己说，史密斯在死之前杀死了他们两三个人。最后，他被割了头皮且扒光了衣物,但没有人找到他的尸体,而关于他死亡的细节,则是后来由格里格把细节拼贴而成的。

那么杰迪戴亚·史密斯因鲁莽的行为招致的死亡,对于那些因为史密斯惯常使用的不合常规的领导方式所造成的失误,而不知不觉丢了性命的亡魂而言,谈得上是一种安慰吗?在表面上,他的生活就好像典型的行动者形象,思想简单且粗枝大叶。但我们知道事实完全是另外一码事。杰迪戴亚·史密斯是个"瘾君子",他对美国西部地区的自然地理简直甘之如饴,沉醉不起。他曾向上帝祈求,想把他的这份痴迷奉献给主。最终,他的这个心愿算是达成了。

第十四章　奥斯博恩·拉塞尔

关于陷阱猎手的生活和感悟的最佳素材是奥斯博恩·拉塞尔于1834—1843年在黄石盆地地区捕猎河狸的详细记录。到1834年，发生在密苏里皮毛公司和约翰·雅各布·阿斯特的美国皮毛公司之间的——随后是在"落基山皮毛公司"和阿斯特的企业之间——激烈对抗来到了一个高潮。也就在河狸皮帽的风潮就要过去前不久，阿斯特依靠无情且不可阻挡的竭力争取取得了这场争斗的胜利。拉塞尔是在20岁的年纪开始陷阱猎手的生涯的。他出生于缅因州的鲍多因汉姆(Bowdoinham)，是全家九个兄弟姐妹中的一个。16岁时，他曾跑到海上去，但他很快厌倦了水手条条框框的生活，并转而往西部去了。他在威斯康星和明尼苏达一带待了3年，为"西北领地皮毛捕猎及贸易公司"工作，并且随后加入了纳桑奈尔·怀斯领导(Nathaniel Wyeth)的一支队伍，这位领袖决心带着一伙人以"殖民俄勒冈协会"(Oregon Colonization Society)的名义去俄勒冈地区闯一闯。

去俄勒冈的这次冒险行动是失败了，但怀斯拿到了一份合同，运送价值 3 000 美元的交易品给"落基山皮毛公司"的合伙人弥尔顿·萨布莱特①和托马斯·菲兹帕特里克,地点是 1834 年的贸易聚会地。拉塞尔也和怀斯及其新建立的"哥伦比亚河渔业及贸易公司"(Columbia River Fishing and Trading Company)签约 18 个月,每月工资 250 美元。而当落基山皮毛公司被资本实力更强大的美国皮毛公司逼入绝境之后,他们没能履行与怀斯的合同,而后者决定建起一个要塞并成立自己的皮毛贸易运作机构。这座"霍尔要塞"(Fort Hall),位于斯耐克河和黑足河的交汇处,是一座碉堡,占地大约有 80 英尺这么大②。是用棉木树干做成的,每根树干插入地下数英尺,地上高度达到 15 英尺。拉塞尔以及另外 9 个人被留在这里守卫要塞,而怀斯则继续往哥伦比亚河进发。

拉塞尔的第一次陷阱捕猎远征中,同行的有 10 位陷阱猎手以及 7 名营地看守。他们于 3 月 15 日从霍尔要塞出发前往贝尔河,但是雪积得太厚,而猎物又太稀少,因此在连续十天的时间里,全队只能靠植物根茎充饥。终于有一头灰熊丧命于枪口之下,此时陷阱猎手正在外碰运气布置陷阱捕猎器,而负责煮食物以及守卫营地的营地看守则很快就在大家的食盒里盛上了美味的"切成非常小块的肥美熊肉"。

在"秋季捕猎"中,拉塞尔加入了一支 14 名陷阱猎手和 10 位营地看守组成的队伍,他们被分配在黄石湖方向进行捕猎作业。在盐河(Salt River),这支队伍没有办法涉水过河就做了一只野牛皮做成的小船来载着队员和他们的装备过河,但是年轻气盛的艾布拉姆·帕特森,一个宾夕法尼亚人决定试着骑马渡河,不幸被河流冲走,溺毙了。他们安营扎寨的地方位于斯耐克河上,靠近亨利斯福克河(Henry's Fork)的地方,但他们

---

① 即前文杰迪戴亚·史密斯的同伴威廉·萨布莱特的兄弟。
② 约 600 平方米。

第十四章 奥斯博恩·拉塞尔

发现自己被大约60个黑足人给包围了——其中1/3还是骑马的。于是大家疯狂地奔向马匹,想赶在印第安人追赶他们之前骑马逃走。但只有6个人逃走了而且还被黑足人抓住了。而拉塞尔也亲身体验了一次印第安人的经典战略部署。当没有骑马的印第安人把俘虏带到岩石和树丛后面去时,他们骑马的同伴则保持在来复枪射程之外,来回地骑行,他们大呼小叫着,"挥舞着武器,用最高的声音咆哮着"。这就好像看见一幅油画变成活生生的场景。拉塞尔看着这一切,不禁为之着迷,"我耳边呼啸而过的子弹让我意识到,这些活生生的东西比起我见惯了的画在帆布上的肖像的确是要恐怖一些"。

队中有经验的印第安战士,指挥一些队友用来复枪向分布在营地正前方的印第安人射击,同时他们潜入灌木丛,从侧翼攻击这些黑足人。拉塞尔在腰里别了一把"巨大的德国产马手枪"用以防身,随后拿它来猛烈射击捉摸不定的敌人。印第安人装备有火枪、弓箭、长矛和小刀。当然没有一样武器的攻击范围是和白人的来复枪一样远的。印第安人的战术是试图把距离拉近到火枪射程之内,然后开火,随后再试图靠近,然后放箭,在来复枪手填装弹药的时候,他们能射出5—6支箭。尽管弓箭发射的频率要比来复枪的子弹来得快,但完全没有子弹来得致命。一个白人陷阱猎手如果身中六支箭,也还能继续进行战斗,而且他们时常遇到这样的情况,除非那些箭射中了他的要害部位。但因为箭头可能有毒,所以他们必须立即把箭拔出来。

在这次战斗中,拉塞尔依靠一棵大树的树干掩护,他把帽子放在一棵临近的灌木顶上,并且用脚不停地去推挤这棵树,因此吸引了一部分印第安人的火力,"并且给了我更好的瞄准他们脑袋射击的机会"。这场战斗持续了两个小时之后,印第安人带着尸体和伤员撤退了,随后,一如往常地,开始"一番凄惨的恸哭"。

有一个猎人被火枪子弹击中,其中右腿中枪三处,左腿有一处;另外有一个人在腹股沟有一处浅表伤。3匹马被杀死了,另有几匹受伤。第二天,陷阱猎手发现了一处据点,印第安人曾在这里稍作停留,为伤员包扎。他们一共数到了9处草皮被碾压、土壤带血的地方,说明有人或尸体曾经在那里横陈过。

寒冷刺骨的绵绵细雨下了好几天,而且拉塞尔这群人准备乘排筏渡过水位高涨的刘易斯河时,他们所有的装备都被水流冲走了,其中包括了他们的来复枪和弹药。次日,7月4日,蜷缩在火星四溅的火堆旁,淋着把人打得湿透的雨,拉塞尔不禁想起

> 那些人,他们此刻或许在我的故土上庆祝一年一度的独立日,或者围坐在盛满我们富足、独立和文明的国家所能承担的,最为丰盛美食的桌子旁,或者聚集在一个欢乐的酒馆中,畅叙着我们先人的英雄事迹或者加入到飞快迅捷的舞步中,忘却了羁绊和劳苦。与此同时,我们这里……一群人蜷缩地围坐在快要被雨点熄灭的火堆前,想着自己的凄惨处境,不晓得何时会被在这个地区肆虐的敌对野蛮人的尖利叫喊声给吵醒。

又过了一天,沿着河岸寻找,他们找回了大多数物品,随后继续前去陷阱捕猎。从一群斯耐克人那里,他们得到了"大量的麋鹿、鹿和绵羊的皮……作为交换,他们送上了锥子、斧子、罐子、烟草、弹药,等等"。随着天气和运气转好,全队在美丽的黄石谷安营扎寨,拉塞尔回忆道:"我几乎想把余生都花费在这样一个地方,在这里幸福与满足似乎主宰了这片野

第十四章 奥斯博恩·拉塞尔

性而又浪漫的壮丽景致之中,四周围是庄严的屏障,似乎直冲云霄,把所有敌对的入侵者都关在了外面。"

9月初,拉塞尔和他的捕猎队遇到了14名白人陷阱猎手,他们是一支更大的,约有60个白人和20个平头部落印第安人组成的,由吉姆·布里基尔领导的捕猎队的成员。这次碰面是愉快的,两队人马大半夜都围坐在篝火旁,交流山地的奇谈还传递着"来自合众国的消息"。第二天早上,有8个人被派去在一条流入亨利斯福克河的小河上设置捕猎陷阱。很快他们身后就有了一大群黑足人的追兵。印第安人在悬崖上的石头后面找到了能俯瞰营地的位置,并且从那里不断用火枪向下方的陷阱猎手射击。因为他们不想踏进猎手们来复枪的射程,所以除了马匹之外,他们没造成什么破坏。最后,印第安人向干草开火,想点火起烟赶走这些白人。"这种情况,"拉塞尔写道,"是我曾经历的任何处境中最恐怖的,死亡好像几乎不可避免……但我们立即团结起来,一起动手把营地周围的垃圾清理出来并点燃,来抵消盘桓在我们头上的火焰。"而风向的转变很快就把火引向了印第安人这一边,这些人只能仓皇撤离。因为拉塞尔的这支小的捕猎队因为"队员开小差以及牲口损耗"而减员过半,所以他就加入了布里基尔的捕猎队。眼下敌对的印第安人四处潜伏,所以陷阱猎人们也必须时时处处保持警惕。就在他们离开麦迪逊河的渡口,横穿一片河网往北而去的时候,一个法国人,尽管对其百般劝告,依然脱队单独去捕猎,很快就被一伙黑足人杀害且割了头皮。另外,还有一个小分队也遭到了伏击,他们万幸才逃出生天,避居在毕福海德河(Beaverhead River)附近的一个有180所房屋的平头人的村子里。在这个村子里,庆幸躲过黑足人毒手的拉塞尔写道:"平头人是一个勇敢、友好、慷慨而且好客的部落,他们极为诚实而且心怀骄傲,当把他们和周围的部落进行比较的时候,他们的这种品质使得他们远远高于那些看上去粗鲁的野蛮人。他们以从不伤害白人而自矜……盗窃、私通和乱伦都会被严厉制裁……"

　　拉塞尔并不安于和陷阱猎手同伴一起捕猎,于是独自出发沿着斯耐克河进行陷阱捕猎。他活动的这片地区,除非发动大规模袭击,黑足人是不会涉足的。因此在这里,他相对比较安全。他现在已经学会了许多斯耐克人的语言,所以可以和他们对话。在一个有322所住房的斯耐克人的村子里,他受到了"老酋长"的热情欢迎,并且观看了1 000头野牛被宰杀并部落进食的过程。这也是展示印第安人骑马狩猎的精湛技艺的绝好机会。斯耐克人最近刚在那些流入太平洋的河流源头捕捞鲑鱼,眼下正沿着刘易斯和克拉克走的路线,去猎杀野牛,并晒干制成干肉饼,指望靠这些干肉饼过冬。这种干肉饼是由干野牛肉、牛骨髓和浆果混合在一起制成的饼状物,在大平原地区,无论是印第安人还是白人,都是最富营养和最需要的食物。

　　这是拉塞尔第一次看到印第安人屠宰野牛,他简直看得如痴如醉。一位骑马的印第安勇士以一个设计好的角度骑行冲向牛群,从而便于他在跑向奔跑的野牛群中能找出一头公牛或母牛宰杀之。而用拉塞尔的话来说:"他放开了马缰绳,飞驰进入牛群,挑选好他的刀下鬼,随后操控缰绳让马跑在猎物身旁并向其射击。如果他认为这一枪足以毙命,就会拉紧缰绳,而马也知道它该做什么,继续紧追着这一群牛,直至骑手填装弹药接着射击,通常骑手在奔向另一头野牛时,会在嘴里衔上四五颗弹药……"人们更喜欢吃母牛肉,而且如何挑选一头肥膘最多的公牛或母牛也是一门手艺。

　　对于印第安人,陷阱猎手以及住在大平原的白人,野牛肉当然是他们必需的食物来源,而野牛皮也是他们保暖以及建造栖身之所的素材。但

第十四章 奥斯博恩·拉塞尔

是狩猎野牛也是让那些参与其中的人最令人欢欣雀跃的运动了。拉塞尔写道:"如果那些王公贵族整天追逐狐狸,甚至只是一只野兔,所捕获的也对他们谈不上什么好处,甚至全然无益,却能衍生出那么多他们所吹嘘的所谓运动和娱乐。那么这些落基山脉的猎人骑着一匹训练良好的马,追逐像野牛一样的庞然大物,不知道能吹出些什么呢!"的确,事实上每一个有运动本能的外来访客都很想参与狩猎野牛的活动,而且很多人确实是这么做的。

这位老酋长,名叫"图一羊"(Want a Sheep),带着拉塞尔去他自己的帐篷,并且极为详细地向他诉说自己的一生。他的那些妙计,他的孩子和亲属,并且还用"传统的传说故事混上一眼就识破的迷信,这种做法和古代的以色列人没什么两样"。关于这点拉塞尔补充道:"看上去某种幸福蕴藏在无知之中,而正是知识和科学摧毁了无知。在这片国度上,人民生活富足幸福,他们有马,也有房可住,而且也很偏爱白人的来复枪。如果一个尤陶人(Eutaw)有 8—10 匹好马,外加一杆来复枪,他就心满意足了。如果他去狩猎那天,晚上能拿回来一头鹿,那么他的妻子和孩子脸上都是喜悦之色。"或许事实上正因为人们站在白人的立场上,所以认为印第安人是一群"快乐幸福的人"的观点才那么有市场。我们一次又一次地听到说着这种同一主题的话——"生活简单没什么欲望的人和容易满足的人是快乐幸福的","印第安人的生活中没有所谓的奋斗,也没有竞争和紧张不安"。我们国家的人民致力于"追求幸福"却找寻不到,却在原住民——那些无忧无虑生活着的"高贵的"野蛮人——的生活中,看到了那种幸福,或者更准确地说是他们认为自己看到了。

在许多白人对于印第安人生活的反省思考的文章之中,总能找到"快乐的自然之子"这种说法以及一些变体。当美国人看着印第安人,萦绕其脑海的，或者说在他们意识深处飘荡的，是一种怀疑，即伴随他们进步、前进式文明而生的怀疑，他们正在失去幸福，或者他们为了那些伟大的成就付出了巨大的精神代价。而这个问题只要有印第安人的存在就会不停地被提出，而且可以说，对于每一代新出生长大的美国而言都会重新提出这个问题，让他们进行一番更深入的自我意识审查，看看成为一个美国人的精神代价有多大。

当然，所谓印第安人是快乐且无忧无虑的人只说对了一半。如果一个人过一下印第安人村庄的"假日"生活，从打仗到狩猎，有游戏和玩耍，既自由又开放，色彩绚烂的盛典，那么这个人很快会被这种充满诱惑力的幻象所倾倒。但是我们已经看过了太多各种印第安部落，知道了他们在猎物稀少的时候会饿得不成样子，也知道了弱小的部落生活在对更强大部落的恐惧之中，也知道了也有印第安人按照他们部落的标准是"失败者"，就像白人当中也有失败者一样。在白人看来非常有意思的是，每一个保留部落身份的印第安人，总是从属于一个关系紧密的组织，支撑了他生命中的每一个细节和瞬间。原始部落生活的诸多恐怖之处中，有一种恐怖被遗忘了——那就是成为一个分散的、单立的、原子化的存在，人们所称的"个体"的那种恐怖。成为这种"个体"，是一种特殊的、令人痛苦的感受。这个个体"要靠自己"，与其他"个体"作战。一个个体所属的"部落"是宽泛的，定义不全的，例如缅因州或者宾夕法尼亚州，或者更加虚幻无形的所谓"美利坚合众国"。而且这种个体的命运就是要不停地去寻找他的"身份"，而且这个"身份"始终在他的**意识**之中摇摆不定，直至他忘了自己是谁。

拉塞尔很快又加入了一支吉姆·布里基尔指挥的捕猎队，并开始在黑足河一带捕猎。几周后，这支捕猎队和其他几支捕猎队以及斯耐克人、

第十四章　奥斯博恩·拉塞尔

班诺克人、内兹珀塞人和平头人这几个部落的印第安人在格林河一带聚在一起进行贸易。用拉塞尔的话来说,参加贸易会的人"鱼龙混杂",包括"美国人和加拿大的法国人,还有一些荷兰人、苏格兰人、爱尔兰人、英格兰人,以及落基山脉几乎每一个部落的混血和纯种的印第安人"。更不必说还有一些易洛魁人、特拉华人、肖尼人和莫霍克人。"一些人在打牌赌博,一些人在玩印第安式的手部游戏,还有些人在赛马。到处都能见到一小撮一小撮的人聚拢在树荫下,畅叙去年发生的诸多事件,每一个人都兴致很高,神采奕奕。而所谓'愁容病痛'是此地很少遇见的一位稀客。"人们以这种方式打发时间,直到"马队"出现。一支由纳桑奈尔·怀斯领导的车队于7月初抵达,其中有大约40人和20辆骡子拉的货厢马车,装载着当年过冬的补给,并且在贸易聚会之后,要往俄勒冈去。和怀斯一起的是马库斯·惠特曼以及他的妻子纳西萨,以及另外一对夫妇。他们在路上和卡尤塞部落的印第安人建立了教会。这两位妇女是大多数印第安人头一回见到的白人女子,所以印第安人总是目不转睛地盯着她们看。一位陷阱猎手射中了一头肥美的麋鹿,于是美味多汁的肋排以及切成片的麋鹿肉很快就架到火上去烤了。在晚餐后,"欢乐的故事在火堆边围成一圈的人中间传递着,如洪钟般响亮的笑声划破了寂静的夜空……每一个故事都让听众想起一件类似的事情,但却是在不同的场景中,因此听到'好笑的部分'时会平添一份快乐,并且也提供了更多的话题可以讲一些连斯威夫特①都想不到的好笑话和机智妙语。因此整个晚上都是吃吃喝喝,讲讲穿插着机智幽默的故事,直到临近半夜的时候,所有人裹在毯子里躺在火堆旁,一个接一个地睡过去了……"

---

① 《格列佛游记》作者,以语言机智幽默著称。

正如拉塞尔告诉我们的,这种生活,包括这种典型的营地之旅,以及代表男性刚毅和杰出的至高无上的活动,即打猎和游戏竞技,是一种实际上非常印第安人式的生活。我们很容易就能看到为什么这种生活能对进入其中的不同民族的年轻人有着同样的魔力。这就是D.H.劳伦斯在《美国经典文学研究》(Studies in Classic American Literature)中写到的一种魔幻般的人际关系(magical relationship),"比爱情还深沉"(deeper than love)。早在阿喀琉斯及帕特洛克罗斯①(Achilles and Patroclus)的年代,这就已经触及雄性心理的最深刻的层面了,而且使得其他的生活方式比起来变得索然无味、平淡无奇。

随着马队的来到,"快乐洋溢在每一张脸孔上",拉塞尔写道。有些人收到了亲友写来的信件,有些人收到了公共文件和当天的报纸。其他人则抱着想犒赏一下自己的心态,免去周折一番的劳苦,却能得到一条毯子或者一件棉制衬衫或者几品脱的咖啡以及给咖啡增加甜味的糖,那就意味着就要付出原来价格的2 000%的代价,即一品脱咖啡要价20美元,而1磅烟草则要花费2美元。马队到达之后的几个星期里,陷阱猎手们沉醉于富有和同志之情的美好感受之中。他们肆无忌惮地喝酒吃肉,享受他们新到手的奢侈之物,和印第安女孩一起嬉戏,玩弄简陋的乐器,一起唱歌跳舞,说着他们冗长的山野趣闻,仔细回顾他们与黑足人交火的细节,他们侥幸逃生,或者同伴死亡。最终,几周的欢乐时光后,他们又分散成各支捕猎队,回到山谷里,回到群山中,在那里,数目一直在减少的河狸还在等待着他们。

拉塞尔加入了布里基尔和他那约有60人的捕猎队,其中绝大多数是

---

① 两人均为荷马史诗中描写的特洛伊战争英雄,两人据后人分析可能为恋人,也有人坚称他们只是惺惺相惜的朋友。

美国人。他发现这群人尤其意气相投。他们是一群新英格兰人,其中包括埃尔布里奇·特拉斯克(Elbridge Trask),一位年轻的新罕布什尔人,他和拉塞尔一样,入这一行的时候是个营地看守,并且后来成了拉塞尔最亲近的朋友。这支队伍很快开始分散成越来越小的一组组人,分布范围尽可能的宽广。拉塞尔和特拉斯克以及5名同伴,他们所工作的水域,如今是黄石公园。在那里他们每天都能目睹许多新发现的奇景——各种温泉,蓝色的沸水池塘,一片覆盖着"白得令人炫目的石灰岩层"的土地。在克拉克河的分岔口,乔·米克(Joe Meek),一位著名的陷阱猎手和戴夫·克劳骑马赶到加入了他们。此时,他们看见米克骑的马驹的脖子上,血正在涌下来。米克告诉拉塞尔和特拉斯克说,他们两个人当时正在普里奥斯福克河(Prior's Fork)设置陷阱,他们发现了"老本杰明·约翰逊男孩(Old Benj Johnson's boys)(米克给黑足人取的诨名)……径直走了过来,他们身下是河流,好像准备去采梅子,突然他们叫了我一声,然后翻了两个筋斗,然后向我的马'图·设比特'(Too Sherbit)射击,打中了它的脖子,这吓得我们头脚并作一处,随后我们就站起身没命地逃走了……而这些野蛮人蹲在那里想抓住我,可我们已经绝尘而去,拉开他们有半英里了……"

到10月底,河流开始封冻,而布里基尔则在黄石河搭建过冬营地。这种忙碌季节之间的休憩已经被人们高度仪式化了,地位如同贸易聚会。从11月一直到下一年3月,除了那些天气反季节地变得很暖和的间隙,陷阱猎手们都会住在中心营地,一般一所营地有50—60个人。他们在营地的时候,靠打猎自娱自乐(如拉塞尔所说,"我们百无聊赖,唯有屠宰和吃肉可做"),以及做一些其他可以发挥他们奇思妙想的事情。在冬季营地中,营地看守的工作就是守卫好马匹、厨师以及保护火种。陷阱猎手住着一种"用清理过的野牛皮搭的帐篷屋,中间生着火,一间屋子一般住6

个人。要捱过漫漫冬夜,大伙儿往往要挤在宽敞的帐篷屋里,开始辩论、争执或者说起那些长长的能一直说到半夜依然很有幽默趣味的山野故事",拉塞尔在日记里补充道:"我很高兴地代表我自己承认,从那些频繁的争吵和辩论中,也就是我们戏称的'落基山学院'(The Rocky Mountain College),我还收益不小呢。而且我也毫不怀疑,我们有些常自诩为'一流学者'(Classical Scholars)的捕猎同仁,也能在这样的会面中,让他们的智慧水平得到一些增益,尽管他们看上去是有些粗鲁。"

这些陷阱猎手的社团中,至少是美国籍的陷阱猎手,最有趣之处在于,他们很少来自较低的社会阶层,不是城市和乡村的贫困人群,他们大多数人——尤其是新英格兰来的——是彻彻底底的有文化的中产家庭之子。拉塞尔甚至可以被当作是一个绝佳的代表,像他这样的人是皮毛公司的陷阱猎手和猎人的主要组成部分。尽管他在写作中经常遗漏逗号和句号[①],他的写作能力不差,而且他的教育水平显然是在平均线以上。

拉塞尔发现,美丽的风景时时让他去思考世界的自然状态以及生命应该结束的方式。看着这片美不胜收的风景,这些花朵,"那些散布开来,一群群的羊和麋鹿,它们无忧无虑地啃食着青草,或者在山阴处心无牵挂地酣睡。上帝是这一切的缔造者和守护人,而自然是牧羊人、园艺师和记录历史的人……奇迹都在两者的尺度之中……"就算许多陷阱猎手,像拉塞尔一样,很高兴去"争执和辩论",但另外一些人从来"不会在它们称之为徒劳无益、无聊无趣的概念上给自己徒增烦恼"。苏格兰人和英格兰人尤其倾向于诋毁美国的风景,却赞颂它们故土的城堡和花园。拉塞尔叙述了这样一次对话,有一个爱尔兰人满心遗憾地说道:"让我喝两口好的

---

① 为不影响阅读体验,译者已经补充好遗漏的标点符号。

第十四章 奥斯博恩·拉塞尔

陈年威士忌吧。'是啊,'在我左边的那个在密林里打猎的猎手搭话了,他扔掉了手里的骨头,然后用油油的手捋了一下他的褐色长发,"没错,你们英格兰人和爱尔兰人总是说你们美丽的国家如何如何,但请问如果他们真的这么美好(他边说边做出发誓的动作)那又为什么你们有这么多人从那里逃走,离开你们的国家,到美国来讨生活呢?"这一句话让整个谈话戛然而止。

除了奥斯博恩·拉塞尔知道莎士比亚和一些经典文学。弗吉尼亚人詹姆斯·克莱曼,会写诗而且还能讨论关于时间和空间的复杂概念。埃德温·邓尼格,是宾夕法尼亚一个物理学家的儿子,他仔细准确地观察了印第安人的生活和风俗。大卫·汤普森是个威尔士人,曾在英格兰威斯敏斯特的灰袍学校(Grey Coat School)就读。让-巴普蒂斯特·特鲁多(Jean-Baptiste Trudeau)曾经是一名学校老师。这些人主要都是皮毛贸易商人,但是皮毛贸易商人和陷阱猎手之间的界限是很细微的。

到了1月,随着天气转好转暖,拉塞尔和另外六名陷阱猎手准备来一次为期五六天的猎杀野牛活动以犒赏自己。他们离开营地两天之后,

> 漫不经心地骑着马,我们的来复枪随意地放在我们身前搁在马鞍上……我们来到了一条深深的狭窄山谷前……此时,看啊!这片土地上似乎灌满了裸体的野蛮人。突然传来一阵迅疾的引线枪(火枪)齐射的声音,袭来了一阵子弹雨和一片火药烟云,这清楚地说明了他们部落的行为方式和风俗习惯以及战争方式:我们有一个人右臂中了一弹,因而他丢下了手里的来复枪,而一个野蛮人立刻上前抓了去向我们射击,我们掉头而走,仓皇逃离到了他们射程以外的地方。那里一共隐藏了80个左右的印第安人,直至我们骑行到离他们

不足 15 英尺才现身。他们拿到了一支来复枪,也没有人受伤,而我们则有一个人负伤……因此他们取得了很大的优势,因此我们不得不回到营地,研究出一份计划,通过至少两三次交火才能挽回我们这次失利所造成的不利局面。

机会在几天后出现了,当时他们看见了大约 20 名黑足人。一伙陷阱猎手立即上前与之交战,并把他们逼入了一座废弃的印第安要塞之中。有 4 个印第安人被陷阱猎手射杀,他们的尸体被同伴们推到了附近河流的冰面之下。另外也有 6 名印第安勇士负伤。而美国人这边的伤亡情况是,有一个特拉华州的人腿部中了一颗毒子弹,还有一个猎手在臀部有一处轻微伤。

该轮到黑足人出招了。他们的目标已经坚定地指向了布里基尔手下的陷阱猎手,这些猎手们可能会遭到一场来犯力量有数百名黑足人战士的袭击。第二天,布里基尔用他的铜质望远镜视察战场时发现,平原上"到处都是印第安人"。他们赶紧在营地周围修建起范围在 250 平方英尺,高度达到 6 英尺的由棉木制成的防御墙。马匹都被带到了墙内,并且采取了双倍看守制度。那天晚上的北极光特别耀眼,"深血红色"的光散布于天际。第二天早晨,一支据拉塞尔估计在 1 000 人以上的黑足人战士组成的队伍成一线集结于仓促搭建的要塞前,显然是想展示一下军威,拉塞尔写道:"这气势好像是要把我们从地表面给抹掉一样。"但显然这些人看到这座让人望而生畏的城防建筑,再加上前一天夜空里像火烧一样的亮光——印第安人视之为凶兆,打消了他们的气焰,很快他们就掉转方向,很快飞驰回到来的地方去了。只留下布里基尔和他的手下"玩球、摔跤、赛跑等,来自娱自乐"。

第十四章　奥斯博恩·拉塞尔

到了4月初,陷阱猎手再次出动开始架设陷阱捕猎器,但他们的踪迹却被几伙黑足人给发现了。有6个人在马瑟谢尔河(Musselshell River)上捕猎的时候,其中一名猎手被杀害,而且他们所有的马匹和捕猎器都丢失了。拉塞尔自己也有过一次短兵相接的经历,当时他和两名同伴遭到一支印第安军队的伏击,拉塞尔身下的马匹中弹了。他赶紧跳坐到一个同伴身后,随后他们策马狂奔,而子弹则在他们身边呼啸而过。

黑足人部落的印第安人并不是唯一给他们带来麻烦的。克劳人,虽然是黑足人的敌人,而且表面上也是白人的朋友,但是却很不值得信任。有一次,拉塞尔和一个叫威廉·艾伦的英格兰籍营地看守,以及两个分别叫格林贝利(Greenberry)和康恩(Conn)的陷阱猎手在比格霍恩河进行陷阱捕猎时,一伙克劳人在半路加入了他们,这伙人说要去偷黑足人的马驹。当来到了白人猎手的营地的时候,他们却变脸了,拉塞尔写道:"他们变得非常无礼,肆无忌惮地说我们无权待在他们的国度,而且威胁说他们只要想就能把我们这儿所有的东西都拿走。"第二天早晨,他们命令拉塞尔和他的同伴把他们的烟草和弹药分给他们一些,而当拉塞尔他们照办了之后,克劳人却说他们要全部拿走。于是,陷阱猎手就把话说明了,表示他们决心为他们的财产和生命一战,听闻此言,克劳人放下了武器"带着一种满怀嫉妒的野蛮人的微笑告诉我们,他们只是开个玩笑……"但是这伙印第安人还跟着他们,偷他们的马匹和捕猎器,最后他们露馅了之后,又转而开始抢劫后来又升级为杀人。关于这一点,在一个克劳人村子待过两个冬天的艾伦说得很清楚,陷阱猎手们必须下定决心摆脱掉这些不受欢迎的同伴。他了解克劳人的意图。"如果你们再跟踪我们、骚扰我们,我们就让你们这群克劳人,印第安人的血和胆汁沾满这片土地,而且你们也不要再来跟我说话,我厌弃你们民族令人讨厌的黑话!"话音刚落,猎手们赶紧逃走,他们本以为身后是一阵弓箭和火枪弹丸,但他们才刚走出一英里多一点的地儿,以为部落首领追了上来,他没带武器近身前来,向他们宣告说:"你们真的很蠢,你们知道,听说你们被我村子里的人打劫,我的心里有多难受吗?但那些人不是人,他们是**狗**,狗才会偷你们的牲口。"如果这些猎手们愿意和他回去,那么他很乐见这些人拿回他们的马匹和物品。不然的话,他就要被"毯子酋长"(The Blanket Chief),吉姆·布里基尔给训斥一通了。这些陷阱猎手,仍然疑心其中有诈,拒绝从命,并继续赶路返回冬季营地。这剩下的四个人已经被抢走了大部分装备,而且因为步行连可利用的时间也变少了,他们历经千辛万苦来到了威廉要塞,在此扩充一下补给。

几周之后,拉塞尔和布里基尔会合,加入了一支更大的捕猎队前往麦迪逊河。在途中,他们来到了一座被天花肆虐的黑足人村庄。这座村庄很大,所以布里基尔希望能绕路,这样就可以避免和依然身体健康的黑足人交战,但是他的手下人却不愿这么做,据拉塞尔说:"那些人拒绝绕过一座人数不及我们人数三倍的黑足人村庄。"随后,他们在这个印第安村庄旁安营扎寨,准备好防御工事,并且派出一支20人的队伍,目的是挑战黑足人,并将其吸引到战斗之中。当他们靠近毫无准备的印第安人时,这些陷阱猎手每人射击了三四轮,随后被激发战斗欲望的印第安勇士们就开始展开了攻势。随后,在黑足人的追赶下,这些猎手们退回到营地。而印第安人则在来复枪射程之外站定,用火枪连续射击了几个小时,击伤了几匹马。最终黑足人开始高喊,说这些陷阱猎手不是爷们儿,是女人,应该穿女人的衣服。他们前面跟黑足人挑战,"随后又像妇女一样躲到石头后面"。听到这些辱骂,一位上了岁数,曾在苏必利尔湖畔住了很长时间的易洛魁战士对白人陷阱猎手们说:"我的伙计们,你们看见那个混球怎么说话了吗？他没说啥好话，说得老难听了，他说你我都是老娘们，这可不好，你们跟着我出去，别让这东西再这么说。①"说完这些，这位老战士脱掉了衣服，身上只剩火药角和弹丸袋，然后跳起了战舞，嘴里咕哝着"属于他本民族的，那种声音刺耳的战斗咒语……这在从前法国人战争②（Old French War）简直是白人受死的保证书"，拉塞尔如是说。有20个白人集结在这个老人身边，并跟着他，只见这个老人走上一条长达约300码的岩石坡，而在其尽头有大约150名黑足人在那里守候着。面对着火枪猛烈的射击，这群发起进攻的人毫发无损地来到了山头，并且也没有拿来复枪进行射击。他们停下来，调整了呼吸，随后跳过了最后一道屏障，然后"枪口对着枪口"，驱赶他们眼前的印第安人像"一边在一幢废弃的旧大楼里打老鼠，一边我们紧跟在他们的脚步后面，装填弹药然后射击，直至把他们全部赶到一片他们拴马的平地上"。第二天早上，战火重燃，这次是在村庄附近地区，最终，印第安人再一次被驱离了战场。

从拉塞尔的作战回忆中，可以很清楚地看到，对于陷阱猎手而言，这样的战斗和打野牛实在是大同小异：是一种更危险，但有趣得多的运动。我们总会回忆起孩提时代的"打架"游戏，大叫着"砰砰砰，你死啦！"——这种小孩子的把戏，在这里成为大人们的致命游戏。也许19世纪美国文学中最神秘也是最让人毛骨悚然的一段话，来自梅尔维尔③（Melville）的小说《皮埃尔》（*Pierre*）主人公的一声感叹，当时他杀了自己的堂弟格兰，他说："取汝性命，何其难言之快哉！"而陷阱猎手向印第安人揭开的内心秘密就是他们在杀人时，就怀着这种"难言之快"，杀戮让他们上瘾，是最

---

① 原文此段引文表现了老战士的口音。
② 指的是7年战争之前，英国和法国殖民者争夺北美殖民地的战争，有时专指1744—1748年的乔治王战争，易洛魁人当时也卷入了战争。
③ 赫曼·梅尔维尔是美国著名作家，《白鲸》是其代表作。

引人入胜的游戏。由于在加利福尼亚的金矿饱受印第安人来袭和暗杀的骚扰，贵格派教徒查尔斯·潘科斯特（Charles Pancoast）发现自己越来越赞同马背上的同伴的论断，即"只有死掉的印第安人才是好印第安人"。一天打猎时，他走到三个印第安人身边，他们正要给猎物剥皮，完全没意识到潘科斯特的靠近。潘克斯特举起了枪准备向他们射击，但是此时一个念头涌来："我现在取他们的人命是无畏的，也不会让我的安全保障增益几分，而且我应该会后悔杀了人。"他只是为了自己几乎出于本能要来杀害不会加害于他的印第安人而感到惊诧，但他随后"很高兴自己那天没有扣动来复枪的扳机"。

如果我们不算曼努埃尔·礼萨和他的密苏里皮毛公司在1812年战争之前的时期的那些早期试探性的参与的话，那么"捕猎河狸潮"（beaver rush）开始于阿什利和亨利于1822年春的那次远征探险。16年之后，这个时代也就终结了，但这是一个美国资本家发家致富风起云涌的时代，留下了一些故事和传说，而且人们显然还在不厌其烦地转述，这堪称史上最伟大的冒险故事篇章之一，这段传奇的魅力堪比荷马笔下的故事。像刘易斯和克拉克一样的陷阱猎手，是一群怀有崭新意识的人。他们的价值观——按照社会心理学家的说法——"已经被内化了，也就是说，他们能凭'个人'说话做事"。他们甚至是"坚毅的个体"（rugged individual）的原型，这也成为美国工业的领头羊为什么如此着迷于"前线地区的伦理道德"（frontier ethic）的其中一个原因，即一个孤独的个体如何克服荒野之中的所有恐惧和危险，奋勇前行。约翰·雅各布·阿斯特在纽约市过着富足的生活，内心却设想着自己有着和安德鲁·亨利以及威廉·阿什利一样的探险精神。即使是菲利普·霍恩，这位彻头彻尾的城市人，也被西

第十四章　奥斯博恩·拉塞尔

部故事深深吸引了。他认为华盛顿·欧文的《大草原之旅》是一本绝佳的轻松读物。屠戮野牛，追击野马，连续一整个月每晚都睡在地上，而且每一天的食物补给单靠他们自己队伍的来复枪打下来的猎物，像鹿、野火鸡还有熊。以上这些都是大西部的定居者日常喜闻乐见的事情，然而对于那些穿着绿拖鞋在火光摇曳的炉边读到这一切的人而言，这又是充满刺激感的趣事。

印第安人聚居在一起，也就是说，他们过着部落式的生活，但是他们却各自为战。而白人则恰恰相反，自顾自地住着，却常常一起战斗——他们就好像预先已经了解好战术一样以一个团结的整体去作战。有过和印第安人作战经历的一群白人，即便是人数多得多的一群印第安人也未必是其对手。这并非事关是否勇敢，而在于文化，尤其在于组织结构。要想把一群人组织成新的群体来从事各种事业，包括经营棉纺作坊，或者要开掘一条运河来迎战印第安人，应当首先把他们"打散"，也就是把他们从所属的传统社会结构体中脱离开来——无论是家庭、礼拜会还是社团，形成我们比较熟悉的分子化或原子化个体，随后再把这些个体改造和重组成新的组织结构体。美国式生活的这种分解作用加速了脱离的过程，而这也就意味着社会上随时都有数不胜数的自由移动的"个体"——这是我们赋予它们的说法，每每有新的冒险行动总能云集响应。而这些个体所牵涉其中之一，就是美国人要为他们以如此惊人的速度组成新的人群、从事新的工作的这种能力付出相应的代价。

黑足人是要向拉塞尔复仇的，无论如何都会。拉塞尔正和3名同伴在流入黄石湖的河流边进行陷阱捕猎，此时他正和一个叫怀特的猎手在一起作业。正当他们沿着一条溪水行进时，他猛一抬头发现看见了几个印第安人。他的火药角和弹丸袋正躺在不远处的地上，他还没来得及去拿就被印第安人给拿走了。但两个猎手把来复枪扣上扳机,并瞄准离他们最近的印第安人,从印第安战士围成的包围圈中突围,身后是雨点般打来的弓箭。怀特的臀部中了一箭,但是他只是停下来把箭拔出来就又继续狂奔。拉塞尔臀部也中箭了。最终,紧追不舍的黑足人还是放箭射穿了拉塞尔右腿膝盖以上的地方。他恰好身前遇到了一棵树,而那个命中他的印第安人向前扑过来,举着战斧要给他致命一击。用拉塞尔的话来说,

> 我也纵身一跳,躲过了这一斧子,随后在一阵像冰雹一样的箭雨中,从一棵树跳到另一棵树,飞来的箭纷纷扎在树干上。当我们甩开他们10步的距离,转身向他们瞄准。此时,他们开始躲到树后面,向我们开枪,于是我们在树林和灌木丛中又跑又跳了50码之后站定——我因为失血变得非常眩晕,于是我们就在林子里扎稳脚跟,搞掉了两个杀上来打头阵的,让他们像男人一样死去。

这群印第安人在这片树林里仔细搜寻着他们的猎物,有两次离这两个人不足15—20英尺的距离,但是他们更感兴趣怎样去瓜分战利品——捕猎器、马匹和装备——随后他们撤走了,让拉塞尔和怀特逃过一劫。两个受伤的人于是向黄石湖痛苦地蹒跚而行。拉塞尔因为失血变得极为虚弱,每爬一二百码就得休息一下。在湖边,他们因陋就简地包扎了伤口,然后沿着湖岸蜿蜒前行。远远地,他们能听见印第安人为了战利品而欢呼的声音。怀特是一个密苏里人,拉塞尔语带讥讽地称他是被当作"家庭宠物"而抚养长大的,"除了赛马和赌博,没干过别的,也没学过什么",他确信自己将会一片狼藉地在荒野中死去,远离他的朋友和宠爱他的父母。听到这样的丧气话,拉塞尔告诉他:"如果你还这么想,你就会死,而我会

第十四章 奥斯博恩·拉塞尔

用两只手和一个膝盖爬出这个地方,我会打死两三头麋鹿,然后用它们的皮当遮雨棚,晒干肉,直到我们能继续走。"拉塞尔的腿肿得很厉害,只能靠怀特为他打造的拐棍的帮助才能走路。随后,两个人躲进了一片松树丛。说时迟,那时快,大约有60个印第安人出现在湖边,开始打麋鹿,在湖里游泳。回到他们原先的营地时,拉塞尔和怀特发现了一个法国裔的加拿大陷阱猎手,此人曾是他们这支小分队的一员;另外他们还发现了印第安人漏拿的一袋盐。随后,拉塞尔就把伤口泡在温盐水里,之后敷上河狸油以及河狸香。这三个人自从黑足人打来之后就没吃过东西。于是加拿大人打了几只鸭子,这样才凑合吃了一顿。到了晚上,他们在一处温泉安营扎寨,拉塞尔才可以泡一泡他肿胀的腿。第二天,他们打到了一头小麋鹿,把肉切成细条,在火上烤干,作为他们回到要塞路上的食物,他们也把麋鹿皮做成了莫卡辛鞋。现如今,拉塞尔能一瘸一拐地缓慢步行了。秋天的夜晚变得越来越寒冷了,这三个男人只能蜷缩在小火堆边,身上没有毯子,也不怎么睡得着。在这种无止境的困难面前,他们咬牙前行,有时候走上几天都没有食物,而到霍尔要塞(Fort Hall)要走上130英里,以至于达到的时候"3个人赤身裸体、饥肠辘辘、遍体鳞伤、睡眼蒙眬而且疲惫至极"。

经过10天在要塞内的休息和好吃好喝的生活,拉塞尔又出门去捕猎河狸了。到了10月底,他已经走到了杰斐逊河一带又折返了回来,最终在12月初和3名同伴——一个来自密苏里州、一个来自马萨诸塞州,还有一个来自佛蒙特州——确定了冬季营地的位置。这些人觉得自己交了好运,因为他们有些书可以读——里面有拜伦的作品,莎士比亚,沃尔特·斯科特爵士的作品,《圣经》,克拉克的《评注》(Commentary)[①],除此

[①] 为亚当·克拉克的圣经评注。

之外还有地质学、化学以及哲学的作品。"经过一个夏天和一个秋天的捕猎,他融入了一个斯耐克人的村子,在那里一个法国人和他的平头人部落的妻子邀请拉塞尔和他们一起过冬。这个村子的种族构成,给人们提供了一个有趣的视角来看待不同印第安部落之间,以及他们与白人之间融合的过程。在拉塞尔的东道主家旁边的房子里住着一个混血的艾奥瓦人,以及他内兹珀塞部落的妻子和两个孩子,他妻子的兄弟以及另外一个混血印第安人。他们的隔壁住着一个混血的利人,以及一个属于内兹珀塞部落的妻子,两个孩子还有一个斯耐克人。第三户毗邻的人家中住着一个混血的斯耐克人以及他那位属于内兹珀塞部落的妻子还有两个孩子。住在其他 15 所房子里的人全都是斯耐克人。"

斯耐克人在通婚问题上要比黑足人这样的部落随意得多,而且也乐于接待对于抱着和平目的而来的印第安人和白人。而内兹珀塞部落的妇女因为她们生活干净整洁,且含情脉脉因而成为白人以及混血印第安人理想的妻子人选。

住在斯耐克人中的白人和混血印第安人在圣诞来临的时候觉得彼此分外亲切——所有人都说他们是白人的亲戚(或者用他们的话来说,就说他们都是"有人性的"[①](*gens d'esprit*)。拉塞尔是仅有的 3 个会说英语的人之一。他们聚在一起吃了顿圣诞大餐,包括炖麋鹿肉、煮鹿肉和一份烧好的面粉布丁,佐以晒干的水果以及 4 夸脱用酸浆果果汁和糖制成的调料,吃完这些还有蛋糕以及 6 加仑浓咖啡。餐盘是用大木片和树皮做成的,咖啡盛在锡杯里。"大家伙儿讨论的主要话题,"拉塞尔写道,"是落基山脉的政治事务,不同部落中间的各个政府的情况,以及非常出名的战

---

① 此为法文,英文翻译为 people-minded。

第十四章 奥斯博恩·拉塞尔

士和首领的个性特点,等等。"大家普遍都认为,有一个斯耐克人的首领不恰当地使用了他的权威,因此很快将被废黜,并被他的兄弟取代。"以相似的方式,他们也会评头论足波纳克人(Bonnak)、内兹珀塞人、平头人以及克劳人的重要首领的性格以及他们各自所领导的政府的政策……煞有介事的样子,觉得好像把他们自己写在纸上的名字读出来,或者从'Bulls foot'这个词里分辨出'B'这个字母就有多了不起似的。"

在黄石地区,拉塞尔写道:"陷阱猎手经常互相提醒说,他们已经骑马扫遍了这些寂静无物的平原。白人是时候该离开这片山地了,因为河狸和肉用猎物已经近乎绝迹。"一次狩猎山地野绵羊无果之后,拉塞尔自己决定要去往俄勒冈领地。他和埃尔布里奇·特拉斯克"互相深情道别",特拉斯克回佛蒙特去,而拉塞尔则继续西行。为了准备去威拉米特山谷的旅行(Willamette Valley),拉塞尔前去猎杀麋鹿,并把肉烤干。随后,他爬上了庞特努夫山脉①(Pont Neuf Range)的一座高峰,"坐在了一棵松树底下,算作告别地看了一眼我因为不同的事情而多次穿行的土地。往事历历在目,与这片美景有着千丝万缕的联系,"他写道,"它们陈列在我的面前,把我带入到富有诗歌韵律的幽默之中。我平生第一次试着把自己的思绪安放到韵脚之内,只要诗人们能原谅我这次班门弄斧,那么我将来一定会小心谨慎、不再去踏足他们的领地。"

这份创作冲动其实是比诗歌本身更重要,而这首诗在同类作品中写得既非上乘也不算蹩脚,它歌颂了"皑皑冰雪覆盖的山峰"和"晶莹剔透的小溪流"、"流水潺潺的溪谷",在那里"人们的巧手把一餐丰盛美馔放桌上",而"猎人们戏谑、捕猎时笑声朗朗/他们消磨时光,欢乐写在每个人的

---

① 与巴黎一座著名的桥同名。

脸上/时间飞快地流逝,好几个小时却只有瞬间这么长/直到头顶繁星闪烁,报知各位夜行郎。"但现在"这些欢乐场景早已散场/头顶犄角的牛群飞快地消逝啊,你们在何处躲藏……"

> 那起伏的山峦,那溪谷,那溪流和绿树,
> 向你们,一位猎人投出他最后告别的敬意,
> 我将去西边遥远的滨海之土,
> 去看看,闻名遐迩的肥沃的穆特诺玛斯(Multnomahs)溪谷地,
>
> 我将离开此地,这个曾经无人不知无人不晓的狩猎处,
> 或许此生不会再见到,
> 一轮落日带着我走下山坡,
> 指引我的,还有那骄傲的哥伦比亚河和它的咆哮。

1838年的贸易聚会传来消息说,各个皮毛贸易公司有意中止一切经营活动。美国皮毛贸易公司已经把比它融资能力稍差的对手统统逼入了绝境。但是它的胜利,在人力和金钱上代价之昂贵,实属金玉其外,败絮其中。河狸贸易的繁荣时代已经过去了。衣着时尚曾经让人们对河狸皮帽子趋之若鹜,欲壑难填,而正是时尚终结了这一切。人们的时尚品位现在判令河狸皮必须被丝织品取代,而河狸的劫难算是暂告一段落。皮毛贸易的生意当然还会继续,但是形式大有转变。捕猎河狸皮的生意曾一度堪称"褐色淘金潮",是一个盛极一时的产业,充斥着阴谋诡计和寡廉鲜耻的操作,无止境的斗争。皮毛公司之间为了争夺控制权而进行的斗争,狗咬狗的竞争以及印第安人的无情劫掠,而这些印第安人也常常"极为迫

第十四章 奥斯博恩·拉塞尔

切地"成为把自己推向毁灭的掘墓人。简而言之,这是一场经典的资本运作,一切都在荒野冒险的情境中发生,其故事色彩绚烂的程度和情节起伏之紧张揪心皆来源于此。单干的陷阱猎手,或者小型的捕猎队还在延续这一大不如前的生意。许多人像奥斯博恩·拉塞尔一样,向西进发,去往俄勒冈领地,成为美国人定居点的核心力量也增加了美国人对此地领土主张的分量。他们大多数人都娶了印第安人妻子,养育了子嗣,留在那里生活,和友好的印第安人一起生活,也提供军事向导和侦察的服务。而且随着定居者的旅行队开始穿越大平原来到俄勒冈地区,他们越来越多地充当了移民车队的向导。

美国的前线也就是世界的边界——这是美利坚合众国属于这个世界这一事实最让人心驰神往又充满戏剧性的一种表现。皮毛捕猎的西部地区(Fur West)吸引着人们,无法抗拒地来到了前线地区。其中有代表性的人群和民族有:法国裔加拿大人,西班牙裔美国人,易洛魁、肖尼还有特拉华部落的印第安人、苏格兰人、爱尔兰人、德国人和荷兰人。他们结合成了不同的人群,比如说一组组陷阱猎手或者一队队贸易商人。这些人甚至语言不通,却一起吃喝、打仗、玩耍,同生共死,他们因自然环境的不可抗力而紧密团结在一起。前线地区所说的"语言"是个古怪的大杂烩,里面有印第安人的符号和词汇,法语词汇、西班牙语词汇、英语词汇以及生造的词汇,总之是依据实际运用的需要而形成的一套通用的隐语。在今天,我们已经听到太多人说他们想要一种国际通用语,一种全球性的语言,可以让全世界的人即时进行交流。但是美国前线的经历却提醒我们,共同的任务使得那里的人形成了他们自己独特的交流方式。行为赋予语言词汇以生命。

要是说起密西西比河以西地区(Trans-Mississippi West),甚至说起美国白人和印第安人以及来自西北领地的陷阱猎手之间的关系，如果不提威廉·克拉克将军都是不完整的。从他出于战略目的在圣路易设立的要塞望出去，克拉克看见印第安人各民族被西进的移民潮慢慢摧毁，这股移民潮恰恰是由他的远征探险所激发的——而这就是令克拉克痛苦的命运。过去，印第安人曾经"既强大又怀有敌意"，因而美国政府的政策就是要弱化他们。"如今，他们既弱小又无害，而且许多土地也落入了我们的手中，而从公义和人性的角度要求我们珍视他们，和他们做朋友。"克拉克写道，"我们要教他们住在房子里，种植庄稼和蓄养牲畜，种果树，树立起地标，将各自的所有品分割好，为他们的政府建立好法律体系，确立大众学习教育的雏形模式，例如阅读、写作和计算等。"这是改善他们生活的首要几步。但是在这些步骤采取之前，他们必须要搬离有白人存在的恶劣环境，去往一片新土地，"在那里他们可以平静地栖息居住，真切地享受到永久拥有一片土地的权利，在上面盖起自己的房子并能加以改善"。

美国政府的通常做法是通过和约会议来"购买"印第安人的土地，在会上，他们还会分发礼物给愿意进行协商的部落首领，并且向相关的部落许诺每年的"年俸"。我们都很清楚，这种"购买案"是充满困难和复杂之处的。甚至是在一些因为公平正义照顾不到而导致印第安人的主张失效的地方，年俸所带来的后果也让那些印第安部落变得士气低落。他们每年都会来光临。手里拿着战帽，来接受他们"年俸"，是一些物资补给和小玩意儿，弹药以及服装。要不然，他们就得焦急地等着蒸汽船沿着密苏里河溯流而上，或者顺密西西比河而下把这些东西送到府上。克拉克强烈反对年俸政策。这些年俸的价值小得可怜，但在长此以往，会把曾经充满骄傲的印第安人变成乞丐，除了伸手要钱还是伸手要钱。

克拉克发现，印第安人的基本问题其实是一个有关贫困的问题。"贫

第十四章 奥斯博恩·拉塞尔

困"这个词在印第安人的语言中显得很陌生。印第安人总是处于"贫困"之中,因为他总是一不留神会走到生死存亡的关头。无论他属于多么强大的部落,如果某一次打猎不成,某一年冬季特别寒冷,或者毁灭性的风暴都会把他拖向挨饿的境地。但印第安人从来不认为自己是贫困的。而且很快,他的言辞之中就会喷射出许多贬低自己的话:"白人有钱。白人有许多马很多牛。印第安人穷。印第安人求白人爸爸给他吃给他穿……"

克拉克认为,如果印第安人依然贫困,那么就无法帮印第安人实现长久的价值提升。"在这种情况下,跟人们说学习和宗教是徒劳的,"他写道,"他们想要有规律的食物补给,而且在实现这一目标之前,他们的所思所想无非是从动物的本能出发,而且仅限于排解饥饿和寒冷。"

拥有财产"让南方的印第安部落的人品格获得提升。道路已经覆盖了他们的土地,旅行者纷至沓来,四处游走,还有大笔的年俸以及美国政府购买土地支付的大笔金钱,以及大量赠予酋长们的礼物,"克拉克写道,"能让印第安人获得奴隶、牛群、猪和马匹。而这些东西可以让他们不受干扰地生活,并且能培育他们的思想,并保存他们的骄傲之心……"可是他们最终得到的实在少之又少,无法匹敌他们白人邻居的那份贪婪之心。

克拉克和刘易斯·卡斯结为同盟,向联邦政府多次建言,要修订法律"来保障那些分散开来且命运不幸的'美洲之子'(the people of America)的遗民"能得到"政府公正和仁慈的对待"。1825年,就在杰斐逊去世前6个月,克拉克致信给老首长表达了他决心继续为了'美国之子'——西部印第安人——而战。如果能找到某种方式来改善"我属下这些不幸的人的生活条件",他就能颇感欣慰,因为他知道"是我让他们遭到眼前的不堪局面和急速的衰败的。印第安人的悲惨处境没有得到人们对于这些印第安民族更多的人性关怀,实在是令人哀痛"。

在克拉克去世的1838年,也就是黄石河地区贸易聚会的最后一年,他属下的印第安地区并没有得到什么改善,仅仅在4年前国会立了法,部分按照克拉克的建议,增强了军事力量来保卫印第安人。

第十五章 西北地区

在加利福尼亚共和国①(Bear Republic)建立之前,加利福尼亚对于踏足此地的美国人来说都是外国领土,正如我们前面所说,是要冒一定风险的。俄勒冈领地也是类似的情况。大多数美国人都认为俄勒冈领地应属美利坚合众国所有,而且一些人决心让这个领土主张落实,因而前往并定居于此地。

早在1829年,"殖民俄勒冈协会"就在波士顿成立了。他们的目的是,一方面派出传教士让印第安人改信基督,一方面派出定居者,巩固美国对该地区的领土主张。任何一位有意愿的定居者必须提供一份品行良好的证明,而且会得到一块500平方英尺的城镇土地,或者一块200英亩在莫特诺马斯山谷中的土地,但是应者寥寥,而这个计划也不了了之了。而到了19世纪30年代中期,黄石河地区的河狸捕猎热和杰迪戴亚·史密斯的探险活动重新激发了人们对于俄勒冈地区的兴趣。1835年,马库

---

① 熊旗为加利福尼亚从墨西哥独立的象征,至今保留在加利福尼亚州旗之上,也作为加利福尼亚的别称。

斯和纳西萨斯·惠特曼夫妇,带着其他几对传教士夫妇,在他们去往俄勒冈的路上,在纽福克河边(New Fork River)的皮毛猎手贸易聚会上稍作停留。漂亮的金发美女纳西萨斯·惠特曼迷住了那些猎手,而惠特曼先生,不仅是个传教士还是一名大夫,他帮吉姆·布里吉斯去掉了早先扎在他背上的箭簇。我们之前已经了解到,紧跟着传教士的脚步而来的定居者一直要求把联邦管辖权扩展到该地区,而他们的请愿书早已把国会围的水泄不通。时任美国总统詹姆斯·波尔克①(James Polk)在他的内阁较为温和态度的影响下,谋求与大英帝国以和解的方式解决领土问题,而不是像有些人建言的那样"要么以北纬54度50分为界②,要么就打一仗。"理查德·帕肯哈姆(Richard Pakenham)是英国驻美大使,他受阿伯丁公爵(Lord Aberdeen)授意,建议以北纬49度线作为美利坚合众国和加拿大③之间的分界线。温哥华留在英国这一边,而两国均有在哥伦比亚河上自由航行的权利。这些条款是英美和约的一部分,该和约于1846年7月得到了参议院的批准。而和约最重要的一个后果是,一下子有大量的定居者涌入了俄勒冈领地。在这群人中有一个年轻的弗吉尼亚人,他的祖上来自新英格兰,名唤萨姆埃尔·汉考克(Samuel Hancock)。汉考克从密苏里州的独立市出发,随着一支有200辆货厢马车的车队,穿过了大平原,沿着普拉塔河来到了南山口,随后去往了俄勒冈领地。关于这一路,汉考克写道:"在我们这群喜爱冒险的公民而言,是跟着感觉走的,是他们必然要走的,要在这里定居下来,要在这里建起新的住房,而且如

---

① 美国第11任总统,1845—1849年在任,民主党人,是安德鲁·杰克逊政策的传人,外交和内政上取得较大的成绩,基本奠定了美国西部的国界线,但也埋下了美国内战的祸根。他没有谋求连任。
② 比最终达成的49度线要往北一些。
③ 此时为英属。

有必要把一切都换成新的……"汉考克一行人遭遇了所有经典的旅途艰险——暴风雨、洪水、敌对的印第安人、霍乱、饥饿以及干渴,储备耗尽以及内讧。有一度,印第安人的出现先是让一头骡子尔后是一排队员开始踩踏,

> 而车队的所有40辆马车开始狂奔着穿过平原,马车夫无法驾驭这些发了疯的动物,躲在马车里的妇女和儿童则都惊声尖叫……我们花了一些时间才重新控制住我们的队伍,让人畜站定。在我们最终站稳脚跟以后,我们发现受伤的人畜非常多,有些马车倒在一旁,有时会看到一队队的人从马车里爬出来,其他人的马车轮子坏了,里面的东西撒得乱七八糟到处都是,我们一些伙伴腿断了躺在地上,还有些人伤得很重,整个情景简直是一副灾难般的场景。

而克劳人战士,这伙踩踏事故的肇事者则津津有味地作壁上观。

等过了拉赫米要塞(Fort Laramie),汉考克注意到这里纯种或混血的印第安人都会捕捉蟋蟀,抓了一篮子蟋蟀之后,把它们放到一种石窑里烤干,随后把蟋蟀干研磨成粉状食物,"而且似乎当地人还把这种东西当作主食以及一种精致的食物,他们非常喜欢吃这种东西,而且还长胖了"。

尘暴是一种恐怖的灾害。汉考克发现它"非常让人受不了"。它就像一团密不透风的云一样笼罩着车队,糊在移民们的脸上和衣服上,伴随着车队的移动达好几英里之久。而且,无论到何处他们身旁就有印第安人出没左右。

在翻越喀斯喀特山脉①(Cascade Mountains)时,汉考克一行人来到

---

① 美国西北部重要的南北向山脉,北起加拿大边境,南到加利福尼亚州。

了威拉莫特河谷①(Willamette Valley)。"我们每一个人,"他写道,"都觉得自己完成了一件了不得的事情,而且觉得自己是交了极大的好运,才能在经历了那么多危难时刻,以及在漫漫征途中硬着头皮去面对的一切还能活下来。每个人看上去都很喜欢这个地方,这里呈现着肥沃而高产土壤的一切要素。我们虽然金钱不多。"汉考克补充道:"但是凭借我们勤劳的双手和勇敢的心,我们又有什么做不成的?"而与此同时,移民们都已经接近挨饿的状态了,不得不跑去给哈德逊湾公司的贸易商人打工,不管对方给什么报酬,靠给他们劈木瓦赚几个钱。在俄勒冈城②(Oregon City),去年就来此定居的人分了一些小麦给新来的,才让他们得以续命。对于任何一个可以自给自足的家庭,领地当局在200英里长的山谷地带给他们提供1英里见方的土地,那些地方"树木茂密,水流密布……但在所有的土地上,人们都舒舒服服地定居下来。这些土地可以种植任何必备的蔬菜,而且鹿肉也很容易猎获,鹿的数量也很多。而那些带着牛群来的,他们的牲口数量一直在增加"。

但是汉考克没有家庭责任的羁绊,实在是闲不住,无法在此地驻足久留。他找到一位志同道合的同伴,两人出发去探索附近的地区去了。他们到处都能遇到印第安人,而他们也像印第安人一样神出鬼没地行动着。一会儿是东边,一会儿是西边,他们发现了很多有几幢小木屋的定居点,还发现了一个卫理会的教会。一路上都是美丽的林间空地,有着厚厚的肥沃的土壤,还长着高大的杉树,"要多看两眼,才能看到树冠"。在那个卫理会的教会,他们遇到了牧师坎贝尔先生,"他是一个非常绅士的人,已

---

① 在今俄勒冈州境内,是俄勒冈州的政治和文化的心脏地带。
② 位于今俄勒冈州西北,为"移民俄勒冈之路"的终点站。

经在这个地方待了……4年之久,他在此布道,尽其所能地为那些愚昧的野蛮人做着善事"。他们停留了一会儿参加了一次礼拜活动,尽管在汉考克眼中,这些教众看上去"很没有一群基督徒的样子,他们来到教堂的时候,并没有特别顾及自己的形象,他们给自己捯饬出的样子毫无疑问只是让他们自己感到高兴,但对于我们来说实在是丑得可怕。有些人完全就是一丝不挂……这座寒酸小神堂的此情此景和大西洋沿岸城市锦衣玉食的神职人员,富丽堂皇的教堂比起来真是云泥之别啊"!牧师用当地部落的母语来讲道。"当他开始吟唱圣歌之时,在座的老老少少开始齐声附唱,随后大家都膝盖跪地开始祈祷……确实,当时我能感受到一种弥漫的虔诚之意,它赋予了这个集会活动一种庄严肃穆之感,让我颇为震撼。除此之外,我还听到他们吟唱那些我所熟悉的流传久远的卫理会圣歌,那是我在家时候常常听到的。"

回到威拉莫特山谷,汉考克发现一位弗朗西斯·佩蒂格罗夫(Francis Pettygrove)先生已经打造出村庄的雏形,他把所拥有的位于威拉莫特河和哥伦比亚河交汇处的部分土地用来建立一个叫作"波特兰"的镇。正如汉考克的记录所述,到1847年,"在波特兰已经建起了12—15座房子,大多数都是木头的,里面住着各色在该镇或在附近活动的人。"

因为缺少金钱,定居者就把他们生产所得卖给俄勒冈城和波特兰的小店主,换取一些"可以拿来当钱用的商品",而这些东西就像货币一样进行流通。在夏季,一艘贸易船从三明治群岛漂洋而来,还有一艘船"从大西洋沿岸,我的故土,霍恩湾附近而来,船上装载着各种各样的商品……"

第二年,这些定居者齐心协力在附近的一条叫汤姆沃特(Tumwater)的溪流上建起了一座锯木工坊,这样他们不仅能获得建造自己房屋所需的木材,而且还能把木材卖给溯哥伦比亚河而上航行的货船,这些货船每一年都在增加。就在这一派经典的垦荒先驱者欣欣向荣的景象之中,传来了马库斯和纳西萨斯·惠特曼遭到卡尤塞部落印第安人屠杀的噩耗。人们都很害怕会有一场大屠杀席卷波特兰地区以及附近的定居点,而汉考克也自愿加入了惩罚印第安人的队伍。用汉考克的话来说:"他们前去报仇,要印第安人为了他们不可弥补的错误行为付出代价。这些人斗志高昂,因为满脑子地认为他们这是正义之举,故而对取得最佳成果很乐观。"

正当汉考克靠金矿维持生计,并小有投资之时,他得到消息说俄勒冈定居点因为加利福尼亚的淘金潮而造成的木材需要而正处于极为繁荣的时期。汉考克决定把普吉特峡湾①(Puget Sound)作为自己的大本营,把伐木业作为自己下一个投资方向。他装了一批木材,放在一批商品里,扬帆去往旧金山。而他回到普吉特峡湾时,"我的货物还在我手上,我造了一座房子,很快把我的补给给消耗完了"。在旧金山,他听人们说了不少有关煤炭将成为下一代燃料的事,因此他决定去哥伦比亚河的上游远征探索一番,寻找一下煤矿。他买了一艘独木舟,雇了7个印第安人来划桨,开始溯流而上。他们到处都能遇到心怀好奇,偶尔是怀有敌意的印第安人,而且必须时时保持戒备,提防突然来袭。汉考克还帮着从中斡旋,让斯诺夸尔米人(Snoqualmie)和斯诺霍密什人(Snohomish)之间进行和平谈判,但是他没有找到煤。

回到普吉特峡湾,汉考克决定把他剩下的所有商品放在船上,向温哥华岛②(Vancouver Island)和弗拉特里湾③(Cape Flattery)之间的胡安·

---

① 今华盛顿州西雅图的西岸,峡湾以北是加拿大。
② 今温哥华主城之外的一座较大的岛屿,属于今加拿大。
③ 位于美国本土的西北角。

德·福卡海峡①(Strait Juan de Fuca)进发,并在俄勒冈领地②的最西北角,尼亚湾(Neah Bay)一带,建立一个贸易据点。在那里,汉考克和一个朋友建造了一座"足以进行贸易活动的"房子,而这个地方很快就有"你能想象到装扮最原始的人"前来造访。"有些人身上的一些部位盖着皮毛,而其他人则完全没有遮掩,其中一些人披着他们自己织的狗毛做的毯子"。他们属于阿萨帕斯坎部落的一个小分支,而汉考克想成为一个腰缠万贯的贸易商人的美梦也破碎了,因为这些印第安人告诉他,他们希望他赶紧消失。而当他相当义正词严地抗议,表示他已经无处可去之际,200名重装的印第安战士不请自来,命令他立即离开。汉考克最后还是躲过一劫,他坐在部落首领的面前,看着是要写一封信,他告诉这些人,这封信是写给"大首领",即美利坚合众国总统的,要告诉他拜这些印第安人所赐,自己所遭受的待遇。这一招立刻把印第安人变成了跪地求饶的一方,他们恳请汉考克不要写这封信,并给他 20 筐土豆,并许诺再也不会骚扰他了。获得了这番保证,汉考克就买了一艘独木舟,征召了 3 个玛卡(Makah)部落的印第安人给他划桨,沿着海峡而上去往汤森德港(Port Townsend)。他再次开始找煤之旅,并在斯诺霍密什河上游找到了一条"看着还不错的矿脉",在那里他还和斯诺霍密什部落的首领成为朋友。当他撤回到一个日后会被称为奥林匹亚③(Olympia)的小镇上所在的地方,他卖掉了采矿收益权的一半,随后和他的合伙人更为彻底地探索该地区,并划定他们的所有权范围。他们经过了斯诺夸尔米人、杜瓦密什人

---

① 为今天美国加拿大边界的最西段。
② 当时的俄勒冈领地,不仅限于今俄勒冈州,也包括今华盛顿州、爱达荷州以及蒙大拿州局部。
③ 今华盛顿州首府。

(Duwamish)、普雅路普(Puyallup)和尼斯夸利人(Nisqually)的村子。几周后,汉考克在奥林匹亚搭上一条去旧金山的船,并希望能回到他在尼亚湾的贸易据点①,但是这艘船的船长并不精通航海,故而当汉考克和船上几位同行的人被赶上了一条附着在船上的大艇,准备找到尼亚湾的入口时,他们发现自己彻底迷了路,而且四周都是好奇的印第安人。好几天他们都在四处乱撞,一边确定船的方位,一边在找尼亚湾的方向。每天,他们都会和某个印第安部落发生接触,有的可能导致他们万劫不复。此时,仅仅是为了活命就需要汉考克用上全部的智慧以及对于印第安人心理的准确理解。果然,这一次的情形依然充满了讽刺意味。有些时候,印第安人让他们免受饥饿,对白人表达了极大的善意。而别的时候,这些白人差点就跑不了要被杀掉了。最终他们遇到了一群划着独木舟、会说英语的印第安人,这些人告诉他们,到温哥华岛和还要划四天的船,在那里他们遇到了原先的船和抛弃他们的船长。

这下汉考克确信了自己在尼亚湾和这些印第安人一起,注定一事无成,只会找来麻烦。于是他决定把自己的贸易据点换一个地方,搬到往胡安·德·福卡海峡上游100多英里的克拉兰湾(Clallam Bay),并再添一个锯木工坊。但是木匠和水车技工却罢工要求涨薪水。而汉考克这边无意满足他们的要求,拒绝支付并废弃了这个计划,转而把注意力放到了当时奥林匹亚这个方兴未艾的定居点上。他在那里成为一名木材批发商,买下木材,然后运到旧金山,然后带回来镇子里需要的商品。这是一门"一本万利的生计",但汉考克一如既往地不安本分,"决心再花功夫,搬到皮亚吉特峡湾最深处"。1852年秋季,他又回到尼亚湾,带着两个他雇来

---

① 奥林匹亚位于内湾,必须先行驶到外海才能去旧金山。

的人在此造了一所房子和贸易据点。这一回,印第安人看上去"非常乐见"到便利的贸易品来源所带来的繁荣前景。他们把皮毛、油脂和鲑鱼拿来交换回衣服、珠子、戒指、弹药以及100多种其他各色喜闻乐见的商品。"我的到来,"汉考克写道,"似乎给他们注入了新的生命,并且激励他们养成勤劳的习惯……"他们曾经都是捕猎鲸鱼的高手,而现在他们出产的鲸鱼油找到了销路,他们就能修缮他们的船只,磨尖他们的鱼叉,并给这位关心他们的汉考克先生好好表演一番他们精湛的捕猎鲸鱼绝技。

但是,印第安人却对越来越频繁来访的贸易船感到不满。水手们上岸向印第安人兜售威士忌酒,对他们耍诈,诱惑他们的女人。汉考克越来越意识到,来自当地人越来越浓烈的针对他的敌对氛围。"有几次,"汉考克写道,"几乎所有的印第安人……都喝醉了在打架,随后亮出他们的小刀,威胁要杀了我和我的两名手下。"这些表现促使汉考克要去建造一座要塞。一艘船停泊在港口里,而汉考克警告船长说千万不要让印第安人上他的船,因为他们现在处于好战的情绪之中,或许会想要夺下这艘船。汉考克随即召集了一些有头有脸的印第安人,告诫他们要在白人面前行为举止表现得友好一些。他也用上了跟印第安人打交道的惯用伎俩:一边威胁,一边承诺。随即,一位上了岁数的印第安首领告诉了汉考克一个故事,或许能解释这个地方印第安人为什么会对白人持有这样的态度。几年前,一艘船停靠在这个海湾,要进行贸易,在几周相安无事的贸易活动之后,当地人杀死了船长和大部分船员,并夺走了这条船,正在此时,一位受伤的水手把弹药库点着了火,把一切炸了个粉碎。

第二年春天,汉考克碰巧听到一支驾驶着40艘船来贸易的印第安人中,有两个在讨论夺取要塞和据点,杀死白人,瓜分他们财产的计划。汉考克再次作好准备来阻断一切袭击,而印第安人,看到自己的计划败露了,就划着船逃走了。几周后,一艘来自旧金山的船进入了港口,船上有两个从天花疫区来的原住民。这两个人上岸之后,把疾病传播开来,造成了灾难般的后果。"在尽其所能,使尽各种办法都无法遏制天花蔓延和致死率的势头之后……那些躲过一劫的人,因为悲伤和恐惧变得近乎癫狂,而且他们想要渡过海峡,去往尼塔纳特(Nitanat)部落栖息的温哥华岛。他们当然会把疫病也一起带过去……"

> 这种疾病在尼亚湾这里肆虐的情形实在是触目惊心。一时之间,原住民变得很警觉,一旦他们的朋友得病,所有其他住在这座房子里的人就会立即离开,留给这个病人一块干鲑鱼和一些水……再也不会想去接近这个病人。有时候,撤出来的人会躺在沙滩的某个地方等死。我曾经路过那里,遇到一些遭遇这种情况的人躺在那里,他们极尽恳切之能事,向我讨要药品和别的什么东西来救救他们……引入疾病后的区区几周之内,数百名原住民成为它的牺牲品,海滩上有8英里这么长的范围内,到处横陈着这些人的尸体,呈现出一副极为让人作呕的景象。

印第安人相信汉考克可以帮他们,而且许多人,一旦察觉了天花在体内发作的迹象,就跑去他的住所,在他的院子里躺了下来。"他们一直这么干,最终死人实在太多,我都不能在我的屋外行走了,必须开始挖洞埋尸体,一个洞里我要往里面塞15—20具尸体。"死亡仍在继续。一些尸体被拖到海边,任潮水把它们冲走,而狗"则因为他们死去主人的尸体而变得肥硕起来"。

幸存的人将责任怪罪到汉考克身上。而当他说服那些印第安人他是无辜的之后,这些人则把怨气撒到了把疫病带上岸的那艘帆船上的其中一名印第安人身上,这些人把他塞进一艘独木舟,不给他食物,也不给他船桨,任他在海峡里漂游,直至因饥饿和阳光暴晒而死。

这件事过去之后不久,汉考克乘老鹰号去和温哥华岛上的印第安人进行贸易。首先就是尼塔纳特人。换到了他们的油脂和鲑鱼之后,这艘船沿着海岸来到了努特卡峡湾①(Nootka Sound)以北,夸奇尼惠特(Quachiniwhit)部落的地盘。这里的印第安人,大多赤身露体,反倒是头上顶着宽檐的防水帽,是用植物的根精密织成的。就在贸易进行的时候,一场风暴来袭,把老鹰号卷到礁石上。随着波浪的猛烈拍打,船只开始解体,这一情景却促使了印第安人聚在一起看热闹,随后他们爆发出"又吵闹又狂野"的笑声。汉考克和船员们挽救了货舱里的一些东西,把毯子放在船上附着的大艇里,他们也说服印第安人,把一些补给放到他们的独木舟上。这些印第安人一拿到毯子就把它们撕成条状分发开来。汉考克连忙制止,他送了几面毯子给印第安人,以求留下"善意的印象"。而当汉考克船长和船员弃船的那一刻,四周有几百个印第安人,他们爬满了船,只要能拿得走的东西都被他们洗劫一空。现在就只剩下8个白人和2个从尼亚湾而来的印第安人,被包围在夸奇尼惠特部落的印第安人中间。而夸奇尼惠特人无意让他们脱身。此时,对船只的劫掠行动还在继续,汉考克为了分散那些留下来看管他们的人的注意,把一些印第安人无法抗拒的珠宝撒进了灌木丛。就在他们的守卫在搜寻那些细小而闪闪发光的东西时,老鹰号上的船员趁机逃跑了,有4个人抢了一条独木舟,还有6个人上了一条大艇,奋力划桨逃生。几天后,就在他们沿着海岸去往努特卡

---

① 位于温哥华岛中部,靠近太平洋一侧。

峡湾的英国贸易据点的路上,整支队伍被另外一个部落的印第安人截获,他们显然是要取这一行人的性命。汉考克注意到部落首领的住房是使用雪松木板加固起来的,就向他许诺,如果这个首领能给他们一艘独木舟并且派几个印第安划桨手,那他就能带着一船贸易品来交换一些木板。首领答应了,但是部落里的人却拒绝跟白人做生意。这位首领只能自己去,而划桨的工作则由他的奴隶——在战争中俘虏的其他部落的印第安人——来做。但是他也突然临阵怯场,掉头回来了。

在左右为难之际,在努特卡湾一带与白人交好的克雷尤克特部落(Clayoquot)的印第安人,介入其中拯救了这一行人。在努特卡湾,汉考克找到了一条去奥林匹亚的船,并取道前往尼亚湾,他"发现那里一切井然有序"。他留下来看店的人在和原住民的油脂贸易中做得非常成功,而汉考克的贸易据点也装备了炮管。但是那些印第安人又一次确信汉考克应该对那次恐怖的天花疫情负责。他们变得乖戾,言语行为带有威胁之意,坚持认为他应该离开尼亚湾。因此,汉考克换来了三艘大独木舟,用雪松木把它们绑到一起,并在上面放了一块平板,在平板上他放上补给品,随后前往惠特贝岛(Whidbey),大约沿海峡往上游 100 英里的距离。他花了不少精力,当然也展现了他不俗的航海能力,他最终到达了自己的新天地,他写道:"我按照既定的时间规划到了那里,没有遭遇额外的冒险经历,我很快就结束了所有的冒险,因为我开始了**婚姻生活的冒险**,于是我就在这个岛上定居了下来,过上了平静的农夫生活。"

第十六章 沙溪大屠杀

美墨战争、吞并德克萨斯,以及 1848 年《瓜达卢佩-伊达尔戈条约》①(Treaty of Guadalupe Hidalgo)条款中割让的领土,即今天的亚利桑那州和新墨西哥州,都表现了美国联邦政府因为将管辖权扩大到西南地区的印第安部落——其中包括阿帕契人和科曼切人——而使印第安问题严重扩大。尽管联邦政府从一开始就接受一个原则即印第安人保有他们占有土地的权利,但是各州也同样很顽固地认为在他们州境内的印第安人必须服从**他们**的管辖。就是这个争议导致了印第安人大迁徙。南方各州已经驳回了约翰·昆西·亚当斯总统和最高法院关于印第安人从属于他们民族政府的论点。而德克萨斯人也同样驳回了这一论点。德克萨斯的第一届议会在 1846 年是这样宣告的:"我们不认可任何居住在本州界内的印第安部落居民,享有任何本州境内土地的专有权。而且……我们也不认可美利坚合众国政府与上述印第安部落有在不征得本州政府同意的情况下缔结任何协议。"

---

① 为墨西哥战败之后签订的美墨和约,因签署地而得名。

有一些部落,如阿帕契人首当其冲,他们早就习惯了打劫墨西哥人的村庄而不受追究,因此如果只是把入侵者从墨西哥人换作美国人,他们觉得没有理由就这样偃旗息鼓。但是当联邦专员和德克萨斯境内的 11 个主要部落达成协议,向他们许诺建立贸易据点,提供礼物和保护,国会里面的德克萨斯代表就炸开了锅。国会对这个议题退避三舍,而这些部落发现他们自己,就像许多别的部落一样,陷于联邦政府和州政府各自主张的中间地带,进退维谷。用一位科曼切部落首领的话来说:"这么长的时间里,许多人穿行过我的土地。他们把这里的猎物都杀掉,把这片土地烧成焦土,给我带来了那么多麻烦。我们的"伟大之父"的专员们许诺要把这些人拦在我们的土地之外。我怀疑我的白人兄弟是不想跟我们划清界限,因为他们想要在这片土地上定居。而我反对更多的人来我们这里定居。"

而各州当局对这些恳请和警告熟视无睹。印第安人的土地被他们免费授予了土地投机商。有 4 个土地测绘员在科曼切人主张的土地上被杀害,随后就是人们熟悉的白人入侵而印第安人起来反击的模式。而全面战争的危机日益弥漫之际,德州州长最终还是划了一条界线,他禁止白人定居者越界蚕食印第安人的土地。而这个命令,几乎被人们抛在一边。由该州一些最有实力的人组建起来的德克萨斯移民和地产公司(Texas Emigration and Land Company)开始招募他们自己的军队来和印第安人作战。这些德州游骑兵(Texas Rangers)为了给一个被杀害的白人定居者报仇,屠杀了 25 个显然和这起谋杀案毫无关联的维基塔人(Wichita),之后,战争是不可避免的了。维基塔人、瓦科(Waco)人和科曼切人卷入了战争,他们摧毁庄稼,焚烧建筑并且卷走马匹。而德州议会,在联邦政府的强大压力之下,同意把土地卖给美国联邦政府用作印第安人的保留

第十六章 沙溪大屠杀

地。无须多言,并没有人问过印第安人的意见。但即便是在保留地里,印第安人的安全问题在与白人对峙的情况下也不是万无一失的。德克萨斯人入侵保护地,就像猎鹿猎熊一样击毙印第安人。最终,联邦政府不得不把所有印第安部落都迁离了德克萨斯。

在拿下新墨西哥的时候,史蒂芬·科尔尼(Stephen Kearny)将军向那些被阿帕契、科曼切和纳瓦胡各分支部落蹂躏多时的墨西哥人保证,美国政府会保护他们。然而,就在科尔尼离开去加利福尼亚之后,印第安人的袭击活动又开始了。消息传到科尔尼耳边之后,他命令亚历山大·多尼芬(Alexander Doniphan)上校把墨西哥人和住在"普韦布洛"里的印第安人——他们也是频繁袭击的受害者——组织成"一个个战斗小组,进入他们的敌人——纳瓦胡人,他们的领地,夺回他们的财产,好好报仇"。他们建起了一系列要塞来侦查印第安人的来袭,把那些比较好战的部落限制在粗粗划定的保留地中,同时也指派印第安事务专员帮助那些部落过上定居的农业生活。

如果有部落——尤其是那些原先居住在西北领地,在俄亥俄领地以及五大湖区的那些部落——被各种各样的花招,通常是礼物或者补助给蒙住,参与了新鲜的定居生活,主要是农业生活的试验,那么他们无一例外都会成为游牧部落袭击的牺牲品。那些部落还会嘲笑他们接受了白人的生活方式。密苏里人、波塔瓦托米人、奥塔瓦人、温尼贝戈人、特拉华人以及黑鹰酋长的萨克和福克斯人的残部,都名列向联邦政府请求保护的部落之中。当然,他们的处境很难鼓励那些更难驾驭的部落选择被驯服。他们深受白人的各种疾病和恶习的影响,生活也变得极为邋遢肮脏。

帕尼人的衰亡原因,说来尤为尴尬。在普拉塔河北面的时候,他们一直被苏族人骚扰,因为苏族人认为帕尼人是在向他们自己的领土渗透。

但是当帕尼人撤退到普拉塔河以南地区时，那些年轻的帕尼人勇士又忍不住打起了西迁移民马车队的主意，因此反过来成为美国骑兵的枪下鬼。

到了1850年，认为应该明确划定印第安保留地的理念开始浮现出来，在这些保留地里印第安人不仅能免遭白人的入侵，也能被遏制不再去骚扰移民或者去袭击"开化的"部落。与保留地计划相关的，是人们想要建造一条横跨北美大陆铁路的骚动，而这就势必会穿过好几个印第安部落声称拥有的土地。如果印第安人能被劝说居住在明确划定的保留地内，那么冲突就能被避免了。印第安事务专员奥兰多·布朗（Orlando Brown）强烈地表示要为每个部落建立保留地，保留地"用以农业，并有范围限制和明确的界线。在这些区域内，除非有偶尔发生的意外，所有人必须被持续地强制待在这里，直到他们有整体改进，以及他们的行为良好不再需要这样的限制为止"。而政府必须给予这些部落"农业生产工具，制衣的有用素材，鼓励并协助他们建造起舒适的住宅，并确保他们教育、知识、道德和宗教的条件手段以及设施"。

布朗的提议也显示出，自从托马斯·杰斐逊时代以来，美国人对于"印第安问题"的态度并没有发生本质的变化。人是理性的动物，印第安人是人——所以，印第安人是理性的动物。随后人们可以推导出，如果他们接受教育，"获得知识、道德和宗教信仰"，他们就会和美国白人别无二致而且很快就会被大多数人给同化。但一代又一代的美国原住民，表现出相当顽固的决心，要保留他们如假包换的印第安人身份。

而大平原地区的印第安人呈现出一个特殊的问题。有一位作家把19世纪50年代的印第安部落划分为"野蛮的，情况不明的和被驯服的"三种印第安人。野蛮的印第安人抵制一切说服他们限制劫掠活动，控制狩猎范围的一切努力。只要他们被白人的行动给彻底激怒了，不管是军

第十六章 沙溪大屠杀

队,还是印第安人事务局(Indian Bureau)抑或是来犯的平民,他们都会义无反顾地与之一战。而"驯服的"印第安人,他们坚信战斗精神最重要的部分在于谨慎,或者他们的意志已经因为和白人一系列灾难般的遭遇而折损,叫他们做什么就做什么,还会避免任何会给他们引来更多苦难和破坏的举动。有一个比较困难的地方就是"野蛮的印第安人"和"情况不明的印第安人"之间没有一种明确的区分办法。他们穿着一致,长相相同,常常还属于同一个部落。

美国政府召集的第一次有关将大平原地区印第安人的状态稳定固化下来的大会,其目的是与各个部落——只要这个部落的领地上有前往太平洋沿岸的移民马车队经过——签署一项或者多项和约。领导这个委员会的是一位著名的陷阱猎手和山地人——托马斯·菲兹帕特里克,他曾经还是杰迪戴亚·史密斯的搭档。印第安人叫他"断手"(Broken Hand),因为他手有残疾。菲兹帕特里克曾写过一本算得上最有名的给马车队指南,为他们指了一条明路,帮助他们穿过大草原以及他非常熟悉的山口。自从1846年起,他成为普拉塔河和阿肯色河地区印第安部落的印第安事务专员。他召集了所有大平原地区的部落于1851年9月1日在怀俄明领地的拉赫米要塞集合。在会议开始前几周,各个部落陆续与会——有苏族人的分支,奥格拉拉人(Oglala),特顿人,布鲁热人(Brulé),阿拉帕霍人和夏延人。当肖松尼人,也就是苏族人的宿敌来到会场时,两个部落差点大打出手。日复一日,一个个部落,或者部落的分部陆续抵达——阿西尼伯伊尼人、克劳人、阿利卡拉人、帕尼人——最终一座覆盖着平地的帐篷之城在要塞周围建了起来。这是西部历史上最盛大的部落聚集,论数字的话,不同的估计从8 000—12 000匹马驹不等。当他们等着联邦政府发放礼物的时候,这些部落玩起游戏和竞技自娱自乐起来。

最终,谈判在一项大帐篷内开始了,在这里装扮华丽的印第安首领们每天都在此聚会,会议一共开了 20 天。在谈判中,印第安事务的主管大卫·米切尔(David Mitchell)坚持认为各个部落不能袭击或者骚扰在"俄勒冈移民之路"(Oregon Trail)上的旅行者。如果他们这么做,就是和美国政府开战。不仅如此,他们应当给予美国政府权利去修建要塞来维持这条路,以及修建移民们需要帮助时能够获得补给和支援的处所。最重要的一点是,各部落应停止他们互相之间持续不断的争斗。只要这种不断复现的袭击与反袭击持续下去,那么白人也很难不被卷入其中。最终,要保证和平的话,各部落必须接受确定他们狩猎范围的边界。作为补偿,联邦政府回馈每个部落提供相当于总计 50 000 美元一年的补给、冬季月份急需的食品、牲畜以及生产工具。而最后这一项代表着美国政府一份永久不变的希望,即印第安人能立即服从,过上安土重迁的农耕生活。而当这个大会在 9 月底宣告结束,各支印第安人纷纷离开,如愿去往他们各自分配的区域之时,白人和大平原地区印第安人之间的恶劣关系大为缓解一个和平时代就在前头的感觉,就像篝火上方的烟,凝滞在空气之中,不会消散。

菲兹帕特里克前往阿肯色河的阿特金森要塞(Fort Atkinson),与科曼切人和基奥瓦人会面,想和他们缔结一份和约。他们传递的信息几乎完全一致。他们告诉这些印第安人,要塞是为了防止他们免遭喜欢打家劫舍的白人入侵而建造的。作为回报,他们必须允许人们从圣塔菲之路①(Santa Fe Trail)通过,而且最难办到的一件事是避免袭击墨西哥。但是阿特金森要塞会议的一大重要目的恰恰失败了。这些基奥瓦人和科

---

① 前文提到,是从密苏里州到新墨西哥的一条商旅通道。

第十六章 沙溪大屠杀

曼切人在对一些孤零零的农场和牧场袭击中抓了一些孩子,大多数是墨西哥人,他们的父母被杀掉了。菲兹帕特里克要求印第安人保证归还这些俘虏,但是在这一点上印第安人态度很是强硬。更为重要的是,这些俘虏他们自己拒绝离开收养他们的家庭。许多男性俘虏已经成为印第安战士,而女性俘虏则已经发育成熟成为科曼切人或基奥瓦人勇士的妻子。

1853年,在本顿要塞召开的会议上,伊萨克·史蒂文森(Issac Stevenson),这位华盛顿领地①(Washington Territory)的总督,与黑足人以及他们的盟友会面时,宣告:"你们的伟大之父……希望你们彼此之间,与白人之间和平共处,与克劳人、阿西尼伯伊尼人一起同等分享他的赏金。要与邻近的印第安人和平相处,保护所有从你们土地上经过的白人,这样,你们的伟大之父能成为你们最好的朋友。"

派岗人的首领"低声号角"(Low Horn)回应表示,这个问题还是系于他们的年轻族人,"那些人又狂野又有野心,想要成为勇士和首领。他们想通过勇敢的行为来获得年轻女性的青睐,打仗之后能带回来人头皮和马匹来显示他们的本领"。这位总督先生声称相信这些黑足人部落的印第安人会被说服放弃他们的游牧生活转而过上平静的农夫生活。这也就是要这些人(或其他情况类似的狩猎部落)这么做,也就是要他们放弃其生存的最根本要素。这些白人当然不会觉得做个农夫是什么跌份的事情,许多人他们自己就是农夫呢。这当然是又一例人类学知识不足的事例。为了弥补他们放弃了自己的生活方式,即他们生存的"命根子",这些印第安人在协议缔结之后,得到了一些惯例的好处——一些礼物,4个部落共享每年2万美元的补贴,还有1.5万美元作为让印第安人皈依基督

---

① 1853年从俄勒冈领地脱离成立的新政治实体,1889年成为美国华盛顿州。

教的工作花费。

随着与黑足人的协议缔结,似乎印第安问题已经"得到解决了"。所有的部落都被分配到了各自的保留地,即便不够精确,但至少这些区域都用了较为明确的地形特征划分——绝大多数是河流和山脊。

到了1854年,那些25年前被迁徙到印第安领地的东部印第安人,曾获得保证说他们能待在那里一直到永远,但此时却被告知他们又要搬家了。白人正觊觎他们的土地。到那个时候,一切真相大白,3年前缔结时似乎前景大好的协议开始变得不管用了。当托马斯·菲兹帕特里克在他管辖的地区巡视时,他发现印第安人的生活条件变得恶化起来。他写道,

> 他们每年有一半时间处于可悲的急需食物的状态。在迁徙季节,路上(俄勒冈移民之路)的交通把野牛都赶跑了,或者把他们限制在一条狭窄的通道上,因此不同的印第安部落就被迫与敌对民族竞争,才能获得维持他们村子生计的食物。妇女们因为贫穷而被压榨,而他们的孩子则在一旁啼饥号寒……在如此苦难的压榨之下,他们已经聚集在一些持证猎人的身旁……给他们当牧人、跑腿和翻译,靠他们的赏金过日子。其他人则和他们的家庭一起接受了最不道德的手段来含泪生存。

就在那一年,菲兹帕特里克,这个西部早期历史中的伟大人物死了,而印第安人也失去了一位最同情他们的支持者,菲兹帕特里克再也不能为他们效力了。

几个月后,一个饥肠辘辘的布鲁热部落的苏族人,在拉赫米要塞附近碰到了一头跛足的母牛,他把牛宰了,并和几个同行的勇士一起分食了。

母牛的主人是个摩门教徒,很是不忿,要求惩罚这个苏族人。一位苏族首领,"征服熊的人"(Conquering Bear)主动提出付 10 美元来换这头牛,但是当那个摩门教移民抬高要价之后,他生气地中断交谈,回到了他自己的住所。于是这个摩门教徒将此事上告给了管辖这个要塞的中尉军官,而他召集了一支有 30 名士兵和两门加农炮的部队向苏族人的营地进发。他把大炮就位,威胁要把营地轰烂,除非他们付了这头母牛的赔偿金或者杀死这头牛的勇士向他投降。在对"征服熊的人"发出最后通牒之后,这个中尉军官命令手下开火。有 3 个印第安人被杀死,"征服熊的人"也受了致命伤。而苏族人则全歼了这些士兵。

事情不会就此结束。但凡与印第安人作战的军队有一条普遍接受的规矩,那就是无论什么部落,只要杀死了美国军队的士兵,无论是因何而起的,就绝逃不出后续的惩罚。因此,一旦天气条件允许,威廉·哈尔尼(William Harney)上校就率领着 1 300 名士兵要去教训苏族人。他很快来到一个苏族人的营地,里面的人和拉赫米要塞那件事毫无瓜葛。但是哈尔尼还是用大炮开火了,在战斗结束之际,有 86 个苏族人被杀,许多是妇女和儿童。

如果在一个矢志改革的时代里,美国原住民没有许多虔心奉献的支持者,**一切将会变得相当奇怪**。"黑鹰战争"已经激起了一个庞大的同情印第安人的群体,其影响力甚至可以匹敌臭名昭著的"印第安人大迁徙"。一位早期且卓有成效地支持印第安人事业的积极分子名叫约翰·比森(John Beeson),他对俄勒冈地区的内兹珀塞人所遭到的待遇表示不满,却激起了他的邻居们对他的厌烦,最后升级到他遭到枪击,随后他的房子也被焚毁。比森在 19 世纪 50 年代末游历了东部的城市,在波士顿的法尼尔厅等其他地方发表了演讲,并且帮助建立了全国性的"印第安人扶助协会"(Indian Aid Association)。

亨利·本杰明·惠普尔(Henry Benjamin Whipple)是圣公会明尼苏达教区的主教,是比森的副手。他尤其关注齐佩瓦人和明尼苏达部落的苏族人的生活状况。在明尼苏达爆发的血腥暴力的苏族人起义的2年前,他已经警告过詹姆斯·布坎南总统①(James Buchanan)如果印第安人事务局和下属机构不作变革,那么印第安人的愤怒情绪将会有一次大爆发。"一个国家,如果播种的是劫掠,那么将会收获血流成河的局面。"而起义的结果有超过100名白人定居者被杀。印第安名字叫"直舌头"(Straight Tongue)的惠普尔起草了一份改革印第安政策的建议,他收集到了38名圣公会主教(许多人是全心全意参与的)以及一些名流的签名,去往华盛顿向林肯恳求减免那些被逮住并被判绞刑的印第安人的刑责。林肯听了惠普尔详述的"印第安政策造成的种种恶果"分外惊恐,"……如果我们打完这场仗②,而且我还活着的话,"他告诉一位副官,"这种印第安人管理制度一定要改革……"

比森也争取让林肯总统聆听他的想法来推动苏族人的利益,而总统先生告诉他:"安心回去,我们保证一旦这场战争的紧急事务都落定了,我一定要先关注印第安人的利益,而且我会一直工作到正义降临于他们,而你们也感到心满意足的时候。"

比森是个只识几个字的农夫,和善于表达、受过大学教育的惠普尔真是天差地别。惠普尔有着主教的名位,可以让他财政独立,并且也使得他能获得取之不尽的善款来维系他的教会,而比森则是量入为出、勉强度

---

① 1857—1861年在任,美国第15任总统,为林肯的前任,在美国历届总统中始终名声较差。
② 指南北战争。

日,当他的资金耗竭之后,也就回到他在俄勒冈的农场去了。

随着美国内战的爆发,南方邦联宣示了其对于印第安领地拥有主权——这片区域,大部分属于今天的俄克拉荷马州,五大开化的印第安民族被赶到那里还没有过去很多年。塞内加人和肖尼人,以及其他开化民族的印第安战士被招募到了南军之中。有850名切诺基部落的印第安人加入了北卡罗来纳的志愿兵之中,佐治亚的军队征召的数目还比这个多了1 000人。据艾玛·霍姆斯(Emma Holmes),这位来自查尔斯顿①的日记作家记录,如果南军的将领同意采用"既不投降又不纳降"(No quarter given or asked)的作战方阵的话,那么他们兴许还能招募到更多。因为使用这些印第安人的主要障碍是,这些人无法控制自己不去杀北军的俘虏或伤员。

北军和南军的军事行动都进入了印第安领地,这场让人茫然的战斗,以及针对投靠北方和南方印第安人的报复行为,其牵扯之复杂,无法在这里一一追溯。总之我们已经反复说过,无论他们依靠哪一方(有些人还根据战事的前景改换门庭),事件发展到最后,永远对印第安人不利。

而当明尼苏达部落的苏族人,受了南方邦联专员的挑唆,对联邦政府违反和约共识感到不满,掀起了一阵屠杀行动之后,林肯迫于强大的压力不得不把没有发起攻击的温尼贝戈人、齐佩瓦人连同苏族人一起撵走。吉丁·威尔斯(Gideon Welles)是一位海军秘书,他在日记中写道:"国会里来自明尼苏达的代表敦促总统先生全力地支持处决300名被俘获的印第安人,但是他们不会得逞的……"这只是让众议员们把他们的情绪从他们想处死的野蛮人身上转移掉一些而已。明尼苏达人已经恼羞成怒了,

---

① 南方邦联重镇南卡罗来纳州的首府。

他们威胁当局再也不能心慈手软。而当明尼苏达的所谓"印第安战争"的报告递交到内阁的时候,威尔斯写道:"上面显示出所谓的印第安战争就根本不是战争。是我们的人民,而印第安人不是有错的一方……如果我们白人去侵略的话,那么印第安人可能要杀我们一个人,而我们的军队随后就会杀6个印第安人。这场战争会消耗我们国家差不多5 000万人。"

在科罗拉多领地与夏延人的冲突升级了,因为一些矿工进入了印第安人的狩猎区域。约翰·奇温顿(John Chivington)是卫理会的一位巡回牧师①(Circuit-riding minister),负责很大的一片教区,他把一生都奉献给"自由土地党②"(Free Soil)的事业,他曾经在密苏里对抗过支持奴隶制度的人③,结果被赶下教坛,跑到了丹佛。在冲突爆发之前,奇温顿自愿参加了由科罗拉多领地总督组织的北军军队。总督先生准备让他当牧师,但奇温顿据说是这样回应的:"我个人觉得有必要为摧毁把人当奴隶的制度出一份力,我要帮助我们国家在某种程度上成为一个真正自由的国度。"他被委任为少校,训练新招募的科罗拉多第一志愿军团,把他们改头换面成一支正规军的样子。而当在新墨西哥寡不敌众的北军军队向科罗拉多总督求救时,他派遣了奇温顿。奇温顿与一位丹佛的律师,约翰·斯劳夫(John Slough)上校的部队合兵一处,并行军300英里,他看到了一支为南军补给的马车队,共有85辆货厢马车,装载着弹药和补给品,是为了给入侵加利福尼亚的行动提供支援的。

在圣塔菲附近的阿帕契峡谷的战斗中,奇温顿的人马摧毁了这支马车队。这场战斗毫无疑问是落基山脉地区的战斗中最有决定意义的一次

---

① 美国西部一种骑马巡回几个教堂的牧师。
② 美国19世纪四五十年代短期存在的第三党,持废奴主义观点。
③ 密苏里州虽在地理上偏北,但是却是一个存在并支持奴隶制度的州,不过在南北战争中仍属于北方阵营。

第十六章 沙溪大屠杀

会战,这场战斗很大程度上挽救了属于北方阵营的科罗拉多和加利福尼亚。随着南军入侵者被迫退回德克萨斯,奇温顿的主要责任转变成保护该地的定居者免遭夏延人和阿拉帕霍人的袭击。奇温顿的部队常在普拉塔河和阿肯色河之间的地区活动,而且与这两个部落以及乌特人和帕尼人保持和平。因为定居者不断涌入而不胜其扰,阿拉帕霍人的首领"小乌鸦"(Little Raven)带着他几个得力的勇士,跑到丹佛敦促科罗拉多当局对在阿拉帕霍人的土地上定居的白人加以限制。在彼此都保持克制的情况下,双方承诺都将有所约束。

尽管几个有名的陷阱猎手,以及绰号"娶印第安老婆"(Squaw man)的吉姆·贝克伍尔斯和对印第安人友好的白人强力拦阻,阿拉帕霍人和夏延人还是被说服签署了一份和约——《怀斯要塞和约》(the Treaty of Fort wise)——内容和之前苏族人以及他们附属部落签署的差不多。这份和约实际上内容就是放弃他们大片狩猎地的权利来交换补贴和援助,过上农耕生活,放弃游牧。但是夏延人还在继续袭击乌特人以及威胁定居者的安全。在和乌特人重开战事之后,夏延人在白人的定居点挥舞着刚割下来的头皮,他们战斗时的呼喊和狂野的叫声把那些白人吓得半死。

而阿拉帕霍人,因为白人的威士忌酒而变得堕落,他们偷盗马匹和补给品,袭击白人的牧场。一位被派去搜寻和逮捕犯人的军官报告说:"这些印第安人把白人说得很坏——说白人偷他们的马驹,虐待他们的女人,抢他们的狩猎地,而印第安人希望他们自己能奋起为他们的权利而斗争。"随后发生了更多牛被盗的事件。一队被派去把牛找回来的士兵,杀了3个印第安人。而当一个牧民和他的妻子、孩子惨不忍睹的尸体被带到镇子上来的时候,丹佛的民众情绪进一步激愤起来。提供补给的马车队听到要和印第安人开战的谣言,不再冒险上路,而丹佛和附近以采矿业为主的小镇渐渐意识到补给的短缺。科罗拉多领地的总督,希望避免公开的对抗,命令好几个部落到附近的要塞接受食物,以及保护他们免受四处搜寻仇敌的士兵的袭击。但是当基奥瓦人的首领萨坦塔(Satanta)骑马去拉恩德要塞(Fort Larned)的时候,却被拒绝入内。气坏了的酋长打伤了一个士兵,随后,他和手下的战士把要塞的马匹都给卷走了。除此之外,有一些夏延人和阿拉帕霍人的首领也遭受了白人军队类似上面这样漫不经心的傲慢对待。火冒三丈的印第安人很快就宣战了。离城镇较远的牧场被焚毁,里面的居民遭到了酷刑甚至杀害。在几星期内,有200多名定居者和移民丧了命。一个后来被救过来的妇女声称:"一个老酋长……他逼迫我,用那最恐怖的恐吓和威胁手段逼迫我,把身子给他占有。"其他的首领也轮奸了她。有些白人,比如威廉·本特(William Bent),他深知印第安人遭受了怎样的挑衅,想要安排一次和平会议,但是奇温顿的长官给他发电报说:"吾令汝递解此等不法之印第安人;财产物什复原;人质安全得保。若彼印第安人受苦无多,吾无意言和……吾唯恐印第安部之专员赠礼物于彼印第安人过速……若无吾令,不可与之讲和。"

科罗拉多的总督约翰·埃文斯的态度则更带安抚意味。夏延人的首领,"黑壶"(Black Kettle)在一次会议上向埃文斯倾诉了他的不满。而埃文斯总督则提醒"黑壶",说他曾经拒绝与白人谈判,还放出话来说,他不想跟埃文斯甚至是在华盛顿的"伟大之父",美国政府谈任何事情。埃文斯宣称,他们已经处于战争状态之中,而事态已经超出军队的可控范围。帕特里克·康纳尔将军[①](Patrick Connor),因为与班诺克和肖松尼部落的战斗而赢得了"打击印第安人的斗士"(Indian fighter)的名声。他被派

---

① 军衔为一星准将,为南北战争时期的著名军事指挥。

第十六章 沙溪大屠杀

去追击苏族人和夏延人。康纳尔将军是这样对他的部队宣告的:"印第安人不会向你们开启和平的篇章,或者归降在你们脚下。你们只管冲,只要年满12岁的印第安男子都给我杀掉!"

在惩罚的威胁之下,有一个阿拉帕霍人的分支部落归还了一些他们袭击中掠走的东西。与此同时,爱德华·温克普(Edward Wynkoop)少校在里昂要塞(Fort Lyon)与夏延人的酋长黑壶商谈交换战俘的事宜。奇温顿立即用斯科特·安东尼撤换了温克普少校,而安东尼立即要应对"左手"(Left Hand)酋长带领的650个阿拉帕霍人给他出的难题,他们来里昂要塞讨要礼物并寻求保护。安东尼没有办法供他们吃喝,又因为听说他们要攻打要塞的传闻而深感不安,所以就把他们打发走了。而对于黑壶和他的夏延人的和平请求,安东尼回复说他没有讲和的权限但是他们可以在40英里外的沙溪设立营地。于是,这些夏延人,大约有700名男女和小孩,在沙溪建了一座村庄。

正在此时,奇温顿从当地陆军司令,萨姆埃尔·柯蒂斯将军①那里得到口信,命令他"走到天涯海角也要追到夏延人和阿拉帕霍人,并给他们一点颜色看看"。

在1864年深秋,奇温顿带领着科罗拉多第三团以及第一团的6个连加上4台12磅级别的榴弹炮,开始了雪地和苦寒中的急行军,去往里昂要塞。在那里,安东尼告诉他夏延人正在沙溪安营扎寨,而奇温顿和他的士兵立即连夜前往,做向导的是罗伯特·本特,他是威廉·本特——科罗拉多的第一个白人定居者——以及一个夏延人妇女的儿子,他很是不情

---

① 原文为 Martin Curtis,查无此人,疑有误;极有可能是 Samuel Curtis,他时任堪萨斯及印第安领地战区的司令。奇温顿手下有一名中尉名叫 Martin Cutler,作者可能将两个名字混淆了。

愿。罗伯特·本特认为，正当夏延人的首领们还在等待后续的谈判消息时，这边已经蓄意要发起进攻，实在是一个相当经典的白人背信弃义的案例。而奇温顿也疑心本特会把骑兵们引入歧途。他满含着暗示意味地敲敲自己腰里的左轮手枪对本特说："我好久没拿印第安人下饭吃了。要是你跟我玩花招，若不带我们去那个营地，我就拿你当早饭吃。"

在破晓时分，士兵们发现他们距离夏延人的营地已经不足1英里了。当大家都很清楚奇温顿准备去攻打那些沉睡中的夏延人时，中尉约瑟夫·克拉默(Joseph Cramer)，这位曾在温克普手下做事的人对此表示抗议，他认为这些印第安人都很爱好和平，而且他们因为听温克普说要保护他们而感到很安心，而现在去攻打是背信弃义的不义之举。但据说，奇温顿却是这样回应的："整个春天、夏天和秋天，夏延人向白人发动了血腥的战争，而且黑壶是他们的匪首。他们抢劫、纵火、谋杀、强奸以及极为残忍的酷刑折磨，无恶不作、罪大恶极，即使他们的小孩也脱不开干系。而且，任何同情他们的人也统统不得好死。"奇温顿后来还因为说了如下的话而备受指责："给我把他们杀光，头皮统统给我割光，无论大人还是小孩。小害虫可是会变成大害虫的。"奇温顿否认曾经说过这样的话，但他手下两个军官证实他的确说过如下这句，"我的伙计们，不需要我来告诉你们该杀哪个，但是你们要记得是谁杀死了我们的女人和孩子！"

就这样，奇温顿的人马冲向了毫无防备的夏延人。夏延人的战士匆忙组织了一道防线来面对进攻，很快被打得掉头就跑。一位老酋长，"白羚羊"(White Antelope)拒绝躲在河岸边。他扬起了自己的武器，开始唱起了夏延人的赴死之歌："万灵有寿，不齐地兮，不齐山。"很快，他就被一个士兵一枪给打死了。斯科特·安东尼上校后来写道："我还从没有看过世界上有一群人比这些印第安人表现得还要勇敢。他们会单枪匹马地对付整个连队,在被杀之前还决心要拖一个垫背的。"战斗持续了一整天。有些妇女儿童逃了出去,而印第安战士则死伤惨重。到下午四点,科罗拉多的这些志愿兵已经完全控制了战局。没有逃出去的印第安人都被杀了,其中有不少的妇女儿童。而白人士兵则有25人伤亡。

回到丹佛,奇温顿和他的手下都被赞誉为英雄。《丹佛新闻报》(Denver News)宣称:"科罗拉多的战士再次披上荣光!"丹佛一家剧院,在演出的幕间介绍了几位志愿兵,他们展示了印第安人的头皮,获得了雷鸣般的掌声。

但很快印第安人被冷血杀死的丑事不胫而走。同样令人棘手的是,这个流传的故事中据说夏延人和阿拉帕霍人都是在确信他们与白人处于和平之中,甚至指名道姓是由里昂要塞保护的情况下遭到进攻的。当然,奇温顿的士兵在一些印第安人的住所中发现一些较新的白人头皮这一证据,也是能有一定的分量来驳斥那些印第安人当时处于完全和平状态的观点的。

国会对此进行的两份调查产生了大量的冲突证词。甚至在印第安人被杀的数目上都不一致。他们估计的死亡数字少则69人,多则是"战场上死亡的印第安人有五六百人"。而夏延人已经把伤员和许多死者都带走了,因此真实的数目无法确定。所有的问题中,最具争议的是遇难妇孺的数目。有人说2/3的死者是妇孺。而一位下士则发表证词说只有"25名死者是发育完全的男性"。罗伯特·本特报告说看见一个死去的妇人"被开膛破肚,有一个还未出生的小孩躺在她身旁。我看见了白羚羊的尸体,他的私处被割掉了"。一位印第安事务专员作证说:"我看见躺在那儿的尸体都被剁成碎片……有的孩子只有两三个月大……他们小到哺乳的婴儿,大到印第安战士。"

来丹佛调查沙溪事件的国会委员会将吉特·卡森(Kit Carson)传唤为证人,并质询他对于奇温顿行动的看法,而卡森则对这次行动报之以一番颇为愤慨的谴责。印第安事务委员会在总结报告时声称,这起事件随后引发的战争"造成了美国政府 3 000 万美元的损失,并且把冲突和死亡带到了边境定居点"。在 1865 年夏天,有不少于 8 000 人的有效作战力量从镇压南方叛变的战场撤离来打这场印第安战争。"当年战斗的结果……不仅毫无裨益而且花费巨大。每杀死 15—20 名印第安人就要花费 100 万美元以上的费用,同时数百名士兵也因此丧命。"

到 1866 年,这场"战争"减弱为零星的袭击行动。威廉·本特和吉特·卡森是印第安人事业强有力的支持者,但他们除了前人多次尝试劝说印第安部落采取农业生活方式的点子之外,并没有什么良策。查尔斯·本特是一名夏延人战士,也是罗伯特同父异母的兄弟,在沙溪战役中得以幸存。他后来开始全力地捕杀白人,无论男女,并且还要把他们折磨致死。他曾经骗两个定居者离开斯莫基希尔之路(Smoky Hill Trail)上的一个贸易站,把其中一个人一棍打倒在地,随后割下了他的舌头,在他的胃部点了火,随后将他阉割并开膛破肚。威廉·本特因为查尔斯的野蛮行径而与他断绝父子关系,但他却又转而要去杀父亲①

奇温顿将永远声名狼藉,无法翻案了。他究竟是怎样的人?这个真相已经完全被遮盖在"沙溪大屠杀"调查者所造成的疑云之下。

---

① 查尔斯后来没能杀死父亲,因参加了夏延人的反抗组织"犬战士"而在战斗中被美军打死。父亲威廉则最后死于肺炎。

第十七章 战后关系

在南北战争结束之际,联邦政府的权力正牢牢地被极端的共和党人攥在手心里,在国会那边也有着非常强烈地要为印第安人以及那些曾经的奴隶伸张正义的倾向。关于原住民问题的处理共有三个主要的提案。其中之一,也是获得现役军人普遍支持的提案就是公正地使用武力的政策。提案人的依据是,通过最近的分析,发现印第安人只会对武力保持尊重。如果要让持续发生战事的部落回归秩序,那么很必要的一点就是展示美国政府的决心,其手段就是军队介入运作,从而遏制印第安部落之间的战事,同时也能阻止他们向白人定居点发动袭击。

而最明显与之相抵触的提案——得到了大多数废奴主义者的支持,这些人因为参与黑奴解放运动而享有一份不小特权,哪怕这份特权是稍纵即逝的。还有一些和平主义者(两者在很多情况下是一伙人)——支持和平政策的一份提议,即与印第安部落相处过程中避免任何武力的使用。这些人辩解称,武力行动会滋生武力行动。如果印第安人能获得更好的生存条件,如果能给他们提供足够的学校、教师和传教士,他们就会拥抱文明。军队不是解开问题的办法,恰恰是问题本身。与大平原地区的印第安部落相处的各种事宜都应该交到矢志于开化原住民的平民手中。

第三个提案是代表着生活在密西西比河以西以及俄亥俄河以北的相当多数的美国人的看法,这项提案是要消灭那些"不开化"的印第安部落,因为这些人完全没有希望进行改造。

而美国政府从南北战争后到19世纪末之间的政策就是前两个提案的结合,或者在两者之间摇摆。早在1865年,那些和平政策的倡导者就开始凝聚力量,争取在选举中将约翰逊当局①予以击溃。在他们的队伍之中,有着在废奴运动中的功勋人物,如温德尔·菲利普斯(Wendell Philips)、弗雷德里克·道格拉斯②(Frederick Douglas)、哈利特·比彻·斯托③(Harriot Beecher Stow)和他的兄弟亨利·沃德·比彻④(Henry Ward Beecher)、莉迪亚·玛利亚·柴尔德⑤(Lydia Maria Child)、茱莉亚·沃德·豪尔⑥(Julia Ward Howe),以及璐可蕊西亚·莫特(Lucretia Mott)和她虔诚的丈夫詹姆斯。这些人虽然已经到了古稀之年,但无论哪里出现了不正义的事情,他们的正义之怒仍然会爆发。

温德尔·菲利普斯总是直言不讳,他将美国对待印第安人的行为比作"我们历史上最肮脏的污点"。他说要让宪法第十五修正案产生效力需

---

① 安德鲁·约翰逊为美国第17任总统,1865—1868年在任。他是林肯1864年大选时的伙伴,但与林肯党派不同。1865年,刚连任不久的林肯遭到谋杀,他以副总统身份递补成为总统;但是因为他与国会关系不洽,且对被解放的黑奴保护不力,执政声誉较差,于1868年大选输给南北战争的功勋将领格兰特,连任失败后下台。安德鲁·约翰逊始终位于美国历史上最差总统的行列。
② 第一位担任美国驻外使节的美国黑人。
③ 即著有《汤姆叔叔小屋》的斯托夫人。
④ 社会活动家,牧师。
⑤ 妇女权利运动及废奴运动活动家,反对美国的领土扩张。
⑥ 社会活动家,诗人。

要后代的工作①。"我们费了太多的工夫,花费了太高的代价,新添了50万座坟墓,才让黑人美梦成真。那么我们花费同样的精力,同样的代价,同样的付出,也能让印第安人获得这样的地位,未来的日子会证明这一切。"当和苏族人的和平协议在签订的数月之后开始解体之时,菲利普斯在《纽约时报》上撰文说:"这些印第安人开始拆毁铁路,(并且)向太平洋铁路上的乘客和列车员射击……我们看了甚为高兴。"菲利普斯宣称,印第安人开始干的这件事就应该干到底,而整个大平原地区都应该还给他们。尽管极少有社会改革家会像菲利普斯那样偏激,但可以确信的是,许多人是为了印第安人和美国军队的冲突而弹冠相庆的。

在社会改革家的眼中,对于原住民的正义就意味着只要有条件或者有可行性,那么就要遵守现存和约的条款,如果一旦失去条件或者丧失可行性,就应当实打实地和相关部落的**所有**成员进行协商,而不仅仅只和一小撮更顺从的印第安人去谈。而这包括以公平的价格来购买印第安部落的土地并且最终承担起"开化"原住民的工作,其手段在于教他们农耕技术;提供基督教教化(在他们看来,这是唯一选择,没有别的路);陶冶他们勤劳、苦干和虔诚的精神——也就是所谓的新教伦理——此外,还有可能是最重要的一点,个人主义的培养。这是所有印第安人的友人把他们相当可观的,社会或政治上的,天赋和资源结合在一起为印第安人所做的事情。在他们的事业征程中,需要一系列持自由主义观点的出版物、期刊和报纸,有时也会得到以下媒体忽左忽右的支持,从戈德金②(Godkin)的

---

① 美国宪法第十五修正案于1870年通过,是战后重建三修正案的最后一则。其主要内容是保护有色人种公民与白人公民有一样的选举权,但是该修正案长期没有得到合理的解读,白人继续利用其漏洞剥夺或限制有色人种,特别是黑人的选举权。通过近一个世纪的多个案例裁决,修正案才逐渐能表达其修订时的初衷。
② 全名为 Edwin Lawrence Godkin,常引作 E.L. Godkin。

《国家》(Nation)杂志到《哈珀周刊》(Harper's Weekly),《波士顿每日报》(Boston Daily Advertiser),《波士顿晚间文传报》(Boston Evening Transcript),《纽约时报》以及更常见的《纽约论坛报》。所有存活下来的反对奴隶制度和支持社会改革的期刊,都竭力贡献自己的绵薄之力,而且随后也出现了一些昙花一现的只关注印第安人事务改革的期刊。

劝说印第安人定居在保留地的政策早在印第安人大迁徙时期就有了。在与印第安人友好的那些人看来,印第安保留地政策的依据是印第安人只有在保留地内才能得到保护,逃离天性爱掠夺的白人的虎口。而"同化主义者",在另一个方面抨击了保留地政策,认为这一政策延缓了印第安人同化的进程。

莱曼·阿伯特(Lyman Abbot)是一位公理教会牧师,《基督徒联盟》(Christian Union)的编辑,他是亨利·沃德·比彻的副手,也是一位印第安人利益的捍卫者。他深信"公正地镌刻在历史中的,我们对北美地区的印第安人所作所为"的长期以来"丑恶罪行的"记录"其原因在于缺乏预见性……此外还有无知和冷漠、不宽恕,这是一个全国范围的问题,这个问题的原因并不在于国家采取了哪一项非正义的政策"。对于阿伯特来说,这套保留地制度是万恶之源。"从这个制度开始,"他写道,"所有的文明潮流都被联邦法律排除在保留地之外。铁路、电报、报纸、公开的市场、自由竞争——所有的一切都被这道墙拦住不得前行。保留地制度把本来能开化的(印第安人)变成囚犯,我们总沉浸在一种幻觉中,认为可以不让一个种族经历文明世界的险恶就能让他们开化。这套保留地制度是绝对毫无希望地、不可救药地坏、'丑恶、简直丑恶到极点',而且一直在作恶。"

阿伯特开出的方案是,对待印第安人就应该像,

第十七章 战后关系

我们对待波兰人、匈牙利人、意大利和斯堪的纳维亚人那样①,许多人料理自己事情的能力还不见得有印第安人好。我们让他们自己对自己负责,这样他们也就学会了怎样生活。或者像我们怎么对待黑人一样对待他们。种族角度而言,非洲后裔的竞争力是不如印第安人的,但我们没有把黑人关在保留地里,我们只是让他们受一些政治上的监护人,即特派专员的支配。懒惰的人就会挨饿,犯罪的人就会得到惩罚,勤劳的人才能生活改善……我们就应该让印第安人自己管理自己的事,把握自己的机会……什么?如果让印第安人在这片大陆上获得自由,这个种族会消失?这个种族当然会消失!而且是越快越好。我们没有理由那么拼命地要把印第安民族保护得比匈牙利人、波兰人或意大利人还要完整。成为美国人的目的,是无论你来自那一面大洋的彼岸,应该是所有美国人都结为一体。让我们彻底地明白这一点,在文明之间产生冲突时,任何一个劣等的种族必须要么调节自己,要么顺从于高等的文明,不然就会灭亡。这是上帝的法则,无法得到平反。

理查德·亨利·普拉塔(Richard Henry Pratt)也许是南北战争后一段时期内最有名的启蒙印第安人的"教育家",他也支持将印第安人进行同化。普拉塔估计美国境内有大约 25 万印第安人。而在美国各州内有大约 3 000 个县②,普拉塔建议,

---

① 这些人虽然属于白人,但是因为宗教和移民先后的原因容易招致先移民的英格兰、爱尔兰、德国移民的歧视。
② 美国目前有 3 143 个县级行政单位。

把印第安人以每个县 90 人的比例分割开来,并且帮他们在我们中间找到住所和工作,那么我们就能在 3 年时间内解决这个棘手的问题,而"印第安问题"也不复存在了。把他们放在武器射程内进行管理是愚蠢的。为了他们和我们的利益,我们应该把他们纳入到我们的国家生活中……把他们树立为好枪手的靶子实在是不道德。只要撤除他们的生活环境,这些印第安人就像其他人一样……只要我们把印第安人放在我们的人中间,就能把他们变成受过教育的勤劳刻苦的民众。

印第安人"天生笃信宗教"。唯一一定要做的事情是让"他们虔诚的信仰投射到新约中的箴言上去"。普拉塔上尉告诉弗朗西斯·维拉德① (Frances Willard):"书中所阐释的印第安人历史是一派胡言。印第安人和别的民族一样,不会受到愤怒和不公正行为的挑唆,比他们被人们形容的样子要和平得多。"

在这里,有必要强调一下,除了莱曼·阿伯特和理查德·普拉塔,绝大多数认为自己对印第安人友好的美国人中,在保留地问题上没有很大的分歧。从社会改革家像比森和惠普尔,到格兰特总统本人②,事实上大家意见一致地认为保留地方案是解决印第安问题的唯一公平合理的方法。印第安人必须同意去保留地定居,而且他们割让出的土地也应得到公平合理的补偿。那么,如果印第安人拒绝一切争论和诱导怎么办?这,很显然是问题的症结所在。除了加钱、加礼物,提高年俸——更大笔的钱

---

① 她是美国禁酒运动的一个著名人物。
② 美国第 18 任总统,1869—1877 年在任,虽然以南北战争的彪炳战功当选,但是因为贪腐问题争议不断。

去贿赂印第安人，把好处弄得更诱人一些，谁也想不到更好的办法。之后该怎么办呢？如果所有的诱导伎俩都失效了那该怎么办？在这种情况下，无论你多么不情愿，很显然你该使用武力了。而且，即便在保留地内，如果印第安人不愿老老实实地待着，他们溜出去向他们攻击范围内的其他部落、白人定居者或移民打劫会怎样？同样地，在这种情况下他们也应该受到军事制裁。但每一个人都确信，最后走不到那一步。关键因素在于公平对待，公平补偿，善意和良好的愿景。

除了东部的这些社会慈善家，还有像吉姆·布里基尔、吉姆·米克和托马斯·菲兹帕特里克这样的人，他们对印第安人的了解程度之深，就像其他白人对他们的了解程度一样，他们要么是和印第安妇女结了婚，要么是和她们生活在一起，也和印第安战士一起玩耍和战斗。因为印第安人的生活，比起普通美国白人的生活，总是充满了难以抵御的诱惑力。一些人甚至成为"娶印第安媳妇的白人"，作为一个白人，竟"成为原住民"（go native）。还有些人因为各种专才，供起了职：有的人充当移民马车队的向导，有的人成为军队的侦查员和向导，甚至还当起了印第安事务专员。有一位叫托马斯·拉弗格（Thomas LaForge）的人，是这群人中参与最积极的其中之一。

托马斯·拉弗格是法国胡格诺教派信徒的后裔。他的父亲于1853年从南卡罗来纳移民到堪萨斯州。在密苏里河畔，年轻的拉弗格遇见了他平生所见的第一个印第安人。齐卡普和波塔瓦托米部落的印第安人就住在附近，而且其他部落的成员也常常造访拉弗格农场，小汤姆[①]被深深吸引了。他的玩伴是同样年幼的波塔瓦托米人的孩子。几年后，因为被

---

① Tom 汤姆为男性名 Thomas 托马斯的昵称。

发现黄金的报道所吸引,拉弗格一家人举家出发前往蒙大拿。他们家安在波兹曼(Bozeman),而汤姆·拉弗格发现自己不断要和克劳部落的印第安人进行交流。他越来越被部落生活吸引,随后他开始成为一所住房的一员,并且渐渐养成了一个克劳部印第安人的习惯和举止。被部落接纳之后,他成为一位典型的"印第安白人",他娶了一个克劳人姑娘,她名叫"樱桃"(Cherry)。他与经常来犯的苏族人争战,他也做过美国军队的翻译,随后成为喀斯特①(Custer)手下的"克劳侦察兵②"。

当他向一位有人类学头脑的医生,托马斯·马奎斯回忆他的经历时,拉弗格(他的印第安名字叫作"骑马者③")信誓旦旦地说:

> 哦,那是一段甜蜜的生活。我有一个好妻子,给我做精致的鹿皮衣,让我的头发始终处于最佳的形态,用甘草让我的身子没有异味,让我的床、我的整个住所都始终处于整洁的状态。只要我想用了,就一定给我准备好蒸汗房,她做了一个女流之辈能做的一切,让我这个男人又舒适又开心。在服兵役的时候,我要么打猎,要么值勤……这些时候,我都有充足的闲暇时光,慵懒地四处闲逛,做白日梦或者到处走走。在夏日里,离开营地的时候,我只穿土著人的衣裤,穿莫卡辛鞋……我一边无事可做地躺着,一边抽着烟,而我的妻子坐在我身旁,要么在缝补衣服,要么在串珠子……

因为克劳人是苏族人的宿敌,拉弗格靠给远征攻打苏族人的美国骑

---

① 乔治·卡斯特,南北战争中及之后的印第安战争中的著名将领,后文有所交代。
② 为美国军队对付苏族人的战争中从友好的克劳部落中招募的侦察兵。
③ Horse Rider。

兵团当向导和侦察兵过活。拉弗格回忆起有一次会议中,一个苏族酋长告诉拉弗格的克劳人"父亲",谈到了他部落中的苏族"白人",说道:"这种人我们那里也有。他们的心理承受能力很强。他们特别好用,因为他们不仅了解我们,也了解白人。我们很高兴有他们在身旁,因为他们会从我们的利益出发和(印第安事务)专员谈话。"也正是同一个人斥责"有些印第安白人给美国兵带路"(毫无疑问,拉弗格就是这样的人)。"不过,"这个苏族人说,"这些美国兵心肠还不坏。"

能把东部的社会改革家和西部的印第安人利益的拥护者联系起来的是基督教的传教士,他们继续着充满危险又常常毫无结果的工作——只要他们能找到"定居化"水平足够的印第安人来聆听福音,或者这些印第安人愿意送他们的孩子去教会学校读书。

西部人认为东部社会改革者对于印第安人抱有一种愚蠢的感情用事的态度,因而很是愤怒。《科尔尼先驱报》(Kearney Herald)在1866年7月载文宣称:"那群野蛮东西最热忱的捍卫者,如果看过那群野蛮人在他原先的绝望境地的样子,一定会厌恶地转身离去。要让这群嗜血的东西顺从,最好也是唯一的办法就是给这些野蛮人强加一套比任何劣等种族享有的都要差的学校教育体系。"爱达荷领地博伊西市的一家报纸的编辑暗示曾经抗议白人入侵他们的保留地的内兹珀塞人,被送去了一批感染天花病毒的毯子。在蒙大拿,在和矿工们打架中被杀死,这些白人割下他们的耳朵,并把他们泡在威士忌酒里,随后把他们的头颅剥皮去肉,露出白骨,随后在上面写道,"我总算来到保留地了"和"让《哈珀周刊》来说说我的美德吧"。《堪萨斯每日论坛报》(Kansas Daily Tribune)在1866年7月如是说:"如果这些魔鬼不被清干净,那么我们的前线地区就没有永恒、持久的和平。我们的东部伙计们兴许听到这种情绪表达会有些许讶异,但是他们要是在西部住上几个月,了解这些印第安人对西部地区的定居者和旅行者延续不绝的暴力侵犯史。那么东部人心目当中对于这些人的浪漫感觉也就烟消云散了。"

然而,当一群社会改革家去过西部并遇到真正的印第安人的时候,这种说法得到了应验。他们立即会有所反应,有的人会公开撤回自己的观点,言辞之中很是仓皇躲避,就像最顽冥不灵的先辈。马克·吐温这位公开承认的"印第安人崇拜者",看到内华达的哥舒人之后也很气馁,他承认过去对印第安人的看法是因为"被奇幻故事的醇厚私酿给灌醉了"。A.J.格罗弗尔(Grover)致信《全国反奴隶制度旗帜报》(*National Anti-Slavery Standard*)表示他相信如果该期刊的编辑和温德尔·菲利普斯本人去西部旅行一趟的话,他们就会改变自己的心意了。他说道:"我的同情心已经不在印第安人那边了,而且如今我坚定地同情定居者,并且反对那些不断四处流窜、偷窃和谋杀的印第安人……您和温德尔·菲利普斯怎么能谴责南方3K党的政策呢?印第安人要比那些人野蛮和嗜血十倍以上都不止!"

而萨姆埃尔·鲍勒斯(Samuel Bowles)的倒戈事件则更为严重。他是马萨诸塞的报纸《斯普林菲尔德共和党人报》(*Springfield Republican*)一位持自由主义观点的编辑,马萨诸塞州的共和党组织的创建人和领导者,他也是一个坚定的反对蓄奴制度的人。鲍勒斯旅行经过了西部地区,他向读者报道说:"边境居民的狂热叫嚣,说什么要无差别地消灭那些野蛮人……这是相当不智和野蛮的,也就像东部人长期以来的占主导地位的反对对印第安人使用武力的思想,以及由其附带而来的将印第安人视作与白人一样承担同等责任,具有同等智力水平的人之政策,是缺乏哲学头脑和不实际的。"鲍勒斯深信,对印第安人最仁至义尽的做法就是"让他们有尊严地走入坟墓"。印第安人既不能以"野生"印第安人的形式生存下去,也不能被驯服。

为了对西部的居民有一个公平的态度,我们必须牢记一点,即印第安人的风俗习惯和举止,在很大程度上是处处与美国白人所看重和珍视的东西格格不入的。正如我们所知,印第安人的复仇,通常都会把魔掌伸向无辜的人(而反过来,当然白人对印第安人破坏的复仇也常常如此)。大多数部落虐待死者的行为(从而往生者进入身后世界时就被剥夺去了重要的器官),以及让俘虏和伤员接受恐怖的酷刑,而且,最为严重的是,强奸俘获的白人妇女的行为,都使得许多与原住民频繁接触的白人心目中认定,原住民是在人性所能理解的范畴之外的。约翰·霍尔姆斯(John Holmes)出生于俄亥俄州西部最开明的小镇之一——玛斯特维尔。在南北战争以前的时代中,这个小镇坚定拥护共和党并且反对奴隶制度。许多当地居民订阅或者共享威廉·劳埃德·加里森(William Lloyd Garrison)的《解放者报》(*Liberator*)和堪称"不知疲倦的改革派喉舌"的《波士顿晚间文传报》(*Boston Evening Transcript*)。离镇子不远处有一块印第安人保留地,几小撮萨克人偶尔会从镇子上经过,常常是去偷袭迷路的印第安人和敌对部落的。又一次,一位镇上的居民发现了一具年轻印第安勇士的尸体,他被活活剥了皮,还有大条大条从他身上扯下来的血肉。如果说玛斯特维尔的人对印第安人还保存有一份同情心的话,那么下面这件事就把那一丁点同情心也被消耗殆尽。数年后,有一位印第安妇女嫁给了一个白人,有天她坐在自家房子的前廊上时,被一个敌对部落的印第安人一枪命中。所以"玛斯特维尔文学与辩论协会"的活动中有"该不该让不文明的印第安人被消灭?"这样的辩题,也不算什么让人大跌眼镜的事情了。只是对于这个辩题,人们竟然认为有辩论的必要,着实让人吃惊。在协会的记录中所罗列的在同一时期辩论过的题目有"死刑该不该废除？"还有"自由的教育是不是幸福生活的要素？"等。在一个接纳黑人，甚至愿意包容民主党人的小镇，对于印第安人却没有什么同情之心。70年后，当约翰·霍尔姆斯读着他还是一个男孩时做下的文学辩论协会的会议纪要时，他摇着头，这群作风正派、思想自由的人，许多人还是他的亲戚，竟然一本正经地讨论像清除印第安人这样的辩题，他很是不解。

我们不妨做这样一件事，把美国白人通常认为红种美国人所具有的秉性，简单罗列一下。对于东部的社会改革家来说，印第安人是高贵、自由、野性、勇敢、恬淡寡欲、意气风发、热爱自然，崇拜伟大神明、忠实、虔诚、有荣誉感的（而白人恰恰相反，他们是"口是心非"的）。与之相对照，和原住民有着最多直接接触的定居者和士兵却更喜欢使用下面的这些词汇去形容印第安人：卑鄙、未开化、没人性、凶残、狡猾、不老实、奸诈奸猾、冷酷无情、肮脏下流、臭不可闻、张狂无礼——这些形容词随后能带出一连串可怕的真实事例。但是，我认为我们必须承认这些印第安人，的确不同程度上，在所有这些方面——当然每个部落的特性都是各不相同的——在不同的时间和不同的人群中所表现的程度也是层次各异的。但是要把他们归纳到一起，那么这些形容词实质上是毫无意义的。这些词是白人对于印第安人的理解认识。这些词无法说尽，甚至不能充分描述原住民的真实情况。在最基本的认识中，印第安人实际上是白人意识范畴不足的牺牲品。白人的意识范畴既有真实的部分也有不真实的部分。这种意识范畴能勾画出一条发展线或者一段特写，叙述一个片段或者唤起某种风格，但是却不能触碰到真实世界难以描述的内心活动。这个问题要比印第安人的暴行或者白人的偏见来得更大更复杂。

社会改革家还要去解决一个更具讽刺意味的问题。在南北战争结束后,乔克托人、切诺基人和奇卡索人这些部落的印第安人豢养了1.5万—2万名黑人作为奴隶。在和平协议的条款约束之下,这些部落必须解放他们的奴隶,因此印第安人让这些黑人处于附庸的地位,就像南方黑人所受到南方白人的压迫一样。但与之不同的是,印第安领地中没有所谓"重建部队"(Reconstruction army)来保卫这些解放奴隶的权利,而这些人抱怨在他们老主子的手下"有很多弊病和令人不满之处",甚至"很多人丢了性命"。美国国会竭尽全力地说服印第安人把3 000名被解放的奴隶容纳进他们的部落并且给每个人40英亩土地,提供30万美元来维持生计。乔克托人和切诺基人勉勉强强照着做了,但是奇卡索人昭告天下般宣示道,他们觉得"在解放奴隶这件事上,毫无理由,也没有正当的借口让他们比那些在蓄奴州的白人要做得更多"。

在南北战争之后,威廉·特库米什·谢尔曼①似乎至少一开始是对印第安人有同情心的。他带着一个士兵对于印第安人在战斗中表现出来的勇敢和战术的崇敬之情,而在他眼中那些蜂拥去往西部的白人定居者、采矿者和贸易商人是贪婪而且肆无忌惮的人。在科罗拉多斯普林斯(Colorado Springs),居民们要求谢尔曼将军修建一座要塞来保护他们防止印第安人来袭,而谢尔曼将军则暗示这些人其实更感兴趣军事行动带来的生意而不是要避开印第安人——他们恰恰是这些人要去搜刮剥削的。当谢尔曼收到了纠缠不休的采矿者和为数众多的定居者要求保护的请求之后,他写信给阿尔弗雷德·特里(Alfred Terry)将军说道:"我完全赞同您的观点,我们现在没有权力允许人们入侵那片地区,因为只要一个定居点开门迎客,那么要求保护的请求就会呈送上来……因此,请您禁止

---

① 北军的重要将领,曾有过"向大海进军"的军事远征等战绩。

所有白人现在去那里,并且警告那些无视您的禁令的人,告诉他们美利坚合众国现在将不会给予他们保护,除非政府公开宣布印第安人对于那些土地的权利不复存在了。"有一次,一个退役军官招募了一伙300人的队伍,以布莱克山勘探及采矿协会(Black Hills Exploration and Mining Association)的名义入侵布莱克山印第安人保留地。达科塔领地的军事长官受命去阻止这一队人马,如果劝说无效,则将采用武力。

许多住在该地的白人都扬言要来场消灭印第安各个部落的战争,并悬赏每一块头皮100美元。谢尔曼对于这样的叫嚣毫不容忍,他很明确地表示无论他去往何处,他对于在现存和平协议的安排下保护印第安人的权利,以及捍卫白人的生命是同等关注的。他已然洞悉使用当地招募的士兵来维持前线地区秩序的难处,因为这些人军纪很差而且满怀着对印第安人的仇恨。故而他着手撤换这些志愿兵,以正规军军官和正式征召的士兵作为替代。

谢尔曼认为自己的基本职责在于保持俄勒冈移民之路,斯莫基希尔之路和圣塔菲之路的畅通。他也相信只有确保这些通往西南和太平洋地区,交通繁忙道路的畅通,那么军事干预的纷纷扰扰才会停止。如果移民能够安全通过这些道路,就能赢得时间,永久性地来"解决"印第安问题。但是,另外一个潜在的威胁性问题已经浮现:跨大陆铁路的修建。自从美墨战争结束之后,就有人来探讨这条铁路线,想把北美大陆的东西海岸连在一起。萨默特要塞时代,这条铁路线一直在延伸,仅仅因为南北战争的到来而拖延了进度。如今有6家"公司"正在争取这条铁路线运营权,这条铁路线将横穿大平原、穿过落基山脉、越过大盆地的沙漠地区最终通往旧金山、洛杉矶以及西北地区。大家很清楚,没有什么可以组织或者扭转这条铁路线,乃至多条这样的铁路线的建成。这些铁路线必然会穿过

第十七章 战后关系

印第安人的狩猎地,而且我们有充分的理由相信,在大平原地区的印第安部落将会抵制这种彻底的入侵。更有甚者,联合太平洋铁路公司(Union Pacific)从奥马哈往西以每天10英里左右的速度修建铁路,此时谢尔曼作为铁路将要运行通过地区的军事长官,不得不采取行动。而堪萨斯—太平洋铁路公司(Kansas Pacific)也运营着一条大致平行的铁路线,从堪萨斯城一直到丹佛。

而把这一池子浑水搅得更浑的是所谓波兹曼之路(Bozeman Trail)的发现。这条路是由约翰·波兹曼和一位同伴在蒙大拿找金子的时候发现的。两个人找到的这条路从弗吉尼亚城(Virginia City)的一个山口进入黄石河谷,随后在拉赫米要塞附近通到俄勒冈移民之路。他们在途中也受了罪,苏族人夺走了他们的马匹、来复枪和衣服。尽管如此,他们第二年春天,还是回到了这条路上,带着一大群采矿者,决心冒一下被印第安人攻击的风险。谢尔曼命令在已经建成的道路旁设立军事据点来保护途径人士。他分派亨利·卡灵顿上校带着一个团的兵力,有700个人、226辆货厢马车、26人乐队,还有几辆急救车,上面载着一些要去戍守道路沿途要塞的军官的妻子和孩子,以及1 000头当作远征食物储备的牛。吉姆·布里基尔,这位在黄石河流域辉煌的皮毛捕猎时代的英雄人物,是他们的向导。

就当卡灵顿出发之际,苏族的首领们被邀请至拉赫米要塞进行谈判。奥格拉拉部落的苏族人首领"红云"(Red Cloud)抗议道:"伟大之父送给我们礼物,想要新的道路。但是白人酋长带着士兵把路偷了去,还没等到印第安人说'好'还是'不好'。"当红云和"惧马小子"(Young Man Afraid of His Horse)拒绝进一步进行协商之后,卡灵顿去往保德河①(Powder

---

① 黄石河的重要支流,由数百条溪流汇流而成,其流经的盆地位于今怀俄明州和蒙大拿州交界处。

River)上的里诺要塞(Fort Reno)(之前叫作康纳尔要塞)进行修整,随后继续行军,并在小派尼河(Little Piney)上建起了菲尔·科尔尼要塞(Fort Phil Kearney)——这是一处较大的定居点,在400英尺见方的土地上矗立着20座左右的建筑,周围是用篱笆墙围起来的。在要塞完工之前,有一伙苏族人抢走了175匹马和骡子。在追击之中,他们杀死了2名士兵,打伤了3个。在5个月的时间中,一共发生了51起类似的袭击。苏族人最喜爱的战术之一,是袭击搬木头的队伍,他们从附近整个山头长满松树的丘陵地带搬木头来修建科尔尼要塞。

一旦警备心松弛,移民的马车队就会被盯梢和攻击。波兹曼本人于1867年被杀,地点就在以他的名字命名的道路上。而凶手是一群黑足人。尽管袭击频仍,卡灵顿继续修建第三座要塞,C.F·史密斯要塞,就在科尔尼要塞的90英里之外。

苏族人的攻击不断,最终磨灭了远征队员的士气,并且卷走了他们很多马和牛。到了11月,卡灵顿得到了增援,有一个骑兵连和两位军官,詹姆斯·鲍威尔和威廉·费特曼上尉加入其中。费特曼是个敢作敢为的"食火者"(fire-eater),他在南北战争中作为一个兵团的长官有着出色的战绩。他嘲笑卡灵顿谨小慎微,追击苏族人时没有表现出足够的进取心,而且他自愿去"清理野蛮人"。当在"运木头的马车队"前方发现了一伙苏族人的时候,卡灵顿派费特曼带着骑兵连去增援伴随马车队左右的守卫。费特曼和他的副官赶跑了苏族人,却不能遏制住冒进追击的冲动。他们很快就跑进了一处埋伏。有一个中尉后来被人发现身上中了50多支箭。受到短兵相接获胜的鼓舞,红云和他的首领同伴们决定使用类似的战术,试图将要塞的大部队吸引出来,送进埋伏圈。

一切都如红云的计划进行:运木头的车队受到袭击,要塞中的士兵

第十七章 战后关系

准备驰援救急。费特曼上尉，在军中位阶仅次于卡灵顿，主动请缨指挥一支80人的救援队，其中包含了许多急于采取行动而自愿报名的人。卡灵顿给费特曼的命令是，"支援运木头的马车队，让其脱离困境并且向我汇报。不要在马车队承受损失的前提下与印第安人交战或者追击。无论如何，追击行动都不要越过洛奇小路岭（Lodge Trail Ridge）。"为了确保费特曼理解他的命令，卡灵顿可是费了一番功夫。骑兵连跟在费特曼的分遣队之后，卡灵顿重申了他的指令：追击行动决不能越过洛奇小路岭。

当来自要塞的部队出现之时，印第安人就像他们往常那样撤退了，以免被切断后路或者两翼包抄。而费特曼则公然违背了卡灵顿的军令，开始追击。很快，他和手下意识到被印第安人包围并且己方人数远不及敌军。战斗打得相当激烈，而卡灵顿听到了枪声，担心会有什么事情发生，于是派遣一支增援部队——其中有54人还有一辆医疗车和几辆货厢马车，去帮助费特曼解围。这支增援部队赶到时，恰好印第安人撤退，他们留下了在地上横陈着的死者和被虐待过的士兵尸体。费特曼和他的副官显然是互相赏了对方一粒子弹，以免遭俘虏和酷刑。救援队伍所面对的这幅场面实在是相当的凄惨可怖。有两个被军队雇佣的平民，与他们交手的印第安战士装备着16连发的亨利来复枪①（Henry Rifle）。在弹药用尽之前，他们好几次击退了印第安人的进攻。在这些人掩蔽的岩石之前，共有65处已经结冰的血泊。印第安人的愤怒可以看得出来，因为据要塞方面掩埋尸体的细节来看，有一具尸体上总共扎了105支箭。

"火雷"（Fire Thunder），是一位年轻的苏族勇士，他日后回忆起这场战争道，

---

① 为19世纪60年代研发的武器。

悲剧遭遇：美国原住民史

战场上子弹横飞，但是弓箭更多——多到就像一阵草蜢之云，它们飞过美国士兵的头顶，把他们包围起来。而我们的人向对面射击过去，弹无虚发。这些美国士兵在一路杀到山顶的时候，不断有人倒下，有马匹脱缰……当他们来到山顶的时候，人数已经所剩无几，而且无处藏身……我们被命令爬着向上发起进攻，我们照着做了。当我们接近的时候，有一个人喊起来："我们冲啊！今天的事情值得我们去死。想想那些在家虚弱无力的人吧！"……我就……加快了脚步，几乎是第一个杀进了那群美国士兵之中。而美国士兵奋起反击直至无人生还。

唯一的活口是一条狗，它嗷嗷叫着逃走了。"死人、死马和受伤的印第安人遍布了上山的路，他们的血液也冻结了……"

卡灵顿对于尸体的情况有所描述。"眼珠子被挖了出来，放在岩石上；鼻子给割了下来，耳朵也割掉了，面颊被劈开，牙齿给砍掉了；手指关节、脑子都被取出和其他肢体部位一起被放在岩石上；内脏给挖了出来，暴露在外；手被切下；脚也被砍下，手臂也从肩膀臼骨上卸下……"这场由鲁莽的费特曼率领指挥，最终导致覆灭的会战，是美国历史上仅有的两例无人生还的战斗，而另外一例也将是拜苏族人所赐[①]。

当溃败的消息，以及要塞周围的山丘上分布着数千敌对印第安人的信息传到卡灵顿耳边，他匆忙地进行了防御准备，他脑海中毫无疑问地牵挂着在他保护之下的10位妇女（其中包括了他自己的妻子）和11个孩子的命运。仅有约120人还坚守着这座要塞。再加上运木头车队的50名

[①] 卡斯特的部队被全歼的那次。

第十七章 战后关系

士兵和 30 名平民,以及 94 名前去增援的队员——他们还未归来,生死未卜。在黑夜的笼罩下,运木头车队来到了要塞而紧随其后的是那支增援部队。他们做好了迎接一次倾巢出动袭击的一切准备,但是这次袭击却没有发生。这些苏族人,本身也遭到了巨大的伤亡,后撤去掩埋尸体,救治伤员并欢庆胜利。

指挥普拉塔河战区的菲利普·圣·约翰·库克(Philipe St. John Cooke)将军,得知了费特曼罹难的消息之后,解除了卡灵顿的指挥权。但是曾经在34年前参加过黑鹰战争的库克将军,却反过来被谢尔曼解职了。尽管谢尔曼恪尽职守,决心公平地对待印第安人,但是听到费特曼全军覆灭的消息仍让他心意有所转变。"我着实无法理解他们为何对费特曼少校的队伍如此赶尽杀绝……"他写道,"我们必须针对苏族人进行惩罚性的迅速行动,甚至将他们消灭,无论男女老幼。别无他途。"谢尔曼很快就改变了要采取如此严酷政策的想法,但是在听闻这个血腥消息的盛怒之下和悲痛之中写下的文字却萦绕在他的心头。这些话后来也被无数印第安战争的史学家引论为这位亚特兰大之战以及"向大海进军"战役①的英雄将决意摧毁印第安人。

很明显,要维系在波兹曼之路上的三座要塞——甲诺要塞、科尔尼要塞和史密斯要塞——将会分散掉大部分兵力。红云以及他手下苏族印第安战士持续进行战术压制,他们攻击任何一群敢于从要塞离开的人。那些派去伐木的人尤其不堪其扰,而且他们是那些嘴里发出怪叫的印第安战士发起他们典型的攻击时最常找的目标。那些印第安人骑着马驹包围了伐木工的营地,倒挂在坐骑下方,从马驹的脖子下面向被包围的白人射

---

① 均为谢尔曼指挥的南北战争著名的北军击溃南军的战役。

击。这些要塞和其中的居民，被数千名敌对的印第安人包围着，实际上比被这些部落押作人质好不了多少。

在费特曼事件的余波之中，人们对于印第安政策话题进行了广泛的探讨。属于内政部的印第安人事务局和战争部互相指责对方都有各种不该做却做了，该做却没做的事情。

战争部质控事务局对印第安部落的政策缺乏效力且缺乏连续性，事务专员腐败横行，对于贪婪的贸易商人剥削印第安人的行径保持容忍态度。而印第安人事务局回应称，每年预计要花费数百万美元来补贴这些印第安部落，以及支持在保留地定居的印第安人中间进行传教——尤其是建立和维持学校——的工作。而军队那方面，只有在战斗中把印第安人打得顺从这一种套路。这是极为消耗金钱和生命的做法，而且常常是没什么帮助的。军队坚持认为印第安人都是战士，他们只能理解武力的高下。妥协和退让对他们来说就是虚弱的象征。他们尊重士兵（印第安战士），所以应该就让士兵去对付他们。而费特曼的惨败削弱了军事政策的声音，并且至少是短时间内使得天平倾向了内政部及其属下印第安人事务局一边。而当时的国会被激进派的共和党人牢牢把持，他们以一项法案进行干预。法案是1867年3月通过的，旨在建立一个和平委员会来设计出一套与大平原地区印第安部落实现和平的蓝图。

这个委员会成员的任命，掀起了一股乐观的潮流，委员会的主席由印第安事务的专员担任，而其成员包括一些激进派共和党人以及与印第安人友好的人士如密苏里州的参议员约翰·B.亨德森（John B. Henderson）、印第安纳州的参议员乔治·朱利安（George Julian）、明尼苏达州的参议员威廉·温顿姆（William Windom）以及萨姆埃尔·塔潘（Samuel Tappan），一个社会改革家大群体中的一员，并且早年间已经开始为印第安人的利益而效力。阿尔弗雷德·特里和威廉·哈尔尼两人,不仅都是强硬的反奴人士而且战功赫赫,他们也还都是委员会的成员,而谢尔曼将军的名字也忝列其中。尽管军事方面的代表很强大,但是他们是军中最优秀也最开明的一部分人。委员们得到的命令是彻底调查与大平原地区印第安人有关事务的基本情况,与存在龃龉的部落磋商并签订和约,并且提出开化原住民的长期计划。

在1868年由该委员会递交的报告中,洋溢着一种正面、进步的情绪。"我们花了200年的时间才有了这番社会万象的现状,"报告宣称,"如果我们能在25年内开化印第安人,势必将要把我们过去的运作机制进行大幅度的改善。"他们建议采取一种"迄今为止尚未采用过的政策,试着以仁慈之心来征服印第安人"。与此同时,委员们也驳斥了一种观点。这种观点认为"几个野蛮人"就能严重妨碍到清楚摆在美国人民眼前的进步与启蒙时代,而这个时代之中,西部地区井然有序的定居点及其对自然资源的开发利用显然是其必要的因素。

这个和平委员会里的军方成员是对印第安人了解最多的,而谢尔曼其中最重要的人物。他们在报告中强压下自己内心的疑问和勉强同意之处,主要是出于想让时间来证明,报告中所表达的希望是否过分乐观。谢尔曼的观点是,即使报告过分乐观,其中的目标也会在相当长的时间里得以实现,只要那些相对不听话的部落得到惩戒,愿意接受在他们的保留地上生活。尽管这份报告很是开明,但是在许多方面,仍带着无可辩驳的白人偏见和偏好的烙印,其中最值得一提的恐怕就是禁止一夫多妻制。而莉迪亚·玛利亚·柴尔德(Lydia Maria Child)对一夫多妻的强硬批驳也是同样的猛烈。"就让这件事不光彩吧,就让它违背伦理吧,那么特权就会落到和执行一夫一妻制的人头上……"她写道,"印第安人就像别的人种一样,更容易被天使的吸引力所指引,而非魔鬼的责罚。"对待这些原住民就应当把他们"单纯地当作人类大家庭的年轻成员,他们需要被保护、教导和鼓励,直至他们能品鉴与分享我们的优势文化。"

而另外一方面,来自堪萨斯的萨姆埃尔·克劳福德毫不讳言其对委员会报告的指责之意。他宣称,"这个缺德的政策多半都是通过他们的个人喜好和讹传……才让政府采纳并让内政部去遵守执行的"。内政部的身后,"是一伙身在西部手脚不干净的印第安事务专员和人在东部,爱哭鼻子的多愁善感之士"。

1868年春,和平委员会的委员在拉赫米要塞与苏族人、夏延人签署和约,放弃在波兹曼小路上的要塞(当然,同时把这条小路也一并放弃了),以此来交换印第安人方面的承诺,即他们将驻留在保留地中,不会互相发动战争,而且更重要的一条是,他们将允许太平洋联合铁路公司的轨道从他们的土地上经过。委员会的主席,威廉·道奇向印第安人解释道:"在东部,有很多很多人热爱印第安人,想为你们做点事情。他们想挽救印第安人免于毁灭。他们一直记得现在白人住的地方,好久以前是红种人住着的,但他们都不在了。"现如今,印第安人必须"开始像白人一样生活。耕种你们的土地,我们也会派善良的人来教你们的孩子如何劳作、阅读和写作,随后这些孩子会长大,等野牛都被吃完了以后,还能自力更生"。

在波兹曼小路上废弃的要塞被胜利的苏族人付之一炬。最后,还发生了一段戏剧性的插曲,那位在整个和约谈判过程中事不关己、高高挂起的红云,在11月份,波兹曼小路上的要塞全部被废弃之后,策马来到了拉赫米要塞,在和约上附上了自己的签名。他一定要在胜券在握的情况下才肯签这个字。

当和平委员会与苏族人和夏延人缔结完和约之后,就把工作转移到

第十七章 战后关系

位于堪萨斯的麦迪辛·洛奇溪(Medicine Lodge Creek)与科曼切人、基奥瓦人、阿拉帕霍人和南部夏延人进行类似的和约磋商。有3 000名印第安人齐聚于此,真是一派野性之浪漫的场景。和谈的目的和此前的差不多,操作办法也完全雷同:经典的套路,礼物加威胁。印第安人必须接受狩猎范围的约束。很显然,许多印第安人对此非常抵触。基奥瓦的首领萨坦塔宣称:"我热爱这片土地和这里的野牛,我不会和它们分开。我想让我的孩子像先人抚养我的方式一样长大。我不喜欢定居的生活。我喜欢在大草原上自由逡巡。很久以前,这片土地属于我们的先人,但是我现在走到河边,我看见河岸上是美国士兵的帐篷。这些美国兵砍倒我们的树,杀死我们的野牛。当我看到这一切,感觉我的心都要炸了,深深的欷疚悔恨就要喷薄而出了。"

阿尔伯特·巴恩尼茨(Albert Barnitz)是卡斯特第七骑兵团的一位年轻中尉,他形容那些印第安人冲入骑兵团的军团帐篷时的情形时是这样说。"我们每天都有操练,"他写道,"军营里每天都云集着各个部落老老少少、男男女女的印第安人。昨夜,绰号'白人'(White Man)的一个阿拉帕霍部落的印第安人带给我一个年轻的印第安少妇,他向我保证这可是'相当不错的',而且他急于要在那个晚上带给我看。"美国军官们也依次访问各个部落的帐篷,其中就有科曼切一个分支部落的首领,"十头熊"(Ten Bears)。"十头熊"告诉来访者说,科曼切人称呼自己为"nim"也就是"人"的意思,而他的分支部落叫作"nim-nim"也就是"人中之人"的意思。这些印第安人挤进了军营,以如痴如狂的好奇心,观察着军队生活的每一个细节,这些印第安首领常常会"不请自吃",巴恩尼茨给他未婚妻的信中就是这样写着的。

尽管心有不甘,但是青山遮不住毕竟东流去,这些部落就像他们从前所做的那样,同意了这份和约。夏延人和阿拉帕霍人分到了在瓦西塔河(Washita River)以北约 300 万英亩的土地。此外还有现在已经成为标准的年度补贴——包括食物、服装、农场用具和教师提供——还有就是礼物分发。这实际上就是一种贿赂。

从麦迪辛·洛奇溪出发,委员们又进一步往西进发,与友好的克劳人以及和克劳人一样与白人相安无事的部落,如在科罗拉多和犹他境内的乌特人、班诺克人以及肖松尼人缔结和约。而纳瓦胡人和斯耐克人,见到堆成山的礼物,也被猪油蒙了心,跟着就范了。于是,整个和约体系看上去已经完备了。根据这些和约的条款,白人"不得"进入保留地"除了那些……受指派和授权进入的人士,以及……政府中得到授权进入印第安人保留地,不受法律职责约束的那些官员、专员和雇员……"

来自前线地区的反响,多少都能猜到,《杨克敦每日新闻及达科塔人报》(Yankton Daily Press & Dakotan)愤慨地表示:

> 这份和那些四处劫掠的部落签订的令人憎恶的协议,让那些常常在夏天打仗,冬天靠政府赏赐过活的人,现在反倒有了一个托词,阻止我们开发和发展这片算得上美洲大地上最富饶最肥沃的土地。对于这些在我们的食槽里的印第安狗奴才,我们该干些什么呢?他们不会挖金子,也不让我们挖……他们实在太懒惰,在肥沃的土地上播种,挖着煤矿,开着盐矿,打着油井,淘着金子。他们把所有的一切攒在手里面,却更想像穷鬼、小偷和乞丐一般生活,他们喜欢打架、折磨人、打猎、暴饮暴食、大喊大叫,整夜敲着旧锡壶跳舞……任何一个人,只要知道他们是多么依赖政府的补助,就会去思考,他们该不该得到政府的补助。如果他们住在小一点的保留地中,并且我们的军

队可以监视他们的一举一动,总是要比现在掌控这足有整个宾夕法尼亚州或者纽约州那么大的土地,又是天高皇帝远,谁也管不着,而且他们自己不会开发也不会利用,要好太多了!

格兰特1868年的胜选,鼓舞了印第安之友,使他们愿意为了印第安人的利益再加一把力。勇敢的老妇人,莉迪亚·玛利亚·柴尔德发表了其中最为开明的观点。她警告大家,不要用粗暴的政策来"开化"原住民。当印第安人的老师,必须尊重印第安人自身的文化,应当小心谨慎地避免"我们盎格鲁-撒克逊人傲慢的力量观念"。在其文采飞扬,振聋发聩的《为印第安人申诉书》(An Appeal for the Indians, 1868)中,她说道:"首先,要让印第安人的书用印第安人的语言,附加英语的翻译,印行出来。而且要让他们保留自身优良的传统故事的选集。"

彼得·库珀(Peter Cooper)是个不知疲倦的慈善家,他为一百多项慈善事业支付过款项。他被柴尔德夫人的《申诉书》所激励,在库珀联盟学院①(Cooper Union)召集了一批志同道合之士,成立了一个协会——美国印第安委员会(United States Indian Commission)——"为了保护印第安人并提升他们的社会地位,并与美国政府同心戮力,在美国前线地区防止破坏事件和战争"。与之前的和平委员会一样,在其为之背书的报告中,新成立的协会强调了,和平而不是刀剑,公正而非掠夺,是处理与原住民之间一切事务所应遵循的途径。印第安委员会,多多少少有点名不副实,因为它听着好像和政府有什么关系似的。但是它确实呼吁了印第安人要在国会有代表权,而且要有一个独立的印第安事务部,既不在军队管

---

① 库珀联盟学院创办于1859年的著名私立大学,位于纽约,由库珀本人创办,是美国红十字会和许多政治活动的发源地。

辖之下,也不隶属于内政部。约翰·比森和比绍普·惠普尔在这个新的组织里很活跃,此外许多宗教人士和成功商人也和经常唱改革调子的人士一道热心于此。

委员会派文森特·克里尔①(Vincent Colyer)去做一份印第安人思想状态的报告,克里尔反馈回来时,向委员会保证"最多还有两年,我们很快就要听不到'印第安人暴乱'的事儿了"。

印第安委员会承担的主要任务是唤起公众对于印第安人所遭受的错误待遇的认识,以及优化处理印第安人相关事务的和平政策。在所有和印第安人的战争中,印第安人始终坚持的战斗精神导致了西部地区的愤怒抗议,而这种精神是由白人作恶多端引起的。由比森起草的一份给国会的备忘录中,该委员会宣称"当印第安人遭到错误对待的真实历史铺陈在我们的乡民们面前时,印第安人的声音交织在一起,他们要求本民族的荣誉和利益再也不要被不守规矩的人那不知满足的欲望、那贪婪之心给葬送掉"。

美国印第安委员会成立之后,无数在各个方面致力于改善提高原住民福利的协会,如雨后春笋般建立了起来。另外一些已有的社会改革组织或慈善组织,也把他们的关注点拓展到印第安人身上——其中波士顿激进俱乐部(Boston Radical Club)、联邦促进联盟(Union League)、友好社交联盟(Friends Social Union)以及美国平权协会(American Equal Rights Association)占主导地位。在慈善施舍活动中占首要地位的是阿尔弗雷德·乐福(Alfred Love)所领导的美国和平协会(American Peace Society)。除了推动让印第安人在国会中拥有代表权,以及大幅度扩展联

---

① 除了为印第安人的利益活动之外,克里尔也是一名美国西部风情的画家。

第十七章 战后关系

邦政府的对于印第安各部落的扶持面,如建立学校、修建房屋、购买农具以及因材施教地培训印第安人的运动之外,改革派人士还向国会提议,先把那一群腐化的印第安事务专员给排除掉,然后派遣一些原住民们"真正的朋友,和印第安人打成一片,并在几个月时间里把现有的困难给解决掉"。每个人都很希望看看这份奇怪的提案付诸检验会是什么样子。当然了,有阿尔弗雷德·乐福、璐可蕊西亚·莫特、加里特·史密斯以及莉迪亚·玛利亚·柴尔德与红云、两头熊、斑点牛和疯马的会面一定会给那些讽刺文人,留下取之不尽、用之不竭的素材的。

在美国历史上印第安问题最严重的时代前夜,公平和公正对待印第安人的有利条件在政府中是占绝对主流的。一个国家政权如此深深地执念于这样一种被认为是人性而自由的政策,真是前无古人后无来者。

不仅如此,没有人会怀疑格兰特总统本人的一片赤诚之心。关于把印第安人的代表团带到华盛顿来展示和演绎他们所经受的痛苦这一计划,他是表示支持的,而且国会授权他"组建一个人数不超过十人的理事会,成员为才智和慈善方面贡献卓越的人士……",不仅在印第安政策建言献策方面,更是在监管方面,与内务部合作,监督好和约的执行方面,以及妥善使用一个总数为200万美元,用于所谓开化印第安人的基金方面,扮演重要的角色。

格兰特决心在保护迁徙者的同时,公正地处理与印第安人的关系,因此他希望尽可能地,消除会造成印第安人反抗的因素。很显然,印第安人不太愿意留在保留地中的原因之一是因为他们不知道自己会不会得到印第安事务专员的公平对待。而格兰特解决这个经典难题的办法颇显示了几分才华。各种各样的基督教会——他们早在19世纪之初就派了形形色色的传教士到定居的印第安部落中区,试图让他们皈依基督教,并且建立了教会学校(通常由政府补贴)——做了许多吃力不讨好的工作。但是尽管有难以辩驳的反例,他们还是显示了对印第安人的一片真诚关切之心,而且他们的道德水准是高于一般印第安事务专员的。因此,格兰特决定在基督徒中任命事务专员。因为许多被选中的人是贵格派教会(Quaker)出身,格兰特的这一创举就被称为贵格派政策,而且该项政策确实有效地提升了印第安事务专员的整体素质。最终,这项政策也改善了保留地印第安人的生活。

第十八章 西南战事

在1866年冬天,当谢尔曼仍试图保障波兹曼小路的畅通,并派卡灵顿上校建了那一系列要塞之时,在亚利桑那领地正在爆发一场血腥冲突。交战双方是美国军队和奇利卡华(Chiricahua)支的阿帕契人。冲突的肇始是皮特凯恩·莫里森(Pitcairn Morrison)上校派遣了一个年轻的中尉去夺回一个被这个阿帕契人分支部落绑架的男孩。这些阿帕契人的首领名叫科奇塞(Cochise),是美国历史上最伟大的印第安人领袖之一。科奇塞身高超过了6英尺,而且是出了名的强壮有力、身手矫健,曾经与墨西哥当局进行过旷日持久且惨烈的战斗。美墨战争的结局将亚利桑那领地转手给了美国之后,科奇塞觉得美国人实在人数太多且过于好战,不宜贸然攻打,因此他的政策变得谨慎而克制。他相信,从长远的角度来看,他的部落唯一出路是采用白人的某些生活方式,尤其是要放弃游牧生活,变成更定居化的一种牧场生活。在科奇塞看来,阿帕契人所能扮演的角色正是他们已经在做的——为向西迁徙的移民车队采矿者以及新的定居者提供牛肉。这些牛肉一开始是从墨西哥牧民那里偷来的,但是科奇塞决心开始蓄养牛群,做合法生意,这样他的部落能保留其文化的许多部分。而当该地区充斥着白人定居者时,他们与阿帕契人之间在科奇塞引导下的关系,堪称个中典范。

  以上是事件的大致背景,这位叫作巴斯康姆(Bascom)的中尉,他既对印第安人的行为做事无甚认识,也对科奇塞毫不了解。他把阿帕契的首领召到他的营地,寻求绑架事件的下落。科奇塞带着他的妻子、儿子、两个侄子和一个兄弟一同前来。巴斯康姆指控他该对绑架事件负责,并且威胁如果不归还男孩将会施以严惩。科奇塞很温和地给予回应称,他对绑架事件一无所知,并且乐意去做确保男孩回家的任何事情。闻听此言,据说巴斯康姆是这样说的:"科奇塞,你是个骗子!在你们归还这个男孩之前,你和你的子民都是我的囚徒!"科奇塞见状,从巴斯康姆的帐子里杀出一条血路逃走了,并呼唤他的家人与他同往。然而,那些人却没能逃出来。盛怒之下,科奇塞攻打了巴特菲尔德(Butterfield)驿站,希望能抓住一些白人来交换他的家人。印第安勇士们在袭击中抓住了3个白人,还打死了8个。科奇塞随即包围了驿站,并且用火枪不断射击,迫使士兵和平民匍匐在地不敢起身,直至他们开始忍受焦渴之苦。驿站的主事与科奇塞相熟,当他和两名雇员前去和这个首领谈判时,这三个人也被补入了那群科奇塞想拿去交换其家人的白人队伍中。尽管那位主事向他竭力大呼,拒绝交换的结果将是6个白人的死和一场恐怖战争的开始,但巴斯康姆仍拒绝进行交换。而当巴斯康姆的一位中士因为其了解阿帕契人的做事方式而向巴斯康姆进谏时,他却因为不服从命令而被巴斯康姆逮捕。

  此刻,巴斯康姆要么是绞死科奇塞的妻子、儿子、兄弟、侄子,而科奇塞以杀死白人俘虏作为报复,要么换个先后顺序。另外一种情况是阿帕契人的增援部队赶到，并解救科奇塞的妻子和儿子回到图桑①(Tucson)，在那里恢复自由身。在任何情况下，结果都是不离其宗：即白人与科奇塞领导的奇利卡华分支的阿帕契人之间痛苦而无情的战争。现在科奇塞的政策就是将白人斩草除根。他的战士们开展了对整个亚利桑那领地内的牧民、马车驿站，以及不够警惕的旅行者。那个试图让巴斯康姆接受科奇塞条件的中士，鲁本·伯纳德(Reuben Bernard)写道他"私底下知道有13个白人被科奇塞活活烧死了，有5个人被他酷刑折磨致死。科奇塞把他们的脚一小块一小块地切下来，还有15个人是他把人的双手系在一起，脖子上套上绳索，随后拖拽而死的……这个印第安人原来与我们相安无事"，他记录道，"因为被白人背叛，受了伤害才成这样。如今他，听到要和他讲和，指着他的伤疤说：'我和白人旧日无怨近日无仇，但是他们却要为了别的印第安人做的事情来杀我。现在我要誓死与他们斗争到底。'"

1865年，一位派去指挥领地内的美国军队的上校军官报告称："当我来到这里，在基拉河(Gila)以南的牧场几乎都空无一人。图桑这个地方只有200个人。基拉河以北，道路都封锁了，牧场都被废弃了，大多数定居点都受到了毁灭的威胁。"

科奇塞与曼格斯·科罗拉达斯(也称"红袖子")，一位明布雷尼奥(Mimbreño)分支的阿帕契人首领一拍即合，但是两人合在一处却难以募集到一百人以上的印第安战士。只是靠这一丁点人马，他们就把美国军队给拖住了。不仅如此，科奇塞也阻断了邮路，使得邮件不能从东部自由往来于图桑。从鲍维要塞(Fort Bowie)骑马给图桑送信的邮差一次又一次地被截获——在这条线上，最初的16个月里就发生了14起该类事件。

---

① 亚利桑那第二大城市，离美墨边境很近。

掌管邮路畅通的是个值得一提的印第安侦查员,名叫汤姆·杰佛兹(Tom Jeffords)。杰佛兹最后决定找到科奇塞,想要劝说他让邮路保持畅通。这是个相当勇敢又极度危险的做法。在日后,这也给十几部西部电影提供了充满戏剧冲突的桥段:即一个勇敢无畏的侦查员与一个当时最令人生畏的印第安酋长当面对质。杰佛兹来到了科奇塞的村子,把他的手枪和左轮手枪放在了一个妇女那里,随后走向科奇塞的房子。已经有7年了,没有一个白人走得离科奇塞那么近;但是印第安人崇尚勇气,而且科奇塞被"沙地胡须"(Sandy Whiskers)——他对杰佛兹的称呼——的决心所吸引。他答应保护邮件的往来,并告诉杰佛兹,什么时候他想来,他可以随意来拜访这个部落。杰佛兹欣然接受了科奇塞的好意,并且适时地和他歃血结为兄弟,为科奇塞捉刀立传。

当1870年冬天和平乍现曙光之时,一伙变了节的白人和92名帕帕勾部落(Papago)的印第安人——阿帕契人的宿敌——以及48个图桑的墨西哥人意外遭遇了一群阿拉维帕(Aravaipa)分支的阿帕契人,其中大多数是妇女和儿童。这伙人将这群妇孺屠杀殆尽。这一事件在东部地区激起了一阵愤怒浪潮。格兰特总统启动了一项调查并且命令要把几个要犯绳之以法。但是所有人最后都被赦免了。在1871年夏天,格兰特总统得出结论,保护印第安人免受白人,以及其他部落印第安人袭扰的唯一希望在于把他们安置在"适当的领地上……并接受印第安事务部中合适的官员的监督挟制"。其中心的目标就是与科奇塞及其奇利卡华分支的阿帕契人建立和平关系。总统选择了印第安委员会理事会的秘书,文森特·克里尔(Vincent Colyer),一个出了名的同情印第安人的人士来担此重任。

科奇塞答应和克里尔以及领地军事力量的指挥军官会面。根据克里尔的建议,科奇塞和他的奇利卡华分支阿帕契人应当生活在图拉罗萨保留地(Tularosa Reservation),距离他们当时生活并成功痛击白人入侵的地方几乎有200英里的路。科奇塞回应称,

> 我来的时候,双手向你们打开,要和你们和平相处。我说话直接,并不想欺骗和被骗。我希望得到一份稳固而持久的和平。当我小的时候,我走遍了这片土地,从东到西,除了阿帕契人我什么人都没看见。过了许多个夏天之后,我再次出走,却发现了另外一个种族的人来到这里,占领了这片土地。怎么会这样?为什么现在阿帕契人想要去死?他们走遍了山丘和平原,希望苍天崩塌于他们的身上。阿帕契人过去是个伟大的民族。现在他们人数寡乏,而且因此他们想要去死……许多人也战死沙场。你们也必须直言不讳,这样你们的言语就能像阳光一样照进我们的心灵。请告诉我,如果圣母走遍了每一寸土地,为什么她从未进入阿帕契人的棚屋?为何我们从未看见她或者听说她?……当我周游世界的时候,所有人都在寻找科奇塞。如今他就在这里——你看得见他、听得见他——你们高兴吗?如果高兴,就说出来。说啊,美国人和墨西哥人。我不希望向你们隐瞒什么事情,也不想你们对我有所隐瞒。我不会对你们撒谎,也不要对我撒谎。

说到图拉罗萨,那实在太远了。"那些山上的苍蝇会把马儿的眼珠子给啄出来。坏的精神盘踞在那里。我只想在这里的山上生活。我喝惯了这里的水,它让我获得清凉。我不想离开这里。"

军事指挥官戈登·格兰杰(Gordon Granger)将军向科奇塞保证,他

和他的子民可以留在原来的山上生活。随即,科奇塞宣布战争结束并且准备让他的部落生活在保留地范围之内——尽管范围依然广阔。但是华盛顿方面驳回了协议有关允许科奇塞及其部落人民留在其部落原住地的内容。他们必须和其他阿帕契人离开,去往图拉罗萨保留地。科奇塞随后带着一千多名阿帕契人再次引发战火,许多人还是别的分支部落的。白人定居者再一次生活在恐惧之中。马匹和牛群以成百的数量被掳走,50名定居者被害或者在袭击中负伤。在西南地区,没有哪一个单立的定居点或者牧场在这场阿帕契人暴乱中幸免于难。此时,格兰特总统派遣了两名他最信赖的将军来平息阿帕契人的动乱并将和平带回这片土地:这两位将军是乔治·克鲁克(George Crook)和奥利佛·奥蒂斯·霍华德(Oliver Otis Howard)。克鲁克是西点军校1852年的毕业生,在军队中服役了8年,活动于西部地区、加利福尼亚,参加了针对西北地区部落的红河(Rogue River)远征,指挥了皮特河(Pitt River)远征,期间还被流矢命中负伤。随着内战爆发,他晋升为准将,在奇克莫加战役①(Battle of Chickamauga)中成名,随后他又成为谢里丹②(Sheridan)的得力助手,辅佐他发动了雪伦多河谷③(Shenandoah Valley)的奇袭。内战结束之后,克鲁克被派往爱达荷领地的博伊西,他在那里证明了自己在和印第安人打仗以及在博伊西附近迫使当地部落保持和平方面,是颇有手腕的。奥利佛·奥蒂斯·霍华德比克鲁克年轻1岁,也是南北战争中一位货真价实的战斗英雄。他是位虔诚的军官,故而谢尔曼总会在他在场时说"该死

---

① 在今佐治亚州境内发生,是北军在南北战争期间的西部战区中最大的一次溃败。
② 美国南北战争期间著名将领,曾担任美国陆军司令。
③ 位于今弗吉尼亚州,这次奇袭是南北战争中的一场战役,发生于1864年8—10月。

的(damn)"以示调侃。他在费尔奥克斯战役①(Fair Oaks)丢了一条胳膊。并且因为他的英雄事迹获得了一枚国会荣誉勋章,并在葛底斯堡战役表现突出。作为一个热心的废奴主义者,霍华德成为自由奴隶事务局②(Freedman's Bureau)的委员,建立了霍华德大学(Howard University)并担任第一任校长。现在他的任务是平息科奇塞的叛乱,而克鲁克的任务是擒获其他阿帕契人,并迫使他们回到图拉罗萨的保留地。克鲁克在打击印第安人方面,是属于"威胁加恐吓"风格的,和大多数军人一样——这一点我们不必讳言。他命令叛乱的首领们要么回到他们的保留地上去,要么"从地球表面被清理掉"。

霍华德,与之相反,决心将他的基督教认知付诸应用,并且格兰特总统允诺,他将支持霍华德和科奇塞磋商产生的任何和平计划。霍华德知道汤姆·杰佛兹与科奇塞的友谊,并且他让杰佛兹带着他去见这位阿帕契人首领,身边没有任何士兵相随只有霍华德将军的副官约瑟夫·司雷登(Joseph Sladen)。经过了漫长而煎熬的旅行,这区区几个人终于抵达了科奇塞的山地大本营。霍华德被引荐给了科奇塞。"他抓住了我的手,"霍华德日后写道,"而且很愉悦地说道:'早上好③。'他的脸看上去真是很高兴的样子,我不禁自忖,'奈何这样的一个人会成为人们深恶痛绝的强盗和杀人犯呢?'……我们一起走路,随后并排坐在一棵长得很美的橡树底下的地毯铺就的座位之上。"杰佛兹是两人的翻译。霍华德告诉科奇塞:"我来是希望让您和美国公民之间建立和平关系的,这样就能挽救

---

① 为南北战争末期里士满-彼得斯堡战役的一部分,北军的指挥官中就有后来出任总统的格兰特。
② 为1865年成立的联邦机构,旨在南方重建时期帮助那些获得自由的黑奴。
③ 此处为西班牙语。

生命以及财产的损失。"科奇塞回应称:"鄙人像其他人一样都喜爱和平。但我很穷,我的马匹瘦弱不堪,数量又少。我本可以在图桑小路上多攫取一些马匹,但是我没有这么干。我分派了12名队长,去往不同的方向,让他们自己去谋生。"科奇塞的回复暗示了问题的真实状态。自从白人来到阿帕契人的土地上之后,这些好战的阿帕契人得靠入侵者的马匹和牛群为生。这是印第安人经济活动的必要成分。在墨西哥政府统治之下,压迫阿帕契人、瓦科人和科曼切人的措施,尤其是阻止他们进行劫掠的那些是时断时续的,绝大多数方面都不成功。而换成了美国人之后就不同了。他们是铁了心要伸张其在此永久性居住的权利。印第安人必须变成农夫。但这不啻让他们失去印第安人的身份,成为某种含混不清、定义不明的生物,既不是印第安人也不是白人。事实上阿帕契人如果不能从美国白人拿些东西,就像他们此前世世代代从墨西哥人那里拿东西,获得必要的食物补充以及其他白人的手工产品的话,他们就不能生活得**像个阿帕契人**。一旦被剥夺了劫掠的权力,他们就得面对饥饿。白人对此的回答是:"老实地待在你的保留地中,我们会照顾好你的。如果离开你们的保留地,再来袭击白人的牧场和定居点的话,我们会让你们万劫不复。"

但科奇塞和霍华德之间并不能彼此说得如此具体明确。霍华德反倒开始要求科奇塞,接受在保留地中生老病死的安排。"我想在格兰德河①(Rio Grande)上设立一个共同的保留地,"他对科奇塞说,"让明布雷尼奥分支和奇利卡华分支的阿帕契人共享。"

"我去过那里,也喜欢那个地方。"科奇塞回应道。比起失去和平,他宁愿去那里,但是他不能保证他的子民也会跟他一起去。他反而相信,这

---

① 位于美墨边境的一条河。

第十八章 西南战事

次搬家会"让部落分崩离析"。如果霍华德能在阿帕契山口①(Apache Pass)给他一块保留地,那么他肯定能控制住手下的年轻勇士,并且保证移民和定居者的安全。

霍华德会滞留多久?科奇塞询问道。他必须问过手下 12 位副首领,才能答应作任何的迁徙。"我来自华盛顿,本着建立和平的目的,"霍华德回应道,"所以我需要待多久就待多久。"科奇塞看上去很满意将军的回答,但是他突然开始念叨他的子民在白人手中遭到的苦难。"我最好的朋友们遭到背叛随后被谋杀。"他提醒霍华德道。那个臭名昭著的巴斯康姆把那些尸体一直挂着,直至尸体因为自然腐化或遭食肉动物啃食而骨头脱落。"墨西哥人和美国人只要看见一个阿帕契人就会把他杀死。我竭尽所能地击退了来犯之敌。我的子民杀死了许多墨西哥人和美国人,获得了很多财产。那些白人的损失比我们要大得多。尽管我知道我们的人数一直在不断减少。为什么要把我们关在一片保留地中?我们想要建立和平关系,而且我们将忠实地保存这份和平。但请让我们想到哪里就到哪里吧,就像美国人一样。"闻听此言,霍华德没有回应,只是重申阿帕契人必须接受在保留地内定居的协议。这已经成为政府的政策了。不然的话,他们就很难在贪婪成性,一定要占了他们土地的白人定居者面前保护他们。霍华德断定,这片土地属于上帝。它不属于白人或者印第安人。因此,它必须要有边界。但是这个结论在科奇塞看来并不能由前提推导而来。如果这片土地属于上帝,为什么它不是对所有的上帝子民没有区分,也不设边界地开放?科奇塞当然也不会提到另一个事实,即阿帕契人在其鼎盛时期,也曾经攫取过弱小部落主张拥有的土地。这在任何场合

---

① 位于今亚利桑那州东南角,鲍维要塞旧址附近,临亚利桑那州和新墨西哥州边界。

下提起都是不合时宜的。

当这些副首领陆续到场,会议开始了,于是科奇塞代表其他人发言,坚称奇利卡华人的土地才应该是他们的保留地。霍华德最终勉强同意了。科奇塞宣称,杰佛兹多半会担任这片保留地的印第安事务专员,但杰佛兹实在是太了解当印第安事务专员要面对怎样的政治压力,婉拒了这个职位。科奇塞于是宣称,如果不是杰佛兹就没有和平协议。杰佛兹只得从命。他提出只有他获得全权授权,才会当专员,且没有他的允许没有人能到保护地上来。霍华德相信格兰特会支持他的做法,所以也答应了科奇塞和杰佛兹的条件。这份和约,也许是后南北战争时期和任一印第安部落签署的最重要的一份协议,在签署完成之后,送往华盛顿,并在那里,于12天之后获得了总统的认可。"从今往后,"当科奇塞听闻这个消息后宣称,"白人和印第安人将同饮一壶水,同吃一块面包,和平共处。"

科奇塞遵守了协议的各项条款。而不愿意从事农业的阿帕契人,他们砍下干草和木头提供给当地部队,但是这个活实在是不对印第安战士的胃口,况且政府允诺的粮食补给也姗姗来迟。科奇塞带领了一支偷袭部队进入了墨西哥,因为他们和墨西哥之间并无协议达成。在袭击中他负了伤。而伤口也发生了感染,随后很快,科奇塞显然是一副快要死的样子了。杰佛兹在旁陪伴他度过了最后的绝大部分时光。

根据杰佛兹的叙述,有一天当他准备要离开的时候,科奇塞说:"奇卡索(兄弟),你以后还能看到我活着的样子吗?"

"我想是不会了。我想明天晚上之前,你就会死了吧。"

"是啊,我也是这样想的——大概明天早上十点吧。你觉得我们还会再见面吗?"

"我不知道,"杰佛兹回答道,"你对此有何看法?"

第十八章　西南战事

"当我在这里生着病的时候,我想了很多很多,我相信我们会再见面的;好朋友会再见面的——在那里见面。"

"在哪里?"

"那我就不知道了——反正是某个地方。在遥远的苍穹之上,我想吧。"科奇塞手指着天空。

第二天一大早,他要求手下的战士抬着他去看太阳爬上山顶。科奇塞死后,杰佛兹知道白人热衷于挖掘印第安人的尸骨,因此编了几个相互矛盾的有关这位伟大的印第安首领的遗体掩埋之处的故事。20年后,他带着尼诺·科奇塞(Nino Cochise),这位首领的孙子来到了奇利卡华分支阿帕契人的土地上。那里到处分布着快要消逝的定居点以及濒临破败的牧场。杰佛兹和小科奇塞在一个曾经当过侦察兵的老朋友经营的牧场驻足片刻,这位牧场主名叫比利·富尔(Billy Fourr),富尔直言不讳地说道:"如果老科奇塞还活着,要是看到他的土地变成这个样子,他会发怒的。"

科奇塞死后两年,他和霍华德协商而成的和约破裂了。没有了科奇塞影响力的约束,恶性事件屡有发生。牧民们抱怨马匹和牛群的丢失。奇利卡华分支的阿帕契人被命令搬到新墨西哥的一处保留地中。许多年轻的印第安勇士拒绝从命,故而在领地内再次爆发战事。

据估计,为了让科奇塞以及他率领的奇利卡华分支的阿帕契人归顺,有超过1 000名士兵被杀死或死于疾病,而同时仅有100名阿帕契人死亡。哪里也找不到这么大的白人对印第安人伤亡比例了。科奇塞和他的战士们在这块他们了若指掌的土地上逡巡,而士兵们则在这片又萧瑟又贫瘠的大地上进行着危险的追击。

如果说奇利卡华分支的阿帕契人是西南地区的恐怖之源,其他阿帕契部落以及他们的盟友在普拉塔河以南到密苏里河一带活动。这块领地被分配给乔治·克鲁克来平息叛乱。正如我们前面所说,克鲁克在打击印第安人方面很有经验。他赢得了很多在战斗中被他打败的印第安人的倾慕,尤其是肖松尼人。他认为印第安保留地体系是不可取代的。在狭窄的范围之内,他坚定地与不同部落公平相处,因为他知道那些部落比较尚武,而且和士兵们多少有一点信任关系,因为他们并不给入侵他们领土的白人平民提供帮助。克鲁克显然是个有天分的人。他个子高高,很瘦削,穿着一件着色的狩猎帆布夹克,头顶遮阳帽,两件衣物都无可挑剔,他还骑着一匹名叫"阿帕契"的漂亮骡子。因为他关注最细枝末节的事情,尤其是他那头价值不菲的骡子的状况,克鲁克在其指挥之下的军官和士兵中间营造了一种相当不错的士气。他无意于固守指挥本部,而是去印第安领地内四处跋涉,寻找各位阿帕契首领,要求他们必须停止好战的处事方式,不然就会被彻底击败。他的故事总是如出一辙。如果那伙印第安人愿意过上定居的农耕生活,他会保护他们免受任何白人去找他们的麻烦。他也宣称,如果印第安人想要干活,他就会去给他们找活干,并且愿意支付他们与白人支薪水平一样的工资。克鲁克充分意识到了印第安人对保留地生活的抵触,因此他告诉那些人他们要一直留在保留地中,直至在印第安事务专员和教师的帮助下,他们已经充分地掌握白人的生活方式,能在白人的社会中自立为止。随后,他们就能自由地与白人社会融合,读白人的学校,参加白人的教会,并且成为美利坚合众国真正的公民,而不仅仅是联邦政府的监护对象。这就是克鲁克为那些心存疑虑的印第安首领们所描绘的一副光明的,抑或是说过分乐观的未来图景。

对于近世的批评家来说,这个图景带有了种族优越感的色彩。它认为白人的生活方式更好。因此,印第安人必须放弃传统的生活方式,出于一切实际的目的,要变成 19 世纪白人的样子。但是,有必要说的是,在一百多年之后,我们带着"事后诸葛亮"的优势发现,没有一个人提出过更好的解决"印第安问题"的办法。考虑到事实上所有的前线定居者以及在许多在其他方面都很仁慈宽厚的美国人都希望消灭一切印第安人,克鲁克的政策,甚至是他的态度都堪称楷模。

克鲁克把总部暂时设在了普雷斯科特①(Prescott),克鲁克表现出对周遭乡村孜孜不倦的好奇心。他不仅仅是个求知欲很强的人类学家,迫切地要尽其所能了解各部落的文化生活,而且他同样对该地区的动植物情况很感兴趣。除此之外,将军还与派乌特人以及瓜拉派人(Hualapai)部落建立同盟关系,计划一旦说服阿帕契人接受保留地生活的努力失败,有必要使用武力的时候就把他们征召入伍。

当克鲁克确信除非阿帕契人各分支部落感受到军事力量之重,否则持久的和平没有希望之际,他准备开展一种印第安人最没有准备的战斗——冬季战役。冬天至少对大平原地区的印第安人来讲是一个危险的季节。就像他们仰赖的鹿和野牛一样,他们都会变得瘦弱和饥饿,需要把他们能找到的食物拼凑在一起,因此他们常常在寒冬之中饿得皮包骨头。他们的活动也大为受限。通常,他们不得不吃掉马驹,或者去偷袭临近的部落。妇女和儿童身上也有重责。因此各部落总是在冬天来临之际倾向于寻求和平。和他的冬季战略同样重要的是,克鲁克还系统性地招募阿帕契人,只要他们坚持和平,或者只是单纯想赚白人的工钱。而恰恰是这个政策激起了士兵和定居者共同的不满。给一个印第安人支付和白人一样的工钱让他们极为受辱,但是这个政策却消耗了阿帕契人的实力,而且

---

① 今亚利桑那州中部。

当战事发生之际，这个政策已经让克鲁克拥有了人数众多的印第安侦察兵，他们对于各个部落的印第安难民的位置很熟悉。

克鲁克的战术是把装备精良，纪律严明的部队分配给几位谋略上得到他信任的军官独立指挥。他的指令是，不给印第安人喘息之机，一直追击他们直到他们战败或者无路可逃。不要伤害妇孺，也不要虐待战俘。这一战略很快就见到了成效。有些印第安人投降了，有些被杀死。一支由威廉·布朗少校指挥的部队在盐河谷（Salt River Valley）偷袭了一个庞大的阿帕契分支部落，杀死了74名勇士。逃走的阿帕契人截获了一队英国人，当场杀了几个人，还把另外两个人折磨致死。克鲁克在一周之后又在图雷峰（Turret Peak）与之交锋，随后很快在冬季战役中的幸存者就代表2 300名阿帕契人前来求和。克鲁克的条件是投降的人必须立刻到一个灌溉工程中工作。这个灌溉工程的目的是给他们之后要去耕作的农场引水。克鲁克承诺将以公平的价格收购印第安人在农场种的庄稼，而且由阿帕契人的警察来维持其保留地的秩序。阿帕契人如若犯罪，也会在阿帕契人的法庭被起诉。阿帕契人接受了这些条件，挖凿了一条5英里长，3英尺深的运河，宽度达到4英尺，大多数人还是第一次干这么重的体力劳动。克鲁克也答应过建立学校，但是联邦政府却迟迟无法供给，因此克鲁克将军转而向传教士寻求帮助。

克鲁克最主要的障碍在于所谓的"印第安利益圈"（Indian Ring），其中主要是因剥削印第安人、为派去攻打印第安人的军队提供物资补给而中饱私囊的私人贸易商。连绵不休的战事是他们永恒的利益所在。因此他们在克鲁克要为之负责的在华盛顿的首脑面前极尽诋毁克鲁克之能事。即便如此，格兰特总统还是全力支持克鲁克，而克鲁克也展现了他惊人的机智和能力，把阿帕契人不断地闹事平息了下去。

第十八章 西南战事

行文至此,我们有必要探讨一下当和平协议破产之际,那些派来维持印第安地区和平,与印第安人交战的军官和被征召的战斗人员的生活。

在"野蛮"的印第安人以及派来"驯服"他们的军人之间存在着一种奇怪的共生关系。像特里、克鲁克和霍华德这样的人是军中的楷模,他们正派、有人情味;当政府在说服敌对印第安人结束他们掠夺式的生活方式,留在或者回归他们的保留地的承诺没有落到实处之时,他们也是内心备受自责的拷问,品尝着挫败的苦涩。比起内政部的官僚们和战争部位阶更高的人善良得多,甚至那些为印第安人利益奔走的游说之士,他们都要更理解也更尊重那些他们被指派去清算的部落的"野蛮"气质。班诺克人,也就是斯耐克部落的印第安人,非常诚心地接受在保留地生活,并且和美国军队多次合作,参与其与其他部落之间的战役。当他们随后遇到饥荒时,克鲁克在《陆军海军杂志》(Army Navy Journal)上发表了措辞严厉的批评文章,以最直接的方式描述了班诺克人的情况。当他们没有野兔和野牛可以果腹的时候,"还能干什么?"他问道,"他们还能干什么?饥饿已经就在他们眼前,如果再等得久一些,就没法去打仗了……我毫不怀疑,相信你们也不会,就是当这些印第安人看到自己的妻儿在挨饿,而且他们最后一点食物补给也中断的话,他们会引发战争。随后,就会派我们去杀死他们。这是一种暴行!"

在前线军事据点中的美军士兵生活是很艰苦的。因为身体不适和疾病造成的伤亡和因为印第安人的弓箭和弹丸而伤亡的人数都很惨重,而且他们的工作,很大程度上都是吃力不讨好的。要是获得什么荣誉也都是归于军官的。而且对于许多美国白人来说,毕竟只有印第安人,而不是美军官兵,担得起英雄之名。从相对积极的一面来看,风景的自然之美本身,加上笼罩在与印第安人有关的一切事物上的浪漫气息,使得这种生活对于年轻人和喜爱冒险的人来说非常有吸引力。甚至"与印第安人搏斗的人"卡斯特,也曾劝说一个平民朋友和他一起参加1874年的布莱克山远征,他写道:

> 你该来体验一下纽约人做梦都没有想到过的那样丰富多样的野味,那绝对和你在市场里买到的不是一回事……但是这些野味的味道和质地吃起来如此美味会让你怀疑自己从前是不是尝过野味……你吃东西的胃口和你睡觉的香甜将会和各种生活中的职业绅士所享有的大为不同,你会觉得掉进了一片童话乐园。当你进入这些地区,你会感觉自己的生命仿佛重新开始了。

最有经验的士兵是第9兵团和第10兵团的黑人骑兵——印第安人教他们野牛士兵,因为他们古怪的黑色头发让他们想起了野牛的鬃毛。他们是出色的战士。"他们打起仗来像魔鬼,"弗朗西斯·若(Frances Roe)如是说,"而且他们一定能坐立于马上不倒。"

如果印第安人的首领和美军军官彼此尊重对方为战士的话,那么原住民与派来"保护"他们或者与之战斗的士兵之间的关系则时时处于紧张状态。那些"处于和平状态"的印第安人,或者按他们常见的说法,即"已经签订和约的印第安人",常常因为恐吓以及骚扰在他们前来索要补给,或者进行贸易,甚至只是来寻衅滋事的要塞和印第安事务所内的士兵或平民而被痛打。他们深知士兵们被禁止向"友好的"印第安人射击,他们毫不犹豫地利用了这一点,采取了肆无忌惮或者带有威胁性的行为举止。军官的妻子以及新入伍的士兵常常是这种暴行偏爱的目标。弗朗西斯·若,是一个骑兵团军官的妻子。她在其丈夫戍守的里昂要塞的军事据点和印第安人的初次接触时就被吓得半死。"哦,我看见了一个印第安人——是一些印第安人——但是他们不是红夹克,"她在给朋友的一封信中写道,"但是他们也不是高贵的红种人。他们头脑简单,而且只是涂了油彩、脏兮兮的,散发着恶心味道的野蛮东西!"有一次,她和朋友在一个临近要塞的墨西哥小镇拉斯阿尼玛斯(Las Animas)买东西,弗朗西斯·若得到警报,有10个还是12个印第安人骑着马驹冲了过来,"以他们最蛮横的方式"挤进了店里,"他们不耐烦地用力"把两个白人妇女推到一边,"我们俩都摔到了柜台另外一边。"他们向吓坏了的店主索要火药、弹丸和雷管,而其中一个还留在店门外的人骑着花马来到了店门口,防止吓破了胆的妇女逃出去。当印第安人离开之后,店主告诉妇女们来者是乌特人,他们很是兴奋地得知死敌夏延人,正在附近。"他们带走的东西一个子儿也没付。"弗朗西斯·若愤怒地记录道。

> 他们都是一些丑陋的东西——脸上涂了红红绿绿的彩条,让他们看着像恶魔。他们的头发用一种颜色艳丽的条状物捆扎起来,垂在两肩之前。在每一束黑发的发梢有一个小而紧致的发辫结,在顶端饰有一片羽毛,一片锡,或者什么很炫目的东西。这些是他们系人头皮的东西。在肮脏的旧衬衣外面,他们披着毯子,而且一定会有非常长,像裤子一样的绑腿以及莫卡辛鞋……在那家拥挤的小店里,这些家伙皮肤散发的臭气,以及他们本身的体味,就够我闻一辈子的了。

在补给营地,弗朗西斯·若报称,有一伙40—50人的科曼切人"在军官指挥部前的一条小路上急奔过来,我们有些人几乎被吓得魂飞魄散……他们像一群愤怒的生物一样骑马经过一幢幢房子,当他们冲到军队的花园时,他们让身下的马驹肆意践踏,把正在生长的所有东西统统踩个稀巴烂"。这些印第安人"是一群在嬉戏的年轻雄鹿,但是他们也随时会干一些恶作剧。他们围绕着据点以死亡速度骑着马跑了三四圈,一圈比一圈大,也让他们跑得更远……我估计大约有好几十个印第安人在据点周围的沙丘上,偷看这里发生了什么有趣的事情"。几天后的夜里,弗朗西斯·若和她的丈夫被来复枪射击的声音惊醒,随后是"印第安人!印第安人"的大叫,随后是一片大乱。一阵紧密的鼓点,警告人们要武装起来,随后骑兵号角响起,该是要穿上战靴跨上马鞍的时候了,那些声音"在每个从军妇女的心中",弗朗西斯·若写道,"都敲打出她们的恐惧"。当整个要塞都彻底进入备战状态之时,印第安人却以胜利的呼号,骑马走了。这原来只是一次戏耍。

大家认为自己总是处于印第安人的瞭望之下,而这种感觉因为这种不算少见的经历得到强化:有人外出打猎或者只是出去骑着玩的时候,却发现自己被某一个一动不动的印第安勇士给盯上了。弗朗西斯·若,透过她丈夫的望远镜,在一处遥远的山脊之上看见一个印第安哨兵。"他在那里,坐在马驹上足有好几个小时,"她记录道,"无论是印第安人,还是那匹马都纹丝不动,但是他的脸总是对着据点这边看过来,随时要向他的民众汇报美国军队的一举一动。"

自从黄石河一带的贸易聚会时代以来,白人一直和不同的印第安部落居住在一起。常常,他们住在一起的原因的"人类学"色彩要大于商业目的,因为他们对印第安人的文化和生活方式感到着迷。

托马斯·亨利·迪博斯(Thomas Henry Tibbles)是一名记者,平民主义者,也是热心于印第安人利益的朋友。他和奥马哈人度过了一个冬

第十八章 西南战事

天并最终娶了一位印第安女子。迪博斯提供了一份令人愉悦的详细记述,有关于各个部落玩耍时的情形,以及他们没完没了的跳舞和讲故事,还有上了岁数的勇士怎样啰里啰唆而年轻一些的又是如何血气方刚的。部落的住房被分为几组,迪博斯称其为一个个"俱乐部"(clubs),而其主要的目的是为了娱乐。这些"俱乐部"彼此之间竞争,要争取迪博斯的相伴。在"草原鸡俱乐部"(Prairie Chicken's Club),年轻男子先跳舞,"他们涂得色彩艳丽,浑身盖满了铃铛。随后他们开始跳蒙面舞,这些男人用动物的头蒙住脸,随后年轻姑娘也开始跳,他们的舞伴是通过一种猜谜游戏来决定的。"迪博斯的印第安朋友要求他教他们一些白人的舞步。人们搬来了一个大鼓,他开始哼起一首华尔兹旋律,过了一会儿一个印第安姑娘上前与他共舞。她在另外一个部落学会了"落基山脉华尔兹",而当她与迪博斯又唱又跳的时候,其他的人也加入了进来。"整个队伍,"迪博斯写道,"因为兴奋而变得很狂野……很快帐篷里都是一对对印第安人用一种半文明、半野蛮的调调转啊转啊转,大家都好像忘乎所以了。"部落中一半的人,因为吵闹声被吸引而加入其中,"到处都是大笑大叫,欢愉的尖叫以及锣鼓喧天"。最终这个部落年长的妇女和男子,也被这狂欢给闹得不耐烦了,他们现身并生气地中止了庆祝活动。印第安人是禁止跳白人舞蹈的,白人的舞蹈是腐朽的,"危险的和不正派的",并且遭到部落议会禁止,"只要哪里有草长,有水流",就不准跳。

当迪博斯在此拜访奥马哈人时,这些奥马哈人已经被迫接受在保留地上生活了,而且他们在健康和外表上也和几年前他来访时发生了翻天覆地的变化。"他们的保留地土壤是全州最贫瘠的,而所谓'印第安事务所'就是一些粗略搭建的建筑物,里面有一个铁匠铺、一个锯木工坊还有一个政府的仓库"。看到自己的朋友变得饥肠辘辘,民不聊生,还要受印第安事务所周围那些白人二流子的嘲弄,迪博斯"感觉内心有一阵愤怒浪潮要涌向我们政府整个的印第安政策……如果这是上帝的旨意",他扪心自问,"那么这些人就像他认识的那些人面对过错,勇敢而宽宏大量。面对任何信任都很有尊严、智慧且忠诚;热爱家庭、孩子以及每一寸他们土生土长的土地,应该让他们变成乞丐,并最终把他们从地球表面消灭掉吗?他们该不该给一群卑鄙的人腾出空间来呢?这伙人将他们所有高贵的天性都屈服在积累财产这一无法撼动的热情之下!"迪博斯反思,印第安人最大的失败是给予,而白人的习惯是索取。而且白人在拿走印第安人所给予的一切之后,还要索取更多的东西。

第十九章　零星烽火

在格兰特1868年当选总统之后,他召谢尔曼回到华盛顿,接任陆军总司令。菲利普·谢里丹则接任他成为密苏里战区的司令,职责是保卫与印第安人达成的和平,竭尽所能地来控制那些危急的情势,平息印第安人的不满情绪。

谢里丹发现自己简直忙不过来。在南方各个部落中间,科曼切人和基奥瓦人因为他们胆大妄为的袭击行为而让新墨西哥和德克萨斯两地始终处于一种动荡的状态。尽管他们大多固守在保留地中,但是他们主要还是把保留地当作袭击的运作基地。当地定居人士和贸易商人的大声呼吁相互应和着,呼声透过了国会大厅的墙壁,国会提出动议要关闭德克萨斯的边界,在德克萨斯和新墨西哥的边界上建立起一连串军事保护地区。1869年5月,基奥瓦人的首领萨坦塔组织了一起针对马车队的袭击,杀死了6名马车夫。萨坦塔很不以为然地表示对此事负责。于是,他遭到了逮捕,在一个普通法院被起诉,他被指控谋杀并被判处绞刑。而印第安战士们则掀起了一阵抗议浪潮,迫使格兰特向德州州长求情,将萨坦纳的刑罚改为终身监禁。而当舆论甚嚣尘上,缕缕不绝之际,面对着他的德克萨斯选民的愤怒之情,州长索性直接赦免了这位首领和另外一个印第安人。这一事件非常重要,因为它揭示出了我们今天所知的印第安利益游说集团(Indian lobby)的能量以及它的人数。听到印第安首领被释放的消息,谢尔曼写信给这位冒天下之大不韪的州长说,希望萨坦塔第一块割的头皮就是州长阁下的。

西南地区的袭击和谋杀事件数量开始增加,其动机很大程度上是因为这些部落主要的食物、衣物以及许多其他必需品来源——野牛——遭到集中捕杀而陷入困境。例如,堪萨斯—太平洋铁路(Kansas Pacific Railroad),是从利文沃思(Leavenworth)向外延伸,所经地区的沿线,野牛数量众多,而武装到牙齿的猎人,常常从火车窗口向这些巨型野兽射击。许多野牛被杀仅仅是人们为了它的一根舌头,其他的只是为了一张皮。大多数时候,它们的残骸被当场遗弃,等着腐烂。一种新的处理牛皮的工艺极大地提升了它的价值,而这件事让上述的情况变得更为恶化,并且开启了职业猎手的一种"猎牛潮"。人们稍一驻足,或在一个射击点,常常就要杀死一百多头野牛。"野牛"·比尔·科迪(Buffalo Bill Cody)就是因为一次能射死几百头野牛才得此名号。

袭击和战斗开始死灰复燃。这回,纳尔逊·A.迈尔斯(Nelson A. Miles)被任命来指挥五支由步兵和骑兵组成的正规军纵队,而他们的任务是追踪逃离其保留地的夏延人、科曼切人和基奥瓦人。迈尔斯的第四骑兵队发现有一个部落在帕洛杜罗山谷(Palo Duro Canyon)中,在红河的一个分岔口上的一个过冬营地里活动。骑兵队发起奇袭,把他们赶出了村子,随后彻底地把一应物资如帐篷、食物补给、炊具以及超过1 400匹马和骡子,统统破坏掉。很快,饿着肚子且士气低落的印第安人开始逃出保留地,寻求食物和住所。这些人随即被解除了武装,但也被喂饱了肚子。迈尔斯手下的兵继续无情地追击,打了 14 场大大小小仗,毁掉了七八个印第安人的村庄。最终,谢尔曼的命令传来,要他们"将现有的敌对集团平息下去"。到 3 月份,最后一些南部夏延人来到了位于雷诺要塞附近,达灵顿(Darlington)的印第安事务所,然而当他们感觉自己遭到虐待,一伙人又脱队了,重新占据了山地。科曼切人和基奥瓦人在 6 月份进入了他们的保留地。那些被指认为从保留地"叛逃"出去的首领被流放到了佛罗里达。一些人去了弗吉尼亚的汉普顿学院(Hampton Institute)接受教育。而以理查德·普拉特起头的一所学校,也在宾夕法尼亚州的卡莱尔(Carlisle)建立了起来,为其他人提供了教育的机会。

到了 1869 年仲夏,夏延人和阿拉帕霍人又起战端,袭击了白人定居点,杀死了 117 名男女老少,还掳走了一些妇女。她们当中大多数人遭受了真正的所谓"生不如死的劫难",而且不止一次,是很多次。因为正规军人数正是捉襟见肘的时候,迈尔斯从大约五十个可以上战场的男性平民中抓了一批壮丁,这些壮丁都有意愿教训一下印第安人。迈尔斯把他们派给乔治·福希斯(George Forsyth)统辖,当侦察兵。他们获得的指令是保持跟印第安人的接触。当人数有几千的印第安人发现了他们正在被区区数十名士兵追击后,随即对福希斯的营地发起了全面进攻。这些招募兵装备着 7 发的斯宾瑟卡宾枪。印第安人惯用的战术是骑马靠足够接近美国士兵,吸引他们需要费力装弹的枪支的火力,并且在他们重新装填弹药之前发起进攻。而现在,印第安人发现这种新式的连发来复枪阻止了他们利用宝贵的火力间歇期来靠近这些士兵。尽管如此,他们人数如此多倍于这些美国士兵,似乎后者就要遭受到和费特曼一样的命运了。福希斯的腿给子弹打折了,另外一颗子弹打碎了他的颅骨,就在此时他奋力一喊:"没有人帮得了我们,如果上帝也不帮助我们,那我们就只能孤军奋战了!"中尉弗雷德里克·亨利·比奇遭到了致命伤,另外夏延人中最有名的战士之一,"罗马鼻"(Roman Nose)也被杀死。在入夜时分,攻击方撤退了回去,他们因为这些侦察兵的严防死守而变得军心涣散,但是他们还是有信心在次日将其彻底消灭。天黑了之后,有两个人自愿去寻找援军,而剩下的人则在沙地里挖掘狐狸洞。围攻战持续了5天之后,夏延人深感挫败就撤军了。但守军没有马匹,而且因为受伤而行动缓慢,福希斯本人则深受伤口之苦,别无选择只能留在原地等待援军赶到。在这场会战开始的9天之后,一个黑人骑兵团,第十团,终于赶到了。福希斯的经历让谢尔曼确信,除了用武力迫使印第安人固定在和约中规划给他们的保留地生活之外,没有别的办法。"任何坚持要在老的狩猎地上生活的人都是敌对分子,"谢尔曼写道,"而且如果他们还赖着不肯走就把他们赶尽杀绝为止。"他又写信给他的兄弟,当参议院的约翰说道:"我们今年杀的人越多,那么明年要杀的人就越少。我越看这些印第安人,我越是确信所有的人都该被杀掉,或者永远成为一群贫苦之民。他们对于文明世界的挑战简直就是可笑。"

  与此同时,乔治·卡斯特上校的光辉生涯遭受到了一次惨重的挫败。卡斯特于1861年毕业于西点军校。他很快就展现出了其领导能力,以及他耀武扬威的风格,让他获得了一系列的晋升机会。直至南北战争结束,他成为北军之中最年轻的准将之一。在战争结束之际,他又回复到原先的正规军军衔,成为中校,并受命指挥第七骑兵团。

  厌倦了夏延人的躲躲藏藏以及和这样难以捉摸的对手所进行的如此枯燥乏味的战斗日常,卡斯特抛弃了手下人,回到莱利要塞探亲,去找他日夜思念的妻子伊丽莎白。他在55个小时里走了150英里赶到莱利要

第十九章 零星烽火

塞,但是他军队中的20名士兵,因为其指挥官日夜兼程的行军速度感到极度疲惫,所以就开小差了,而卡斯特命令将其中12名开小差的士兵击毙。而卡斯特之后也被军事法庭以擅离战地指挥岗位,下令枪决逃兵以及其他五项较小的罪名加以指控。最终的宣判结果是,他被处以中止指挥权一年。

在1868—1869年签订的一系列和约,曾经花费了大量的时间和金钱。而在其不断崩解的后续影响之下,甚至格兰特总统也变得越来越没有耐心。他毫无疑问是受了谢尔曼的影响,表示说一定要确保移民平安无事地通过大平原地区,"即便确保这样的结果需要消灭所有印第安部落"。尽管他私底下表达了这样的观点,但是并没有发生什么灭绝战争。他们仍然努力哄骗或者迫使印第安部落遵守和约的条款,尽管做法笨拙且收效甚微。一种不可阻挡的趋势是美国人正在向西涌来。这个问题在1849年的淘金潮,以及随后落基山脉发现金矿银矿和在人们定居西北地区、一支支从独立市或者奥马哈市出发向外探险的马车队,还包括工程浩大但是趋势不可阻挡的向西铁路建设(以及从太平洋向东的铁路建设)被屡次提出。这是难以避免的,就像印第安部落唯一知道要怎么做的事情就是:狩猎以及捍卫他们的生活方式。即便美利坚合众国政府忠实地遵守每一项和约的每一个条款,这个国家的西进之态势已经无可遏制。印第安部落的毁灭以某种方式延续着,而大势已去的部落则发起反击——他们穷凶极恶、狡猾多端却终究竹篮打水一场空。

谢尔曼打算,在一个小型规模上,使用他在佐治亚的时候曾经成功使用的一套战术的变种:冬季消耗战役,不给印第安人喘息之机,也不给他们机会来狩猎,以及在过冬营地里保护自己的妻小。与之相对应,谢里丹策划了一种三管齐下的攻击方式来打击夏延人和阿拉帕霍人的过冬营地。他自己将主导这次战役。"我认为还是自己亲身去最好，"他写道，"因为这场战役是试验性的——在这样一个季节打仗，在上了岁数的、有经验的边民们的意识中是不可能实现的而且是鲁莽的，而且我也不想我自己没有身临其境地去评判他们所遭到的困难和物资匮乏情况，就让我的部队置身于极大的危险处境之中。"这些话是一个久经沙场的老兵才能说得出来的。在他的麾下是刚刚结束一年停职的卡斯特，如今他重获指挥权，回到了原先无论是马匹还是人都被他虐待过的第七骑兵团。卡斯特作了一些改变，将兵团重整、培训最终成为谢里丹的远征军中纪律最严明的部队。谢里丹深知尽管好的士兵不只是服从命令，但是却是从服从命令开始的。他命令率领一支纵队的卡斯特，一旦发现印第安人离开保留地就绞死，如果是妇孺就充作俘虏。对印第安人不作区分，而且也不在可能无法在离开保留地，参加针对白人定居者以及马车队的袭击的印第安人和只是四处游弋、打猎的印第安人之间作出区分。

　　黑壶率领下的一支夏延人部落，在出没于沙溪一带的时候，在位于瓦西塔河上的自家村子里遭到突袭。尽管夏延人勇敢地给予反击，但黑壶和其他众多的战士都被杀害，村子被毁，875 头马驹被杀。但是，无论哪一次对印第安的大开杀戒，都不能让奇温顿那些没有约束的士兵发起的那次进攻稍为逊色。即便有妇女和儿童被杀，当局却宣称这些人卷入了战斗，因为双方自卫而惨遭毒手。同时，卡斯特也得到消息说，另外一支由乔尔·艾略特（Joel Elliot）统率的纵队被一支庞大的印第安部队死死缠住。而卡斯特，莫名其妙地坐视不管，没有去援助艾略特。于是，卡斯特获胜的荣耀因此大为黯淡。因为艾略特的纵队全军覆没，1 000 多匹马被夺走。艾略特和他的手下被杀的被杀，尸体受辱的受辱。卡斯特没有去援助艾略特的一种较为不近人情的推断，是认为此事和艾略特在卡斯特受罚期间统率过卡斯特的第七骑兵团有关。

谢尔曼致信谢里丹道：

> 我十分满意卡斯特的攻势，如果他以同样的方式来伺候萨坦塔（基奥瓦人首领）和公牛熊的部落，那么我就不必为战败而垂泪了。我要求你们继续前进，杀死并惩处敌对分子，解救被羁押的白人妇女和儿童，缴获并摧毁夏延人、阿拉帕霍人和基奥瓦人的马驹、长矛、卡宾枪，等等。不一而足。先明确一下他们必须在哪里定居，随后把全员（无论是友好的还是敌对的印第安人）组织进一些可以监视的营地，提供经济上的援助，直至我们把他们转变成像切诺基人和乔克托人一样自给自足的部落。

卡斯特和谢里丹也许是因为艾略特的全军覆灭而变得头脑清醒，他们采取了更为怀柔的政策。卡斯特紧跟着并赶上了一支夏延人的队伍。他带着两名副官一人一骑来到他们的营地，劝说"钝刀"（Dull Knife）、"肥熊"（Fat Bear）和"大头"（Big Head）去他们的保留地生活，不要负隅顽抗。这一事件表明，除了杀死他们还是有一些更好的办法来劝服各部落遵守和约条款的。谢里丹领导的针对南部夏延人的瓦西塔战役激起了印第安利益鼓动分子的抗议浪潮。人们向格兰特总统请愿，让他撤走军队，并授予夏延人公民权，这才中止了这次冲突。

1870年1月23日，又一场"沙溪大屠杀"上演了。那时，尤金·M.贝克（Eugene M. Baker）上校在怀俄明领地对一伙派岗人发动奇袭，杀死了173名印第安人，其中绝大多数是妇女和儿童。派岗人此前一直袭扰白人定居点，偷盗牛和马匹以及其他任何没有拴住的东西。当这次奇袭的新闻传到东部时，又掀起了一阵愤怒抗议的浪潮。在国会，来自印第安纳州的民主党人丹尼尔·沃里斯(Daniel Voorhees)宣称这样的进攻"无法在上帝和人类面前得到辩解"，《纽约时报》则谴责其为"令人恶心的屠杀"。与之相对，在怀俄明领地内的却都是对贝克表示赞扬的反响。此外，还有呼声要求采取更多类似行动直至整个大平原地区各印第安部落被缴械并安置在保留地之中。莉迪亚·玛利亚·柴尔德则直接将责任归于军方。军队"这种得到准许的战术，即教导红种人不要去杀人的做法，实际上却导致他们妻小惨遭屠戮……无差别地屠杀没有反抗能力的妇女和无辜孩童并不是战争行为——这是一种屠夫的行为。这是谋杀……"温德尔·菲利普斯在一次改革同盟(Reform League)的会议上发言，以他特有的风格特点说道："在大平原之上，我只知道三个野蛮人的名字——贝克上校、卡斯特将军和谢里丹将军(鼓掌)……感谢上帝，我们在白宫里有一位好总统，他首要关心的是尼格罗人，其次就是印第安人(鼓掌)。他寻求对印第安人的保护，不是依靠谢里丹和谢尔曼那粗鲁的嗜血政策，而是靠选举权和公民权——这是保护那些盎格鲁-撒克逊人个人权利的伟大灵药。"

弗雷德里克·道格拉斯的讲话也表达了同样的主题。他宣称，除了蓄奴制度之外，印第安人的处境是："我国历史中最悲惨的一章。这是此刻砸向美国基督教和文明世界的头脑们最可怕的耻辱；这个国家似乎产生了共识，这些原著居民……应当在基督教和文明世界面前消逝掉！"国会两院达成一致的动议，认为"现今的军事政策是不明智、不公正、压迫性的、靡费的，与基督教文明格格不入的"。

信念坚定的莉迪亚·玛利亚·柴尔德，决意不仅要从印第安人那边，也要从定居者那边获得事实的真相。在她曾严厉谴责的派岗人大屠杀的

第十九章 零星烽火

后续发展中,她宣称定居者"应该得到保护!……这些白人前线定居者,整日生活在生死莫测的险境之中,从人性的角度来看,他们对印第安人漠不关心,或者无法平等对待他们实在是太正常不过了"。她说,这是政府的责任来同时保护好定居者的生命以及印第安人的权利。

派岗人大屠杀也给一些印第安首领有了新的动力,促使他们前往华盛顿进行活动。在1866年曾让费特曼上尉全军覆灭的红云,捎话给费特曼要塞的军事长官说,他和一些手下的部落首领准备前往华盛顿,要将他们心中的愤懑,不假他人之手地告知于伟大的白人之父。在华盛顿,他们得到了彼得·库珀[①](Peter Cooper)以及其他一些美国印第安委员会成员的接待。他们得到了来访皇室成员的待遇,参加了许多聚会和招待会,最后一站,白宫为他们举办招待晚宴,准备了一桌丰盛美馔。红云对这些奢华排场无动于衷,他对印第安委员会的委员们直言不讳地说道:"你们说伟大之父善良又和蔼,但我看不出来……(他)把子民们送到我们那儿去,只把我围成一座孤岛。我们民族就像阳光暖和的那面山上的雪慢慢在融化掉。而你们的人就像夏天快要来时的春草之叶。"

当红云和他的扈从们确信在华盛顿进一步谈判也不会再捞到什么了之后,就要求送他们回布莱克山,但是许多热情的印第安之友还等着在纽约城和他们见面。印第安首领们表现得很冷淡——他们只想回到自己的部落。他们被送上火车,似乎是要去往奥马哈的,但是几个小时之后他们却发现自己来到了纽约——他们又被白人算计了一次。彼得·库珀竭力地安抚他们怒发冲冠的情绪。当红云提到格兰特拒绝给他17匹马的礼物,库珀就答应会给他提供。但是就在这些印第安酋长可以和他们的支

---

① 以上同情印第安人遭遇的人士,详情参见第十七章。

持者见面的时候,奸诈的詹姆斯·菲斯克(James Fisk),这位华尔街的投机商人,怂恿他们离开现场去往他的大歌剧院(Grand Opera House),据报道在那里,"他们看上去对半裸的芭蕾舞演员技艺精湛的嬉戏跳跃、对色彩斑斓的粗棉布、锃光瓦亮的罐头和红色的火焰,尤为感兴趣"。似乎,我们很笃定地能估计出这些印第安酋长们和"吉姆"·菲斯克在一起的时候,比起和头脑清醒的彼得·库珀在一起时要自然惬意得多。

次日夜,彼得·库珀亲自把红云和其他印第安首领带到了满满一屋子人的面前。红云,戴着一顶高高的海狸帽子,通过翻译进行交流。他宣称,苏族人遭到惩罚,是因为一些特立独行的战士做出的举动,而他们是因为白人给的威士忌酒而被蒙蔽的。"你们有孩子,"他说。"我也有。我想把我的孩子们养育好,并且向你们求助……我们不渴望财富,我们想要的是和平与爱。"

红狗(Red Dog),如今是个垂垂老矣的首领了,但是却成为一个著名的演说家,他在红云之后说道:

> 时代变得险恶,而我们还保留赤子之心……据我所知,在座各位都是理性之人、尊贵之士。因此我就大言不惭地向贵方请求,若你们要派人来我们的土地,他们一定要是正直之人,要秉持争议,不会遗祸于我们。
>
> 我不想你们再派人来到那片土地上了,这些人是如此穷困,就只想着把口袋装满。我们想要那些会帮着保护我们保留地的人,以及会保护我们免遭那些对我们心怀不轨者的荼毒。

第十九章　零星烽火

红云、斑点尾（Spotted Tail）以及其他苏族首领此次访问的成功，导致一个全新的致力于帮助印第安人的组织成型了。而这次访问之后的第二年，又是在美国印第安委员会的赞助之下，另一次类似的访问也得以成行。这一次来的是夏延人、阿拉帕霍人和维基塔人的首领。首领们态度明确，正如他们先行者提出的，会谈的核心问题是铁路轨道对印第安人土地的侵犯。其他所有的问题都可以妥协和解决，但是他们无法容忍"铁马"呼啸着、一路燃烧着通过他们的狩猎地，惊扰野牛，时不时地点燃干草。内务部的新任部长哥伦布·德拉诺（Columbus Delano）告诉这个代表团，"我们无法阻止在全国范围内清理土地并建设城市和铁路的势头。伟大之灵已经裁决准许，因此它将继续下去"。这些酋长们在库珀联盟学院对另外一群数量多到挤不下的人发表的讲话中，"好野牛"，一个维基塔人宣称："白人对我们的人做了很多错事，我想结束这一局面。如果你们想为我们做任何事情，我们希望你们能赶快去做。"

作为回应，威廉·道奇许诺，委员们将继续竭尽所能"制造舆论"，使之有利于印第安人，但也重申了委员会的目的是要"教育、提升和基督化印第安人"。于是乎，在印第安人要求不受干扰地在他们自己的土地上享受生活的呼吁以及白人会以一切方式"开化"印第安人的保证之间有着不可弥合的鸿沟，而这是热血沸腾的旁观者免不了会忽略的。毫无疑问，也无须辩论的是，印第安人没有哪怕一丁点想要被"开化"的意愿。这就能说明全部的问题。也就是为什么他们留在那里，请求不要再来侵犯他们的狩猎领地。这些仪式性的会议，说它们是跌宕起伏也好，是荒诞不经也罢，总而言之是令人伤心的，因为注入其中的所有希望和期待，注定是要失败的，尽管如此，这些会议还是凸显了社会改革者想要为原住民实现正义的决心。

在波士顿的特莱蒙特教堂①(Tremont Temple),他们又面对了一大群民众,而话题也如出一辙。这回,石头牛(Stone Calf)把话说得更明了了:"立即停止任何经过我们土地的铁路工程,这样我们才能长久地和美国人民和平相处。"这番话就好像当太阳在运行的时候把它抓住,或者让地球不再旋转。而温德尔·菲利普斯的请求说美国人民的正义感会保护"哪怕最小的印第安部落人一点一滴的财产和最微不足道的权利"听上去十分空洞。

如今,那些最好战的部落首领纷至沓来。红云带着他部落的29位成员于1872年再度来访,这一回是因为受到了要给北太平洋铁路让路的压力,而铁轨的位置临近保德河(Powder River)。在1872年的夏日过去之前,至少有6个代表团造访了东部各大城市以及首都,控诉了他们在不同官方和非官方实体面前遭到的委屈,他们公开集会,吸引了大量的观众。回到家之后,他们告诉他们的部落同仁,美国是多么富有和强大,也说到了许多白人朋友给他们的支持。最后,同样是这些朋友给了他们的措辞激烈的担保,将会鼓励这些更好战的部落继续抵抗,并且因此,一不留神就会造成更多的争斗和更多无法避免的流血事件。而这必然就是愤怒的西方人深信不疑的。

1872年,恰好也是总统竞选年。也就是在这一年,在卡尔·舒尔茨(Carl Schurz)、查尔斯·弗朗西斯·亚当斯(Charles Francis Adams)和其他一些政见不和人的领导下,共和党的自由派②与格兰特当局的政策和丑闻划清了界限。在这个节骨眼儿上,格兰特对于同印第安保持和平的政策,即所谓贵格会政策的强有力支持,使他与社会改革派的关系相当

---

① 为基督教浸礼会的教堂。
② 这批人自组了自由共和党但不幸遭遇惨败,后大部分人加入了民主党。

第十九章 零星烽火

稳固。许多像温德尔·菲利普斯这样的人，站在格兰特身边，拒绝投靠贺拉斯·格里雷①(Horace Greeley)的主要原因，据说是因为格兰特对于解放黑奴和印第安人所采取的坚定而公正的处理方式。威廉·道奇赞扬了总统的印第安政策，他宣称这一政策"吸引了整个基督教和慈善世界的关注和同情"。

格兰特在大选中的胜利并没有过去太久，在加利福尼亚发生的莫多可战争(Modoc War)则再次让印第安之友们活跃了起来。这个莫多可部落，是由一个能力卓越且相当狡诈的酋长领导的，名叫杰克船长(Captain Jack)。莫多可人曾经被粗暴对待，从一片保留地挪到另外一片保留地（开始和他们的宿敌——卡拉玛斯族的印第安人不愉快地结合在一起）。他们起来反抗又一次的迁移，于是有一支部队向他们的营地扑来，用枪指着他们，迫使他们就范。莫多可人发起抵抗，战斗开始了。莫多可人撤退到了附近的火山岩床地，就在那里他们把美国士兵困在了海湾边。最终，杰克船长答应和爱德华·R.S.坎比(Edward R.S. Canby)将军以及两名负责言和的专员商讨和谈细则。坎比和其中一名专员遭到杰克船长和他手下的部落首领当场杀害，而另外一名专员，阿尔弗雷德·B.米亚查姆(Alfred B. Meacham)身负重伤，被他们弃之不顾。加利福尼亚的人立即要求对莫多可人背信弃义的袭击进行严厉制裁，随后有17名莫多可人，其中就包括了杰克船长被军队捕获。在东部的社会改革家被这一事件震惊了，并且格兰特总统的和平政策也遭到了一次严重的挫折。但是这些慈善家们积极地集会，他们宣称，这些杀人凶手，尽管应当受到谴责，但也不过是数十年来对于西部印第安部落的欺辱和剥削所产生的必然结果。

---

① 自由共和党参与1872年大选的候选人，最终惨败于格兰特。

在一片针对坎比和言和专员被害事件,那喧嚣而纠缠不休的争议声中,一群白人拦住了被俘的莫多可人以及俘获他们的人。在被驱散之前,这伙人杀了3个印第安人。眼下,东部的抗议声高涨起来,要求在法律面前人人平等。这些杀死印第安人的凶手必须被逮捕并被带上法庭。阿尔弗雷德·米亚查姆,这位幸存的和谈专员,也加入到那些要求限制与缓和对莫多可人采取惩罚措施的人一道,他表示"在加利福尼亚和俄勒冈的有一些白人比起杰克船长本人更应该对坎比将军的流血牺牲负责"。米亚查姆作为一名与印第安人言和的倡导者的这番现身,在社会改革家队伍中起到了鼓舞人心的作用。当温德尔·菲利普斯为了莫多可印第安人的权益辩护,在波士顿的帕克街教堂(Park Street Church)发表演说时,他宣称:"我们从来都没有在演讲台上出现过这样的见证者。他浑身上下都是由印第安人之手而造成的伤痕。他受尽了人们所能承受的痛苦却依然活了下来——而他却依然发声为印第安人代言,这足可称得上忠于原则、抵御一切诱惑和伤害的绝佳典范。"伤病痊愈之后,米亚查姆在东北地区的教堂进行了每周多达5次的演讲。

当杰克船长和其他5名莫多可人被一个陆军军事法庭判处绞刑之后,由环球和平联盟①(Universal Peace Union)所领导的主和派,将其工作重心放在了如何从总统那里争取到行政赦免令上。莉迪亚·玛利亚·柴尔德在内的一群人得到了向格兰特总统陈述的机会,后者向这一群体的成员承诺"一切受谴责的莫多可人都不应被绞死"。在各个代表团、各种纪念活动以及各类陈情表连续好几个月的围攻之下,格兰特总统将其中两名被判刑的莫多可人减刑为终身监禁。在当时的情形之下,这至少

---

① 由费城慈善家、政治活动家阿尔弗雷德·乐福组建,并终身担任该联盟的主席。

象征着社会改革家取得了一部分的胜利,而且这也可以视作格兰特总统矢志于和平及和解政策这一点得到了再次确认。

社会改革家现在开始将他们主要的重心放在了如何劝说原住民接受土地的分割状态——例如,个人对土地的所有权。这一场战役,尽管是在极大的善意姿态下展开,却得不到部落本身的什么支持。为了回应称这只是又一种伎俩,要把原住民所剩不多的保留地也一并夺去这样的指控,条款规定一旦每一个印第安人男性都拿够了160英亩的土地,那么保留地上剩余的土地将留在为部落设立的信托基金会中,一旦从租赁这些土地中获取了何等的收入,都将会拨入部落的用度之中。

第二十章　印第安战争的尾声

1874—1875 年冬天所谓的红河之战①（Red River War），实际上远远算不上是一场战争，而是一场消耗战，其发动的目的是迫使贫苦的印第安人接受在保留地中生活。然而，这并不标志着南部大平原地区印第安人自由狩猎生活的终结，尤其是南部的夏延人、基奥瓦人以及科曼切人的大多数部落。

为苏族人和北部夏延人留出来的一大片广袤的地区，其中心点是布莱克山（Black Hills），谢尔曼和他的副手们则表现了他们的决心，一定要把白皮肤的人拦在外面，而把红皮肤的守在里面。但是伐木业和采矿业的淘金者不断施加压力要求开放这片区域。而且，说布莱克山里面都是金银的谣言，一直没有断绝过。还有一种说法，就是 1873 年的大恐慌和大萧条②是因为发现了新的大金矿所提供的经济刺激才缓解下来的。对

---

① 交战双方是美国政府以及生活在南大平原地区的基奥瓦人、科曼切人、阿拉帕霍人和南部夏延人之间的战争。
② 这次资本主义经济危机被称作第一次国际经济危机，是由奥匈帝国首都维也纳的股市崩盘引起，波及美国，进而危机影响整个欧洲，时间跨度从 1873—1879 年，长达 6 年之久，也被称作"长期萧条"（Long Depression），重创了几大资本主义大国；其中英国的经济萧条直至 1896 年才完全从中恢复。

第二十章 印第安战争的尾声

于苏族人和夏延人来说，布莱克山是宗教崇拜的对象，原住民相信山中都是圣灵因此是不能碰的。他们所关心的是黄石河盆地的鹿和野牛。

除了这些压力，他们还疑心夏延人和苏族人会袭击他们的南部边陲，进入普拉塔河分部，在那里爱德华·O.C.奥德（Edward O.C. Ord）将军负责保护帕尼人和敖塞吉人。特里将军，指挥着密苏里分区的达科塔分部——其中就辖有布莱克山地区。他辩称自己能控制苏族和夏延人活动的唯一办法就是在保留地内建立起一座有力的军事据点。他把这个提案递交给了谢里丹，而由他向谢尔曼建言，"为了更好地遏制印第安人，让其不再向南发起袭击"，必须建立起一座大型据点"从而，我们能在印第安地区的核心地带掌握其中心点，一旦他们对我们的定居点发动袭击，我们就能威胁到印第安人的村庄和囤积品"。既然脑海中已经有了这个方案，就有必要深入印第安地区进行勘查。卡斯特被选去拟定一份对该地区的详细报告，报告将尤为关注布莱克山各片山地本身。

除了10名骑兵以及一支庞大的马车队陪同之下，卡斯特的此番远征还带了5名报纸记者，其中就有年方23岁的威廉·艾勒罗伊·柯蒂斯（William Eleroy Curtis），他是为《纽约世界报》（*New York World*）作报道的。柯蒂斯很快就开始听命于卡斯特，成为一名类似于这名上校御用喉舌的人。"他是一个伟大的人——一个高贵的人，"柯蒂斯写道，"……他是个身材瘦削、安静斯文的绅士，面容如女孩般姣好，而举止极其温柔、谦逊就像过去的王子。"这位记者还发现这位打击印第安人的斗士还教了两个小女孩读书——她们一个是白人，一个是黑人。

在这支远征队中，声名显赫的是一位叫作"血刃"（Bloody Knife）的阿利卡拉人战士。他有很多亲属被苏族人杀害，而他是首席印第安侦察兵，并且是卡斯特的私人副官。早在远征开拔之前，就有一场全国性的辩论，讨论是否该授权进行这次远征。红种人的朋友们谴责格兰特总统竟然允许这样的远征。圣公会主教以及派往苏族人的印第安事务特派专员，威廉·海尔（William Hare）将这次行动指控为"专横的暴行"，但是特里将军坚持认为这是一次必要的勘测行动，是与政府的政策保持一致的，如果回顾50多年前，在史蒂芬·朗格的时代，那么"派遣带有军方人员的探险队进入未兼并的领土……会不会有可能，"特里写道，"（1868年的）和约的目的，就是要在这个国家领土的中央地带，划出一片几乎相当于密西西比河以东最大的一个州的土地——几乎相当于新英格兰六个州合起来面积的2/3——在这片地区之内，美国政府禁止使用在其他领土上所拥有的权力，不得在其需要之时派遣军事力量？"

当远征队在1874年7月初开拔之时，是典型的卡斯特表演时间。16名乐手骑在白马上演奏《我遗忘的女孩》①（*The Girl I Left Behind*）。卡斯特骑在队列的前面，方形旗和燕尾形的军团旗帜迎风猎猎。他着一身鹿皮衣，头上一顶他标志性的宽檐帽子，围着红色的围巾；他的灰色猎犬跑在队伍前面，而弗雷德里克·格兰特，这位总统的公子骑马在侧。弗雷德②早先被他的父亲送去航海旅行，希望让他戒掉酒瘾。如今，他又想通过陆地远征来试试运气，不过，最终也无甚成果。

至少远征队里有一个成员——西奥多·艾维特（Theodore Ewert）下士，并没有对这次远征或者这位统帅抱有什么幻想。美国的军官常有一种负担，即在他们征召的人马当中，那些受过良好教育、有文化的个人总是热心于记录自己长官身上的瑕疵和缺点。艾维特是个德国移民，在南北战争期间当过中尉。在他看来，比起收集科学数据，卡斯特对于取得军

---

① 为著名的军乐作品。
② 为"弗雷德里克"的昵称。

第二十章 印第安战争的尾声

事上的功名更有兴趣。"未知且未被探索的布莱克山地区是他想要取得全新战功的全部诱因,让他不计劳力、困难,甚至不惜生命地收集这些东西,使之成为他夜以继日所开展的研究,"艾维特写道,"他个人以及国家的荣誉与'光荣的'吉奥·A.卡斯特之名比起来,简直是小巫见大巫……美国政府忘却了自己的荣誉,忘记了它与达科塔苏族人之间尚在执行中的神圣协议,忘记了要做事正派,却派了一支远征的队伍来入侵布莱克山地区。"

艾维特也绝不是一个全然袒护印第安人之士。他对于像红云这样的印第安人首领,这位"菲尔·科尔尼要塞大屠杀①的始作俑者、策划者和扇风鼓动者",身上带着杀害定居者以及数不胜数其他部落的印第安人的血债的人,竟然能横行无阻,表示了极大的愤慨。"印第安事务特使们,"他写道,"如果让每个红蕃鬼血债血偿,那么他们就会丢掉手里的肥差……啊,您这尊贵至极、无所不在、伟大而可敬的'万能的金钱',您让人们腐朽而堕落。为了您啊,善良之人要去杀人越货,放弃了一切高贵之思,不惜断其父母、兄弟姊妹之喉,只为了来攫取您啊。"在艾维特看来,充当牺牲品的是那些被派去参与危险任务的普通士兵,而这些任务的终极目标是给贪婪的投机商人输送利益。

远征途中偶见印第安人,但是这都在侦察兵的时时监控之下,而其一举一动的情报都通过烟雾信号及时传送了。"到目前为止,"柯蒂斯在7月末写道,"我们没发现什么特别的东西。矿工没有找到金子,地质学家也白费力气,没找到'未发现的进化过渡物种②(missing-link)'的化石。

---

① 见本书第十七章,费特曼中尉全军覆灭之战。
② 古生物学家和地质学家为了寻找物种演变的证据而需要得到的过渡物种存在的证据,主要是其化石。例如介于恐龙和鸟类之间的始祖鸟。

自然学者日复一日地把他们马鞍袋渐渐清空,却没有找到什么新的生命奇迹的所在。士兵们也找不到印第安人来对打,故而,从正面的角度来看,此次远征算是不成功。"在布莱克山地区,远征队来到了伊甸谷(Edenic Valley),这里到处是野花。乐队演奏了《为何如此美丽》(*How So Fair*),当兵的也纷纷把花插在帽子上。士兵们开始了一场棒球比赛,由"活动队"对阵"竞技队"。大家嬉戏玩闹在一起,而这次远征也俨然成为一次超长的野营旅行。最终,队伍里的矿工开始寻找带有黄金的石英石的踪迹了。很快,远征队大部分成员都四散分开前去寻找金子。比起远征中的鼓吹分子之前所盼望的偶然间发现一处金矿,或者找到"新的埃尔多雷多①(New El Dorado)",要逊色得多;但是实际情况也足以让谣言不虚。尽管卡斯特在递交给谢里丹的报告中警示,在事实依据如此薄弱的情况下"请勿造成……任何有关金矿矿藏的舆论",但舆论**还是**形成了。当远征队小有斩获的消息传到拉赫米要塞之后,《杨克敦每日新闻及达科塔人报》发布消息说:"**终于找到了!** 蕴藏量丰富的金矿和银矿被卡斯特找到了。**期待升平盛世吧!** ……卡斯特归来即可付清国债。"

但有一位通讯员写给《纽约论坛报》的稿件却没有这么狂热。"那些只是为了金子而在山里搜寻的人们,一定已经准备好撞大运了,"他写道,"这些过分自信的家伙,来学习一下派克峰的历史吧。同样,布莱克山也有好几处在此捐躯的壮烈之士留下的丰碑。"8个星期之后,远征队回到了他们从此出发的林肯要塞。他们一共走了8 000英里,只看见屈指可数的几个印第安人。而伊丽莎白·卡斯特在其丈夫归来之时,晕倒在他臂弯的样子,为这次远征画上了戏剧性的最后一笔。

---

① 埃尔多雷多为传说中的印第安金子之城。

第二十章 印第安战争的尾声

紧接着,就是一场旷日持久且激烈无比的有关金矿问题的辩论。东部人士,大多是站在印第安人一边的,他们坚持认为,有关金矿的讨论不过是想吸引开矿者到该地区去,使得1868年协议作废的花招。人们广为引用弗雷德·格兰特的话,他宣称自己没有看到过金子。而这消息激怒了像俾斯麦和杨克顿①这些小镇上的居民。不管有没有军队,渴望金子的白人是无法阻挡的。6个月之内,据估计有至少800名开矿者徘徊于山间,许多人都很期待能和苏族人签署一份新的协议来开放这片山区的金矿银矿的开发。和约会议召开于1875年的夏季。2万苏族人齐聚于怀特河的沿岸。这些苏族人和他们的首领,如今相信了在布莱克山中蕴藏着大量的财富,因此他们分裂成无条件反对割让土地的以及决意要和政府谈判代表之间进行艰苦磋商的两派。

在和谈会议开始之后,红狗首领宣称他和他的部落,如果放弃对布莱克山地区的领土主张的话,作为回报,他希望政府能照顾他们"从现在开始的七代人"。红云也表示赞同。小熊(Little Bear)补充道:"我们的伟大之父有一所装满钱的房子……布莱克山是印第安人的金屋子。我们指望它来变得富有……"斑尾这位一直小心翼翼避免与白人开战的首领,也发表了个人意见:"只要我们还活着,就希望你们能付给我们钱。我们想把所有的财富都给总统阁下,并支取永久的利息……我就想靠我们的钱的利息来过活……"那么政府该付多少钱呢?开矿权40万美元一年,或者600万买断。这位首领扬言,光这些还不足够,于是谈判也就破裂了。

政府方面还有最后一样武器可以使用。在1868年协议条款规定下,政府必须为各部落提供4年的"年俸"。在4年期限到期之后,政府仍然

---

① 均为达科塔地区的城镇。

在提供补贴。除非这些部落答应出售或者出租布莱克山地区，那么政府就会停止补贴。实际上，当大平原地区的印第安人（甚至其他部落的印第安人）在他们答应接受每年发放的食物和货物之时，就已经丧失了独立性。从此以后，每一个部落的生活，都程度或重或轻地变成，围绕在每年所分发的非常需要之物周围的样子；而因为物品的分配，在白人那边（有时，也在印第安人中间）造成了无休无止地进行欺诈和开始腐化堕落的诱惑。通常，如果作为年俸的货物会姗姗来迟，而原住民则变得越来越不耐烦，敌对情绪越发高涨。更有甚者，导致无数无辜定居者死亡的明尼苏达人起义，其部分的动因源自政府年俸的迟发，以及对分配方式的不满。对于印第安人来说，他们一方面万分期待，并且时时急需食品供给；另一方面也憎恶这种期待，因为他们知道这种期待是他们依赖他人的标志。

各部落好战的印第安人开始归附到那些最难对付的印第安首领的大旗之下，疯马和坐熊是其中翘楚。印第安人暴行的故事，以及苏族人和北部夏延人将要合力发动一场消灭所有白人的战役的谣言，一时甚嚣尘上。许多首领都深信，这回必须不惜全力下注一搏，不然也会失去手中剩下的所有一切。另外一些人则发出警告，不要发起挑衅，以免和美国军队摊牌。要想征服他们的白人实在是多如牛毛。这些首领认为，他们所能期待到最好的结果就是达成一份共识，即保护各部落免于挨饿——通过每年的食物配给来实现——以及保证印第安人有足够的土地，让他们能在此耕种和放牧。而比较好战的则辩称，从许多美国军事人员的所作所为大致可以推断，白人唯一理解的东西就是武力。近期的经历也证明，只有杀死大量的白人士兵，才是让美国政府更为屈从的唯一法门。难道不就是费特曼及属下部队的全军覆灭直接导致了1868年和约的签订、波兹曼小道上要塞的废弃以及8年相对和平的时期吗？这是一个无法辩驳的观点,让人无言以对。红云的声名日渐斑驳,因为他已经老老实实地安定下来,试图劝说他的子民学习白人的农耕技术。比较好战的印第安人,一边拒绝接受红云的领导,一边指着他 1868 年战胜的事迹作为佐证,认为美国军队可以在战斗中被彻底打败。

"苦仇"(Gall),是杭克帕帕部落(Hunkpapa)苏族人的首领,他举其自身及其部落全部之力,支持坐熊和疯马的阵营。这些所谓"未缔结和约的印第安人"撤退到黄石河盆地,此举实际就是逼着美国军队要将他们斩草除根。当铁道线延伸进入 1868 年和约中所规定的苏族人和夏延人保留的土地时,时机也告成熟了。这份和约的目的之一是要确保铁路能安稳地进行建设。但是谈判专员们却没有仔细地限定线路的走向,而现在,很显然铁路会通过黄石河南岸苏族人的土地。两名专员被派去协商为铁路寻找一条通道,但是印第安人却不愿松口:不能有铁路!

在怀特河谈判流产之后,印第安人事务局命令布莱克山地区印第安保留地所有的部落到拉赫米要塞报道。时值深冬腊月,此时去往蒙大拿—怀俄明地区旅行是既辛苦又累人的。而且,甚至搞不清楚是不是所有的部落都被通知到了这则命令。不管怎样,只有一个部落响应了这次传召。那些没有来的部落就被认为是敌对部落,于是谢里丹制订了一个作战计划,准备发动一场战役攻伐之。他决定再次使用三管齐下的战术。特里指挥一支约 1 000 人的部队。乔治·克鲁克将军则从北普拉特河出发前往黄石河谷。约翰·吉本上校将从埃利斯要塞(Fort Ellis)沿着黄石河进军。这三支分队将在比格霍恩河以及黄石河交汇处会师。

1875—1876 年的这场战役在隆冬时分开始,而士兵们也因此饱受天气的困扰。推进到保德河的时候,克鲁克在雪地中发现了印第安马驹的踪迹,在跟踪之后发现了一些熟睡中的夏延人的营地,这些人实际上正准备回到他们的印第安事务所去。这些印第安人顽强地予以反击,并打垮了这些士兵,而士兵们溃散而逃,弃死者于不顾,据说,还落下了一名伤病。而夏延人的首领,两朵云(Two Cloud),发誓要为了他眼中的这记背后偷袭来向白人报仇。这实在不是什么好兆头。各部落军心大振,而且敌对印第安人的数量也在与日俱增。与此同时,谢里丹也叫停了早春之前的一切战斗行动。

因为卡斯特长时间不在指挥岗位上,因此战幕的重启也被一拖再拖。在时任战争部长威廉·贝尔克纳普收受贿赂的事情东窗事发之后,卡斯特要为这位部长在前线地区多个军事据点滥用权力的情况提供证词。卡斯特被传唤到华盛顿,但他在那里所说的证言却主要是道听途说和臆测推断。更有甚者,卡斯特还大胆地暗示格兰特的兄弟与此事有所牵扯,并且含沙射影地说总统本人也牵涉到了有关印第安保留地边界的一些可疑行动中。以上的这些事情延缓了与印第安人之间的战役,因为卡斯特仍旧统帅着第七骑兵团,并且要在特里全权指挥下那支部队中打头阵。最终,谢尔曼传来将领,卡斯特被免去其指挥权,并由特里本人来亲自指挥这支部队。卡斯特就滞留在圣保罗①。卡斯特的无数好友和仰慕者急切地向格兰特总统说情,而卡斯特也写了一封恳求的信给他,信中有这样几句话:"我恳求足下以战士的身份出发,使鄙人免受莫大之羞辱,眼睁睁目睹鄙人统帅兵团前去与敌人会面,而我却不得与之共患难。"毫无疑问的是,考虑到这般挤兑卡斯特势必会造成舆论哗然,而且也料想到他的政敌会满怀怨毒地指控于他之后,格兰特最终还是不情不愿地应允了卡斯特的要求。在转达总统批准函的时候,谢尔曼加了一条警示批语给特里:

---

① 在今明尼苏达州。

第二十章 印第安战争的尾声

"务必规劝卡斯特保持谨慎,不要随行带任何新闻记者,这类人经常搞些恶作剧,而且也要让他将来不要行个性张扬之事。"但卡斯特远没有自我救赎和改过自新。他不仅随行带了一名报社的记者,而且他还和一个副官说,他想要"在夏天摆脱特里将军的管束",尽管很大程度上而言,正是特里的支持才让卡斯特得以官复原职的。

在特里的指挥之下,这支 1 200 人的部队于 1876 年 5 月 17 日黎明离开了林肯要塞。卡斯特的第七骑兵团是其中最庞大也最有经验的一个建制。部队中有 45 名印第安侦察兵,大多数是阿利卡拉人,另外还有 190 名平民。卡斯特的兄弟,托马斯指挥着 C 连,而他的妹夫詹姆斯·卡洪(James Calhoun)指挥着 L 连。他有一个侄子名叫阿姆斯特朗·里德(Armstrong Reed)也是远征队的医院,另外卡斯特还有一个兄弟也在军中,名叫波士顿。特里的那支部队和吉本上校的部队在罗斯巴德河会师,两军开始等待克鲁克的军队沿普拉塔河一路而来。克鲁克的军中有 180 名克劳人的侦察兵,这支部队与特里的部队大致上旗鼓相当。他们沿着波兹曼小路前进,经过了原先准备来保卫小道的三处要塞。当克鲁克来到罗斯巴德河旁,已经渡过了保德河时,他的侦察兵前来汇报,说前方有一大群苏族人盘踞。这天是 6 月 16 日,克鲁克准备与之一战。

这些苏族人正渴望一战。首领坐牛,在经受了一番残酷交战——包括其胳膊上和胸口上被剐下约 50 片肉——之后,终于看到美国士兵的溃败。次日,大约有数千人之强的夏延人和苏族人,在疯马的率领下,向克鲁克的部队扑杀过来。那个奥格拉拉部落的酋长,疯马首领大声疾呼道:"来呀,达科塔人,为我们民族捐躯的时候到了!"战斗很快演变成一小股一小股的白人和印第安人之间的白热化战斗,双方时不时都是赤手对空拳。克鲁克想要使用正规战术是行不通的了,而一整天的战斗双方势均力敌,没有一方能取得决定性的优势。让克鲁克内心不安的是,这些印第安人打起来比平时要更顽强。一般而言,如果一次攻势挫败,印第安人很快就会泄气,而且很少会有什么整体的军事纪律,大约一个小时左右就溃散了。现在他们足足打了一整天,在入夜时分之前都没有放弃阵地。克鲁克自称获胜——"我的军队在印第安人自己挑选的阵地上打败了他们,而且将他们全然击溃、逐出战场……"——但很快局势就很明朗,在击溃这些印第安部落或者大幅削弱他们抵挡白人士兵入侵的无论是能力还是决心方面,克鲁克都无甚作为。

与此同时,因为在黄石河以及罗斯巴德河下游都没有发现印第安人,马库斯·雷诺少校,这位第七骑兵团的二把手,领命带领6个连队前往保德河进行侦查。雷诺违背了命令,前往了唐格河,穿过了这条河的河谷,然后转向罗斯巴德河而去,而那里正是克鲁克先前和疯马的战士交火的所在。当雷诺一行没有遇到印第安人,回到营地之后,特里就下结论认为这些原住民的主力应该是在小比格霍恩河的附近地区。他的作战方式是派吉本沿比格霍恩河而上,而卡斯特和第七骑兵团将小比格霍恩河的通道包围起来,在两翼或后方攻击敌军。卡斯特拒绝了一切让第七骑兵团补充榴弹炮或者增加骑兵连的建议。他向特里保证,第七骑兵团能自给自足。当骑兵团开拔赴战之时,卡斯特兴致高昂地发表了点评,军团乐队也进行了演奏,而士兵们也精神抖擞、容光焕发。特里的临别之语是"愿上帝保佑你"。而常和他势不两立的吉本上校,大声嚷道,"哎,卡斯特,别贪功。等等我们呀!"

这当然是卡斯特等待多时、梦寐以求的时刻:他远离了特里的实时把控,而且有着金子般的机会来痛扁印第安人,同时获得更多的名望和荣誉。几天前雷诺所走的那条小路进入到罗斯巴德河谷的地点,又岔出一

第二十章　印第安战争的尾声

条通往小比格霍恩河的小路。关于这条小路,特里特别关照卡斯特要避而远之。卡斯特本应该沿着主路再走一段到唐格河的水边,然后再折向西去往小比格霍恩河。但是卡斯特,迫切地想要赶在远征军余部赶到,与他分享战功之前与敌军会战,因此设计了一套完全不同的作战方案。他将包抄到小比格霍恩河,从而能赶在特里率领的主力部队之前(实际上,特里和卡斯特各自麾下的人马是几乎一半对一半的),第二天则掩藏起来,同时侦察兵去确定苏族人和夏延人住处的位置。卡斯特的人马在夜间行动。到了黎明,这些侦察兵爬上罗斯巴德河谷和小比格霍恩河谷之间的分水岭时,发现在小比格霍恩河沿岸有一处庞大的印第安营地。而同时,第七骑兵团的营火,从数英里外就能看见,任何发动奇袭的希望都破灭了。卡斯特没有等待吉本的支援,决定立即发起攻势。他把疲惫的战士们唤醒,催促他们一路进入小比格霍恩河谷。在河谷中,他将部队分为几个战斗小组。其中一组是由弗雷德里克·本汀(Frederick Benteen)上尉统辖的,有大约125名士兵,他们受命追击任何发现到的印第安人。(有必要说的是,本汀蔑称卡斯特为一个"利己分子",因为他曾在瓦西塔河战役中无情地抛弃了乔·艾略特。而他将那本卡斯特的成就记录《我在大平原的生活》(My Life on the Plains),蔑称为《我在大平原的谎言》(My Lie on the Plains)。)

同时,卡斯特带着剩余的连队向河边进发。而他以如此骑士作战之风去逼近的这个地方,实际上是一处庞大的营地,是大平原地区印第安人历史上有记载的(除了那些用于和谈会议的营地之外)最大的一处。据估计,里面有超过2 000座帐篷和小屋。而且粗略一算,如果一个帐篷里有两个战士住着的话,那就有4 000名左右的印第安战士。如果算上妇孺老人,那就大概有1.2万名印第安人。这些印第安人中有杭克帕帕的苦仇、克劳之王(Crow King)、坐牛、驼背(Hump)、斑点鹰(Spotted Eagle)、贱犬(Low Dog)、大路，以及其中最重要的一个人疯马，他还在为一周前战胜克鲁克而沾沾自喜，而卡斯特，却意外地对这次胜利一无所知。

当卡斯特看到一小队印第安人在开溜，他就认定这些敌对分子已经开始逃跑了。他急于遏制印第安人逃跑，于是命令雷诺少校前去追击。他向雷诺保证说他将"全力予以支援"。雷诺带着112名士兵和25名印第安侦察兵就出发了。等他一过河，他醒悟过来，苏族人和夏延人根本就不是在逃跑。有一大队印第安战士——后来估计人数在1 000人左右——骑马出了营地来到他的面前。

雷诺立即传信给卡斯特，他毫无疑虑地设想卡斯特会像他承诺的那样，兴兵来助。但卡斯特另有打算，雷诺只能尽己所能从那一大群杀过来的印第安人中杀出一条血路，手下伤亡惨重，而且抛下了伤员，任由他们被酷刑折磨慢慢死去。当雷诺二次渡河、铩羽而归时，手下一半的人非死即伤，他布置幸存者藏到石头间隙之中，尽可能地避免遭受袭击。与此同时，在其搜寻印第安人无果的行军返回途中，本汀遇到了一个名叫吉奥瓦尼·马蒂诺的信使，命令本汀急速增援攻打一座"大村庄"。走了几英里路，本汀就遇到了雷诺部队的残部，他们正在进行希望渺茫的最后一丝抵抗。本汀就合兵一处，从已经意志涣散的雷诺手里接管了指挥权。

当正面对抗雷诺和本汀这支队伍的印第安战士逐渐散去之后，本汀命令转移，想要和卡斯特接上头。但是在他还没有这么做之前，他发现自己已经被数百名骑马的印第安战士团团包围，这些人迫使他再次回到防守状态。当夜幕降临，本汀的人仍然四面楚歌，于是他们开始用手边的一切工具来加固防御工事。本汀所选择的防守位置，位于一座山丘顶部，是天然的要塞。次日，士兵们将敌人的攻势遏制住了，甚至还发动了几次攻

第二十章 印第安战争的尾声

势,将过于深入的敌军压了回去,以求一时心安。

卡斯特直到收到雷诺正被攻击的消息才关心起他的情况。于是,他沿着河东岸一路而来,显然是想在侧翼袭击这些印第安人。苏族人早就看到了卡斯特,就等着他来进攻。对于卡斯特来说,苏族人和夏延人已经放弃了他们的村庄,而他准备好无比荣耀地,春风得意马蹄疾般地进入印第安人的营地,掳走一切印第安人留在那里的东西。就在他要开展这一计划之前,比卡斯特上校在任何一次会战中见过的都要多的印第安人从附近的山头黑压压地杀奔过来,嘴里还呼喊着他们的战斗口号。卡斯特还没有时间让他的部队进入防守位置,就被苦仇的杭克帕帕人给淹没了,随后印第安战士像浪头阵阵袭来,先是疯马属下的奥格拉拉部落的苏族人,再是"双月"(Two Moon)的夏延人。几乎还来不及辨别眼下的形势,这些寡不敌众的士兵就被打败了。有51名幸存者,大多已经负伤。他们围拢在他们的上校身边准备拼死一战,结果一个接一个地被砍倒。卡斯特曾经有一头出了名的齐肩金发,如今也是华发丛生,并且在开战前也把头发剪短了,而印第安人则让他的这一头头发和他一丝不挂的尸体连在一起。算是对这位打击印第安人的名士的一种尊重。

在同一时刻,雷诺和本汀的联军阻击了来犯者。印第安人的火力攻击也变得断断续续,而到了6月26日中午,本汀的侦察兵带来口信说这些印第安人得知特里和吉本正在靠近,正在撤除帐篷、准备离开。第二天,吉本的部队赶到了,解除了围困。雷诺和本汀一共的损失是约50人阵亡,而不足250人的联军中多数负伤。

没有人知道卡斯特和他的兵卒去了哪里。最终,他们被侦察兵发现了——197具被剥光衣服、割去头皮、遭到摧残的男性尸体;其中有侦察兵、士兵、卡斯特的兄弟和妹夫、卡斯特本人以及陪伴卡斯特左右,记录他光辉事迹的那位倒霉的报社记者。没有一个人能活下来说一说,在漫长的一系列印第安战事中——甚至可以追溯到19世纪初——最惨痛的军事失利时,发生了什么故事。

毫无疑问,本汀和雷诺以及他们麾下的士兵之所以能够幸存,很大程度上是印第安人因为卡斯特对那个村庄的威胁而撤走了。而虐待尸体的问题也存在极大的争议——有多少尸体被虐待,有多少被割了头皮,等等。这件事情在很大程度上无关紧要。印第安人一般都会虐待尸体——不管对方是白人还是红种人。印第安人展示战功的时候,就会有一项是虐待尸体的数目。如果有些被杀的士兵没有被割头皮或者被虐待尸体,那是因为获胜一方心里有更紧要的事情去做,而不是说他们的传统习俗发生了什么改变。

格兰特内心很是懊悔,当初不让卡斯特参与此次远征的决心本不应该动摇,因此毫不犹豫地将责任归罪于当事的长官。但在小比格霍恩河战役之后所有的指控和反向指控之中,卡斯特被视作英雄的广泛共识是不可撼动的。真相在神话面前是软弱无力的。尽管士兵们自己都很明了是那一次次可怕的大错才铸成了最后的灾难,但等到整个故事被揭露出来,还要再经过好些年。卡斯特作为英雄般的打击印第安人之士的形象是如此深深地烙印在公众的脑海之中——当然,主要还是因为卡斯特本人——在简单如事实一样的东西面前,竟是这样坚不可摧。更有甚者,所有试图揭开真相的努力,都被痛失亲夫的卡斯特未亡人给坚决地抵制了。她用尽其漫长的余生来捍卫她心中英雄之盛名,甚至不惜以诉讼来威胁任何一个胆敢接近真相的人。

事实上,当"大屠杀"——这件事当时就是这么定性的,或者更通常的说法,"卡斯特的最后一战"——这个消息传来的时候,恰逢这个国家的神圣时刻。此时美国人正沉浸在合众国首个100周年纪念那番志得意满的狂欢之中,所以这一事件当然不可避免地会让人们确信,必须以相当终结式的途径给予剩余的原住民以惩罚,使之再也无法对美国公民的生命构成威胁。从公众广泛的恐惧而愤怒反应来看,小比格霍恩河战役可能是一群人为了生存抵抗强大的对手所取得代价最为高昂的胜利。那些同情印第安人的福祉,还算颇有响应的呼声被要求找到印第安问题"终极解决办法"的叫嚣给淹没了。

新招募的士兵加入到了特里将军的麾下,而他和克鲁克原先来到罗斯巴德河地区时相对捉襟见肘,此时却得到了谢里丹的有力补给,此外他们还得到将令要将战犯拿来审问。他们带着2 100名士兵和主要为肖松尼人和乌特人的侦察兵,于8月初出发,追击逃走的苏族人和夏延人。在特里手下有一个白人侦察兵名叫比尔·科迪(Bill Cody)。两位将军的行动最终毫无成果。他们搜遍了广袤的布莱克山地区印第安保留地,却没有找到印第安人,也找不到敌人与之一战。最后,克鲁克通过其印第安侦察兵的努力——有些人是苏族人和夏延人——找到了钝刀的村庄以及他的那支夏延人,经过一番激烈战斗,杀死了几个印第安人并毁掉了他们的村庄。与此同时,迈尔斯上校将苦仇和坐牛赶到了加拿大,并说服了许多他们的追随者回到了各自原先所属的印第安事务所。既然苦仇和坐牛已经去了加拿大,那么迈尔斯和克鲁克麾下的军队就能集中力量来围剿疯马——这位在逃者中最有名望的苏族人领袖。克鲁克最终劝说了疯马和他约800人之众的追随者来到红云的印第安事务所,放下了武器。

在和谈会议中,如今无还手之力的苏族人、夏延人以及阿拉帕霍人被褫夺了其在1868年协议中为其保留土地的1/3,其中包括了布莱克山地区。曾经以唐格河的保留地——这位印第安酋长属意之地——为许诺,成功劝说疯马放弃不妥协立场的克鲁克，意识到自己可能无法兑现自己的承诺了(尽管有必要说，克鲁克值得赞扬之处在于，没有什么政客或官僚像他一样矢志不渝地要将自己的诺言落到实处)。这终将导致一个悲剧性的结局。克鲁克决心要试试把疯马征召入麾下，参与讨伐内兹珀塞人的战役，因为他们离开了自己的保留地，在蒙大拿东部地区为非作歹。一系列的误解促使克鲁克下令逮捕疯马。当看到自己被带去印第安事务所的囚室后，疯马开始进行反抗，并被士兵用刺刀戳中，受了致命伤。很显然，导致这位著名酋长死亡的误会一部分是由在印第安事务所和疯马敌对的印第安人所造成的。这一事件也能提醒我们那些被奴役的部落为了保留自己的土地和生活方式，抵御白人入侵的一大不利因素。在不同的印第安部落之间的敌对关系几乎无一例外地要比各个部落与白人之间的敌对关系要来得严重。黑麋鹿(Black Elk)是一名苏族战士，他相信疯马是被蓄意谋杀的。"在那之后，"他声称，"在要塞附近活动的人说他准备再次把他的坐骑的马尾包起来，想要和'瓦西楚人①'(Wasichu)开战。但如果他没枪，也没法拿到一把的情况下，他怎么会那么做？这只是瓦西楚人编的故事，而且他们说这个故事时是别有用心。我们的人民认为瓦西楚人就是做了这样的事情，是因为疯马他是一个伟大的人，而瓦西楚人无法在战斗中杀死他，而且他也不会像斑尾和其他人一样，把自己变成一个瓦西楚人。"

除了像苏族人和夏延人这样彼此结盟的部落，印第安部落之间普遍有着根深蒂固的仇恨。而这一点使得对抗白人的一般行动都变得不可能。有些时候，那些世代为敌的部落的确会肩并肩地与白人士兵斗争，但

---

① 来自拉科塔人(即达科塔人或苏族人)的语言，意思是贪婪的人，是印第安人对白人的一种称呼。

第二十章 印第安战争的尾声

是像这样的结盟却相对较少。正如我们所见,常见得多的情况是印第安人和白人一起去追击他们的部落仇敌。如果没有本领高强的克劳人、乌特人、帕尼人和肖松尼人侦察兵从中协助,那么谢里丹、特里、克鲁克和迈尔斯的行动将会大为受阻。而苏族人也曾帮着打败在黑鹰首领麾下奋战的萨克人和福克斯人。

作为大平原地区最有实力也最为好战的部落,苏族人在几十年的时间里,将其他部落——帕尼人、克劳人和肖松尼人首当其冲——从其古老的狩猎领地上赶走。因此,当他们最终成为白人西进运动的主要障碍之时,他们仅剩的得力盟友只剩下北部夏延人和一些阿拉帕霍人。其他部落都拒绝施以援手。尽管如此,各个苏族人部落,以及在他们背面的夏延人和阿拉帕霍人,即使没有完全组织起来,也延缓了美国白人西进移民运动达40年之久,在同一时间段内,阿帕契人、科曼切人和南部夏延人也在红河地区、新墨西哥以及德克萨斯边境沿线起到了类似的作用。他们造成了白人极大的人身和财产损失。除了津贴、年俸及和约支付金除外,为了镇压他们而发动的战役就要花费美国政府几百万又几百万的支出(据估计,美国军队杀死一个印第安人需要花费100万美元)。在如此坚定的反抗面前,任何人只要没那么大的胆量,或者少几分勇气,至少说没那么贪婪,都会忍不住退缩。但是不仅仅是定居者,开矿者甚至是移民年复一年地涌向印第安人的土地,他们冒着财物受损的风险,甚至时不时要搭上性命。他们实际上就是在押上自己的命,赌美国政府无论怎么警告、劝阻乃至完全禁止他们进入印第安人的土地,最终也会来保护他们,并且愿意来惩罚那些杀害入侵者的部落——无论他们有何等正当的理由。

杀死疯马当然不是大平原地区印第安人悲剧的终结。他死后几个月,有关印第安人和白人的最令人不快的事件发生在了内兹珀塞人的身上。他们是西北地区的一个部落,并且以从来没杀过一个白人或者和一直侵犯他们土地的定居者从来都没有发生龃龉为傲。内兹珀塞人有着古老而深邃的文化,因此就像许多其他部落一样,被骑马文化所形成的机遇所引诱,翻过了喀斯喀特山脉和比特卢特山脉①(Bitterroot Range)来到今天的爱达荷州和蒙大拿州西部狩猎野牛。他们最有名的首领是约瑟夫酋长(Chief Joseph),他皈依了基督教,曾经教导其子民如何在乍一开始与白人接触的时候使用超常的圆滑技巧和外交手段。在他死后,他的斗篷传给了他的儿子辛玛顿-亚拉吉特(Hinmaton-Yalatkit),也就是"滚山之雷"(Thunder Rolling Down the Mountain),他也被称作小约瑟夫。根据保留地的政策,俄勒冈东北部的瓦洛瓦山谷(Wallowa Valley)被划为内兹珀塞人的土地,但是迫于那些觊觎这座美丽山谷的定居者的压力,政府宣称这片地区对分得土地的定居者开放。约瑟夫的父亲曾经在弥留时告诉他:"这片土地上有你父亲的躯体。永远不要卖掉你父母的尸骨。"

一个有奥利佛·奥蒂斯·霍华德将军的军事委员会与约瑟夫会面,试图劝说他将这块土地出售。委员们显然因约瑟夫的出场,以及他为了捍卫内兹珀塞人留守故土的权利而使用的沉默寡言却意志坚定的谈判技巧而对他印象深刻。

> 如果我们拥有着这片土地,那么我们将一直拥有这片土地,因为从来没有卖掉它……在和谈会议中,委员们宣称我们的土地已经被卖给了政府。假设一个白人上前对我说:"约瑟夫,我喜欢你的马,我想要把它们买下。""但是他不卖啊,"我的邻居回答道,"付我钱,我就

---

① 落基山脉的一座支脉。

第二十章 印第安战争的尾声

把约瑟夫的马卖给你。"白人回到我身边对我说,"约瑟夫,我已经买了你的马了,你必须要让我拥有它们。"要说我们把地"卖给了"政府,这就是这些土地"被卖掉"的方式。

委员们的决定是,约瑟夫的内兹珀塞人可被要求与其他内兹珀塞人一起去往拉普维保留地(Lapwai Reservation),要么乖乖就范要么就使用武力。霍华德所掌管的地区包括了拉普维保留地,因此他给了约瑟夫带着战士不足百人的部落,在1个月的时间内搬到保留地中去。约瑟夫表示抗议,认为斯耐克河河水涨得太高,因此他的部落不能安全渡河,但是霍华德拒绝给他更多的时间。当这个内兹珀塞分部落过了河之后,一群不属于约瑟夫那个分部落的年轻勇士,因为被强迫去往保留地而心怀怨恨,开始了大肆屠杀。这是一起典型的印第安人起义,是有一种广泛的悲伤和挫败的情绪所引起,贸易商人带来的威士忌酒也从中火上浇油。当事件导致共有20名左右白人被杀,农场被焚毁,妇女遭到了蹂躏。

霍华德立即带着110名士兵和志愿兵从拉普维保留地出发而来。这些士兵扑向了约瑟夫的这个小分支部落,他们拒绝了对方暂时言和的请求,袭击了他们在怀特伯德峡谷(White Bird Canyon)的营地。尽管寡不敌众,内兹珀塞人还是在约瑟夫的率领下杀死34名士兵,击伤4人,重创了霍华德的这支小型部队。霍华德纠集了一支更大的军队,而且,正所谓成王败寇,约瑟夫发现自己的部落吸引了其他渴望一战的心怀不忿的几群印第安人。现在,霍华德有400名士兵和180名印第安侦察兵,在7月初,前去突袭约瑟夫驻扎在克莱尔沃德河(Clearwater River)的军队,而他现在手下还有另外5个内兹珀塞部落的人。印第安人得到的第一声警报来自霍华德在印第安人营地上方山崖处所放的榴弹炮和加特林炮。印第安人集结了起来，而霍华德再次遭到了耻辱的挫败。内兹珀塞人的首领相信他们只要能翻过比特卢特山脉进入爱达荷地区，就能逃之夭夭了。这是一副浩大的流亡图，他们驱赶着几千匹马，带着小孩、病号和在克莱尔沃德河负伤的人，来到了蒙大拿西部。在那里，他们发现自己的去路被35名美国军队士兵给拦截了。内兹珀塞人于是绕过了那些士兵，在史蒂文斯维尔(Stevensville)停留，从当地居民那里获得了物资必需品。穿过了北美大陆分水岭之后，他们在比格霍尔山谷(Big Hole Valley)安营扎寨，位置离今天的蒙大拿州的蒂隆(Dillon)很近。在那个地方，曾经参与讨伐疯马和苏族人的老将，约翰·吉本上校在黎明时分向沉睡中的内兹珀塞人发起奇袭。无论男女老幼，均遭到屠戮。内兹珀塞的战士们再一次集结起来，他们充分展示了自己的战斗力，使得吉本人数占优的军队很快就陷入防守态势（内兹珀塞人据称是所有印第安部落中弓箭术最为精湛的）。吉本麾下有33人阵亡，多人负伤。霍华德拍马赶到，才使得这位指挥官避免了和卡斯特一样的厄运。内兹珀塞人有89人折损，大多数人显然是妇孺和老人。内兹珀塞人的阵亡将士中有两名著名的战士，"霓虹"(Rainbow)和"五道伤"(Five Wounds)。内兹珀塞人在拔营离开前，将死者下葬，但是班诺克人的侦察兵却把尸骨都挖了出来，并割了头皮。

　　内兹珀塞人参与的所有交战中最值得一提的是，这些内兹珀塞部落的印第安人常常能以少数却使得兵力占优势的一方一次又一次遭到挫败，其中主要还是美国军队的正规军。在那些年中，内兹珀塞人对其追击者——并且统帅着两位能力最强，也最有经验的打击印第安人之士[①]，"屡战屡胜"（这种胜利即最基本的，所谓避免被消灭并造成对方更大的伤

---

① 指霍华德和吉本。

亡），实在无人能出其右。在比格霍尔战役之时，全美国人民越来越关注内兹珀塞人跌宕起伏的迁徙之路。尽管约瑟夫酋长的能力平平并不出众，而且实际上也不能算内兹珀塞人最有成就的领导者，但是人们都把功劳记到他的名下，并且一直以来都把他视作英雄。甚至，可以打包票说，不算蒙大拿和爱达荷的定居者，支持约瑟夫和"他的"内兹珀塞人的美国人要多于支持霍华德和美国军队的。美国人从来没有能克制对战斗英雄的喜爱，不管其肤色为何。他们将约瑟夫高高地列在印第安英雄殿堂之上，其中还有特库米什（Tecumseh）①、黑鹰、奥赛欧拉以及更近一些的，比如疯马和坐牛。

逃脱了霍华德的紧追不舍，内兹珀塞人穿过了黄石公园——这里已经开始开门迎客了②。他们希望得到往昔曾共同抵抗苏族人和夏延人的盟友，克劳人的庇护。但是他们发现克劳人不仅和白人相安无事，而且还当了白人军队的侦察兵。他们决定要向加拿大进发——追随坐牛麾下的苏族人残部所走过的路，但是在边境不远处的营地内，他们被尼尔逊·迈尔斯的部队追上了。迈尔斯在科格要塞得到命令，带领着600名士兵杀了过来，而其中有部分是第七骑兵团的。迈尔斯命令进攻，却因巨大伤亡而不得不停止下来，有24名军官和士兵被杀，另外还有42人受伤。而内兹珀塞人，在4个月时间里，在长达1 300英里的征途之中，同三支被派遣来打击他们的不同部队交手之后，仍然颇具威胁。有一些内兹珀塞的妇孺——其中有约瑟夫12岁的女儿逃了出去，但剩下的战士——大约有120人——意识到自己被迈尔斯人数多得多的军队团团围困。几天之

---

① 美国陆军的总指挥官威廉·谢尔曼的中间名也是特库米什。
② 黄石公园是1872年由格兰特总统签署法令成立的，是美国的第一家国家公园，也广泛被认为是世界上的第一家国家公园。

后,霍华德带了更多的部队赶到,将一切逃跑的希望都终结了。约瑟夫劝说剩下的那些又挨冻挨饿的士兵前去投降。他通过约翰上尉,一个内兹珀塞人翻译向霍华德递交降书。约翰上尉一边流泪一边传达了如下的话:

> 告诉霍华德将军,我知道他心里想什么。他之前跟我讲的话我记在心里。我厌倦打仗了。我的首领们都被杀了。眼镜(Looking Glass)死了……老人们也都凋零了。是时候该由年轻人来谋断是非了。但那些领导年轻人的人也都不在人世了。

> 天很冷,我们也没有毯子。小孩子都快要给冻死了。我的人民,有一些已经跑到山上去了,也没有毯子,没有食物。没有人知道他们现在在哪里——也许正在挨冻等死。我想有点时间能来找我的孩子们,看看我能找到几个。也许我会在死人堆里找到他们。听听我的声音吧,我的首长们,我累了,我的心厌倦了,也伤怀了。只要太阳照耀的地方,我都永远不会去争斗了。

从罗根酋长,在一百年前对遭到背信弃义的白人杀害的妻儿所说的哀悼词到约瑟夫酋长的这番话,同样被无情的命运之网所困住的印第安酋长,表现出同样悲恸至极却又尽力克制的情绪。

约瑟夫策马来到美国士兵阵前,向迈尔斯上交了自己的枪。那些零星逃到加拿大的内兹珀塞,有些是被阿西尼伯伊尼人和希达萨人杀死的。约瑟夫的6个孩子幸存了下来。迈尔斯竭尽所能地帮助那些投降的人,

第二十章 印第安战争的尾声

一共有大约400人。他们去往亚伯拉罕·林肯要塞的路上,被送上了开往俾斯麦的火车,在那里他们收到了前线憎恨印第安人的小镇居民像迎接英雄般的问候,他们送来了不可胜数的食物和衣物的礼物。约瑟夫和其他首领得到了小镇妇女的宴请款待。但是给他们预留的土地距离他们祖先埋骨之地有几百英里之遥。他们从一片富饶的森林和清风阵阵的地方被赶去了一片疟疾丛生,瘴气弥漫之地。在几个月里面就有四个人死于这种疾病(死者都是约瑟夫的孩子),这毫无疑问是让人心碎的事。"我将永不再战"俨然成了美国原住民的墓志铭。

约瑟夫酋长和内兹珀塞人的英雄故事再一次地登上了全国报纸的首页,而公众的情绪一边倒地站在原住民这一边。约瑟夫酋长被带到华盛顿,又要经历那种公众对其顶礼膜拜的奇怪集会,这如今也成为原住民和他们的白人支持者的关系中司空见惯的一部分了。

尽管鲜有历史学家会对格兰特总统为印第安人所做的事给予关注,但对于他那些抱有社会改革愿景的同时代人而言,这是他执政期间最值得称道的政绩了。一位心怀感激的惠普尔主教[①]在1875年致信格兰特总统道:"没有一个总统的行为会比您对一个濒临毁灭的种族的仁慈之心更能彪炳史册。这一改变发生之时,一个诚实的印第安事务专员实属凤毛麟角……因为这件事,您将为美国数以千计的善良之辈所敬仰。我深感有必要赞许您的坚持不懈,但恕我词穷,因为任何一个稍显怯懦的人都会游移不定的。"但是不到1年的时间,苏族人又一次重燃战火,而原先被给予极大希望的和平计划变得岌岌可危。而且越来越难以平息西部的民愤,他们认为和平政策的主要作用是鼓励甚至是奖励印第安人起来反抗。

---

① 即亨利·惠普尔,明尼苏达的第一位圣公会主教,支持原住民权益的社会活动家。

E.L.戈德金在《民族》杂志上宣布和平政策破产:"我们的慈善行为和对抗情绪似乎是殊途同归的,即印第安人种族的毁灭……进行传教的权宜之计可以说已经行不通了。"但是社会改革家远没有打算坐以待毙。他们反反复复地进行着相似的争辩。印第安人的不良举止是受了白人的挑唆。如今,只需假以时日,宽容以待。其他一些人坚持认为,也许现在苏族人甚是惹眼,但是公众的愤怒不满不能被引导去歧视其他保持和平的部落。还有的人借此机会重申,军队是问题的根源,而非印第安人。

拉泽福德·海斯①(Rutherford Hayes)于1876年胜选担任总统之后,带来了一名新的内政部长,卡尔·舒尔茨(Carl Schurz)。他一方面能与那些公平对待印第安人的呼声产生共鸣,一方面舒尔茨还是决心要改变格兰特的贵格派政策——过分倚重教会教堂对于印第安事务所进行实际的安排。与此同时,有关于印第安政策的讨论,一旦有契机,就会变得激烈许多。这个国家似乎一下子充斥了一些自诩为专家的人,他们提出了这样或那样的方案,最夸张的一些可以把整个大平原地区和落基山脉以西地区变成印第安保留地,到把大量的印第安保留地作为试验基地,用以将印第安人改造成白人。在海斯总统的第一次国会演讲中,他直言不讳地力挺一项"公正且人性化的政策"即最终让所有的印第安人获得公民权,印第安人则将被劝说放弃他们的部落所属关系。而将印第安人的福利待遇的职责划归到战争部,而非内政部管辖之下的议题可能是其中讨论最为激烈的一个。国会主导的这一动向的改变,引起了严阵以待的社会改革家的全力阻击。在持续了来回数年的争斗之后,这项改变终究遭到了挫败。

---

① 美国第19任总统,1877—1881年在任。

第二十章　印第安战争的尾声

眼下,至少还有一件烦人的事情没有翻篇。在苏族人战争之后,在钝刀统帅下的夏延人被安排到了南部夏延人和阿拉帕霍人位于印第安领地内的保留地中。他们在那里变得越来越不安分和不满足,不仅是针对他们的周遭环境,还针对政府没有按照许诺的方式送来食物和补给品。到了1878年,他们扬言说他们决定回家去。政府从雷诺要塞召集来了部队,把他们的营地给包围了起来。但是在夜里,有大约70名战士和他们的妻子孩子偷偷地溜走,向西北方向他们家乡的山区逃去。在他们身后,美军的骑兵紧紧追赶而且他们一路上也交火数次,也从沿途的牧场上抓来了牲口,补充了畜群。有数百名士兵分兵多路去拦截他们,而他们穿过了三条铁路线,继续向北内布拉斯加的沙丘地带逃去。在一场暴风雪中,钝刀和两个骑兵连狭路相逢。在两边进行谈判的时候,越来越多的美国士兵陆续赶到了。最终,钝刀感觉自己除了投降并且答应去往达科塔和内布拉斯加边境怀特河边的罗宾逊营地(Camp Robinson)之外,已经没有别的生路了。当钝刀被迫要返回在南边的保留地时,他宣称:"我们不要回到那里生活。那可不是一个有利于身体健康的地方。如果我们待在那里就都会死掉。我们不想回去也不会回去。你可以在这里杀了我,但你不能逼我回去。"

类似于内兹珀塞人跌宕起伏的逃亡之旅而被唤起的民众同情心,因为夏延人的这番困境而再次彰显出来。即使是《奥马哈先驱报》①(Omaha Herald)的编辑也敦促当局允许这些印第安人居住在他们了解并热爱的土地之上。如果要把他们遣返,则意味着他们要挨饿。"我恳求你,"这位编辑对印第安人事务局喊话说,"为了给这些曾被错误对待的红

---

① 奥马哈为内布拉斯加的最大城市,而前线地区的报纸通常是亲白人定居者而反印第安人的。

种人带去公正和人道主义的关怀,请让他们留在自己的土地上。"然而华盛顿当局态度顽固。在公众的抗议风暴之中,他们还是下令把夏延人遣返到南边的保留地,唯恐他们的这一案例会怂恿别的部落离开给他们划定好的保留地。这些印第安人重申,他们宁愿去死也不愿回到原来的地方。当事官员决定通过扣发食物,随后是饮水,来迫使印第安人就范。印第安人拒不服从。最终,当主事官员骗了两名地位较高的战士前去谈判,并把他们用链子锁住之后,剩下的战士纷纷拿出他们在所住的营房里藏着的来复枪,准备奋战到死。到了晚上,他们冲出营房,逃向山地。而士兵们则紧追不舍。在逃跑过程中,有一些印第安战死被打死,有些则负了伤。而其他人则击退了追兵,连续逃了十天最终被重重围困且寡不敌众,他们拼死抵抗,或伤或死。钝刀则和他的家人逃到了松树岭保留地,与之交好的印第安人把他们给藏了起来。在冲出营地的人中间,所有幸存下来的人,大概有58人,都被允许去往松树岭的印第安事务所。7名首犯因其在逃亡途中杀害白人定居者而被起诉。但是这些案件都撤诉了,这几个人也与其部落的残部在松树岭团聚了。舆论的情绪眼下也是坚定地站在夏延人的利益这一边,因此很快所有尚存的北部夏延人齐集于唐格河保留地——他们熟知和深爱的土地的核心地带。

　　将印第安人迁徙到保留地中的计划,以及将他们开化并且不管他们喜不喜欢,授予他们公民权的计划有条不紊地继续开展着。如今,关注的焦点开始转向了庞卡人那令人不悦的困境。

　　庞卡人是奥马哈人的一支,一直与世无争地——哪怕偶尔低三下四地——生活在苏族人所宣称拥有土地的东南角。苏族人一方面袭击并劫掠庞卡人,一方面抱怨他们不该出现在那里。而内政部急于要平息更活跃且更具威胁的部落,打算把庞卡人弄到另外一片保留地去。出乎所有

第二十章 印第安战争的尾声

人的意料,庞卡人表示了拒绝,但是面对强有力的要其迁徙的胁迫,部落中的一部分人已经开始了去往新保留地,现在已经昭然若揭,令人恐惧的艰苦旅程。很多人在途中生了病,不少人死掉了。为他们的利益摇旗呐喊并引起全美国人民关注的人,是一位很有本事的记者及鼓动家托马斯·迪博斯。迪博斯很快吸引了东部地区的报社来关注了庞卡人的绝望处境。一个庞卡人代表团得到了海耶斯总统聆讯的资格,该代表团提出了一个相当合理的要求,即该部落被送回原先的保留地,或者去往内布拉斯加,大多数奥马哈人居住的地方。社会改革阵营再一次齐集为印第安人的利益呐喊助威。海斯总统公开承认对待庞卡有不公正的地方,而国会也通过了一项救济法案。与此同时,他们的首领,站熊(Standing Bear)曾目睹其部族同胞死于疾病——主要是疟疾,于是他将幸存者纠集在一起,向奥马哈人的保留地进发。而此时,东部的社会改革家以及一些各达科塔地区和内布拉斯加地区的白人定居者起草了一系列请愿书,请求允许庞卡人能留在那里。受到了白人支持者的鼓励,站熊甚至在一家美国巡回法院申请了人身保护令,防止自己的部落被遣返回他们之前从那里逃出来,有疟疾疫情的保留地。1879年5月,埃尔默·斯西皮奥·邓迪(Elmer Scipio Dundy)法官判令:"在和平时期,非经印第安人同意,任何当局、个人或者军队、实体都不得将印第安人从美国之一地区迁徙至另一地区……"任何因为要求迁离而遭羁押的印第安人都可因人身保护令而被释放。受到了法庭胜利的鼓舞,庞卡人的朋友们开始花样百出。迪博斯组织了一次密集的巡回演讲,主讲人是站熊酋长以及一位气质迷人,受过教会学校教育的奥马哈人年轻妇女,苏赛特·拉·弗雷舍(Susette La Flesche),她的印第安名字叫"明眸"(Bright Eyes)。在波士顿开始的巡回演讲,观众十分热情。迪博斯募集了大约7 000美元用来为庞卡人继续这场诉讼之战。卡尔·舒尔茨,发现自己是这场诉讼之战的众矢之的,不禁心怀羞愤。一位波士顿妇女,玛莎·戈达德的看法很有代表性,她将舒尔茨视作没有对庞卡人的窘境给予积极有效回应的元凶。她写信给舒尔茨说,印第安人的生活条件,"现在是个很大的问题,而且如果你要是知道我们这里的人是多么地为印第安人所思所想,为之考虑,就算不是热情饱满,或者没有任何政治上的马后炮,也是很热忱的,视之为一种人道主义的、公正的以及国家性的荣誉,就像他们关注黑奴解放的情形一样"。

  支持庞卡人利益的集团中招募到的最令人敬畏的一员干将,是一个来自科罗拉多的叫海伦·亨特·杰克逊的妇女。此女在访问波士顿期间,聆听了迪博斯、站熊和苏赛特·拉·弗雷舍的演讲,发现为庞卡人的利益奋斗让她很是着迷,愿意将余生奉献于此。此时,温德尔·菲利普斯用一个假名字出版了一本小册子名叫《庞卡的酋长们》(*The Ponca Chiefs*),其内容指控政府"无能、无情和无信",因此让"所有诚实之人对其轻薄憎恶,以及让印第安部落对它不信任以及仇恨",……杰克逊夫人开始创作那本后来成为史上针对美国对待印第安人政策抨击得最为猛烈的一本书——《世纪之耻》(*A Century of Dishonor*),而托马斯·迪博斯和苏赛特·拉·弗雷舍喜结连理则为这次3年之久为庞卡人的利益所打的这场仗深深地打上了一个浪漫的注脚。

  正义,尽可能获得的正义——至少是法律上的正义——最终为庞卡人或者说庞卡人的余部,该部落600多位成员,实现了。国会表决拨款16.5万美元用来补偿其损失,而且他们可以选择要么是在原先的保留地上生活,要么就是和奥马哈人一起生活。总而言之,庞卡人的这次争议事件,是美国历史上相对比较重大的事件。印第安战争到了尾声、而印第安

第二十章 印第安战争的尾声

"问题"实际上已经"得以解决"。此时大多数印第安人定居在保留地中,而且想来大多已经卷入到了被"开化"的过程中去,整个美国陷入了对于印第安人的问题,一种盘终的内疚情绪之中。在这种氛围之下,庞卡人事件,牵涉到的不过是个名不见经传的小部落,大部分美国人简直闻所未闻,却开始了各种仪式性的补偿,无意间是用来缓解一种糟糕的群体仪式。如果庞卡人最终能被公正且人性地对待,那相关的书籍一定会在此终结美国原住民那无休无止的悲剧。在庞卡人事件争议迭起之际,一些反对奴隶制度的老斗士们——其中有许多那个世代的伟大思想家陆续离世——威廉·劳埃德·加里森死于1879年春,莉迪亚·玛利亚和璐可蕊西亚·莫特在第二年也撒手人寰。

在格罗尼莫(Geronimo)统帅下的阿帕契人仍在搅扰西南地区。而19世纪80年代,魅舞①(Ghost Dance)的兴起后来也演变成为血腥的结局。但是随着苏族人和夏延人这两个部落的印第安人投降,印第安战争的烽火基本已经熄灭了。印第安人进入了神话的范畴,成了这个国家的共同记忆,就像希腊人心中的特洛伊战争,数不胜数的冒险过程和难以计数的"西部经历"的故事素材,经人们口口相传,各自阐释。但是事实真相却依然含混不清。这个问题变得越发具有正义而不只是一出悲剧。政府在川流不息、车水马龙的路边树立起一些历史纪念碑,上面记录着一些简要而平实的事实。"疯马及其苏族战士于此附近被×××击败","约瑟夫首领,在此地,向尼尔逊·迈尔斯上校投降"。但是悲伤的气氛在这片土地上回荡。我们有时候会说:"美国到处都有令人心碎的故事。"再没有什

---

① 是由北部派乌特人的巫师发明的一种宗教信仰,据说通过跳特定的舞蹈可以将死人的魂灵凝聚起来,为印第安人而战,进而击退白人殖民者并取得印第安人地区的和平。魅舞的影响力波及很大,在1890年之后,接受魅舞的拉科塔人在伤膝河抵抗美国军队的行动中有至少153人丧命,史称"伤膝河大屠杀"。

么别的地方有像美国原著人民和侵入他们土地的白人之间的冲突故事那么令人悲伤的事了。

截至1881年,印第安人分配到的土地是1.556 32亿英亩。生活在保留地和印第安领地内的印第安人人数在189 447人。此外,印第安领地中生活着117 368名白人男女,还有1.8万名黑人也住在那里,而大多数人曾经是那些已经开化的印第安部落的奴隶。

1885年,格罗夫·克里夫兰①(Grover Cleveland)将其前任切斯特·阿瑟②(Chester Arthur)从印第安人手中夺走的土地归还了回去。并且在3年后,他向国会汇报说:"我们从非法的篡夺、目光短浅的授予以及假冒的土地记录和所谓诚实、勤劳的土地领有人的土地拥有声明……那里一共追回了8 000万英亩的土地。"尽管如此,印第安人的土地仍旧被日剥月蚀,直到1900年,他们只保留有8 400万英亩的土地。但所有的统计数据,实际上,都没有切中要害。这些20万左右的印第安人分散居住在从缅因州到佛罗里达州,从纽约州到俄勒冈州大约300处保留地之中,那么保留地的面积无论是2 000万英亩(每一个印第安男子、妇女和孩子分得100英亩土地)还是2亿英亩(每一个部落的每一个成员分得1 000英亩土地)在长期看来,并没有什么分别。这些生活在部落中的人,他们所生活的世界并没有"工作"(work)的概念,但是他们却处于一个"工作"的神圣地位仅次于"财产"(property)的社会中。

那些为了印第安人的福祉而奋斗的组织并没有数量上的减少,热情也没有减少。甚至恰恰与之相反。19世纪末的几十年见证了一份致力

---

① 美国第22和24任总统,1885—1889年、1893—1897年两次出任。
② 美国第21任总统,1881—1885年在任,前任加菲尔德总统仅就职6个月就因病去世,他得以替补。

第二十章 印第安战争的尾声

于印第安人生活条件进步改善的杂志《会议篝火》(Council Fire)的声名鹊起,阿尔弗雷德·米亚查姆在其英年早逝——因杰克船长及其莫多可人首领之亲手造成的伤口感染致死——之前都担任这本杂志的编辑。波士顿印第安人公民权委员会(Boston Indian Citizenship Committee),正如其名所示,致力于为印第安人获得公民权的事业。费城妇女全国印第安协会(Women's National Indian Association of Philadelphia)组建于1879年,而其中数得上来的主要成员中有约翰·雅各布·阿斯特①(John Jacob Astor)的夫人。在区区数年时间里,该组织就拥有了60个分部,其中最活跃的是康涅狄格印第安协会,该分部的副主席是哈雷特·比彻·斯托。收到了海伦·亨特·杰克逊的《世纪之耻》的启发,赫伯特·维尔士(Herbert Welsh)在1883年创立了印第安人权利协会。这林林总总的组织每年总共能贡献10万美元以上的财力来支持各个保留地上的教育项目。也许这些组织最重要的角色就是来监管。通过他们的事务专员以及无数向印第安人布道的传教士,他们紧盯着政府对待印第安部落的一言一行,并且随时准备上前纠正错误行为,或者匡扶正义。

1887年,《道斯法案》②(Dawes Act)的通过标志着近18年时间内,为印第安人的利益义愤填膺发声的最高潮要来临了,当然,这一事件也为北美印第安人部落文化的棺材钉上了最后一颗钉子。提交法案的委员会心中所想的是:"向太阳祈祷的舞蹈应当遭到打压,取而代之的是,我们应该拥有一些为工业生产服务的学校。部落公社生活应该让位于作为美国公民的尊严和权利。异教的偶像应该被基督教的祭坛代替。而部落的组织

---

① 其为约翰·阿斯特四世,是美国大平原地区的商业帝国阿斯特家族的传人,死于著名的泰坦尼克号沉没事件。此处其夫人为玛德琳·阿斯特,在沉没事件中幸存。
② 也就是《土地分配法》,即美国总统有权勘测印第安人的部落领土,并将其分割成小块分配给每一个印第安人,详见本书第二十一章。

样式应该被打破、印第安人的个体性应得到鼓励和发展。而那些本没有必要为他们保留的土地应当向开拓进取之士敞开,让那些有智慧有体魄的人在那里安家落户。"最后,我们可以说,托马斯·杰斐逊开化印第安人的计划,实际上产生了效果。这类观点当然和今天有更多人类学关照的思想意识格格不入,但是那却是那个时代所能企及的最高峰。这些观点,无论如何,都与"种族灭绝"截然相反,当然它们也可以被指摘说如果破坏了载体的完整性,那么就会扼杀掉精神。

而那些最开明,最具人性思维的社会改革家和印第安之友很自然地,无法理解"文化"之于"文明"的影响力。在任何一次争夺一族人之灵魂的文化和所谓文明之间的激烈竞争之中,文化都必须取得胜利,哪怕胜利就意味着走向死亡。正如我们已经说过太多次,足让人厌烦的一件事,在整个美洲就没有什么"印第安人"。那里只有几百个原住民部落,从"开化的"切诺基人——他们有着复杂深邃的农耕—狩猎的生活模式,到大沙漠盆地的乌特人——他们几乎是这个星球上最边缘化存在的人类。从最发达的部落到最原始的部落,期间的云泥之别,远胜于英国王公贵族和切诺基酋长之间的分别(后者也可以说,事实上与前者极为相似)。那几百个迥然相异的民族之间所共有的却是部落意识,他们顽固坚守的部落意识或部落文化让上自托马斯·杰斐逊,下至20世纪近期的有关当局开化印第安人的倡导者,变得大惑不解、云山雾罩且意志低迷。部落文化既不能完整地保留下来,而原住民们也不能彻底将其抛弃。他们不得不生活在一种虚妄的状态之中。

如果金钱和善意能解决所谓的"印第安问题",那么早在美国历史的初期就一定被解决掉了。截至1823年,联邦政府在印第安事务上的花销已经超过了8 500万美元——和约、津贴、礼物(当然还不包括为了杀死负隅顽抗的印第安人所花费若天文数字般的钱)。用来购买安置印第安人的土地并随后给印第安人钱,让他们在那儿生活的花费可以数十亿计。但是花钱收买印第安人只不过是另一种致他们于死地的方式。印第安人变成了政府的附庸,而其生活极大程度上是无所事事且悲惨不堪的。

人们总是说印第安人被夺走了他们的土地,但是就算从印第安人那里买来的每一亩土地都进行公平的市场估价,在长期而言,也对他们没什么好处。金钱对他们没什么用处,而他们也并不理解金钱的价值。他们的土地并没有可以兑换成金钱的价值。因为土地就是他们的生活。

除了金钱(另外通过个人慈善行为捐助的钱也是数不胜数的),数以千计的美国白人,甚至有人还付出了生命的代价,来教育印第安人、使他们皈依基督教、"开化"他们,以此来"扶助"印第安人。即使保持着极大的善意,弱势一方总是被强势的人所剥削的,因为有权有势的一方必须把弱势一方当作附庸,因为依赖者并不能真正操纵他们自己的命运。所以,后来的事实表明,为美国原住民所做的一切最后只会让他们的境遇变得更糟。保留地的设立,一开始至少是一种保护一些部落免遭贪婪的白人之毒手,以及同样重要地是,避免部落互相倾轧。但是最后却将印第安人的精神给囚禁了起来。理查德·布拉特(Richard Bratt)的想法,要好得多——尽管看上去很是另类——他要把全美国的原住民集中起来,全部由优秀的基督徒家庭收养,每个县分配90人。但实在说不好印第安人他们自己会不会对这样的处理结果欣然接受。美国的确是充满了令人伤心的故事:在僻静之处的遭到暴力死亡,在疟疾泛滥的地区得消耗病死去,在城市当贫民过无望的人生,希望粉碎,期盼受挫,青春戛然而止,老年贫病无力。当故乡河山在万里之外时,弥漫在他们心中的是一种共同的思乡之疾。这是成为一个美国人的所有代价。而这种代价,一代又一代的人以数百万计愿意去甚至渴望去承担。但是原住民并没有选择的自由。这种没有止境、无法比拟的伤痛是因为他们遭受了自己无法招架的武力的胁迫而离开了自己热爱的土地。文明吞噬了文化,而当历史很自然地走过几个转角之后,我们就很难想象当初要是不发生这样的事会是什么样子。的确,我们应该为原住民们实现更大的正义,但是想想在历史长河中种种征服者对被征服者所做的一切,美国人已经做了很多,或者说至少曾怀抱着极大的善意努力过。但正如 E.L.戈德金所指出的,无论善意还是恶意,其结果是殊途同归的。如果我们把违反的口头承诺和破裂的和约重新修订好,那么一度心怀骄傲的部落残部在保留地上过着没有希望的生活——结果又怎会有所不同?

除了无休无止的故事剧情,那些用语言和帆布画布生动描绘的场景——从詹姆斯·菲尼摩尔·库珀到如今新出炉的小说以及历史学和人类学的研究著作——在其最上的是印第安部落社会崩坏的难言之痛,那样的社会充斥着残酷和暴力,也蕴含了许多的美。美国原住民也许在每一代美国人中都有同情者和仰慕者,在当代可能是其中最甚。这些男男女女,就算他们恬不知耻地将印第安人的生活给浪漫化了,但他们所欣赏的印第安部落生活的本质,是腐化而虚伪的文明世界持久的反照。

最后,我们常常会忽视一件事,即成千上万的印第安人确实已经被"开化"了。那一大群印第安人面前只有一扇门可以踏入白人的文化——那就是白人的宗教。因此他们接受了一套新的,且更宏大的宇宙学,并被同化,其存在感则直接消失了,因此他们的后代会骄傲地说,"我的外祖母(之所以是外祖母而不是爷爷,因为妇女比男子更愿意被同化)是个切诺基人",或者苏族人、夏延人或纳瓦胡人。我们可以确信,这些印第安无论是"消失的"还是和其他种族融合的,都提供了充分的证据证明,美国原住民不存在"种族"或基因上的劣势。他们证明了废奴主义者所宣扬的观点：人，无论其是不是"尚处蒙昧"，在任何实际效用层面上，有着惊人（而用达尔文主义的术语来说，是"难以理解的"）程度的平等性。

有一件事是非常清楚的：不管大多数美国人对于美国黑人都犯有深重而持久的种族主义原罪，但红种人和白人之间乌云密布的缠斗，却实质上与种族主义无关。约翰·罗尔夫与波卡洪塔斯的联姻是这一事实不可动摇的象征。首先，美国原住民并不是所谓"印第安人"，他们不符合"种族"这个极其要命的捉摸不定的词汇的任何理性意义。他们有着数不胜数的各个部落，有些"高贵"，有些"卑微"，如果要说更适合的词来概括，那就是"原住者"（aboriginal）了。数以千计的"白"（white）人男子，或者更确切地说，肤色从粉色到黝黑的男性，他们娶了同样数以千计的原住民妇女，却没有受到白人同伴一星半点的敌意。常常还是恰恰相反的情况。

一位模样标致的印第安妇女是众人关注的焦点，特别是在高级社交圈，让人趋之若鹜。就好像一位声名显赫的印第安酋长的现身，无论他出现在"文明"世界的哪个角落，都会有成千上万的市民慕名而来。在我看来，要将"种族主义"以及一干口号和套词放进来，就算是为了接近真相，我们也一定会举步维艰，并令人绝望地将整个印第安问题陷入不利境地。关于种族主义的**实质**，我们已经有了很多的答案。的确，前线定居者和其他一些美国人对印第安人不甚同情，甚至称他们为"野蛮而低贱的种族"，不过他们说爱尔兰、意大利人和波兰人的话还要比这难听。

温德尔·菲尔普斯喜欢将对待印第安人和华人移民的问题串联在一起。但很少有人拿这两者进行比较。因为这实在是太匪夷所思了。当然，菲尔普斯的观点是，无论印第安人还是华人，都很另类，都是人类大家庭的一份子，因此必须被珍视和善待。将这两个"种族"联系成对——一个是真正的种族概念,另一个则是一个范畴概念,实际上显示出了两者问题的差异性。华人,在其甫一登上美国海岸线之时,就成为罪大恶极的种族主义观念的牺牲品。印第安问题完全不是这个样子。我们最好把最后的一段话留给一位苏格兰的旅行教士,大卫·麦克雷牧师(Reverend David MacRae)。他在1854年写道,许多美国人表现出一份真心的渴望,要"改造"印第安人。例如说,想让他们更像白人。"等到有足够的时间来开化印第安人,印第安人早就被他们从地球表面给'改造'掉了,"麦克雷写道,"美国文明是没耐心的,等不了印第安人的。这些人吃饭只消四分半钟,在大草原上架设铁路是以每天2英里的速度推进,他们等不了100年时间,等不及让印第安人有工夫将战斧埋藏、洗去脸上的油彩并换上裤子。"而且,印第安人还不一定对这种改变有兴趣呢!

第二十一章 伤膝河水流淌后

伤膝河①（Wounded Knee）作为白人和印第安人之间持续近300年之久遭遇的终章，实在是件令人无法释怀的事。首先，这对于印第安人自己来说是一场大悲剧。此外，它也向白人和印第安人关系的整出诡异剧情，再投上了一道深深的阴影。它是一起标志性的事件，代表了美国原住民在入侵者中受过的所有的苦，而且正因如此，使得一个复杂得多的故事给模糊掉了，一个希望被永久击溃的故事，一个充斥暴力和残酷，到了言语难以讲述程度的故事。

印第安人对白人的残酷性，以及更有甚者他们部落之间的残酷性，是他们部落生活的有机组成部分。许多部落，尤其是那些最常和白人交战的部落，他们活着就是打仗和袭击。而且如果那无休无止的暴力之歌不再伴随左右，他们都没有办法活下去。但是对于那些频繁遭遇暴力事件的白人来说，这是一种低等的生活方式，因为他们所信仰的宗教至少教他

---

① 一共有两次和伤膝河有关的事件，一次是1890年的伤膝河大屠杀，一次是1972年的伤膝河绑架事件，本章指的是后者。

们温和待人、平等相处。

在《道斯法案》或称《土地分配法》生效的1887年,各个部落拥有大约1.37亿英亩的土地,大部分土地位于南达科塔州、蒙大拿州、怀俄明州、爱达荷州、犹他州和科罗拉多州。我们当然能质疑说,这1.37亿英亩的保留地比起几百年前整片大陆都是"他们的"来说实在微不足道,但是事实还是事实,或许比起这些部落要保留他们"野外"生活方式所需的土地要少得多,但是却要比他们能"使用"的土地却要多得多,远远多于他们过定居农耕生活自给自足所需要的土地。对于一般美国人而言,在他们节俭、虔诚而努力工作的新教伦理观念之下,这些印第安部落保留地,没有利用好或者根本没有好好利用的土地对于他们的基本价值观而言,既是一种诱惑,也是一种掠夺。

《土地分配法》的条文鼓励印第安人出售或租赁每个部落成员分到160英亩的土地——这些土地旨在让他们开垦并使之经济独立——之后剩余的部落土地。

《土地分配法》是由印第安人事务局执行的,在每一片印第安保留地上由一位印第安事务专员实际操作。这群事务专员的权力,想来毫无意外被频繁滥用,尤其是在碰到了他们心中的首要职责——将其管辖对象"去部落化"。在有些保留地中,印第安儿童如果说本部落的语言就会被责罚。

随着《土地分配法》的通过,"印第安"很大程度上从公众的脑海中消逝了。人们大多预想这项法案将会启动一个同化的过程,假以时日终将"解决印第安问题"。困在保留地中的印第安部落经历了长时间的衰落和不被重视。自从美国建国之初以来,印第安人对于这个国家始终抱有迷思,但是他们现在实际上已经退出历史舞台了,在一种地狱深渊般的生活

第二十一章 伤膝河水流淌后

中苟且,既不是真实意义中的部落也不是大文化范畴中的有机成员。而这种大文化范畴,他们一方面不甚喜欢也对此毫无信任。

许多印第安人对保留地的生活条件心生畏怯,而到别的地方去碰碰运气,但是他们却保留了自己部落的身份,当自己是苏族人、霍比人或肖松尼人,时不时回到自己原属的保留地去。因为印第安人与白人通婚的很多,尤其是印第安妇女,因此有的保留地发生过仅有 1/64 印第安血统的人要求成为部落的一员的事。大多数部落,如今要求必须证明有 1/4 血统,才能申请成为部落的一员。但事实上这么多自称有部落血统的"基因边缘"的男男女女,必须提供终结性的论据来推翻用白种人的观点对待原住民是"种族主义"这一理念。当然,其中也有实用方面的考量。那些声称和印第安部落有关系的人,但凡从政府金库或者通过出售和租赁部落土地能得到什么真金白银的好处,他们就都会参与其中。

在 20 世纪初,社会改革家对印第安保留地的生活条件很是失望,因此他们施加压力要求印第安政策发生彻底的转变。美国印第安人协会(Society of American Indians),是由非印第安人组成的,致力于保存部落文化的组织。该协会得到了美国妇女俱乐部(Women's Club of America)的鼎力支持。印第安人权利方面最能言善辩,资源也最丰富的是约翰·科利尔(John Collier)。他的攻击武器包括有一份来自布鲁金斯学会有关印第安人生活条件窘迫状况的报告。他还得到了来自蒙大拿州的波顿·K.惠勒(Burton K. Wheeler)的支持,此公将印第安人的福祉视作其自身的事业,因此,科利尔准备召集一群社会改革家大干一场。富兰克林·罗斯福和他的同胞们一样都对印第安人趋之若鹜,他于 1933 年任命科利尔为印第安人事务局的专员,而在 1 年之后,《惠勒-霍华德法》,也称《印第安人重组法》(*Indian Reorganization Act*)得以通过,人们称赞其为属于美国印第安人的"罗斯福新政"。

因为根据《土地分配法》，各部落能出售他们保留地的土地，因此在该法案执行期间，各部落的保留地从1.37亿英亩锐减到不足5500万英亩。不仅是把印第安人同化的希望破灭了，各部落土地拥有量也极为可观的减少了一半以上。但可以确信地说，无论其面积尺寸缩水几何，这些保留地还是保留了下来。用前BIA委员法艾里奥·纳什(Philleo Nash)的话来说："印第安保留地制度，及其种种弊端，是印第安人延续下去的有机组成部分，因为正是保留地给了各个印第安部落在现代世界的地域性。"而正是这种"地域性"构建起了印第安人残存的部落意识。

很快，在《印第安人重组法》通过之时的殷切期望马上就破灭了。除此之外，该法案遭到了严厉的批评，因为它没能在起草法案时将部落本身联系其中。这可是说来容易做来难的。如果说白人素来是"个人有说法，意见不统一"，那么印第安人就是完全各自说各自的。更有甚者，每一个部落内部也是分歧深重。

当有一些部落对法案的部分内容表示抗议之时，法案经过修订给予每个部落权利来接受或拒绝不同的条款。而由印第安人事务局出面的联邦政府则开始了一场旷日持久的赢得各部落支持的行动。经过5年多的讨论和辩论，189个部落接受了《印第安人重组法》的条款，而有77个部落则拒绝接受。在这个时候，我们可以放心地说，至少对于某些布罗来说，《惠勒-霍华德法》代表了一次小小的进步，比起之前饱受诟病的用来解决印第安部落主要问题的法案而言要有效一些。印第安人则再一次漂移出了公众的意识之外。有道是，眼不见，心不想。

正如之前所发生的一样，这种缺位是暂时的。在20世纪60年代中期，许多年轻的中产阶级男女对自己并非印第安人这件事感到惋惜。在

第二十一章 伤膝河水流淌后

这些所谓的反文化活动中,最令人吃惊的事是将印第安人也吸纳其中,也就是说将印第安人的部落文化也掺和了进来。他们对真正的印第安人所知不多,无论是过去还是现在,他们"幻想"印第安人的形象,并且将他们所发现在"其他"文化中所缺少的特质,赋予了印第安人。这些反文化的青年男女甚至杜撰出了一套印第安历史,与他们理想化的印第安生活匹配。在这套历史中,美国原住民曾经是与世无争,和睦友好地在他们祖先留下的神圣土地上安居乐业,但这片土地遭到一心要灭绝他们的外来征服者的侵略(一位作家最近将这些入侵者[也就是我们]定义为"刽子手")。无论这种说法多么愚蠢、多么痴呆,这种再发现的确有一种社会和文化上的功用。它再次吸引了人们对于印第安人存在的关注。

这一有利因素在1973年冬天以及富戏剧性的方式得以加强,当时有一群印第安人武装在伤膝河聚集了起来。他们以保留地的建筑作为工事,与一群执法人员和美国联邦调查局的特工纠缠了差不多六十八天。

在占领行动之后的零星交火中,有两名美国联邦调查局特工被杀害。而旷日持久的围攻以及随行媒体的关注让印第安部落的情况再次成为广泛关注的焦点。不仅如此,反文化运动①(counter-culture)中对于部落生活样式的着迷,也给了这个问题增加了哲学和心理的考量维度。

如果我们对于反文化潮流对于部落文化不知满足的追求而感到困惑的话,我们不妨回顾一下,自从文明兴起时,原始人类的生命和行为一直就有对于所谓文明世界的人有着强大的吸引力。当然,这在浪漫主义盛行的时期尤为明显(例如20世纪60年代和70年代早期)。当一个文明

---

① 指的是西方社会游离于主流思想文化之外的潮流,常常与主流文化背道而驰,在20世纪六七十年代的美国因反战、反核武器和平权斗争的思潮,反文化运动达到了一个高潮。

和它令人不满的地方使我们无法承受之时,我们总是会期盼幻想中的天真而简单的部落生活。在理性时代来临之前,约翰·洛克和托马斯·霍布斯曾为了原始人生活的特征而进行过一番唇枪舌剑的交锋。究竟它本来是"牙齿和爪子上流满红色鲜血"的,或者是以放弃一定程度的自由来换取一定程度补偿性质的安全作为特征的呢?洛克被许多哲学家和政治理论家视为"民主之父",因为他有一套关于社会生活起源的"契约"理论:他认为最早的人类,"在自然状态之下",是一个单独的个体,要面临非常多的险境和不利因素,因此他决定和其他个体携起手来。通过这种行为,原始人同意放弃其作为"个体"而享有的某些天然权利,从而确立起更安全和有序的生存基础。但是这些权利或自由只是暂时的让渡。一旦有人违反契约,如果以团队名义来执行命令的统治者变得乾纲独断、欺压横行,个体有着天生俱来,不可褫夺的权利,撤回其对统治者的支持。从而导致了契约的解体。从而也为美国革命提供了理论正当性。

在每个时代热爱部落生活的人(或者说憎恶文明生活的人)都会把理想化版本的原始人或原住民的生活来敲打控诉他们自己所处的社会,揭露其中的"荒谬和虚伪之处"。在我们美国的革命之后,汤姆·潘恩认为"文明世界"永远不能认为自己比原住民的世界要高上一头,除非,或者说直到在文明社会和经济秩序底部的那些人至少能像部落社会里的人那样得到良好的供养。潘恩的这根标杆在我们讨论部落文化和后部落文化时仍是我们脑海中一个很好的度量标准。

这些部落万变不离其宗,都是原始形态的,而且在某些方面也是最稳固的社会组织结构。部落文化创造出了婚姻制度和丧葬习俗,或者说为往生者的祈福活动。部落文化都将世界视作神圣的,因此各个部落发展出来的礼仪活动通常非常相近。正如我们前文所及,刘易斯和克拉克甚

第二十一章 伤膝河水流淌后

至深信不疑印第安人就是以色列王国失落的部落,因为他们亲眼看到的一些印第安人的宗教仪式很像《圣经·旧约》所描述的样子。今天正统教派的犹太人还保留着部落生活的经典要素,如食物禁忌以及在举行宗教仪式时食物的准备方式。更有甚者,我们可以说全世界的宗教都包含了处于部落文化核心地位的宗教仪典的影子。

我曾在本书的其他部分中提出过这样的观点,即完全依赖于自然环境的部落是绝没有可能像他们的仰慕者所幻想的那样安居乐业地生活的。对于一个民族来说,"逃离自然"是其最伟大的一次解放。尽管"人的堕落"使我们从无辜之辈成为有罪之身,从"大道之善"成为"文明"人令人困惑的不可捉摸,期间仍有颇为可观的补偿。对于一个部落来说,任何一个其他部落都是潜在的敌人,不是你死就是我亡。在苏族人的语言中,"人类"就是"苏①"(Sioux)。根据定义,部落是限定于它的自我意识形态中的,并且除了联盟和征服之外没有更大的人类共同体的概念。

伴随文明而来的是一个宇宙秩序的梦想。在犹太教—基督教文明体系中,上帝是"地上所有民族共结一系的血脉而成的"。这种世界观是**超乎**部落这个概念的。马歇尔·麦克卢汉②(Marshall McLuhan)谈及现代世界及其即时通讯体系时,称之为"地球村"。也许我们是应该把世界当作一个"地球村"。那也就是说,人类共同体需要我们在后部落世界中保留一些部落意识的最基本的元素。例如认为对于所有的生命、食物、自然世界、人类的关系,尤其是婚姻关系,对于祖先的尊重,共同仪式和庆典的重要性,以及灵感的发挥抱有神圣感。

我相信,有关这成百上千的美国原住民部落以及他们与来自欧洲的

---

① 与苏族的族名相同。
② 加拿大著名哲学家和教育家,现代传媒理论的奠基人。

入侵者相遇的这段故事，或者更准确地说，这些数不胜数的故事，仍将是我们美国历史中，除了解放黑奴之外，最悲剧、最跌宕也最令人着迷的故事。如今我们与这些兄弟姐妹，也就是美国的印第安人之间的关系的积极方面在于，他们对自己越来越感到骄傲，而我们则从新的角度赏识他们的文化。这对我而言是真真正正的收获。在过去的每一代人身上——我确信在本书中均有所展示——有成千上万的美国白人被他们眼中的印第安文化的浪漫之处所深深吸引，但是相对而言，极少有人会认为部落生活的某些部分要比文明世界的生活方式来得高级。

无论我们怎么期许，我们也不能逃离现在，回到部落中生活。我们有想这么做的愿望，也是考量现代的人究竟背负了多少精神的负担。在我看来，我们能做也希望去做的就是把部落意识中有力的且长存的部分转化为后部落时代世界中可以获取的样式。也许现在正是去做这件事的时候。人类的启蒙之梦想以不同的样式——理性主义、科学主义、达尔文主义、马克思主义——主宰了我们的生命达两百年之久，最后都被证明不过是虚影。而我们后来才发现，原来反文化主义者是第一个认识到这一真相的。

显然，要实现这样的转变还有很多的障碍。其中最主要的一个是印第安部落的狂热支持者倾向于以冲突和斥责的方式来抛出问题。所谓"欧洲裔的美国人对美国原住民犯下种族灭绝罪行"之类的言论使得大家无法进行理智的探讨。后部落时代的意识，正如我们所见，无时无处没有被部落意识所深深影响。而如果要让这种影响结出果实，那就一定需要极大程度地以事实作为前提。

最后，容我再啰唆一句。托马斯·拉弗格（Thomas LaForge），也就是绰号"白克劳人"（White Crow）的那位，曾告诉我们，在其部落成员之间将要爆发争吵时的一则克劳人的训令:"请保持你的善心(Keep your heart good)。"在我们平常生活中一旦要涉及那些诚挚与互相尊重往往会被怒气和复仇心给吞噬的领域时,这句话不失为是一条警言诫语。

愿这个克劳人的这句话永远铭记在我们心间。

编者注

此处列出的人口统计数字和其他细节是由作者佩吉·史密斯在1989年准备此书时搜集罗列的。

美国联邦宪法第一条第八款声明:"国会拥有权力……来规范与外国、各州之间以及与印第安人的商业活动。"

早在起草宪法之前,由美国国会于1787年通过的《西北法令》中所述:"应对印第安人给予极大的诚意:未经印第安人同意永远不得攫取他们的土地和财产;他们的财产、权利和自由,不得侵犯和破坏……而且以公正和人道主义为基础的法律必须不时为防止对他们造成伤害,以及保持与他们的和平和友谊而制订起来。"

这未免太过理想。无须赘述,该法令被铭记是因为人们对其的违反而非遵守,但当然,我们必须要指出其中的意图,孕育在这片土地的这则法案之中,完全和"一群启蒙和进步的人民"的精神保持一致。

印第安人事务局(the Bureau of Indian Affairs,以下简称BIA)成立

于 1824 年,并在 7 年之后(1831 年),划归战争部管辖。联邦法规明确规定该事务局必须为"任何印第安部落、分支部落、领地、开垦地(rancheria)、普韦布洛①(pueblo),开垦地(colony)或社区"提供服务。

下面是事务局对其提供的服务内容的叙述。尽管现在 BIA 的工作重心在于部落的自我意愿以及印第安人的经济发展,但是自从事务局 1824 年开办以来,其政策主要涵盖的范围在于印第安人迁徙以及印第安人的同化等。然而,罗纳德·里根总统在 1983 年宣称,美国政府将支持印第安部落自决命运的政策,这将鼓励和支持各部落实现自治。

签署 BIA 的援助项目是各部落掌握各自事务安排的首要途径。在 1974 年,当签署项目刚开始放行之时,各部落签署的项目总数只有 800 个。在 1988 财政年度,据估计有 345 个部落和组织将会签署近 1 500 个项目,总金额接近 3 亿美元。

BIA 的总部位于首都华盛顿特区,但是其大部分雇员分布在全美国 12 个地区办公室,84 个事务所以及 180 所学校中工作。他们大大小小的工作可被分成四大领域——教育、部落服务、信托责任/经济发展以及 BIA 的运营。

印第安教育办公室(The Office of Indian Education)为私立和公办的学校提供资金。每年他们会影响到 20 万名印第安学生。BIA 运行着 180 所小学和中学,三所高等学校以及数百个成人教育课堂;在此,印第安学生可以获得高中毕业文凭。此外,1 万名印第安人可获得 BIA 高中奖学金而另有 17.7 万人可以从约翰逊-奥马利基金获得资助,这个基金项目为那些有许多印第安人的公立学校提供了额外的款项补助。

---

① 一种印第安村庄。

如果说 BIA 就像一个缩微版的美国联邦政府,那么部落服务办公室(the Office of Tribal Service)则是健康与人道援助部、劳工部、司法部以及住房及城市发展部①之间的综合体。它会向需要帮助的人提供福利。为 4 000 名印第安人提供职业培训。该办公室掌管着 19 个联邦特殊法庭,并为 127 个部落法庭提供资金。它为 1 000 名以上穿着制服的警官提供薪水。在 1988 年这一年中,该办公室总共收容了约 3 000 个印第安家庭。

信托及经济发展办公室(the Office of Trust and Economic Development)管理着约 5 300 万英亩的土地,这些土地是委托给美利坚合众国,属于印第安人的。该办公室旨在为各部落提供帮助,对于他们的森林、水源、矿藏以及能源,不仅加以保护还要帮助开发。此外,事务局每年另外花费 1 000 万美元来发展印第安人的商业企业。

以下是事务局服务过的部落列别,采自名为《邻近各州认可的、可接受美利坚合众国印第安人事务局服务的印第安部落名录》的联邦档案。因为"阿拉斯加州的原住民"与"本土四十八州"的部落差异甚大,因此在本次调查中略去(至 1988 年,他们的人数为 91 106 人,其中绝大多数生活在原住民的村庄之中)。

(注:以下部落名录按英文原文顺序排列,原文以部落名称字母顺序排列。)

- 俄克拉荷马州的阿布森第-肖尼人(Absentee-Shawnee)印第安部落
- 加利福尼亚州,阿瓜·卡里恩特(Agua Caliente)印第安保留地的卡灰拉(Cahuilla)部落印第安人,阿瓜·卡里恩特分支

---

① 以上均为美国联邦政府内阁的部门。

编者注

- 亚利桑那州马利科帕(Maricopa)①保留地,帕帕勾族印第安人,阿克钦印第安人社区
- 德克萨斯州,阿拉巴马-库沙塔人(Alabama-Coushatta)各部落
- 俄克拉荷马州,克里克人民族政府,阿拉巴马-卡萨特(Alabama-Quassarte)部落镇
- 加利福尼亚州,皮特河印第安人,阿尔图拉斯村(Alturas)
- 俄克拉荷马的阿帕契部落
- 怀俄明州,温德河保留地,阿拉帕霍部落
- 蒙大拿州,佩科堡(Fort Peck)印第安保留地,阿西尼比奥尼和苏族人各部落
- 加利福尼亚州,奥古斯丁(Augustine)保留地,卡灰拉教会印第安人,奥古斯丁分支
- 威斯康星州,巴德河(Bad River)保留地的齐佩瓦部落印第安人,苏必利尔湖部落,巴德河分支
- 密歇根州,米尔斯湾(Bay Mills)保留地的齐佩瓦部落印第安人,苏圣玛丽(Sault Ste. Marie)分支,米尔斯湾印第安人社区
- 加利福尼亚州,麦都部落印第安人,贝利河村
- 加利福尼亚州,史密斯河印第安人,比格拉古恩(Big Lagoon)
- 加利福尼亚州,比格派恩(Big Pine)保留地,欧文斯山谷派尤特肖松尼部落印第安人,比格派恩分支
- 加利福尼亚州,莫诺部落(Mono)印第安人,比格桑迪村(Big Sandy)
- 加利福尼亚州,波莫部落(Pomo)及皮特河印第安人,比格瓦利村(Big

---

① 阿克钦(Ak Chin)。

Valley)

- 蒙大拿州,黑足人印第安人保留地,黑足人部落
- 加利福尼亚州,蓝湖村(Blue Lake)
- 加利福尼亚州,布里奇波特派尤特印第安开垦地
- 加利福尼亚州,米乌(Me-Wuk)部落印第安人,布伊纳·维斯塔村(Buena Vista)
- 俄勒冈州,伯恩斯(Burns)派尤特部落印第安人开垦地
- 加利福尼亚州,卡巴赞(Cabazon)保留地,卡灰拉教会印第安人,卡巴赞分支
- 加利福尼亚州,科路撒村(Colusa),科路撒印第安人社区,温顿部落印第安人,卡吉尔·德赫(Cachil DeHe)分支
- 俄克拉荷马州,卡多人印第人诸部落
- 加利福尼亚州,雷顿维尔村(Laytonville),卡托(Cahto)人印第安人部落
- 加利福尼亚州,卡灰拉保留地,教会印第安人,卡灰拉分支
- 加利福尼亚州,雷顿维尔村(Laytonville),卡托(Cahto)人印第安人部落①
- 加利福尼亚州,坎波(Campo)印第安保留地,迪艾古艾诺教会印第安人,坎波分支
- 加利福尼亚州,迪艾古艾诺教会卡皮坦·格兰德(Capitan Grande)分支
  - ◆ 加利福尼亚州,巴罗那(Barona)保留地,巴罗那组

---

① 原文如此,疑重复。

编 者 注

- ◆ 加利福尼亚州,比亚哈斯(Viejas)保留地,比亚哈斯组
- 纽约州,卡尤佳人领地
- 加利福尼亚州,北派尤特部落印第安人,西达维尔村(Cedarville)
- 加利福尼亚州,切莫未维(Chemehuevi)保留地,切莫未维部落印第安人
- 加利福尼亚州,特立尼达村,切阿海茨(Cher-Ae Heights)印第安社区
- 俄克拉荷马州的切诺基人领地
- 俄克拉荷马州的夏延-阿拉帕霍人各部落
- 南达科塔州,夏延河领地,夏延河苏族部落
- 俄克拉荷马州的奇卡索族人
- 加利福尼亚州,米乌部落印第安人
- 蒙大拿州,洛基男孩(Rocky Boy's)保留地,齐佩瓦-克里克①部落印第安人
- 路易斯安那州奇蒂马查人(Chitimacha)部落
- 俄克拉荷马州乔克托族人
- 俄克拉荷马州波塔瓦托米人部落"公民"(Citizen)分支
- 加利福尼亚州波莫部落印第安人克劳富戴尔村(Cloverdale)
- 加利福尼亚州,雷塞尼(Resigini)村,尤罗科(Yurok)部落印第安人海岸(Coast)印第安人社区
- 亚利桑那州,科科帕(Cocopah)部落
- 爱达荷州,科达林(Coeur D'Alene)保留地,科达林部落
- 加利福尼亚州,莫诺部落印第安人,冷泉村(Cold Springs)

---

① 原文为"Cree",可能是"Creek"。

- 亚利桑那及加利福尼亚州,科罗拉多河印第安领地,科罗拉多河印第安部落
- 俄克拉荷马州科曼切人印第安部落
- 蒙大拿州,平头族保留地,萨里西人(Salish)和库特奈人(Kootenai)的各个联合部落
- 华盛顿州,亚基马保留地,亚基马族印第安人各分支的各个联合部落
- 华盛顿州,科尔维尔(Colville)保留地的各个联合部落
- 俄勒冈州,库斯人(Koos)、下恩布瓜人和休斯洛人(Siuslaw)各个联合部落
- 内华达和犹他州,哥舒特保留地,各个联合部落
- 俄勒冈州,格兰德·荣德(Grand Ronde)社区,各个联合部落
- 俄勒冈州,希列兹(Siletz)保留地各个联合部落
- 俄勒冈州,乌玛迪拉(Umatilla)保留地各个联合部落
- 俄勒冈州,温泉(Warm Springs)保留地各个联合部落①,亚基马印第安人各分支的各个联合部落
- 加利福尼亚州,温顿部落印第安人,科迪那(Cortina)印第安村
- 路易斯安那州,库沙塔(Coushatta)部落
- 加利福尼亚州,朗德谷(Round Valley)保留地,科维洛(Covelo)印第安社区
- 俄勒冈州,恩布瓜印第安人,母牛溪(Cow Creek)分支
- 加利福尼亚州,波莫部落印第安人,科尤特谷(Coyote Valley)分支
- 俄克拉荷马州,克里克族

---

① 原文该条没有州名。

编者注

- 蒙大拿州,克劳部落
- 南达科塔州,克劳溪保留地,克劳溪苏族部落
- 加利福尼亚州,卡亚派普(Cuyapaipe)保留地,迪艾古艾诺教会印第安人,卡亚派普社区
- 加利福尼亚州,死亡谷,肖松尼人廷比沙(Timbi-Sha)分支
- 俄克拉荷马州,西部地区,特拉华人部落
- 北达科他州,魔鬼湖(Devils Lake)苏族人保留地,魔鬼湖苏族人部落
- 加利福尼亚州,波莫部落印第安人,干溪村(Dry Creek)
- 内华达州,达克沃德(Duckwater)保留地,达克沃德肖松尼部落
- 北卡罗来纳州,切诺基族印第安人,东部分支
- 俄克拉荷马州,东肖尼人部落
- 加利福尼亚州,萨福尔班克村(Sulfur Bank),波莫族印第安人,艾莱姆(Elem)印第安开垦地
- 加利福尼亚州,史密斯河托洛瓦(Tolowa)族印第安人,麋鹿谷村(Elk Valley)
- 内华达州,艾利(Ely)印第安开垦地
- 加利福尼亚州,麦都部落印第安人,企业村(Enterprise)
- 南达科塔州,弗兰德鲁·桑迪(Flandreau Santee)部落
- 威斯康星州,威斯康星波塔瓦托米人,弗雷斯特(Forest)县波塔瓦托米人社区
- 蒙大拿州,贝尔克纳普(Belknap)堡保留地,贝尔克纳普印第安人社区
- 加利福尼亚州,比得维尔(Bidwell)堡保留地,派尤特印第安人,比得维尔堡印第安人社区
- 加利福尼亚州,独立(Independence)堡保留地,派尤特印第安人,独立

堡印第安人社区

- 内华达州,麦克德米特(McDermitt)堡印第安保留地,麦克德米特堡派尤特及肖松尼人各部落

- 亚利桑那州,麦克道威尔(McDowell)堡印第安保留地,麦克道威尔堡莫哈维-阿帕契人印第安人社区

- 亚利桑那州,莫哈维堡印第安部落

- 俄克拉荷马州,西尔(Sill)堡阿帕契部落

- 马萨诸塞州,盖海德(Gay Head)万帕诺亚格(Wampanoag)部落

- 亚利桑那州,基拉河(Gila River)印第安保留地,基拉河皮马-马利科帕(Pima-Maricopa)印第安人社区

- 密歇根州,奥塔瓦及齐佩瓦族印第安人,格兰德特弗拉斯(Grand Traverse)分支

- 加利福尼亚州,麦都部落印第安人,格林维尔村(Greenville)

- 加利福尼亚州,温顿-崴拉基(Wintun-Wailaki)印第安人,格莱德斯通(Grindstone)印第安人社区

- 密歇根州,威斯康星波托瓦塔米印第安人,汉娜维尔(Hannahville)印第安人社区

- 亚利桑那州,阿佛苏派(Havasupai)保留地,阿佛苏派部落

- 华盛顿州,荷欧(Hoh)印第安保留地,荷欧印第安人部落

- 加利福尼亚州,胡帕谷(Hoopa Valley)保留地,胡帕谷部落

- 亚利桑那州,霍皮(Hopi)部落

- 加利福尼亚州,霍普兰村(Hopland),波莫部落印第安人,霍普兰分支

- 缅因州,马利希特(Maliseet)印第安人霍尔顿(Houlton)分支

- 亚利桑那州,瓦拉派(Hualapai)印第安保留地,瓦拉派部落

编者注

- 加利福尼亚州，因阿亚(Inaja)和科斯米特(Cosmit)保留地，迪艾古艾诺教会印第安人，因阿亚分支
- 堪萨斯和内布拉斯加州，艾奥瓦部落
- 俄克拉荷马州，艾奥瓦部落
- 加利福尼亚州，米乌部落印第安人，杰克逊村
- 华盛顿州，詹姆斯敦，斯科拉兰(S'klallam)部落
- 加利福尼亚州，贾木尔(Jamul)印第安村
- 新墨西哥州，季卡里拉(Jicarilla)阿帕契印第安保留地，季卡里拉阿帕契部落
- 亚利桑那州，卡伊巴布(Kaibab)印第安保留地，派尤特印第安人，卡伊巴布分支
- 华盛顿州，卡里斯佩尔(Kalispel)保留地，卡里斯佩尔印第安人社区
- 加利福尼亚州，卡鲁克(Karuk)部落
- 加利福尼亚州，斯图沃兹岬(Stewarts Point)村落，波莫部落印第安人，卡什亚(Kashia)分支
- 俄克拉荷马州，卡奥(Kaw)印第安人部落
- 密歇根州，朗斯(L'Anse)保留地，齐佩瓦部落印第安人，朗斯及昂特纳贡(Ontonagon)分支，基维瑙(Keweenaw)湾印第安人社区
- 俄克拉荷马州，克里克族印第安人，基亚勒吉(Kialegee)部落镇
- 堪萨斯州，基卡普保留地，基卡普各部落印第安人
- 俄克拉荷马州，基卡普人部落（包括基卡普印第安人，德克萨斯分支）
- 俄克拉荷马州，基奥瓦印第安人部落
- 俄勒冈州，克拉玛斯印第安部落
- 爱达荷州，库特奈人部落

- 加利福尼亚州,拉荷亚(La Jolla)保留地,路易西诺(Luiseno)教会印第安人,拉荷亚分支

- 加利福尼亚州,拉珀斯塔(La Posta)保留地,迪艾古艾诺教会印第安人,拉珀斯塔分支

- 威斯康星州,拉库德雷(Lac Courte Oreilles)保留地,苏必利尔湖齐佩瓦印第安人,拉库德雷分支

- 密歇根州,苏必利尔湖齐佩瓦印第安人,拉克维尤(Lac Vieux)沙地分支

- 内华达州,拉斯维加斯印第安人开垦地,派尤特印第安人,拉斯维加斯部落

- 加利福尼亚州,洛斯喀耶特斯(Los Coyotes)保留地,卡灰拉教会印第安人,洛斯喀耶特斯分支

- 内华达州,乐福洛克(Lovelock)印第安开垦地,乐福洛克派尤特人部落

- 南达科塔州,下布鲁勒(Lower Brule)保留地,下布鲁勒苏族部落

- 华盛顿州,下埃尔瓦(Lower Elwha)保留地,下埃尔瓦部落社区

- 明尼苏达州,下苏族(Lower Sioux)保留地,明尼苏达米德瓦卡尼昂(Midewakanion)苏族印第安人下苏族印第安人社区

- 华盛顿州,鲁米(Lummi)保留地,鲁米部落

- 华盛顿州,玛卡印第安保留地,玛卡印第安人部落

- 加利福尼亚州,曼彻斯特-波因特阿里纳(Point Arena)印第安村,波莫部落印第安人,曼彻斯特分支

- 加利福尼亚州,曼扎尼塔(Manzanita)保留地,迪艾古艾诺教会印第安人,曼扎尼塔分支

- 康涅狄格州,马珊塔科特·皮克特(Mashantucket Pequot)部落

编者注

- 威斯康星州,美诺米尼(Menominee)印第安部落
- 加利福尼亚州,梅萨格兰德(Mesa Grande)保留地,迪艾古艾诺教会印第安人,梅萨格兰德分支
- 新墨西哥州,梅斯卡雷罗(Mescalero)保留地,梅斯卡雷罗阿帕契族部落
- 俄克拉荷马州,迈阿密人部落
- 佛罗里达州,米科苏奇(Miccosukee)部落印第安人
- 加利福尼亚州,波莫部落印第安人,米德尔顿(Middletown)印第安村
- 明尼苏达州,明尼苏达齐佩瓦人部落

  由6处分支部落保留地组成:

  - 博瓦福瑞迪(Bois Forte)[内特湖(Nett Lake)]分支
  - 冯杜拉克(Fond du Lac)分支
  - 格兰德伯蒂奇(Grand Portage)分支
  - 里奇湖(leech)分支
  - 千湖(Mille Lacs)分支
  - 白土(White Earth)分支

- 密西西比州,乔克托族印第安人,密西西比分支
- 内华达州,莫阿帕(Moapa)河印第安保留地,派尤特印第安人,莫阿帕分支
- 俄克拉荷马州,莫多可部落
- 加利福尼亚州,麦都部落印第安人,摩尔敦(Mooretown)印第安村
- 加利福尼亚州,摩龙勾(Morongo)保留地,卡灰拉教会印第安人,摩龙勾分支
- 华盛顿州,马克尔舒特(Muckleshoot)保留地,马克尔舒特印第安部落

- 罗得岛州,纳拉甘赛特(Narragansett)印第安部落
- 新墨西哥及犹他州,亚利桑那纳瓦胡部落
- 爱达荷州,内兹珀塞部落
- 华盛顿州,尼斯夸雷(Nisqually)保留地,尼斯夸雷印第安人社区
- 华盛顿州,努克萨克(Nooksack)印第安部落
- 蒙大拿州,北夏延印第安保留地,北夏延人部落
- 加利福尼亚州,莫诺印第安人,诺福克(Northfork)印第安村
- 犹他州,肖松尼部落印第安人,西北分支[瓦沙基镇(Washakie)]
- 南达科塔州,松树岭(Pine Ridge)保留地,奥格拉拉苏族人
- 内布拉斯加州,奥马哈部落
- 纽约州,奥内达族
- 威斯康星州,奥内达部落
- 纽约州,奥农达戈族
- 俄克拉荷马州,敖塞吉部落
- 俄克拉荷马州,奥图-密苏利亚(Otoe-Missuria)部落
- 俄克拉荷马州,奥塔瓦部落
- 犹他州,派尤特印第安部落
- 加利福尼亚州,毕绍普(Bishop)开垦地,毕绍普社区,派尤特-肖松尼部落印第安人
- 加利福尼亚州,孤松(Lone Pine)保留地,孤松社区,派尤特-肖松尼部落印第安人
- 内华达州,法隆(Fallon)保留地及开垦地,派尤特-肖松尼部落印第安人
- 加利福尼亚州,帕拉(Pala)保留地,路易西诺教会印第安人,帕拉分支

编 者 注

- 亚利桑那州,帕斯夸·亚齐(Pascua Yaqui)部落
- 缅因州,帕撒玛括迪(Passamaquoddy)部落
- 加利福尼亚州,帕奥玛(Pauma)和育玛(Yuima)保留地,路易西诺教会印第安人,帕奥玛分支
- 俄克拉荷马州,帕尼人印第安部落
- 加利福尼亚州,佩昌迦(Pechanga)保留地,路易西诺教会印第安人,佩昌迦分支
- 缅因州,佩诺斯哥特(Penobscot)部落
- 俄克拉荷马州,佩奥里亚(Peoria)部落
- 加利福尼亚州,查克昌西(Chukchansi)印第安人,皮卡育尼(Picayune)印第安村
- 加利福尼亚州,波莫部落印第安人,皮诺勒维尔(Pinoleville)印第安村
- 加利福尼亚州,皮特河部落,包括
  - 比格本德(Big Bend)分支
  - 卢克奥特(Lookout)分支
  - 蒙哥马利河(Montgomery River)及咆哮河(Roaring River)印第安村和XL牧场①
- 亚拉巴马州,克里克族印第安人,波阿奇(Poarch)分支
- 俄克拉荷马州,庞卡(Ponca)印第安人部落
- 华盛顿州,甘布尔港(Port Gamble)保留地,甘布尔港印第安人社区
- 加利福尼亚州,波莫部落印第安人,波特(Potter)谷印第安村
- 堪萨斯州,波塔瓦托米印第安人,草原(Prairie)分支

---

① 原文为"XI",疑有误。

- 明尼苏达州,草原岛保留地,明尼苏达米德瓦卡诺阿(Midewakanoa)①苏族印第安人,草原岛印第安人社区

- 新墨西哥州,阿科马(Acoma)普韦布洛村

- 新墨西哥州,科切蒂(Cochiti)普韦布洛村

- 新墨西哥州,伊斯雷塔(Isleta)普韦布洛村

- 新墨西哥州,赫梅兹(Jemez)普韦布洛村

- 新墨西哥州,拉昆纳(Laguna)普韦布洛村

- 新墨西哥州,南比(Nambe)普韦布洛村

- 新墨西哥州,皮库里斯(Picuris)普韦布洛村

- 新墨西哥州,坡华克(Pojoaque)普韦布洛村

- 新墨西哥州,圣费利佩(San Felipe)普韦布洛村

- 新墨西哥州,伊尔德方索(Ildefonso)普韦布洛村

- 新墨西哥州,圣胡安(San Juan)普韦布洛村

- 新墨西哥州,桑迪亚(Sandia)普韦布洛村

- 新墨西哥州,圣安娜(Santa ana)普韦布洛村

- 新墨西哥州,圣克拉拉(Santa Clara)普韦布洛村

- 新墨西哥州,圣多明戈(Santo Domingo)普韦布洛村

- 新墨西哥州,陶斯(Taos)普韦布洛村

- 新墨西哥州,特苏科(Tesuque)普韦布洛村

- 新墨西哥州,齐亚(Zia)普韦布洛村

- 华盛顿州,普雅路普(Puyallup)保留地,普雅路普部落

- 内华达州,金字塔湖保留地,金字塔湖派尤特人部落

---

① 原文作 Mdewakanoa,疑有误。

编者注

- 俄克拉荷马州,卡宝(Quapaw)部落
- 加利福尼亚州,卡罗克部落(Karok)、沙斯塔(Shasta)部落及卡拉马斯部落印第安人,石英(Quartz)谷印第安村
- 加利福尼亚州,育玛堡(Fort Yuma)印第安保留地,克珊(Quechan)部落
- 华盛顿州,奎留特(Quileute)保留地,奎留特部落
- 华盛顿州,奎瑙特(Quinault)保留地,奎瑙特部落
- 加利福尼亚州,卡灰拉教会印第安人,拉蒙纳(Ramona)分支及拉蒙纳村
- 威斯康星州,苏必利尔湖齐佩瓦部落印第安人,红崖(Red Cliff)分支
- 明尼苏达州,红湖(Red Lake)保留地,齐佩瓦部落印第安人,红湖分支
- 加利福尼亚州,波莫部落印第安人,雷丁(Redding)印第安村
- 加利福尼亚州,波莫部落印第安人,红木(Redwood)谷印第安村庄
- 内华达州,雷诺-斯帕克斯(Reno-Sparks)印第安开垦地
- 加利福尼亚州,林孔(Rincon)保留地,路易西诺教会印第安人,林孔分支
- 加利福尼亚州,波莫部落印第安人,罗宾逊印第安村
- 加利福尼亚州,贝尔河(Bear River)或玛托尔(Mattole)部落印第安人,朗纳维尔(Rohnerville)
- 南达科塔州,罗斯巴德(Rosebud)印第安保留地,罗斯巴德苏族部落
- 加利福尼亚州,温屯部落印第安人,拉姆塞(Rumsey)印第安村
- 艾奥瓦州,密西西比河,萨克和福克斯部落
- 堪萨斯和内布拉斯加州,密苏里河,萨克和福克斯部落
- 俄克拉荷马州,萨克和福克斯部落

- 密歇根州,伊莎贝拉保留地,萨基瑙尔(Saginaw)齐佩瓦印第安部落
- 亚利桑那州,盐河(Salt River)保留地,盐河皮马-马利科帕印第安社区
- 亚利桑那州,圣卡洛斯保留地,圣卡洛斯阿帕契人部落
- 加利福尼亚州,圣曼努埃尔保留地,塞拉诺(Serrano)教会印第安人,圣曼努埃尔分支
- 加利福尼亚州,迪艾古艾诺教会印第安人,圣帕斯夸尔(San Pansqual)分支
- 加利福尼亚州,圣塔洛萨(Santa Rosa)印第安村,圣塔洛萨印第安人社区
- 加利福尼亚州,圣塔洛萨保留地,卡灰拉教会印第安人,圣塔洛萨分支
- 加利福尼亚州,圣伊内茨(Santa Ynez)保留地,楚玛什(Chumash)教会印第安人,圣伊内茨分支
- 加利福尼亚州,圣伊萨贝尔(Santa Ysabel)保留地,迪艾古艾诺教会印第安人,圣伊萨贝尔分支
- 内布拉斯加州,桑迪(Santee)保留地,桑迪苏族人部落
- 华盛顿州,萨克-苏瓦托(Sauk-Suiattle)部落
- 密歇根州,齐佩瓦部落印第安人,苏圣玛丽部落
- 俄克拉荷马州,塞米诺尔族
- 佛罗里达州,塞米诺尔人部落,达尼亚(Dania)、巨柏树(Big Cypress)及布莱顿保留地
- 纽约州,塞内加族
- 俄克拉荷马州,塞内加-卡尤佳部落
- 明尼苏达州,夏科皮(Shakopee)米德瓦坎顿(Mdwakanton)苏族社区[普利尔湖(Prior Lake)]

编者注

- 加利福尼亚州,米乌部落印第安人,西普牧场(Sheep Ranch)印第安村
- 加利福尼亚州,波莫部落印第安人,舍伍德(Sherwood)谷印店村
- 加利福尼亚州,辛格尔斯普林斯(Shingle Springs)印第安村,米沃克(Miwok)印第安人,辛格尔斯普林斯分支
- 华盛顿州,浅滩湾(Shoalwater Bay)印第安保留地,浅滩湾部落
- 怀俄明州,温德河保留地,肖松尼部落
- 爱达荷州,赫尔堡(Fort Hall)保留地,肖松尼-班诺克人各部落
- 内华达州,达克谷保留地,肖松尼派尤特人各部落
- 南达科塔州,特拉维斯(Traverse)湖保留地,西塞顿-瓦普顿(Sisseton-Wahpeton)苏族部落
- 华盛顿州,斯高科米什(Skokomish)保留地,斯高科米什印第安人部落
- 犹他州,哥舒特部落印第安人,骷髅谷(Skull Valley)分支
- 加利福尼亚州,史密斯河印第安村
- 加利福尼亚州,索博巴(Soboba)保留地,路易西诺教会印第安人,索博巴分支
- 威斯康星州,齐佩瓦部落印第安人,摩尔湖(Mole Lake)分支,索考贡(Sokaogon)齐佩瓦人社区
- 科罗拉多州,南乌特人保留地,南乌特印第安部落
- 华盛顿州,斯波坎恩(Spokane)保留地,斯波坎恩部落
- 华盛顿州,斯卡欣岛(Squaxin Island)保留地,斯卡欣岛部落
- 威斯康星州,圣克洛伊(St. Croix)保留地,圣克洛伊齐佩瓦部落印第安人
- 纽约州,莫霍克部落印第安人,圣雷吉斯(St. Regis)分支
- 北达科他及南达科塔州,立岩(Standing Rock)苏族部落

- 威斯康星州,莫西干印第安人,斯托克布里奇-曼西(Stockbridge-Muncie)社区
- 华盛顿州,斯蒂尔拉瓜米什(Stillaguamish)部落
- 内华达州,萨米特湖(Summit Lake)派尤特部落
- 华盛顿州,麦迪逊港保留地,苏卡米什(Suquamish)印第安部落
- 加利福尼亚州,派尤特人、米都人、皮特河部落及瓦休(Washoe)部落印第安人,苏珊维尔(Susanville)印第安村
- 华盛顿州,斯维诺米什(Swinomish)保留地,斯维诺米什部落印第安人
- 加利福尼亚州,迪艾古艾诺教会印第安人,锡库安(Sycuan)分支
- 加利福尼亚州,维尤特(Wiyot)部落印第安人,泰博布拉夫(Table Bluff)印第安村
- 俄克拉荷马州,克里克族,斯洛普斯洛克(Thlopthlocco)部落镇
- 北达科他州,贝斯霍德堡(Fort Berthold)保留地附属的三个部落
- 亚利桑那州,陶汉诺·奥德哈姆(Tohono O'odham)族[以前被称作亚利桑那州亚利桑那州,赛尔斯(Sells)、基拉河湾、圣哈维尔(San Xavier)保留地,帕帕勾部落]
- 纽约州,塞内加族,陶纳旺达(Tonowanda)分支
- 俄克拉荷马州,唐喀瓦(Tonkawa)部落印第安人
- 亚利桑那州,唐图(Tonto)阿帕契部落
- 加利福尼亚州,卡灰拉教会印第安人,托雷斯-马丁内斯分支
- 加利福尼亚州,图勒河(Tule River)保留地,图勒河印第安部落
- 路易斯安那州,突尼卡-比洛克西(Tunica-Biloxi)印第安部落
- 加利福尼亚州,图奥勒米(Tuolumne)印第安村,米乌部落印第安人,图奥勒米分支

编者注

- 北达科他州,齐佩瓦部落印第安人,乌龟山(Turtle Mountain)分支
- 纽约州,图斯卡罗拉(Tuscarora)族
- 加利福尼亚州,路易西诺教会印第安人,二十九棵棕榈树(Twenty-Nine Palms)分支
- 俄克拉荷马州,切诺基族印第安人,联合吉图瓦(United Keetoowah)分支
- 加利福尼亚州,上湖(Upper Lake)印第安村,波莫部落印第安人,上湖分支
- 明尼苏达州,上苏族保留地,上苏族印第安人社区
- 华盛顿州,上斯卡吉特(Upper Skagit)印第安部落
- 犹他州,尤因塔(Uintah)和奥雷(Ouray)保留地,乌特人印第安部落
- 加利福尼亚州,本顿派尤特保留地,乌图乌图格崴图(Utu Utu Gwaitu)派尤特部落
- 加利福尼亚州,沃克河(Walker River)保留地,沃克河派尤特部落
- 内华达及加利福尼亚州,瓦休部落[包括卡森开垦地,德莱斯特维尔(Dresslerville)和瓦休牧场(Washoe Ranches)]
- 亚利桑那州,阿帕契堡保留地,怀特山(White Mountain)阿帕契部落
- 俄克拉荷马州,维基塔(Wichita)印第安部落
- 内布拉斯加州,温尼贝格部落
- 内华达州,温尼姆卡(Winnemucca)印第安开垦地
- 威斯康星州,威斯康星温尼贝格印第安部落
- 俄克拉荷马州,怀安多特部落
- 南达科塔州,杨克顿苏族部落
- 亚利桑那州,维尔德营地(Camp Verde)保留地,亚瓦派-阿帕契

（Yavapai-Apache）印第安人社区

- 亚利桑那州，亚瓦派保留地，亚瓦派-普雷斯科特（Yavapai-Prescott）部落
- 内华达州，耶灵顿（Yerington）开垦地及坎贝尔牧场，耶灵顿派尤特部落
- 内华达州，邕巴（Yomba）保留地，邕巴肖松尼部落
- 德克萨斯州，伊斯雷塔·德尔·苏尔（Ysleta Del Sur）村
- 加利福尼亚州，胡帕谷保留地，尤罗科（Yurok）部落
- 新墨西哥州，祖尼（Zuni）保留地，祖尼部落

补充：

- 俄勒冈州，科奇乐（Coquille）部落（6/28/89 添加）
- 德克萨斯州，齐卡普人传统部落（7/11/89 添加）
- 内布拉斯加州，庞卡部落（10/31/90 添加）
- 亚利桑那州，圣胡安派尤特部落（3/28/90 添加）

这些保留地加起来有超过 5 300 万英亩的土地。纳瓦胡人的保留地在犹他州、亚利桑那州及新墨西哥州的土地，幅员近 1 600 万英亩。一块保留地的土地范围是由政府和特定部落在一个特定时间商议产生的和约条款来决定的（至少有 10 个"部落"目前正在申请认证，这将会给他们带来大笔的政府补贴）。

根据人口普查统计，印第安人是我们美国增长最快的非移民少数族裔。美国人口统计局提供给我们的数据显示，1980 年美国人口普查中，印第安人的人口数为 1 513 195 人，比 1970 年的人口普查增加了 71%。

编者注

但是人口统计局并不清楚如此大规模的增长其原因究竟为何。但是有些证据揭示出1980年的人口统计可能在采集统计数据方面更彻底一些。另外一种解释是,最近在非印第安人之间弥漫开来的对印第安的人兴趣,鼓励了那些有印第安祖先的美国人更愿意认为他们自己是"印第安人。"一个人可以被定义为"印第安人"的血统成分很宽泛,从1/4—1/6不等。有些部落接受只有1/16"部落"血统的个人成为正式的部落一员,而大多数部落现在要求必须有1/4以上。有些保留地上只有少到1/10的部落成员是"纯种的",而其他的都是"混血的"。

在"纯种"和"混血"的印第安人之间经常会有紧张对峙的局面,而且我听说过,因为美国印第安运动的领导人,本应为"真正的"印第安人发声,但他们绝大多数都是"混血的",对于这件事,"纯种的"印第安人表达过强烈的愤恨。

在美国50个州中,有31个州里有"保留地",印第安人在他们的边界内生活着。而生活其间的人数,从康涅狄格州的80人到俄克拉荷马州的231 952人,相差悬殊。除了俄克拉荷马州,州内保留地上生活的印第安人口最多的5个州是,亚利桑那州165 385人,新墨西哥州126 346人,南达科塔州58 201人,华盛顿州40 893人,以及蒙大拿州34 001人。加利福尼亚州有28 815人,但情况比较特殊是因为在西班牙殖民者来到此地之前,这里有林林总总不可胜数的小部落在此居住。

在加州,有87个印第安部落组织生活在一种叫作"印第安村"(Rancheria)的地方,这是从西班牙殖民时代沿袭过来的。许多部落是以"教会印第安人"和"野外印第安人"加以区分的。西班牙殖民者竭尽其所能地"教化"在加利福尼亚的印第安人,说服(或者常常是迫使)某些部落的印第安人住到教会的房子里来。而抵制教会行为的印第安人常常在内心对那些成为"教会印第安人"的同胞的仇恨敌对情绪,比对部落宿敌还要来得猛烈。因此"野外"的胡帕人居住在与"教会的"胡帕人不相干的保留地(或印第安村)里。而类似的这种隔离状态在不少加州的部落中保持至今。卡罗克人是加州的部落中较大的一个。据说,在白人定居者来临之前,他们有2 700个人,住在100个左右的村庄之中。但据估计,截至20世纪50年代,该部落还剩下不足500名部落成员。但是根据1980年的人口普查,有1 000人以上的卡罗克人住在一个有242英亩土地的印第安村中,还有400人住在其附近。与之形成鲜明对比的是,在卡灰拉教会之下的摩龙勾分支的教会印第安人,有大约500名成员居住在一片33 361英亩的保留地中,另有493人居住在保留地的毗邻地带。而卡灰拉教会印第安人的阿瓜·克莱恩特分支有一片23 173英亩土地的保留地,103名印第安人居住在保留地中,另有141人住在附近。

1988年,美国国会将卡拉马斯河沿岸的1万英亩土地赠予了尤罗科人。在西班牙殖民时代之前,加利福尼亚最大的部落之一——胡帕人,有一片面积达147 740英亩的保留地,在保留地内及附近有超过4 000名部落成员,他们的人口数量也比40年前大为增长了。

在1980年10个最大的部落是切诺基人(232 080人)、纳瓦胡人(158 633人)、苏族(78 608人)、齐佩瓦人(73 602人)、乔克托人(50 220人)、普韦布洛人(42 552人)、易洛魁人(38 218人)、阿帕契人(35 861人)、伦比人(28 631人)和克里克人(28 278人)。

在印第安人中,25岁以上的人口中,有高中学历的占到56%,相比较,美国全部人口的这一数字是66%。在这十大部落中,获得高中毕业学历的比例除了纳瓦胡人(40%)和伦比人(30%)之外,都在50%以上。最高的是克里克人,达到65%。

编 者 注

1980年,在所有美国印第安家庭中,已婚夫妇占到了72%,与之相比,全国人口的这一数字是83%。在十大部落中,乔克托人、克里克人、切诺基人、伦比人和苏族人中,10个家庭中至少有7个是已婚夫妇家庭。

在16岁以上的印第安人中间,劳动力人口占到了59%,与此同时全美国人口的占比是62%。大约每个部落都有60%的劳动力人口(除了普韦布洛人、苏族人和纳瓦胡人)。纳瓦胡人的比例最低,只有48%。

1979年,有28%的15岁以上的印第安人生活在贫困线以下,而全美国的这一数字是12%。在十大部落中,这一比率从纳瓦胡人的48%到乔克托人、易洛魁人、切诺基人和克里克人的20%左右不等。根据1980年的人口普查,印第安人家庭1979年的平均收入为13 680美元,而全美国的平均值为19 920美元。在这些部落中间,克里克人最高,达15 290美元而纳瓦胡人最低,只有9 900美元。

文件1　美国民权委员会报告

《美国印第安人的宪法地位》

绪　论

彻底地认识美国印第安人的宪法地位,就需要进行一项对于"联邦印第安法律"这一特殊而复杂的领域进行完整的分析研究,而如果只是参考数目较多的和约,及国会批准的法律或者法院判决、联邦政府决议等都不能,完整涵盖"联邦印第安法律"这一定义。印第安部落的法律和政治地位,印第安人与他们的部落以及所属州的关系,以及他们所属部落与所属州以及合众国政府的关系,长久以来都是极富争议的问题。过去被联邦法院视作附庸国或"藩属国"的各个部落,保有非常有限的主权要素,并且需要得到联邦政府的保护。

而国会则将各部落视作拥有主权的政治实体,或者是最终必将毁灭的无政府的政治实体。这一结果造成了两种相互矛盾的联邦政策——分离和同化,前者旨在保护印第安人免遭来自社会其他部分的侵害,让他们

文件 1　美国民权委员会报告

在自己的机构体系中,获得一定程度的自治。而后者则计划着要将印第安人带入到美国人生活方式的主流中去,终止那些特殊的联邦信托关系,以及联邦政府的相关项目和服务。终止保护印第安人的政策在20世纪50年代得到了艾森豪威尔政府的大力支持。现尼克松政府坚决反对终止保护印第安人的政策。在其1970年7月13日关于印第安事务的讲话中,尼克松总统谈道,

> 因为终止保护印第安人无论在道德和法律上都是令人无法接受的,因为这一政策实质上产生了很坏的结果,也因为仅仅是终止保护的威胁就可能让印第安人组织之中的广泛的自给自足遭到打击,于是,我要求国会通过一份新的两院共同决议①,宣告对第83届国会②的众议院共同决议108号所主张的终止保护印第安人的政策正式放弃、彻底否认并最终撤销。这一共同决议将明白无误地确认所有印第安部落以及阿拉斯加州的民族政府的完整性以及存续的权利,认可了文化多样性是国家力量之源这一观点。这也将让这些组织机构的人相信,合众国政府将继续履行对他们所签署的协议以及承担的信托义务,只要这些组织机构自身认为该政策是必要或者是他们所青睐的。该共同决议也让美国行政当局确信……联邦政府与印第安人社团之间的历史性关系,如果没有印第安人的同意,是无法被削弱的。

---

① 美国两院共同决议由参议员与众议院议员投票产生,不需要总统签字,没有法律约束力,仅代表某种政治意见或建议。
② 任期:1953—1955年,美国国会每两年改选1/3的议员,每位议员的正常任期为6年。

联邦权力之源

尼克松总统所指的历史性关系,有着一种令人费解的背景。联邦政府已经对印第安人施展了其不可撼动的权力近100年。而这种权力有三大来源。首先,宪法赋予总统也赋予国会以人们所理解的,对于印第安事务的广泛的领导权。其次,联邦法院也将守护权和监护权的原则落实为联邦政府对于印第安事务的司法管辖权。最后一点,而且联邦政府的权威是寓于联邦政府对于印第安部落占据土地的领有权之下的。在沃切斯特诉佐治亚州(Worcester vs. Georgia)一案中,主审大法官约翰·马歇尔认为上述的权力以及战争与和平的权力"组成了约束我们与印第安人交往的全部必要条件"。

从殖民时代一直到1871年之前,和约效力是与印第安部落打交道的传统手段。自1871年后,随着《印第安人拨款法》的出台,联邦政府不再承认印第安人各部落为拥有主权的民族。法案中写道:"……自此之后,在美利坚合众国范围之内,没有一个印第安民族或部落将被认知或承认为,一个合众国政府能与之签署和约的,独立的民族、部落和权力实体……"1871年前达成的和约并没有因为该法案宣布作废,而将继续生效直至国会将其推翻。美国宪法条文中有一条不可动摇的原则就是,和约的法律约束力和影响力不会超过国会订立的法案的约束力及影响力,并且随后的国会立法可以单方面宣布废约或将其推翻。然而,直到废除之前,与印第安部落的和约仍然是具有法律效力的,并且绑定在联邦政府之上。在履行其和约义务时,联邦政府正处于一种信托关系之中,而这种关系,依据"塞米诺尔族诉美利坚合众国(Seminole Nation v. United

States)"一案的法庭判决,"应当以最严苛的信托标准进行判断"。

部落的主权

思考美国印第安人的宪法地位,就必须要在部落实体和公民个体之间进行区分。正如前文所述,在我们美国历史中,印第安部落的法律地位在联邦政府的眼中是游移不定的。联邦政府与印第安各部落缔结有无数的和约,承认他们是有能力保持和平或交战的外交关系的政府,而且认为其对其违反和约的情形,从政治而言,是可以承担责任的。当他们与白人交战的时候,印第安人从来没被当作叛乱分子,不以叛国罪论处,而是,"恰恰相反,总是被当作分离、独立的国家,并以此来对待;给予其一般交战国的权利,并不对其进行别的方面的惩罚"。敌对的印第安人如果向武装部队投降,就被当作无战斗能力者,享受战俘的权利。

部落的主权最早由主审大法官马歇尔正式认可,他在沃切斯特诉佐治亚州案的判决中声明:"通过宣告那些已经与印第安人缔结,并将要缔结的和约成为当地至高无上的法律,宪法已经采纳并批准了之前与印第安各民族的和约,并且因此承认这些民族处于有能力缔结和约的实体之列。"这一观点奠定了联邦政府司法部整个19世纪对于印第安部落的政策。与之形成鲜明对比的是日后的一些法庭判决,例如在"蒙托亚诉美利坚合众国(Montoya v. United States)"的判决词中,法庭总结道:"用于未开化的印第安身上的'民族(nation)'一词,充其量是一种褒奖之词。"

在今天,部落主权的概念被广泛地错误理解了,而且只能在某些特定的属性或政治实体上才能进行有意义的讨论。很显然,部落政府和独立国家并没有落实在相同的法律基础之上的。而另一方面,人们广泛地承认部落政府是一些有政府权力的政治实体,从某些角度来看,其具有的政府权力甚至处于比美国的政府权力更高的一个水平。当代的部落主权的意义,在"艾隆克劳人诉松树岭保留地奥格拉拉苏族部落(*Iron Crow v. Oglala Sioux Tribe of Pine Ridge Reservation*)"一案中得以明确,原文如下:

> 正如联邦最高法院的解释,宪法认可美利坚合众国对于印第安部落至高无上的权威性,这应当是明确的,但宪法也承认印第安各部落作为半主权实体的存在,承认其保有除美利坚合众国明确限制的之外的一切应有权利。

在其起草的 1940 年版本的《联邦印第安人法》中,菲利克斯·科亨(Felix Cohen)将部落主权的意义以以下的方式加以归纳:

> 印第安部落权力本质的审判结果的全部过程,以遵循三个基本原则为标致:
>
> (1) 首要一点,印第安部落享有任何主权国家的所有权力。
>
> (2) 征服该部落,使得该部落归于美利坚合众国司法权的管辖,而且在实质上终结了该部落的外部主权,例如,其与外国缔结和约的权力等;但是这本身不影响部落的内部主权,例如本地自主治理等。
>
> (3) 这些权力是由和约所核准的,并且由国会专门立法的,但不包括授予印第安部落的,并且由他们恰当的政府职能部门行使的经过专门核准,全权的内部主权权力。

部落自治政府的权力

根据联邦法律,印第安部落被视作独特的政治团体,拥有内部管理和公共服务的职能。这就包括采取一套部落所选择的政府形式,并在这种形式让事务运转的权力,决定成为部落成员条件的权力,规范成员间家庭关系的权力,制定遗产继承规则的权力,课税的权力,规范在部落司法管辖权之内的财产所有权的权力,管理司法事务以及对在保留地上的犯罪行为施以惩罚的权力。尽管印第安部落在与联邦政府产生关系的伊始就通过和约及法律的约束,被视作主权独立的政府,但是属于他们的部落主权的权力却一直受到联邦政府的限制。然而,必须要指出的是,这些部落目前正在使用的权力,并不是由国会授予的代议制权力,而更像"是没有被联邦政府取缔的主权政体,其所具有的有限的既有权力。这些权力之所以没有被特别限制,还常常保留在部落主权之内,仅仅是因为各州的司法权无法涉及联邦层面,但是政府权威是必须要有的"。这也是一条普遍适用的原则,这样就不会出现政府控制力完全失去的现象了。

自治政府的权力,通常是依据部落宪章以及法律以及秩序规则来实施使用的。通常,这些权力包含了一个部落如何决定统治阶层及其官员的职责,任命或选举官员的方式,免除官员的方式,以及他们必须遵守的规则。这项权利,以及其他部落主权职能的运用,是跟从于国会方面的改变的。例如,联邦法律已经剥夺了一些部落任命他们自己官员的权利,将任免的权力交给了总统以及内务部长的手中。

印第安部落有权力制定对于司法管理,以及保护人身及财产安全必要的法律和规章制度,他们也有权保留司法强制部门以及保证其运行的法庭。有些小一点的部落没有一个法庭，或者保留着非常传统的习惯法审判制度，没有正式的法庭结构组织。大一点的部落，如纳瓦胡人，有着相当现今的法律和秩序体系，有完备的警察部门，现代化的部落法规，有层级制的审判和上诉法庭，并由一个部落最高法庭统领一切。一般而言，印第安人法庭在以下情形具有独立的司法管辖权，与部落事务有关的案件，或者由印第安人或非印第安人针对部落成员所提起的，由于发生在保留地上的事件而起的民事诉讼案件，以及对于违反部落刑事条例的判决。部落司法管辖权在实际操作中可以不受联邦和所在州当局的限制。联邦法庭对于违反部落条例的案件没有司法管辖权，州法庭也是如此。在部落法庭的司法管辖权内的案件，其终审法庭就是部落的法庭。部落法庭的审判结果，不能在州或联邦法院上诉。

国会对于部落的司法管辖权作了一些重要的限制。根据1968年《印第安人民权法案》部落不能对可被处以500美元罚款或6个月监禁以上刑罚的刑事案件行使管辖权。依据《重刑法》(Major Crimes Act)联邦法院拥有控告并惩处某些恶性犯罪案件，例如谋杀、屠杀、强奸等。在某些情形下，国会可以让一个州的刑事法律和/或民事法律的管辖权延伸到该州内的印第安保留地中去。获得了在该州印第安土地上的司法管理权的各州，通常被称作"280号公共法州①"(Public Law 280 States)。

狩猎和捕鱼的权利

在美国西北地区，因为半部落主权而引起的州当局权力受到限制中，

---

① 全称为Public Law 83-280，是1953年生效的联邦法律，即联邦法律的管辖权可以让渡给州法律，以让州法律对该州印第安领地拥有司法管辖权。

当前的一大重要问题是狩猎和渔猎的权利。现在达成的充分共识是各州无法在印第安保留地的范围之内，施行其打猎及捕鱼的法律。当然，州当局是否应该管控印第安保留地上的狩猎和捕鱼的问题，要与和约所赋予印第安人禁止州当局干涉印第安人在保留地外进行狩猎和捕鱼的权利，究竟应该到什么程度的问题之间加以区分。在一份近期的言辞含混的判决中，联邦最高法院认为协议所赋予的权利，"可在一切经常作业并熟悉的地方捕鱼"这一条可以被州当局否决，但是要行使这种权利必须在合理的州保护法的框架之内。

家 庭 关 系

印第安各部落对于部落成员的家庭关系有着很大维度范围内的权力。部落通常会在州法律的规定之外，办理结婚或者准予离婚，即便印第安人至少还算是本州的公民。按照印第安风俗而缔结的婚姻或者是离婚，在州法院和联邦法院都是被认可的。对于破坏婚姻关系的行为，各部落也有完全且独一无二的权威来定罪，并施以惩戒，当然，在其他民事事务上面，国会允许州法律对其拥有法律效力。

征　　税

对于保持政府运作而言，征税权是最重要的一项权力。在"巴斯特诉怀特案"（*Buster v. Wright*）中判定，克里克族有权对于一切在该族领地范围内进行交易的一切人等，无论是印第安人还是非印第安人，都可以征收一笔执照费。部落当局可以对保留地内部所有房产征收房产税的权力,因"莫里斯诉希区柯克"(*Morris v. Hitchcock*)一案的判决而得到支持。目前,依据1972年生效的《收入共享法》①(*Revenue Sharing Act*),印第安部落被美国政府认作"各个地方政府单位",目的是为了收取联邦税收。

  一般而言,印第安部落依据联邦法律是被当作一个个的政府单位,行使着各种各样的政府职能,仅仅受限于业已规定好的国会对于印第安事务的绝对权力。而讨论联邦政府行政部门的如今对于印第安事务所行使的权力,内容涉及面很广,不在这份备忘录的涉及范围之内。

印第安人个体的法律地位

  拜1924年6月2日生效的《印第安人公民权法》(*Indian Citizen Act*)的利好因素所赐,所有出生在美利坚合众国的印第安人都是美国公民。同理,即便他们生活在保留地中,他们也是所在州的公民。尽管许多印第安人在1926年以前就根据各个联邦条例,获得了公民权,早在美国宪法第十四修正案中就表明,可以授予"出生在美国或归化入籍,且服从美国司法管辖的一切人士",并由此不授予印第安人公民权。州和联邦的公民权与部落成员身份是不冲突的:印第安人是三个各自分离的政治实体中的公民。作为联邦政府的公民,无论他们住在哪里都需要服从联邦政府的法律。作为部落政府的公民,当他们在保留地中,并在其管辖范围之内,他们必须服从部落的民事和刑事法律(除了上文所述,属于"批准公共法280号州"的)。当离开保留地时,他们也要服

---

① 已于1986年作废。

从该州的法律。

部落环境下的司法保护——无宪法状态

印第安人与其部落的关系中,通常是由部落宪章、部落法律和秩序条例所蕴含的一系列林林总总的刑事法律程序、民事权利及民权自由为他们提供保护。权利法案和美国宪法第十四修正案本身并不能对部落行为加以限制,因此也不能给部落成员提供保护。例如在"塔尔顿诉梅耶斯"(Talton v. Mayes)一案中,最高法院拒绝以宪法第五修正案为依据,撤销一份部落法案,并依据这份部落法案建立一个五人的大法庭。在"格罗夫诉美利坚合众国"(Glover v. United States)一案中,法院声明:"由法律代表代为陈述的权利是由宪法第六和第十四修正案所保护的。然而,这些修正案仅用来防止美利坚合众国采取……第六修正案中说明的情形……以及当合众国采取第十四修正案中说明的情形之用,而依据第十四修正案的含义,印第安部落并非合众国的一部分。"

在"美国原住民教会诉纳瓦胡部落议会"(Native American Church v. Navajo Tribal Council)一案中,判决再一次判定了部落中的印第安人不能寻求司法保护,来避免部落当局的非法搜查和逮捕。1954年,为了改变部落对其宗教信仰自由的侵犯,普韦布洛部落成员对詹姆斯普韦布洛村部落议会及村长提起诉讼,指控被告因为原告的新教信仰,对他们进行羞辱、威胁并逐一报复,并且拒绝他们将死去的亲人埋入社区的公墓,以及在部落的土地上修造一座教堂。法庭认为这些蓄意的举动的确是一系列对于宗教自由的侵犯,但是这些行为并没有"借着任何州或领地的法律、法令、规则、风俗或习惯的名义",因此也没有导致任何因联邦宪法、联邦民事权利法案而起的行为。在"州当局诉大羊部落①(State v. Big Sheep)"中,第十巡回法庭否认了宪法第一修正案的保护以及第十四修正案适用于印第安部落:

> 宪法中无一条款规定第一修正案适用于印第安各民族,也没有任何国会制订的法律使之可行。可以得出,无论在宪法还是国会法律之下,联邦法院对于印第安部落的法律或规章制度——即便其的确在某些程度上对宗教崇拜的方式造成了影响,并没有司法管辖权。

1968年印第安人权利法案

这些案例所折射出的现象,在参议院司法委员会宪法权利小组(Constitutional Rights Subcommittee of Senate Committee on Judiciary)看来,是一种对于印第安人的"宪法承诺之一以贯之的否认",就因为部落是半主权独立的政治实体,因此宪法的一般条款都无法适用。1961年,该小组组织了一次跨度很长的调查研究,调查美国印第安人的法律地位,以及当他们在与州、联邦和部落政府的关系中行使宪法权利时会遇到的问题。这次的行动,是由该小组主席,山姆·埃尔文(Sam Ervin)参议员主持,其最高潮是1968年的民权法案的通过,其中第二章可称为一部美国印第安人权利的法案。该法案规定当印第安部落行使自治政府的权利,只是必须要服从于许多与美国宪法赋予联邦、州和地方政府的一样的限制和约束。但是有两项重大的例外,其中之一印第安人权利法案赋予

---

① 为蒙大拿州最高法院审判。

一项权利,可以通过被告"个人花费"在部落审判之前进行协商,此外,尽管宗教自由是得到保护的,但是这项法案并不包括禁止部落政府设立官方宗教。

州公民权的权利和特权

当离开保护地的时候,印第安人就像其他公民一样,遵守同样的联邦或州的法律。当他们在州或联邦的法庭上被起诉时,享有和其他被告同样的宪法保护。一般而言,印第安人享有与该州或联邦其他的公民一样的福利、项目及服务。然而,一直以来,各州都尽力避免印第安人参与到州的项目之中,因为他们已经享受了特殊的联邦项目,所以没有资格参与州的项目。例如,加利福尼亚州的一项法律宣称只要美国政府在该学区内有一所给印第安人开的学校,当地的公办学校董事会可以不让印第安孩子来本校就读。加利福尼亚州最高法院判定此法律违反了州和联邦的宪法。

通常被各州用来当作正当理由,阻止印第安人参加州一级的项目、获得州一级的服务的是印第安人不交税。印第安土地的限制性状态使得他不用缴纳州和本地税,而且根据某些法律允许的额外情况,从土地获得的收入也是一样不必被课税的。其他公民一般都会缴纳的地方、州和联邦的税,印第安也是缴纳的。印第安人对于任何非信托的地产都要缴纳州税,而且必须为其享有的州一级特权缴纳一切费用和税赋,例如在州级高速公路上开车等,以及缴纳所有其他一切人等均要缴纳的税赋。

所有试图区别对待印第安公民或者想将他们排除在州一级和本地的项目之外的做法,将宪法问题完完全全地暴露了出来。正如印第安人事务局的首席调解员(Chief Counsel)在一份标注日期为1953年7月8日的备忘录中所说的一样,这份备忘录是关于北达科他州拒绝以同等规则和条件,像接受和照顾非印第安人的孩子一样,接受和照顾印第安人在州立学校学习的;他说道,"州当局这种拒绝以对待非印第安人的同样方式对待印第安人的行为,显然是剥夺了印第安人,依据联邦宪法第十四修正案所赋予的平等的法律保护。"

监护关系

说到美国印第安人的社会地位,现在有一些含混不清的地方,因为大家普遍的认识是,印第安人是联邦政府的一个个"监护对象"(ward)。联邦政府是印第安人财产的受委托人,而不是在照管每一个印第安人。这么说来,"监护对象"这个词就用得不够准确了。印第安人在地产和资产分配,以及从委托给联邦政府的地产中获取收入的方面,受到了联邦政府范围很广、种类很多的限制。印第安部落或个人委托给联邦政府的土地,没有内务部及其代表机构(印第安人事务局)事先的批准就不能出售。与之相关的约束机制,限制了印第安人接触私人律师的可能性,也限制了信托地产的继承分配。许多美国人错误地认为,既然是联邦政府的监护对象,印第安人必须待在保留地中,而且他们会平白无故地从联邦政府那里拿钱。事实上,印第安人从不会仅仅因为他们是印第安人而拿到什么钱。"支付给印第安部落或个人的费用是为了弥补因和约被违反而造成的损失……印第安个人也从政府支取他们的土地和资源产生的收入,但这也只是因为这些财产委托给了内务部,而使用印第安人的资源而产生的费用是由联邦政府来收取的。"

和其他公民一样,印第安人也能竞选并担任联邦、州和地方的职务,可以被征召入伍,可以在州内的法院起诉或被起诉,可以缔结合同,可以拥有或者卖出地产(除了委托给联邦政府的那些),并且,正如前文所述,也要纳税。过去有大量的联邦和州的法律否定印第安人的政治权利和公共福利,但它们如今被司法部门不是立法撤销就是判定无效,或者永远无法发挥效力了。

文件 2　印第安保留地的法律与秩序

由印第安人事务局编汇整理

现今印第安人的刑事司法体系的发展情况

自从欧洲人来到之前就业已存在的印第安人政府，因各部落被限制在保留地内，而从19世纪开始就分崩离析。印第安事务专员在他们监管的部落中间建立起了警察组织，来维持秩序并控制烈酒的销售。

1884年，内务部建立起了印第安人犯罪法庭，并且公布了管理法庭和警察行为举止的规定。法庭涉及的犯罪行为包括谋杀、屠杀、强奸、杀人未遂的袭击行为、使用危险武器的袭击行为、纵火、入室偷盗以及非法侵占财物。后多年的修订，将其他一些犯罪行为也列入其中，如奸淫罪、强奸未遂的袭击行为、乱伦、造成严重肢体伤害的袭击行为以及抢劫。

在1887年《普遍分配法案》(General Allotment Act)通过之后，得到土地分配的印第安人必须受到所在州的民事和刑事的司法管辖。在俄克拉荷马州，1898年的《柯蒂斯法案》(Curtis Act)在5个开化的印第安部落中废除了印第安法庭和警察。

1907年,国会批准雇佣一批特别警官及副警官来遏制印第安领地中的烈酒走私。和印第安警察不同的是,这些特警直接向印第安事务专员直接汇报工作。

在1934年印第安人重组法通过之后,许多部落建立起了部落法庭,雇用了一些部落警察,并且颁布了一些部落法令。由部落建立起来的法庭和警察体系是由部落的资金来提供支持的。有一些部落通过了自己的法令,却需要联邦出资的法院和警察来执行。在第二次世界大战期间,当联邦资金被削减之后,越来越多的部落开始自己组建法院和警察体系,并自行提供资金。

1949年,有一些特警被分派到了一个个的保留地中。其中有些保留地本来就有BIA的警察。有些是部落警察,而有些是两者皆有的。这些特警成为所有保留地内BIA警察的主管。有些地方,这些特警还是部落警察的上级。在其他地方,部落警察和BIA警察继续各自为政。

1953年,国会通过了公共法83-280号,给予了阿拉斯加州、加利福尼亚州、明尼苏达州、内布拉斯加州、俄勒冈州和威斯康星州对于本周的印第安社区有州一级的民事和刑事司法管辖权;唯一例外的是俄勒冈的温泉(Warm Springs)保留地和明尼苏达州的巴德湖(Bad Lake)保留地。

1968年的印第安人民权法案允许各州可以放弃他们先前在公共法83-280号中获得的司法管辖权。一些州在个别部落的呼吁敦促之下,归还了该管辖权。

1964年,BIA开始和各部落缔结和同,为保留地提供部分的刑事司法服务。这一方法使得联邦对于各部落的拨款可以进行合并。

在已经通过公共法83-280号获得司法管辖权的各州以及纽约州、

艾奥瓦州和堪萨斯州,州和联邦的法律在印第安社区和在别的地方拥有同样的效力。

在其他州的联邦印第安人保留地中,如果有印第安人涉及了《重大犯罪法》(Major Crime Act)中所列出的犯罪活动,他将在联邦法院遭到起诉,适用的是联邦法律。如果有印第安人涉嫌违反州的法律却在联邦法下不必遭到处罚,那么他将在联邦法院遭到起诉,适用的是州的法律。如果违反州的法律,犯罪行为在保留地内,却没有印第安人涉及的情况下,将在州法院提起诉讼。普通的联邦法律在印第安保留地和其他地方同样适用。

部落法庭对于在保留地内,由印第安人引起的,违反部落的民事和刑事条例的事件具有司法管辖权。1968年的印第安人民权法案规定部落法院可判处的刑罚不超过6个月监禁或500美元罚金。部落法庭一般对于部落成员间的案件具有民事司法管辖权。部落法庭的法官,必须要部落议会或者部落选举才能选择产生。目前此类法庭共有73个。

有20个保留地有CFR①法院,这些法院是在内政部的监管下建立起来的,并以联邦规则汇编第25主题的条款为依据进行管理。BIA在征得部落议会的同意之下为这些法院任命法官。这类法院的司法管辖权等同于部落法院。

如果一个印第安人被判定违反了部落条例,或者联邦规则汇编,将被羁押在67处监狱的其中之一。其中有26座部落所有的监狱和19座县或市级的监狱。这些县或市级的监狱是根据与部落或BIA的合同来提供羁押场所的。

---

① Code of Federal Regulations,联邦规则汇编,为联邦公报发布的一般性或永久性法律的汇编,共分为50个主题。

印第安警察学院坐落于犹他州布里格汉姆市(Brigham),为新招募的警察提供600小时的基础培训课程,为管理人员提供80小时的课程培训。该中心也为所有刑事司法人员提供全套的特殊培训。有些高级培训是由弗吉尼亚州匡迪科(Quantico)的FBI国家警察学院和佐治亚州格林柯(Glynco)的犯罪调查培训中心(Criminal Investigator Training)和财政部联合执法培训中心来提供。

根据1978年的数据,印第安保留地上的重大刑事案的案发率为2 100起/10万人,与之相比,整个美国农村地区的数字为2 000起/10万人。其杀人事件(非故意杀人)比起人口在10万以下的小城市要高9倍,比人口在10万—20万的城市要高8倍,比美国整个农村地区要高4倍。

文件 3 印第安人事务局关于印第安部落向美利坚合众国索赔事项的总结

在 1946 年以前,印第安部落如果要向美利坚合众国政府声索任何权益就必须通过特别立法,以一个部落一个部落为单位来进行听取其申诉的内容。1946 年 8 月 13 日生效的一项法律,缔造了印第安索赔委员会(Indian Claim Commission),赋予其权威来判定累积至法律生效日的印第安部落的权益声索案。所有部落声索权益的文件都必须在 1951 年 8 月 13 日前递交到委员会手中。这部法律也授权索赔法院(Court of Claims)来处理 1946 年 8 月 13 日以后的部落权益声索。

每个部落自己挑选并雇佣一名或一名以上的律师来执行其权益的申诉工作。无论是印第安人事务局还是内政部都无权为部落挑选或者雇佣律师,然而,部落与律师的雇佣合同必须得到内政部的批准。

无论是印第安索赔法院还是印第安索赔委员会都是联邦政府的独立机构。他们不是印第安人事务局或内政部的一个部门。部、局两级部门

文件3 ❖ 印第安人事务局关于印第安部落向美利坚合众国索赔事项的总结

都不参与权益声索的诉讼。

在1951年8月13日之前递交到印第安索赔委员会的索赔内容,共计617宗。截至1977年6月30日,484宗已经完结(占78%)——其中284宗共拨款了将近6.691亿美元;另200宗被驳回。余下112宗(占22%)在不同的审理阶段,需要等待处理的结果。

大多数向委员会递交的索赔案都是关于多年前征收土地时——通常是通过和约和协议——费用不公道的问题。土地索赔要经过几个阶段来执行。首先,相关部落必须证明,在土地征收之前他们确实拥有这片土地。如果事实成立,那么在接下去的环节就要明确征收的土地面积、征收时土地的价值,以及已经给付的金额。补偿与否是在最后一个阶段决定的。所谓补偿是在美利坚合众国无固定义务的条件下给付给部落的补贴。给付完毕之后,除非部落方面提请重审,这宗索赔案就告完结了。

根据1946年的法案,大多数在索赔法院递交的申诉案都是关于部落信托基金和地产的处置失当的案件。而其他部落认为他们有充分的理由来索赔。通过部落自行的调查以及确认索赔内容之后就会递交索赔申请。

印第安部落索赔案的审理结果是可以申请重审的。印第安索赔委员会的索赔案处理结果可以由索赔法院进行重审。索赔法院的审理结果也可以在联邦最高法院重审。重审的过程保证了索赔案可以获得更为公平和公正的结果。

平均而言,聆讯和审结一宗印第安部落的索赔案要花费13年时间,许多因素都会牵扯其中。审理的工作包括搜寻可能已经有130年历史的记录,准备和参加听证会,递交动议和法庭纪要,还有就是处理重审的申请。如果双方妥协可以加快索赔案的落定。双方律师会协商出一份协议达成的草案；部落会对其进行投票；如果得到批准那么这个协议草案就会进入到最终赔付的程序。

当一宗索赔案已经达成了赔付方案，就会要求国会拨款来完成给付。1973年10月19日生效的一部法律，要求内政部在征询过涉及的印第安人的意见之后，要准备一份给参众两院的计划，列出补偿金的使用目的并作报告。如果参众两院都没有动议否决该计划，那么这份计划在60个国会工作日之后生效。如果这份计划是按照人头发放补偿金的，那么部落和印第安人事务局还要准备一份可以领取分配金的相关人等的花名册。每一个想要分一杯羹的人必须在规定的注册时间段内提供令人满意的证明才能使自己的名字加入到这份花名册中。

有土地也有资源的部落可以选择花费工程中的评估基金（judgement funds）来为部落和个人带来长期收益。这些工程是由部落规划的，涉及包括住房、尾声、就业和教育机会、投资以及其他可能提升部落收益并且提升部落人士的社会生活条件的事业。

1946年的法案仅适用于处理部落的索赔案。它并没有涵盖印第安人个人的索赔，例如因下列事件而引起的索赔：个人没有被登记在分配名单上、无法获得应得的分配土地、在大屠杀事件中遭受伤害或者遭到逮捕或入狱。更重要的一点是，1946年的法案只提供金钱补偿。该法案不授权印第安索赔委员会或印第安索赔法院将土地或房产的所有权恢复到部落的名下。

1976年10月8日生效的法案《公共法94-465号》将索赔委员会的有效期限延长到了1978年9月29日，并且命令赔偿委员会在1976年12月31日之前，将所有确定无法在1978年9月30日前宣判的案宗全部移交给赔偿法院。有21宗赔偿案是移交给赔偿法院才结案的。

文件3　印第安人事务局关于印第安部落向美利坚合众国索赔事项的总结

关于印第安人土地最激励的争论,并不发生于联邦政府和某一个部落之间,而是在敌对部落成员之间。霍比人和纳瓦胡人部落之间的争议被人形容为"美国印第安部落交往中的中东问题"。自从切斯特·阿瑟总统将240万英亩土地于1882年赠予了"霍比人和其他印第安人"之后,人数在1万人左右的霍比人就和人数多得多的纳瓦胡人(约11.9万人)就对霍比人声称纳瓦胡人所侵吞他们应得土地龃龉不断。

印第安人事务局估计自从20世纪60年代以来,联邦政府已经花费了3亿美元来试图化解争议。现在联邦政府有望以赠予霍比人1 500万美元以及大片公共土地来消解这段百年冤仇。

另外一个悬而未决的印第安土地索赔案的事主是阿布纳齐和帕撒马克迪(Abnaki and Passamaquoddy)各部落,其成员人数不足千人。这些部落起诉了缅因州,索要超过100万英亩的土地。

必须指出的是,对于五花八门的问题之中,许多部落中都有着深深的分歧,包括有些微不足道的,例如"非印第安人"的运动队使用印第安的名字(亚特兰大勇士队①、华盛顿红人队②)的问题。

在这些问题和其他非常重要的问题上,每一个印第安人以及每一个部落都绝不可能是思想完全一致的。

---

① Atlanta Braves,为棒球大联盟球队,Brave是印第安勇士的一种。
② Washing Redskins,为棒球大联盟球队,Redskin是对红皮肤印第安人的一种称呼,有贬义。

图书在版编目(CIP)数据

悲剧遭遇：美国原住民史 /（美）佩吉·史密斯
(Page Smith)著；郭旻天译.—上海：上海社会科学
院出版社，2017
　　书名原文：Tragic Encounters：The People's
History of Native Americans
　　ISBN 978-7-5520-2132-5

　　Ⅰ.①悲… Ⅱ.①佩… ②郭… Ⅲ.①民族历史－研
究－美洲 Ⅳ.①K708

中国版本图书馆 CIP 数据核字(2017)第 228299 号

上海市版权局著作权合同登记号：09-2016-039

TRAGIC ENCOUNTER：A PEOPLE'S HISTORY OF NATIVE AMERICANS By
　PAGE SMITH
Copyright：© THE PAGE AND ELOISE P.SMITH TRUST 2015
This edition arranged with COUNTERPOINT LLC
Through BIG APPLE AGENCY，INC.，LABUAN，MALAYSIA.
Simplified Chinese edition copyright：
2018 SHANGHAI ACADEMY OF SOCIAL SCIENCES PRESS
ALL rights reserved.

悲剧遭遇：美国原住民史
Tragic Encounters：The People's History of Native Americans

著　　者：[美]佩吉·史密斯(Page Smith)
译　　者：郭旻天
责任编辑：董汉玲
特约编辑：潘　炜
封面设计：周清华
出版发行：上海社会科学院出版社
　　　　　上海顺昌路 622 号　邮编 200025
　　　　　电话总机 021-63315900　销售热线 021-53063735
　　　　　http://www.sassp.org.cn　E-mail：sassp@sass.org.cn
排　　版：南京展望文化发展有限公司
印　　刷：上海盛通时代印刷有限公司
开　　本：710×1010 毫米　1/16 开
印　　张：36
字　　数：424 千字
版　　次：2018 年 6 月第 1 版　2018 年 6 月第 1 次印刷

ISBN 978-7-5520-2132-5/K·412　　　　定价：135.00 元

版权所有　翻印必究